POOR PEOPLE

窮人

美國國家圖書獎得主
威廉・福爾曼——著
徐麗松——譯

WILLIAM T. VOLLMANN

我要把這本書獻給我的通譯員們。
我本已無德無能，但倘若沒有他們，恐怕會更加失聰無知。

由於我竭力把舞台中心讓給受訪者，而且儘管如此，
我依然忍不住三不五時搬出自己各式各樣的詮釋和可能的誤解，
以至於這些通譯員的存在近乎完全受到壓抑。

只有在他們本身的反應有助於闡明那些窮人的處境時，我才會把他們保留在故事畫面中。
我衷心感激他們每一個人。

他們充滿耐心，許多時候也非常勇敢，特別是他們對當地具有充分的了解，
這一切都讓本書成為可能。

目次

選擇 | CHOICES

希望 | HOPES

占位者 | PLACEHOLDERS

引言 INTRODUCTION

1

最近我寫完了一本篇幅有點長的書，探討暴力。我希望它理論上能達到「完整」，也就是說，人類訴諸暴力的藉口雖然包羅萬象，但畢竟還是能歸納為數量有限的類型，而我希望我那本書能逐一加以評斷。

這本關於窮人的撰述則是依據不同理念書寫而成，它的宗旨既不在於根據某套制度去解釋貧窮現象，也不是要到埋葬那些已被淘空的思想的墓園裡，在《資本論》旁邊再立一座紀念碑陪伴它。我當然覺得自己沒本事像《且讓我們歌頌名人》（*Let Us Now Praise Famous Men*）❶所做的熱烈嘗試那樣，針對貧窮的任何特定體現方式撐起一套冥思的架構。我用「嘗試」一詞是因為，即便是這部經典傑作也不免反覆傳達出它自身的不足，尤有甚者，它因此表述出某種罪惡感。

我大致可以說我研究過、目睹過暴力，也曾偶爾淪為暴力的犧牲品。我無法宣稱自己曾經貧窮。我在這點上的感受完全不是罪惡感，而是單純的感恩。傑克．倫敦（Jack London）和喬治．歐威爾（George Orwell）都曾一度貧窮，但他們之所以有辦法留給我們《深淵居民》(*The People of the Abyss*)、《巴黎倫敦落拓記》(*Down and Out in Paris and London*)等精采著作，正是因為他們已從那個狀態逃脫。好書確實會從貧窮狀態和關於貧窮的記憶中結晶出來，例如那本很可惜已被淡忘的《應許地之子》(*Manchild in the Promised Land*)。許多棄絕塵俗之士，例如基督教修士、隱居靈修的佛教徒，或者曾經暫時淪入相對窮困狀態的人，例如奧維德(Ovid)，都曾寫出不朽傑作。但他們之中有多少人論述過那種並非出於自願、而且持續一輩子的貧窮？在貧窮這個議題上，我讀過最棒的書之一是《憤怒的葡萄》(*The Grapes of Wrath*)，這本書的誕生當然部分得歸因於作者史坦貝克(Steinbeck)出身貧窮，而它的成功除了因為作者擁有寬宏的同理心，深入探訪過他筆下描繪的那些「奧克佬」——奧克拉荷馬州農民——角色，也是因為他受過良好的教育，還有——這件事同樣重要——他有能力買到寫作和思考的餘暇。

2

這點實在太顯而易見，以至於我不得不加以重申：《且讓我們歌頌名人》是菁英分子在表述他們對平等主義的憧憬。它的目的和手段之間充滿悲劇性的張力，這個事實明顯促成它的偉大。它對共產主義的認同暴露出了它的天真。我在此很難過地得說明，那種認同表述在史達林時代那些作秀性質的審判上演期間。若沒有那份天真，那本書的偉大就不會存在；因為，儘管書中洋溢激烈的智識主義，基本上它還是一股童稚之愛在呼喊——促使小孩抱住陌生人的腿那種愛。陌生人除了面帶微笑摸摸小孩的頭，還能做什麼？書中角色鮮少有能力閱讀這樣一本書，更遑論把它寫出來。詹姆斯．艾吉企圖認識他們，經歷他們所做的事，無論他的嘗試多麼微不足道；他的心向他們開啟，他滿懷犀利、靈巧，但又不可能獲得回報的激情，帶著那樣的激情企圖讓我們的心也能跟他一樣去感受那一切。這可以解釋沃克・伊凡斯那些伴隨文字的照片為什麼必要；誠然，影像用平靜、無法否認、令人心碎、無法逃脫的方式，紀錄下那些佃農家庭的窮困。他們的企圖屢次墜落在自己的劍鋒上。那本書之所以成功，是因為它失敗。它之所以失敗，是因為書中是兩個富人①在觀察窮人的生活。陌生人的腿或許伸手可及，但陌生人的形體太浩瀚，他在窮人的貧困中站得太高、跨得太遠，不可能像我們那兩位觀察家互相觀看那般，輕而易舉地讓窮人牢牢抓住。假如在描繪該書主題時真的存在那種輕而易舉，那它的調性恐怕反而會顯得高高在上。於是，艾吉讓自己的誠懇走到自我厭惡的地步，伊凡斯則遁入攝影藝術那種盡在不言中的緘默。一幅攝影作品無疑值得觀者的千言萬語，但那會是哪些話語？你下的注腳會跟我的一樣嗎？一個窮人從扉頁中往你的方向凝視。你永遠不會見到他。他的模樣是陰沉冷酷，充滿威脅，寂寞悲傷，令人厭惡，心意堅定，憔悴消沉，不願低頭，驕傲自大，或者以上皆是？你從他臉上能真正知道關於他的什麼？至於攝影師，他不需要清楚交代任何事。

艾吉倒是有所交代。他要我們去感覺、嗅聞他描繪的對象必須經歷的一切，他單憑文字這個工具，竭盡所有可能地設法做到這點；因此他失敗了，而他因為情況不得不如此而鄙視自己、鄙視我們，他帶著華麗美妙而又艱澀難懂的卑屈詞藻向那些家庭致歉，這點卻只有富人有時間去理解——然而，在富人當中，又有多少人會有想理解的意願？因為，閱讀《且讓我們歌頌名人》無異於自打耳光。

《憤怒的葡萄》是一本比較具有民粹色彩的著作。奧克拉荷馬州的農民確實讀了這本書，而且因此達到「看見自己」的痛苦樂趣。但這部小說獲致的美麗效果，卻是日復一日的艱辛耕耘創造出來的②。儘管加州營地中的流動農工在漫長時間中可能無事可做，但他們的無所事事從來不等於悠閒：貧窮在那些「奧克佬」身上施加憂愁、營養不良、生活環境侷促、不識字和其他類似的殘害，因此，這本史上關於奧克佬的書寫中最具震撼力的作品不是出自一位奧克佬之筆，可說「絕非意外」（這種字詞彷彿出自馬克思主義者，不過在現在這個脈絡中他們絕不會這麼說）。

我不希望經歷貧窮，因為那會迫使一個人感受恐懼和絕望。因此，我只能從外界窺探它。這部論述不是為了窮人，也不是為了任何特定人物而寫。我唯一膽敢做的，是記錄下幾個我認為屬於貧窮經驗的相同性和差異性。首先我會問幾個我的人類同胞：你為什麼窮？然後會出現一些答案。雖然答案會依地理區而不同，不過它們的特殊性或許不代表任何意義。人可以在任何方面、徹頭徹尾地窮，包括在意義本身。想必這就是為什麼有一位真正知道什麼是貧窮的偉大作家會寫下這段話：窮人從來不會——或者幾乎不會——對他們必須忍受的一切要求解釋。他們互相仇恨，而且自滿於這種狀況。

①—關於「富」這個詞語的定義，請參考一七頁的詞彙說明。

②—在這條線索上我建議閱讀史坦貝克的《收穫吉普賽》（The Harvest Gypsies），這一系列文章雖然稱不上文學藝術的結晶，但它誠實而悲憫地描述了「奧克佬」的處境。作者做了夠多功課。這就是為什麼《憤怒的葡萄》不只具有「普世」意義——任何含糊的情感溢流都可能做到這點——而且還擁有精準的特殊性。

3

梭羅說過，大多數人過的生活是一種「安靜的絕望」；情況縱然如此，過這種生活的人卻設法否認這個事實。除了少數例外，本書裡的人物並不絕望。他們可能快樂，可能悲傷；他們有屬於自己的美好時日，而就實際情況而言，正因為他們所處的極端是家常便飯，因此在程度上反而顯得輕微，這點勉強算得上是一種恩典③。以俄羅斯乞丐奧可桑娜為例，她能相當快活地過日子，儘管每次她跟我討論自己的家庭狀況時，還是得承認當中所含的種種辛酸，於是她會哭泣。我設法找出一些生活情境具有某種程度的平凡性、或者至少是某種程度的模式性的窮人，以便從中概括出一些什麼。毒品成癮者、街頭妓女、罪犯等角色在我其他作品裡經常出現，但在本書中卻較少著墨。箇中原因是，處境窮困、但並未處於迫在眉睫的死亡威脅中的人比較有機會喘息，也才能真的將自身的窮困進行某種概念化。

不必說也知道，雖然我設法詮釋書中人物看待自己的方式，但我自己的詮釋會因為我們的接觸時間短暫——通常不會超過一星期——而有所殘缺。我知道我所知道的是多麼少。儘管如此，這本書捕捉到一些窮人在某些時刻經歷窮困的方式，這些景象在我心目中代表的意義具有無法言喻的價值；在我的受訪者早已用完我給他們的錢，而且把我忘得一乾二淨以後，我還是能細心端詳這些圖像。我不可能在長時間中獲得關於那些人

③—我們都在透過某種方式生存。有些人是靠設法讓你可憐他們而賺錢；其他一些人則是靠假裝你不需要可憐他們，比如說忙著提供一些屬於討好性質、但其實沒有必要的小服務，例如開車排隊等著通過墨西哥邊境時跑來幫你清洗車窗那些人；還有些人是靠開店做生意賺錢。

生的動態性理解，我跟那些生活之間極度缺乏相關性，但這或許反而突顯出這部撰述的真實性——因為，我有什麼可以證明？我有什麼能耐自負地希望「帶來不同」？我沒有太多可以風風光光地嘗試的東西，唯一能做的，就是在自己的能力範圍內做一些呈現和比較。

任何第一手資料都是寶貴的，因為它逼近真實本身。雖然本書充斥著臆測和詮釋，但那些都是為了釐清現象背後的意義所做的誠實嘗試。再次引述瑟林❷所言：他們互相仇恨，而且自滿於這種狀況。這可能是他們的特權，但我沒有這種特權。

譯注

❶—該書於一九四一年在美國出版，結合詹姆斯・艾吉（James Agee）的文字及沃克・伊凡斯（Walker Evans）的攝影作品，描繪經濟大蕭條時代美國窮苦佃農的生活。

❷—瑟林（Louis-Ferdinand Céline）本名路易—斐迪南・德圖什（Louis-Ferdinand Destouches），一八九四—一九六一，法國作家。他被視為二十世紀最有影響力的作家之一，透過創新寫作手法，促使法國、乃至西方文學走向現代。不過由於他在二次世界大戰前後發表過反猶太及否認納粹大屠殺等激進言論，至今依然是極具爭議性的人物。

所得表

本書受訪人的每日所得〔1〕

以下資料是針對一些浮動的數量所做的粗略估計，特別是在乞丐的案例中。小數點右方的數字看似精確，其實近乎不正確。星號（*）代表這個數字是相關者明確向我說明的每日生存所需最低金額。我假定這個數字相當於每日所得，因為我採訪過的人沒有一個能存下任何錢。

所得表包含所有可取得的一九九四年聯合國「人類發展指數」（HDI）排名資料（加拿大排名第一，獅子山排名一七五）〔2〕，以及同一年度該機構所做的「所得總合」（IA）排名〔3〕（「高」代表每人每年國內生產毛額為八九九五美元或更高，「中」代表七二六－八九九四美元，「低」代表七二五美元或更低）。

國家	當地貨幣	美元等值[4]	職業	相關章節
阿富汗，2000年	50,000阿富汗尼			2, 6
HDI排名：無資料	相當於	1美元		
IA排名：低				
柬埔寨，1996年	220瑞爾			19
HDI排名：153	相當於	1美元		
IA排名：低				
中國，2003年	8.2人民幣			
HDI排名：108	相當於	1美元		
IA排名：低				
戴斗笠女子	10人民幣[5]	1.21美元	清潔工	4
退休修路工人	13.33人民幣[6]	1.62美元	退休	4
退休鐵路工人	13.33人民幣[7]	1.62美元	退休	4
哥倫比亞，1999-2000年	1,770披索			2, 10, 13, 21
	相當於	1美元		
HDI排名：51				
IA排名：中				
日本，1998-2005年	117.5日圓[8]	1美元		2, 5, 23
HDI排名：7	相當於			
IA排名：高				
愛梨嘉		？？	酒店小姐／妓女	14
大山			收瓶罐	5
小山	3000日圓[9]	各12.76美元	遊民	5
哈薩克，2000年	100堅戈			15, 19, 21
HDI排名：93	相當於	1美元		
IA排名：中				
平均日薪		3.33美元[10]		
墨西哥，1998-2005年	10.5披索[11]			2, 12, 13, 21
HDI排名：50	相當於	1美元		
IA排名：中				
*荷西．岡薩雷斯	100披索[12]	9.52美元	乞丐／手風琴樂師	12
胡哥．拉米雷茲	？？		乞丐	21
巴基斯坦，2000年	50盧比			2, 19
HDI排名：139	相當於	1美元		
IA排名：低				
卡察加里難民營	10盧比[13]	0.20美元	教師（男／女）	
菲律賓，1995年	25披索			18
HDI排名：98	相當於	1美元		
IA排名：中				
蓋瑞	250披索[14]	10美元	彩券遞送	18
茱薇	3,500披索[15]	140美元	酒吧小姐（妓女）	14

國家	當地貨幣	美元等值[4]	職業	相關章節
俄羅斯，2005年	28盧布			2, 10, 13
HDI排名：67	相當於	1美元		
（俄羅斯國協數字）				
IA排名：中				
娜塔莉雅			乞丐	3
奧可桑娜	110盧布[16]	3.93美元	乞丐	3
泰國，2001年	45銖			6, 8
HDI排名：59	相當於	1美元		
IA排名：中				
曼谷家戶平均	480	10.68美元		1
美金	167〔每九小時〕[17]	3.70美元	清潔工	1
不具名女子	167〔每九？小時〕[18]	3.70美元	清潔工	1
蘇妮	160〔每八小時〕	3.56美元	清潔工	1
婉	？？		乞丐	1
美國，1846年	0.007美元（舊值）[19]	1美元（現值）		2
平均日薪				
（1860年）	相當於	14.36美元		
*亨利・大衛・梭羅[21]	1.30美元[20]		農夫／哲學家	2
	0.10美元			
美國，2005年				2, 21
HDI排名：4				
IA排名：高				
平均日薪（2003年）		103.47美元[22]		
中位數日薪（2003年）		124美元[23]		
沙加緬度門房平均（2004年）		88.64美元[24]		
沙加緬度住宅清潔工平均（2004年）		74.88美元[25]		
蓮花（2005年）		114.29美元[26]	應召女	14
*卡門・莫拉雷斯（2005年）		66.66美元[27]	清潔工	21
*史提爾牧師（2005年）		5美元[28]	遊民[29]	3, 19
蒂芬妮（1993年）		？？	阻街女	14
*威廉・福爾曼（2005年）		100美元[30]	作家	21
越南，2002年	15000盾			2
HDI排名：121	相當於	1美元		
IA排名：低				
*鴻	19500盾[31]	1.30美元	路邊小販	6

國家	當地貨幣	美元等值[4]	職業	相關章節
葉門，2002 年	180 里爾[32]			2
HDI 排名：148	相當於	1 美元		
IA 排名：低				
*拉希吉的安娜赫	450 里爾[33]	2.50 美元	乞丐	2
塔伊茲附近的乞丐	500 里爾	2.78 美元	乞丐	2
沙布瓦的鮪魚漁夫	2500 里爾[34]	13.89 美元	漁夫	2

詞彙說明

社群 | COMMUNITY

一個夢。有時一個人要等到大夢初醒之後，才會知道自己有過這個東西。

虛假意識 | FALSE CONSCIOUSNESS

每當我們想強調我們比別人更知道什麼對他們好時，我們向他們的感知和經驗拋出的指控。

市場 | THE MARKET

就是過去馬克思主義者所謂的「金錢關係」（cash nexus）。在更廣泛的意義上，可指將一切事物依據它被感知到的金錢價值加以排序，以及做出價值定義的意識形態。

正常性 | NORMALITY

一種在地脈絡，考量相對貧窮、個人安適和其他此類抽象概念時，都應該以這個脈絡為出發點。我在文中常以特別字體強調這個詞，藉以提醒自己這個概念的任意性質。所謂「正常」可能具有不足、不顧一切、過剩等屬性，或其他各式各樣的狀態。

窮 | POOR

缺乏、而且渴望（身為富人的）我所擁有的東西；在他／她自己的正常性中感到不快樂；處境上的困頓（包括金錢上的貧窮）。

尊重 | RESPECT

保護性的溫柔或謙遜致意的表現。在有些情況下，也可能是一種缺乏考量、甚至偽善的策略，用來將某人打發到「隱形」的世界。

富 | RICH

滿足於自己的正常性，並具有理解它的能力。

SELF-DEFINITIONS

自我認定

1 我覺得我是富有的

I Think I Am Rich

泰國，2001年

1

第一次遇到蘇妮（Sunee）的時候，我正在曼谷的孔堤（Klong Toey）一帶設法找個窮人，問他為什麼貧窮會存在，結果她忽然就衝到我前面，醉醺醺地扯我的袖子，懇求我跟她回家。根據我的通譯員的說法，蘇妮原本一定是當妓女的，因為她會說幾句日文，而且她倒水給我們喝的時候，還笑嘻嘻地用泰國腔很重的英文大聲嚷嚷：**喝！喝！**那模樣跟帕蓬（Patpong）紅燈區的酒吧小姐如出一轍。

雖然通譯反對，不過我決定接受蘇妮（照19-21）的提議。這時我們抵達孔堤都還沒五分鐘。走了不到五十步路，我們拐進最近的一處貧民區，驟然置身在我已經見怪不怪的雜亂巷道內，人行道潮濕傾斜，大箱子般的棚屋擁擠侷促，一棟棟幾乎糾黏成一團。居民透過小窗洞暗中打量我：我是來買海洛因還是小少女？蘇妮把手揪在胸口，帶著勝利姿態，大搖大擺地走在前頭。不消兩分鐘光景，我們已經到家了，具體說，是蘇妮媽媽的棚屋，天花板和牆壁都是鐵板釘成的，到處都是鐵皮變形後形成的縫隙，讓泰國蚊子進出方便得很。我們四個人在一塊大致蓋住水泥地板的藍色塑膠布上盤腿坐下。我首先注意到一隻毛色略呈紅褐、瘦巴巴的貓，正在咬啄自己的身體，我猜是因為牠身上有蝨子；接著我看到一面圓鏡老老實實地映照出波浪鐵皮牆（還有架子上的瓶瓶罐罐）；第三則是瀰漫空氣中的臭水味。我那位還在生悶氣的通譯注意到的則是蘇妮媽媽住處的居家用品，特別是那兩台電扇，其中天花板上那台比較好的風扇還是女主人為了歡迎我們到訪，特別插上電讓它轉的；我還應該再列舉通譯員留意到的濾水器、電視和迷你冰箱。通譯神情不悅地告訴我，蘇妮一點也不窮，因為她——或者至少她媽媽——擁有的電器比她還多！順道一提，這位通譯是個機靈而且經驗老到的人，除非某種心理不平衡的因素誤導了她的腦筋，否則她的觀察從來不會出錯。在當下這個情況中，她的評斷稱得上是又快又準，因為我很快就得知老太太是這房子的所有人，她是用自己的錢買的。好吧，所以她們算是富人。蘇妮在此同時一直打量我，而且透過襯衫有意無意地撫觸自己的胸部，三不五時還會拉起襯衫下擺和領口擦臉。

她十七歲時就嫁給了第一任老公，那時她父親還在世。兩人生下四個小孩。先生是個建築工人，按照她的說法，他不是真心愛她，因為他後來為了另一個女人離開她。十年後，她再婚，再次有了孩子。如果我的理解正確，這男人後來也拋棄了她；雖然醉醺醺的蘇妮一邊晃著身體一邊哭，把這段回憶說得含糊不清，但那很可能類似一般人經常用來包裝內心痛苦的緘默手段；而在這時，百般無聊又感覺厭煩的通譯忽然變得不像先前那麼管用。總之，那兩個丈夫在這段敘述中出現的方式與其說是扮演故事中的角色，不如說是像某種不具人格的受胎媒介，像疾病般通過了她的身體。然後蘇妮清醒過來，發現自己成了五個小孩的媽；就這麼簡單。為了照顧一群孩子，她做牛做馬；她啜泣，拉起襯衫擤鼻涕，把身子靠在老母親肩上。三個小孩現在上大學了，他們從來沒回來看過她。第四個孩子在一家銀行上班，年紀最小的還跟她同住。

老母親的銀白瀏海梳理得相當整齊，在天花板電扇的吹拂下輕輕顫動。她在藍色塑膠鋪地布上用手描繪著S形圖案，塑膠布邊緣破損處只用褐色封箱膠帶簡單地修補起來。她自己生了八個小孩，其中三個已不在人世。她現年六十七，蘇妮則是四十來歲年紀。

蘇妮向所有人強調，現在我的生活就是在這裡跟著我媽媽。我唯一的靠山就是我媽媽。她總是告訴我，蘇妮，妳要堅強，因為有我在這裡，我永遠不會拋棄妳。

老母親咧嘴露出缺損的牙齒，一邊溫柔地笑著，一邊凝神注視喝醉酒的女兒。

每隔片刻，蘇妮會做出「拜」(wai)的手勢，泰國人習慣用這種雙手合十的彎身動作打招呼，以表達感謝或敬意；然後，她會說聲尾音如歌唱般拉長的「kap kum kah—謝謝」，有時是對我說，有時則對她母親。

她在一家華人經營的非法清潔公司工作，公司從不讓她休假。她的老闆「心腸很壞」，一想起那個人，她的聲音在狂熱的崇母情結加持下益發尖銳；她花了很長的時間張牙舞爪地譴責那人，直到那股怒氣讓她筋疲力盡，隨後她又拉起襯衫擤鼻涕。

母親會溫和地制止她做出一些特別極端的動作，有時她會叫她別說不禮貌的話。

既然妳不快樂，那妳要不要去當尼姑？通譯問道。

不，我不想當尼姑。給我你的電話號碼，她對我說。老母親神情悽慘地碰了碰她的膝蓋；但蘇妮不理會這個警告，忽然間她開始傾身向前，對我懇求，她一邊比手畫腳，一邊用手把頭髮順回去。我那通譯基本上喜歡所有人，也樂於幫大家的忙，就算對恐怖分子也不例外，可是她卻怎麼樣也擠不出一絲對蘇妮的敬意。蘇妮一直顧著說：**我女兒很好，我媽媽很好。我是個酒鬼。**

妳喜歡喝什麼酒？湄公河牌？

這是一種本地產的威士忌。

假如妳可以擁有任何一種東西，妳希望那是什麼？

蘇妮把兩個拳頭緊握在胸口，淚眼汪汪地說：錢！大約要一萬泰銖給最小的女兒上學。我女兒很乖。我自己的生活現在已經無所謂了。

一隻蚊子在叮我的手臂。

蘇妮假定我是個基督教傳教士。除了這個原因，一個高加索種男人為什麼會同意進到這屋子裡來？畢竟她已經一把年紀，再怎麼看也不可能性感嫵媚，對吧？但如果不是這樣，那為什麼我不把電話號碼給她？她用調皮——可能是挑釁——的表情盯著我，大聲叫道：**耶穌說，我可以為人類而死。我也可以——為我女兒而死。**

這句話可能真的會把基督教傳教士給惹毛。老母親一聽，又露出悽慘神情，拍了女兒膝蓋一下。蘇妮一如既往地無視母親的責備，放大音量繼續說：我不幫別人做任何事，只幫我小孩做。耶穌為什麼幫世界各地的人做事？為什麼不幫我女兒？

她母親又拍了一下她的膝蓋。

妳覺得自己窮嗎？我問。

窮啊……

如今每當我想到蘇妮，都會想起她用手碰胸部和甩開雙臂的動作，彷彿她上氣不接下氣。我腦海中浮現的是一個呼吸困難的人的模樣。

我不必像總理那麼有錢，她哀怨地說。假如我有錢，我只要給我小孩……

那年一美元可兌換四十五泰銖，所以蘇妮的盤算相當於兩百二十五美元左右，這個錢要我出毫無困難。但這麼做會有什麼幫助嗎？

我媽說我沒教養，不過老實說我很聰明……——她接著傾身向前，把奶子往我這邊擠過來。我女兒在銀行工作；她有車，可是她什麼也沒給過我。我倒也不想給她添麻煩！其實她有時候會給我五百銖，多多少少啦……

簡言之，蘇妮這個號稱供養者的人搞不好其實是個吸血鬼。老母親目光低垂，難為情地摸弄著地板。

我沒喝醉的時候是個安靜的人。我已經醉了二十年了。如果不把自己灌醉，我就睡不著。威士忌比男人更尊重我！我媽從來不喝威士忌……

妳認為為什麼有些人窮，有些人富有？

她張手比劃了一下說：我們相信佛家的看法。有些人有錢是因為他們上輩子付出很多。他們給出去的東西會在這輩子回到他們身上。

共產主義認為人會窮是因為有錢人把他們的一切全拿走了，妳認為呢？

對，因為以前我在日本的時候——

別聽她胡說，老母親說。她從沒去過日本！

可是通譯很確定她去過。最可能的情況是她真的去了，只是從沒告訴過她媽媽。好些年來，我都會在帕蓬看到一群鶯鶯燕燕站在YOUR's HOUSE的大招牌下，其中十來個會穿紅、藍或粉紅色的低胸長袍，站在最邊邊的燈光和門廊底下，她們身後的門幾乎從來不會打開，在曼谷辦護照的地方，我見過差不多一整輛巴士的女孩子，跟帕蓬那些小姐像得連身上的粉彩長袍都一樣；一名東洋男子正出錢幫她們辦前往日本的簽證，毫無疑問這是因為他有顆純潔的心靈。在東京的紅燈區歌舞伎町，前前後後有一些蘇妮的女性同胞幫我斟過酒；有一次我問三個穿低胸長袍的小姐，她們的媽媽知不知道她們現在人在哪個國家；她們一聽，都笑得合不攏嘴，趕忙抬起手往嘴上輕拍。

無論如何，我們的國王很好！蘇妮充滿愛國情操地叫道。他總是在給予。

我問她母親，她是不是也認為有錢人、公司企業或國家可能至少也該為她的貧窮負責（喔，抱歉，她並不窮）。她以典型的泰國方式表示同意，但事實上那不代表任何意義。她跟女兒一樣信佛，她知道她的前世決定了今生。

這麼說，如果妳這輩子窮，就表示妳上輩子做了不好的事？

當然，蘇妮幫她回答。不一會兒，她把短褲往上拉，讓我看到她皺巴巴的大腿。

外頭一個身上有刺青的鄰家老頭剛好經過，從窗戶瞄了進來。**進來坐！**她用快活的英文向老頭尖叫道。老人走進來時，她拍了拍自己的大腿。

可是她連暫時忘掉雇用她的那家非法清潔公司都沒辦法，那家公司等於占有了她，從不讓她休假，所以她只好自己放假，比方說現在，任何她需要借酒澆愁的時候。她就這樣在她選擇的住所坐著，沒錢領，喝掉的半瓶威士忌已經讓她的血液甜甜膩膩，但她依舊擺脫不了她的工作！沒有自我表達，就沒有自我，想必這就是為什麼暴行的受害者會一而再、再而三地重返恐怖現場，無論善心人多少次建議他「忘了那一切吧」。蘇妮的工時是從早上八點到傍晚五點十五分。由於公司付給她的是八小時的工錢，所以照理說她有一個小時的午餐時間，還有某個時候可以休息十五分鐘。「從早上八點到傍晚五點十五分」這句話我聽得熟爛了，因為每次我見到蘇妮，她都會反覆說上三四次；那已經成為她的生活標竿。大部分人應該不會認為一天工作八小時很過分，所以我們不如現在就斷定蘇妮其實沒什麼好抱怨的；但她竟然需要這樣發牢騷，以至於她顯然正設法（透過酒精）追求的那種愉快的忘卻狀態卻因此遭到荼毒，這真的會讓人瞧不起。總歸一句話，在我們期待窮人會選用的治療藥方中，維多利亞時代的知名處方「安靜克己」至今依然是銷量最廣的神效瓊漿。可是不知何故，蘇妮就是不肯閉嘴。每當她又老調重彈說起她那份工作——她提這件事的頻率就跟一條拚命朝前撲的獒犬因為自己的鍊條反彈、不斷被往回扯的情形不相上下——她就會開始伸手拍打空氣，聲音也變得尖銳而粗嘎。她實在太恨她的老闆，太恨她的公司了。簡直是勒索！她不斷大聲嚷嚷。

妳的話太多了！一名婦人隔著三棟房子叫道。

蘇妮把貓抓起來，沒來由地拍打她，不過不算太用力。貓逃跑了。她對我說：也許我可以重回餐館工作。我可以當服務生！來，我表演給你看：你要哪一種咖啡？濃的還是不濃的？我老闆喜歡我的特調。我幫他泡咖啡的時候會加一匙半的糖。

鄰家老頭對我眨了眨眼，然後說：妳的意思是一公斤半的糖，加上大量威士忌！

大家都說我很聰明，蘇妮繼續說。當個布爾什維克❶不成問題！早知道就留在俄國……

才怪，最好妳是留在美國，待在他們昨天炸掉的那棟世貿中心！然後他們就可以把妳轟下來！

大家聽了都笑了起來，連一本正經的老母親也不例外；蘇妮一邊咯咯笑一邊揮手擊向空氣，差點笑岔了氣……

2

他們總愛把「那都是命」掛在嘴邊。其他國家的人毫無疑問會鍾愛不同的解釋。我記得那位年輕的阿爾及利亞褓姆，她在快要結婚前忽然成了寡婦，頓時失去依靠。她平靜地告訴我，沒有人是窮的，因為每個人都收到了阿拉所給的東西，所以一定要感謝祂，唯有如此才能通過祂的考驗。有個墨西哥清潔婦，大約是蘇妮的年紀，不過不喝酒，只有兩個小孩，她因緣際會地身在美國非法工作。她為自己的窮困狀態提出具有情境特定性的解釋，具體說就是：沒有證件。她之所以留在美國，只是為了她丈夫，她說。她在墨西哥時的身分是教師，所以能歸入中產階級。由於她的出身並不窮，她沒有強迫性的理由相信她非得就是這個命不可。當我請她針對「為什麼世界上有這麼多窮人」這個比較廣泛性的問題表示意見時，她的回答是，太多錢集中在太少人手裡，於是我又問她，假如發生一場革命，把有錢人殺了，這樣對多數人是不是比較好？這個長了雀斑、身材壯碩的褐髮女人雖然毫不缺乏展現友善的能力，卻也隱約散發出某種不特別針對誰的怨怒氣息；她聽到我的問題，猶疑了一下，設法判定是不是該信任我，我認為她的遲疑應該代表著她跟她的許多同胞一樣，其實是主張暴力革命的（反觀那個阿爾及利亞女人——她跟所有佛教徒一樣都有某種不食人間煙火的特質——當她聽到同樣這個問題時，驚恐地叫道：**怎麼可以為了錢而殺人！**）。不過就在這時，女屋主走進廚房，開始用尖叫的聲音說這墨西哥清潔婦這半天的人生屬於她，因為她已經把它買下來了；假如我再使用片刻時間，我就得付錢才行；那墨西哥女人在跟我說話的五分鐘裡其實一直刷水槽刷個不停，這時她很快轉身，面無表情地走開。不，「命」不是適用在所有地方的唯一解釋。但在蘇妮生活的那個城區，乞丐無論是否拿到錢，都會雙手合十，而所謂「懂分寸」代表以盡可能少的力氣熬過炎熱天氣——原因不是泰國人「懶惰」，而是因為在那種氣候環境下付出太多體力是不健康、甚至危險的事，彷彿試圖在二十英里路跑中持續以短跑方式衝刺——在那樣的地方，民眾喃喃掛在嘴邊的確實是「命」這個字眼。就像男人把箱子搬上樓，滿臉坑疤的肥胖婦女販賣塑膠袋裝的甘蔗汁，就像毛髮汗涔涔的外國佬不肯向熱氣認輸，雲集在最昂貴的街區，就像那些穿白襯衫和藍色短裙的女學生成群結隊等公車，窮人理所當然認為他們連在出生以前就已經是窮人了。還有那些清潔婦——其中大多數來自東北部，那個地區占了泰國三分之一的面積和三分之一的人口，總收入卻是十分之一。她們來的時候沒帶什麼賣得了錢的技能，唯一有的是耐心、種稻的經驗，少數例子則有挑動男人色慾的本事。無論她們落腳在孔堤，或是在美式漢堡連鎖、炸雞加盟店、冰淇淋專賣店林立，計程車、卡車和碩果僅存的嘟嘟車蜂擁穿梭的碧差武里路（Phetchaburi Road）附近找到小棚屋棲身，命運在她們祖母的子宮裡就已經為她們紋身了（照22-23）。

在妳的觀念裡，妳是不是窮人？我這麼問了其中一個人，那人把她的工作描述為「清—掃—拖」。她的年紀三十多不到四十，但看起來至少五十。

窮，她在手裡擰著一張紙片，神色緊張地回道。雖然她已經打卡下班，不過她還是害怕有人會去打小報告說她跟我談話，基於這個原因，在短短半小時的訪談結束後，即使我付給她的錢超過她一天的收入，她的朋友們還是建議她別再跟我見面。

妳住什麼樣的房子？

一棟木屋，在拉丘托里那個區，離這裡走路二十分鐘。我一個月付兩千五。她的一半薪水就這樣飛了①。

窮人為什麼窮？

只能說是命，她略帶微笑禮貌性地說，紙片在她筋脈腫脹的手裡被擰得碎爛。

妳有辦法改變妳的命嗎？

不可能，一輩子都會窮。

假如有人給妳一百萬銖，妳會做什麼？

聽到這個笑話，她微微笑了。最後她說：待在家裡，建一棟新房子。曼谷已經沒有工作了……

妳會讀書寫字嗎？

我讀過中學，她神情不自在地回道，而我知道答案是什麼。

男人和女人一樣窮嗎？

女人比男人窮，因為我們沒法像男人那樣做粗工……

所以她的性別也成了宿命論的理由；她這麼說時，笑容中露出歪扭的牙齒。

①—這個金額也相當於曼谷大都會區家戶平均每月住房支出的一半。

她的工作非常非常辛苦，她喃喃說道。她想找別的工作做，可是沒時間找……

3

甭管馬克思主義者了；多年來，他們的「虛假意識」概念被許多好管閒事的人採用，不管那是耶穌會傳教士出發拯救易洛魁族人❷，讓他們免於天譴（儘管易洛魁族人並不想被拯救），或者是美國的立法人員把同胞送進監獄，以保護他們免於因為抽大麻而傷害自己。這是什麼世界！可是假如蘇妮——被迫陷於略顯殘酷的生活的蘇妮——選擇不把自己稱為受壓榨者，我們應該相信她的話嗎？假如我的通譯員能夠證明蘇妮的母親並不窮，我們就可以開開心心地把她們兩個除列嗎②？

假如蘇妮真的說：**我是富有的**——縱使她可能這麼說——她就因此而富有嗎？關於她的生活，我們的責任在哪裡？

4

蘇妮的女兒薇蒙拉特（Vimonrat）是個纖瘦、害羞、膚色較深的女孩，她總在蘇妮帶著酒現身之前，就已守候在外婆身邊。小女孩的周末都在這間臭水味瀰漫的波浪鐵皮屋裡度過，因為她沒別的事做，不必上課，而且媽媽不是出門工作就是喝得醉醺醺。我認識她的那天晚上，她和外婆正在鄰居的棚屋裡看電視新聞，新聞內容依然以那些喪命的美國人為主，不過在場八、九個席地盤腿而坐的觀眾對這個議題顯然不是太有興趣，他們比較熱衷的是之後的泰國體育新聞。

蘇妮的母親離開自己家以後總給人一種更內向的印象。她把身體從鄰居家電視的方向挪開，她攤開那勞動者的粗糙大手指，撐在地板上，彷彿樹木的氣根。薇蒙拉特已經換下學生制服，她穿著灰色方格短褲，看起來乾乾淨淨，安靜有禮，低頭端著一碗白飯，夾起一塊肉骨頭送到嘴邊。她的年紀是十歲。

妳喜歡玩些什麼？我問她。

在外婆家跟朋友玩。

她從沒去過媽媽出生的泰國東北部。不過，她倒是已經見過她媽媽現在所處的世界的中心，她覺得那裡「還不算太糟」；她在那裡幫媽媽拉掃帚、洗洗刷刷，甚至會幫老闆——一個娘娘腔的年輕華人——泡咖啡。每次那老闆看到她，都會叫一聲：**寶貝啊，那個胖女孩在哪？**他指的是她媽媽。這是他開玩笑的方式。

女孩小心翼翼地壓扁手臂上的一隻蚊子，接著在一塊地板布上把手抹乾淨。這時鄰居家胖嘟嘟的八歲小

②—龐提烏斯・彼拉多❸很幸運。他原本因為懲罰某位麻煩製造者而可能遭致犯下殺人罪的污名，但他卻得以在節骨眼上洗去這個罪名（當時他真的洗了手），而且此時廣大百姓還高呼：「讓他的血流在我們和我們的孩子上！」我倒還沒找到願意為我這麼做的群眾。

告訴我。

孩——他的身體滴著水，只在腰間圍了一條毛巾——走過電視後方上樓去。這些人不算窮，通譯員斬釘截鐵地告訴我。

薇蒙拉特拿起方才抹過手的布塊，開始用布擦抹她坐過的地方。她不太知道她媽媽多常待在家裡。如果媽媽早上有醉意，就沒辦法去上班。我問她，這種事是一個月發生一次，還是一個星期一次，一個星期兩次？薇拉蒙特無法回答。還有一些更重要的問題她似乎同樣搞不清楚。比如說，她相信她媽媽只有三個小孩。

這時打擾鄰居也夠久了，所以薇蒙拉特、她外婆、通譯員和我離開那房子，走進夜色中，屋外跟任何日子一樣既悶熱，蚊子又多。我們走過一條傾斜的人行道，它窄得跟泰國漁村裡那些棚屋簇擁中的小碼頭差不多；我真覺得難以相信這個先前已經提過的事實——人居然能從一扇窗戶伸出手，直接碰到人行道對面的鄰居房子；簡單說就是，這裡不可能有任何私人生活，而且鄰居會毫無遮攔地往別人家沒有遮蔽的窗子裡頭看。那個對蘇妮大吼「妳的話太多了！」的太太雖然住在三棟房子之外，但她每個字都聽得一清二楚。現在她正從她的窗口看著我們。

我們經過蘇妮母親的房子，走出那片棚屋區，進入孔堤市街——闌珊的燈火，鐵皮屋中亮著的電視，機車騎士，挨餓的貓，塞滿麻袋的倉庫，賣水果和卡帶的攤販，門廊上的日光燈管，震耳欲聾的音樂，用拉製鋼做成的鐵窗，裝在塑膠袋裡販賣的綠甘蔗汁；攤販的烤架上立著三隻雞，被炫目的燈光打亮，像是什麼神聖的組裝物；一群歡樂的成癮者手挽著手繞著一座金色佛塔跳舞，彷彿是泰國寺廟裡那一排排面帶笑容的守護神；而後我們轉進下一個棚屋區，蘇妮自己租的破屋就在那裡，距離她母親家走路需要五分鐘——以蘇妮母親走路的速度來算，應該說是將近一刻鐘，一部分原因是因為蘇妮家的電壞了，所以老太太得拿著鄰居借給她的電池供電**自動緊急照明燈**，而那玩意兒跟手提音響差不多大，看起來相當重；可是老人家堅持要自己拿，不要別人幫忙。一到蘇妮家，我馬上又被迫見識她那副喘不過氣的模樣，因為位在漆黑破爛的樓梯頂端那個小房間確實令人窒息；就連蘇妮的母親也開始流汗，通譯員這次終於不再否認會住這種地方的確實是窮人。

（蘇妮，既然妳這麼愛妳媽媽，為什麼不跟她住一起？——因為我是個酒鬼！——根據薇蒙拉特的說法，真正的原因是蘇妮不肯跟她妹妹說話，而她妹妹專挑蘇妮不在的時候去探望老母親。至於我，我的確很懷疑三個人怎麼可能一起睡在那個地方；不難想見，每逢星期六和星期天晚上，當薇蒙拉特在外婆身邊的水泥地板上伸展身體躺下，那就已經夠擠了。）

小女孩快速地掃了一下骯髒的地板，讓我們坐下，她的外婆則旋亮**自動緊急照明燈**上的兩個燈泡，在這個燈光下，我終於看到這地方有多醜陋③。薇蒙拉特坐在兩條晾衣繩底下（洗衣服的是她媽媽），她的坐姿是泰國人那種謙虛的姿勢，雙腿盤在身體下方，讓腳底朝向後方，不會往前露出來。

妳們住在這裡多久了？

我媽一直搬家。

後來我得知她們住在這裡大約兩個月了。

妳覺得這房子怎麼樣？

③——在此特別籲請《罪與罰》（*Crime and Punishment*）的讀者回想主角拉斯柯尼科夫（Raskolnikov）住的那間公寓。

我比較喜歡我姊姊的房子，因為比較大。

孔堤對妳們來說會不會危險？

這裡有很多吸毒成癮的人。我做過一個惡夢：我正在跟朋友玩，結果一個男的想綁架我們。我住在這裡很怕。有一次我以為有鬼來了。我正在洗澡，聽到有人敲門，可是我開了門，發現外面沒有人，所以一定有什麼不好的東西。我很怕鬼。

外婆坐在黑暗中，她不相信鬼。

媽媽也不相信，小女孩說。

她是搭「大嘟嘟車」上學的，那意思應該是指巴士。我問她最喜歡哪門課，她用她那柔和、害羞的聲音禮貌地說：英文；她想當老師。一隻又大又油亮的甲蟲繞著地板上那攤亮光，不斷沿著角度爬行，而後又朝薇蒙拉特和她媽媽睡覺的蚊帳後面爬。

蘇妮的媽媽和通譯員都對她強調，不管我問的問題有多令人難為情，她一定要跟我說實話；這些訪談我是付錢進行的[4]，因為我希望學到一些能用來助人的東西。這點薇蒙拉特是懂的，所以當我問她家庭生活的事時，她的回答是：我不喜歡我媽喝醉的時候。如果她喝醉，有時我們會給附近的人添麻煩，因為她說話太大聲……劣質的燈光殘酷地胡亂照射在她汗水淋漓的額頭和臉頰上，讓她彷彿眼睛張得更大。

可是後來她在媽媽防禦的態度下有所軟化，開始擔心我可能會不以為然，於是她說：有時候媽媽會問我要不要吃什麼好吃的，她下班就會買雞給我吃。

（今天晚上沒有雞。）

有時候我會請媽媽別喝醉酒。我媽說她沒辦法，她說：妳還在我肚子裡的時候，我就已經喝醉了！
妳對這件事有什麼感覺？
隨便她吧，小女孩咕噥道。沒什麼問題。
為什麼有些人有錢，有些人窮？
是因為前世的關係，如果一個人上輩子做了好事，這輩子他就不會窮。
（這種思維方式會不會殘忍？一方面，它會讓人覺得沒有希望，厭惡自己。另一方面，在一個無法全民就業的社會中，窮人聽天由命或許也不是壞事。）⑤
那麼妳上輩子是不是做了壞事？
沒有，小女孩緩緩地說，她禮貌地盤著膝蓋，用手掌撐住身體。
如果這樣的話，那為什麼妳會窮？
她露出微笑，頭歪到一邊，伸手抓被蚊子咬傷的地方。——也許我上輩子很有錢，所以這輩子只能當窮人。

④—沒錯！我是付了錢給她們；我有錢！我不就是因為這樣所以可以全權侵入嗎？在《且讓我們歌頌名人》那本書裡，艾吉和伊凡斯趁受訪對象上教堂時，把他們的房子徹底檢查了一番。讀者，只有你能決定，你讀那一長段文字以後得到的知識，是否足以合理化作者當初採取的手段。

⑤—而且不只是生活變得比較能讓人忍受。偉大的中國作家魯迅曾經寫道：「大家所相信的死後的狀態〔按：即人有來生〕，更助成了對於死的隨便。」但窮人的情況又該怎麼說？如果他們這次出生在不好的處境，為什麼下次就不會這樣？魯迅在這個部分又提出樂觀的看法：「他們確信自己並未造出該入畜生道的罪孽，他們從來沒有能墮入畜生道的地位、權勢和金錢。」

5

我給了她一百銖，她很高興，因為這樣她就能和其他同學一起去看電影和吃東西。我想多給些，但通譯警告我，如果我再多給，蘇妮會把錢全拿走。那次我照著通譯的意思做了。

時間晚了，小女孩這時已經開始打盹。每當她媽媽喝醉酒，她們會在九點上床，一起睡在蚊帳裡，其他時候她們則在八點就上床。現在就快要九點了，我們四個都跟那個可怕房間牆上掛的衣服一樣，濕黏黏又軟趴趴。最後蘇妮終於拉著大嗓門，醉醺醺地走了進來……

6

我們再度造訪蘇妮家時，屋裡傳來水桶舀水沖洗的聲音，隨後小女孩溼答答地從暗處冒出來，身上只披了一條白毛巾。她雙手合十，禮貌地做了個「拜」的動作。這次我瞧見牆壁上方接近天花板處有兩個縫隙透出光線，從那裡可以看進另一間房子；一隻眼睛正透過其中一個縫隙往我們這邊窺視。我記得薇蒙拉特說過她們的鄰居不怎麼友善，許多人會聚在一起說閒話，批評蘇妮的大嗓門。對他們來說，這個醉醺醺的女人是個怪物，或者只是個討厭鬼？小女孩洗澡的時候，那隻眼睛喜歡偷看嗎？它能看到多少？現在小女孩盡可能站在最黑的角落穿衣服，在場的其他人則把目光避開。

蘇妮在蚊帳旁用蓮花姿坐著，看起來活像個魅影。她說她今天很累，不過為了接待我們，還是打掃了一下房子。我從沒想到會有人上門來，她解釋道。我不是個重要的人。所以我出門上班，六點鐘回來……

聽到這話我難過極了。

她還沒開始喝酒，正努力設法當個好的女主人。

她通常早上六點以前會起床，七點不到就出門。她得搭三十分鐘公車到公司，設法在七點半之前抵達，因為八點鐘開始計算工作時間後，如果她還沒到班，娘娘腔老闆就會根據時間扣她薪水，而從蘇妮的生活方式看來，我猜他應該常扣她錢。他掌管了四十五名員工。蘇妮首先會打掃他的辦公室，接著進入她的「領地」，也就是某棟辦公大樓的十一樓，她在那裡吸塵、掃地、拖地，然後是她最怕的部分：到屋頂花園澆水。她得用扁擔將兩桶水挑在肩上，爬上很陡的梯子；雖然她對自己的健康狀況很自豪，這輩子除了生五個小孩以外從沒上過醫院——她的身體真的頗健壯，第一任老公（那個建築工人）跟她離婚之後，她曾經去當碼頭搬運工——不過從泰國的標準來看，蘇妮已經不再年輕了⑥；水桶很重，那梯子很不安全。她讓我看她小腿和大腿上的那些傷痕，那是日復一日摩擦到屋頂邊緣造成的結果。她又開始哀聲嘆氣地抱怨那位娘娘腔的華裔老闆。她不敢讓我拍她穿著公司制服（上面有公司的三個頭字母縮寫）的照片，因為她怕「搞不好會出什麼問題」，不過她還是把制服秀給我看。她露出詭異的淺笑說，其實她決定修改這件制服。我猜想她是不是想起自己當吧女的日子，

⑥——我滿三十歲後開始注意到，在貧窮國家，跟我一樣年紀的人看起來會老五歲。現在我過了四十，他們看起來變成老十歲。

想必當時她穿的不是泳裝，就是YOUR's HOUSE的小姐穿的那種粉彩色的美麗長袍。不過這件制服倒頗像監獄服；我在自己的國家曾去過一些最低安全警戒監獄探監，我的女性友人穿的囚服就跟這件類似，通常連顏色都跟蘇妮的制服一樣，不過當然，她這件從薪水扣錢做的制服比較單薄；這就是為什麼每當我看到她和她的姊妹們身穿那種活像監獄連衣褲的藍色或橘色衣服，在曼谷那些宏偉的西式大樓的各個角落裡緩緩走動，拿著掃把在露台上揮啊揮的，我總覺得很難過。

蘇妮的薪水是每八小時一百六十泰銖，大約相當於三美元半⑦。曼谷的平均家戶收入比這個高三倍。有時候她會領加班費。公車票是五銖，她會花十銖在路邊攤買午餐——裝在塑膠袋裡的米飯。至於她最心愛的花費，詳情如下：如果沒有工作，我會花十五銖。十五銖只有半瓶。如果我多做些打掃工作，就可以花個三十銖。我沒有酒癮，我只是想好好睡覺！假如不喝酒，我會覺得暴躁，不快樂。

（我記得第一次見到她時，她醉醺醺地哭的樣子。那不正是不快樂的表現嗎？不過，或許哭的淨化作用能讓她快樂一點……）

妳喝的威士忌叫什麼名字？

沒有名字。只是酒精度二十八或四十。

類似湄公河牌的嗎？

湄公河是一種後勁強的酒，會讓人變懶惰。這種威士忌一喝下去，就能睡個好覺。（我不禁心想：**大眾的麻醉藥**。）然後痛苦都不見了，她說，她的手臂像翅膀般伸向暗處。

她都固定到某家店買酒，所以店裡的人認識她，手頭特別緊的時候，他們會讓她賒帳拿走半瓶酒。有時候——不是很常——她會花個十五銖，買用甲基安非他命做成的飲料喝，「這樣上班時就能好好工作」。

妳的同事們也喝酒嗎？

有些人工作很辛苦，不然就是跟老公之間有問題——比如說先生是酒鬼——那她們就會喝酒——

在妳的經驗裡，男人經常對女人不好嗎？

大部分是，她用力點頭回道。

蘇妮，妳會不會覺得妳父母沒幫妳把人生規劃好？

我七歲時我爸就死了，而且我有那麼多兄弟姊妹。我們家沒錢讓小孩讀書。所以我媽媽說，讀到小學就好了，來幫我照顧妳的兄弟姊妹。我有三個兄弟。其中一個因為得了不知道什麼的癱瘓，結果就死了（我不相信這個，通譯打岔說；也許他是因為毒癮而死）。我十五歲時到一間政府的免費學校讀了三個月書，不過那是兩年的課程，所以沒學到太多東西。後來我試著看漫畫……

妳現在會看書嗎？

⑦—這金額似乎是這類工作的一般薪水，而且也大約相當於全國平均日工薪水，但就曼谷而言還是偏低。公司是合法或非法經營與此無關。比如說，我見過另一個從東北部來的清潔婦，年紀三十九歲，比蘇妮年輕些，她的名字直譯是「美金」（美麗的金色）。那女子一點也不美麗，因此沒有像某些同鄉的女孩那樣成為妓女。她月領五千泰銖，每天從早上七點工作到下午五點，中午有一小時用餐時間。總歸來說，她的薪水跟蘇妮一樣，不過每天得多工作一小時。在此提個或許有用的資訊，二〇〇一年時，曼谷大都會行省採納的最低工資是每天一百六十五泰銖。

不太行。

會寫字嗎？

只會寫我的名字

妳女兒的呢？

那很難寫。

如果妳現在去上課，學習讀書寫字……？

她聳聳肩，用禮貌性的不真誠口吻說：活到老學到老……

妳希望這樣嗎？

有點……

纖瘦、長腿的薇蒙拉特一隻手抓緊圍在胸前的毛巾，彎著身害羞地在一堆大都沒裝什麼的塑膠袋裡翻找東西，發出窸窣的聲響。

妳對她抱著希望嗎？我問蘇妮。

我希望她能當個老師。希望她的生活會比我的輕鬆。有時候她會自己跟一本書玩，假裝在教很多學生……

於是下回再來的時候，我買了筆、筆記本，甚至幾本書給小女孩，心想她媽媽不可能拿這種東西去換威士忌喝。薇蒙拉特很高興；這是不是表示我對她做的事是好的？不過那是下一次的事。現在她坐在那裡，試圖在黑暗中畫一張圖，她的頭幾乎靠到地板上。那是她的家庭作業：夢中的圖畫，然後是姓名和班別。薇蒙拉特畫了一個天使在撐傘；天使害怕快要降下的雨。其實那不是她夢到的東西，是她編造出來的。蘇妮坐在一旁，我看過她充滿愛心地幫女兒穿上制服，現在她正在啜飲快樂的汁液，藉此釋放悲傷。

幫助窮人的最好辦法是什麼？

如果我們很窮，一點錢也沒有，也就什麼都沒法做，只能空想。給我們很多錢吧！

她又做了那慣常的手勢，有點像稱作「芒薩」(mangsab)的那種長了翅膀、有毛毛腿的甲蟲在垂死時，以彷如海草飄動般的優雅動作，慢慢屈伸牠那長長的觸角。

7

由於蘇妮老是醉醺醺，我沒辦法幫助她——不是**不想**，而是**沒辦法**。我也無法幫薇蒙拉特太多，因為蘇妮會把錢從她那裡拿走；我只能給點小錢，讓她立刻可以用來做點她喜歡的事，不然就是給她外婆，讓她們倆平分（通譯建議我別超過五百銖，雖然她很喜歡薇蒙拉特）。我想多做點什麼，所以偷偷塞了一千銖給外婆，說是要給薇蒙拉特的；不過消息還是傳到蘇妮那裡，結果她把錢全拿去買酒，喝得三天沒法上班。要是我給了一萬銖，恐怕她已經沒命了。至於我本來有意願要給的兩百美元，只好……

有回我在馬達加斯加幫某個人付了一年的房租。房東很高興，他們一家當天晚上開派對慶祝；我想他們甚至殺了一隻雞助興。他們都喝得酩酊大醉，隔天早上在他們臭呼呼的屋子裡睡到很晚才起身；那天下午我見到了房東，他的年紀大約三十，嘴巴裡沒什麼牙齒，對我笑咪咪的，不時伸手抓身上的蝨子。至於我幫她付清房租那個人，她也很高興，我想她確實受益了。要換作蘇妮，就算我幫她付了房租，想必她遲早還是會被轟走。

多給小女孩幾本書，或許這是我能做的——

為什麼有些人注定會這樣？

一位牙齒不全、已經大概有四分之一腦殘的旅館房務和洗衣員給了我那個永恆的答案：**都是命！**（不過她馬上又修正了這個說法：**一半是命，一半是個性。**）她付了一千七百銖給一家婚姻介紹所，因為她希望能嫁個有錢老外（泰語叫 farang，唸起來像「發郎」），比如澳洲的就不錯。不過她從頭到尾都很怕讓人為她拍照，以免最後在網路上出現她或她女兒的裸照。因此她不同意婚姻介紹所為她拍大頭照，結果也一直沒有外國富豪寫信給她。為什麼要把「虛假意識」加諸在她身上？她的命想必就是一輩子單身。

8

我最後一次前去拜訪的時候（或許我應該繼續登門造訪，不過因為蘇妮大部分時間都醉醺醺的，就算沒喝醉也是無精打采，以至於到後來我也覺得不好意思打擾她，況且我也想不到有什麼別的事可問她；這裡還有什麼我能知道的事？），蘇妮從公司帶了過濾水給我：**喝！喝！**（又是她那濃重的泰語腔。）

薇蒙拉特坐在悶熱的暗處，她把一根蠟燭固定在地板上，在燭火下寫功課，她的臉距離火焰大概只有幾公分。她還穿著制服，皮膚上的汗水閃閃發亮，就像翡翠大佛上的燈光，穿金衣的翡翠大佛。

蘇妮，妳今天過得怎麼樣？

每天都一樣。

老闆呢？

老闆不常出現。不管他來不來，我們都得工作——

她的包包裡有威士忌，顯然是拿我前一天給薇蒙拉特的錢買的。為了避免各位讀者以為我跟通譯員用同樣方式評斷這女人喝酒的行為，在此我要聲明一點：蘇妮的故事絕對沒有馬克思在《資本論》裡收集的那些故事那麼可怕——每天工作十八小時，蕾絲工人因為過勞而死，女人被用來拉駁船（因為生產馬匹和機器所需的勞動是一個精確的已知量，而維持過剩人口中的婦女所需的勞動卻微不足道）。然而，每當我想到蘇妮的生活，我還是忍不住覺得，那份生活除了耗在它自身的動物性維持和生殖之外，從過去到現在一直都是在虛無中度過的。在某種意義上，假使我得生活在那間悶熱、陰暗、污穢的房間，每天大部分時候都必須出門從事會傷害我身體的單調勞動，而且我不識字，我無疑依然會是同樣這個我；但我懷疑我會有多大能耐把這樣一個我發展和表達出來。因此，對我而言，蘇妮的喝酒行為似乎是一種完全自然的反叛——所以也是一種有益的反叛，儘管這對她女兒沒好處。

妳今晚有什麼計劃？這只是為了問點什麼而問，我實在想不出多少理由繼續叨擾她，她看起來真的好累。

蘇妮露出微笑。就吃個晚飯。我女兒已經在她外婆家吃過了。她有時候喜歡喝牛奶……她的手又在慣性地做出那種彷彿快要窒息動作。

小女孩東忙西忙，幫我們多點了三根蠟燭。我上上次給她的錢沒有通通變成她媽媽的威士忌，因為她真的和同學去看了那部電影，一部頗受歡迎的歷史電影。

妳會不會想生活在電影裡描繪的那個時代？

她點頭，光是想到電影內容她就高興得幾乎想哭。電影就是她的威士忌。——舊時代比較好，她表示，因為那時的人生活方式比較簡單！沒有什麼壞事，不會有很多人偷東西。

現在她側坐在她媽媽身旁的一小塊墊子上，三支蠟燭插在一個杯子裡；她焦急地摸弄那些蠟燭，設法為我們把家裡弄得盡可能亮些。我擔心她會一不小心就讓房子著火。

蘇妮，當妳老得不能工作，打算做什麼？

女兒斜眼看了她一下。

如果沒有賺到大錢，我就一直工作到老。沒有選擇。就設法撐到最後一刻。

妳對自己有什麼夢想嗎？我最後一次問她。

這時薇蒙拉特耳朵豎了起來，她的臉倚在手上，好奇地等著聽媽媽的回答。

我只對女兒有夢想，喝醉酒的媽媽回道。對自己沒有。

她會不會怨恨自己？——她怎麼能怨恨其他人？她是個酒鬼，上天注定她會貧窮——真是高招！

她常說：我媽媽教導我要一直努力工作，不可以乞討。這位她鍾愛的老母親雖然現在養她，但從前卻也是她讓女兒沒法讀書識字，而蘇妮並不怨她；終歸一句話，當初她母親又能怎麼辦呢？她需要有個女兒在家幫忙，那並不是她的錯。現在，蘇妮的憧憬可以如何伸展？她已經沒有那份讓自己沉浸在描述完美過往的浪漫電影中的童心；她的黑暗世界不希望被任何孔堤那些光怪陸離的粉紅色、綠色日光燈打擾；她也不會像薇蒙拉特那樣，渴望地凝視著某個寫了大大泰國品牌名字的冰淇淋攤。我真希望當初想到要問她：蘇妮，既然妳相信前世今生，宗教可有帶給妳比認命更好的東西？妳這輩子有幾次端詳過寺廟裡那些守護雕像綠色和深紅色交織的臉孔？或許在妳第一次懷孕之前，妳不需要這麼可憐地工作；那時妳還不愛喝酒。有沒有哪座廟的五面金色天使蛇曾經帶著某種異界的夢幻——或者至少是某種夠酷的夢想——纏繞在妳身邊？我甚至想問，妳年輕的時候，會成天只想睡覺嗎？

我只對我女兒有夢想，她又嘟噥道。薇蒙拉特回身，目光越過肩膀，充滿愛意地向她媽媽抱以微笑。

9

誰說蘇妮從來沒有機會變得富有？曼谷中央火車站背面階梯上坐了一個深褐色皮膚、非常非常瘦的行乞女孩（這裡也是她睡覺的地方，因為她如果在正面階梯上睡，會有人來把她推走），她的手跟十歲小女孩的手一樣小；或許她已經完全長大，但也可能還沒有（照24）。她穿了一件曾經是白色的罩衫，衣服對她來說顯然過大，就連那些巨大的白色鈕扣都像是在侮辱她，代表了某種宰制。

她的名字叫婉。她自己一個人生活；她母親住在烏汶叻差他尼（Ubon Ratchathani），那個地方也在距離曼谷很遠的東北部。她兩三年前來到曼谷找工作，但一直沒有工作讓她做。不像那些做清潔工作的婦女，她完全沒辦法估計一天可賺多少錢。她顯得一副快發瘋的模樣。她今天沒找到食物吃，所以沒有體力，這當然表示一整天沒人給她任何東西；乞討的第一個要求就是跟隨和攔截富人，無論是靠施點伎倆或是霸王硬上弓，總之目的是讓他們注意到有人在乞討。婉沒做到這點，所以沒有人看到她。

她說她想回家（不過我認為她不會回去，通譯員這麼表示）。她已經跟中年婦女一樣掉了不少牙，她坐在那裡，努力設法讓她那悲傷、黯淡的小女孩眼神投射在我的臉上。她的年紀是二十三歲。

我在火車站的一家餐館點了一份餐給她吃，她吃著飯，臉上慢慢恢復一些神采；她拿陌生人丟掉的半瓶水喝，邊吞嚥邊咳嗽，在電扇吹出來的風裡顫抖，有點擔心她的財產、也就是她放在車站外頭的階梯上那個小白色塑膠袋，那袋裡有一件紗籠（sarong）和其他衣物；我一直不知道為什麼她不敢把那些東西帶進餐廳裡來。

妳曾經一天最多討到多少錢？我問她，但她不知道。

我問她，為什麼她的臉頰和手臂上會有那些奇怪的白色瘡疤，她說：某種病。我也不知道。

她什麼都不知道。

妳對未來有什麼夢想嗎？

她打了哈欠，現在她正用小小的拳頭無精打采地撐著頭。她說：我只想回家。

我給了她她說回家所需的錢，心裡猜想明天、後天，她還是會在那裡。然後我問她：在妳的觀念裡，為什麼有些人富有，有些人窮？

我覺得我是富有的，她神情呆滯地說。

她已經開始往死亡墜落了，或許她根本不曾活過；這麼說並不表示她不可能再撐個二十年或五十年略具意識的歲月。我最後一次看到她時，她側坐在火車站出口外頭那個她習慣的角落，手裡抓著身邊那個裝了她所有財產的白色塑膠袋，不曾定神看著任何周遭旁人的臉。

譯注

❶—布爾什維克是俄國社會民主工黨中的一個派系，領導人為列寧。一九一七年，布爾什維克發動十月革命，以暴力奪取俄國政權，後來成為蘇聯共產黨。

❷—易洛魁族（Iroquois）是北美原住民部族，歷史居住地為今天的美國紐約州，目前在美加地區共有十餘萬人。

❸—龐提烏斯．彼拉多（Pontius Pilate）是羅馬帝國猶太行省第五任總督，最出名的事蹟是判處耶穌釘上十字架。在《福音書》的記載中，彼拉多迴避處死耶穌的責任。他向眾人表示他並不相信耶穌犯了什麼該死的罪，所以打算在懲罰他以後釋放他。但他利用眾人的嫉妒心理，讓群眾自己說出「把他釘十字架！」然後他拿水在人群面前洗手說：「流這人的血，我是無辜的。」眾人回答：「讓他的血流在我們和我們的孩子上！」於是耶穌被帶往十字架。

2 我認為他們窮

I Think They Are Poor

葉門，2002；美國，1846 年，2001-2005 年；哥倫比亞，1999 年；墨西哥，2005 年；日本，2004-2005 年；越南，2003 年；阿富汗及巴基斯坦，2000 年

1

葉門的沙布瓦（Shabwa）省一名大汗淋漓的鮪魚漁夫用「好」這個詞形容他的物質生活，因為他一天能賺兩千到三千里亞爾（rial）。三千這個數字其實還不到十八美元。當然他痛恨美國人和猶太人，不過我們還是將那部分的訪談內容剔除在外，因為本書談的是貧窮，而貧窮向來不是個政治問題。

那你每天生活需要花多少錢？

一千，一千五……

多出來的錢你用在哪裡？

我那艘船的引擎。

你算富有，還是窮，還是在中間？

很好。不算有錢也不算窮，不過我很快樂。

在你的觀念裡，為什麼阿拉讓有些人富有，讓有些人窮？

阿拉為我們做正確的事，他回道。每個人都能工作。如果我們有阿拉給的好運，每個人都能有工作做。

在不遠處的麥法阿（Maifa'a）村，我問了一些男人和男孩同樣

的問題，他們的回答是：這個問題不是我們能回答的。阿拉施予，祂也接納。

一位名叫安娜赫（Annah）的行乞婦人坐在拉希吉（Lahij）省阿爾－阿拉夫（Al-araf）的一條街上，她告訴我她的小孩**在很遠的地方，而且總是需要錢**〔照29〕。

妳在哪裡睡覺？我問她。

外面。

為什麼阿拉讓某些人當窮人？

這是阿拉的選擇。這對我來說不是問題。而且我很快樂。

假如妳變有錢，妳會做什麼？

阿拉才知道！我不知道。

妳今年幾歲？

阿拉才知道。

妳對政治有什麼看法？

阿拉才知道。

她每天生活需要四百到五百里亞爾——這是沙布瓦那位鮪魚漁夫生活所需的一半——有時她只拿得到三百塊，不過這「不是問題」。（塔伊茲〔Ta'izz〕附近有個男乞丐需要五百塊，因為他喜歡嚼巧茶❶。至於我自己，我每天在葉門進行工作需要花一百美元。我的需求大約是她的三十二倍。）

我在葉門一成不變地得到像這樣的答案。他們說的可是真心話？或者單純只是在外人面前表現出堅毅的傲氣？無論如何，我都覺得他們值得嘉許。聖訓講述者、先知穆罕默德的傳道夥伴之一的伊姆蘭．賓．胡賽因（Imran bin Husain）曾經這樣敘述：**先知說，「我往天堂看去，發現那裡的大多數居民都是窮人」**——這種感覺似乎頗有道理，雖然我不同意據說先知接下來說的這句話：**「然後我往煉獄看去，發現那裡的大多數居民都是女人。」**

2

我說我覺得他們的回答值得嘉許，但當病懨懨的婉無精打采地輕聲說：**我覺得我是富有的**，我對她卻只有憐憫。

「我覺得我是富有的」和「阿拉為我們做了對的事」這兩句話之間有什麼差別？

同義反覆：當意識變得比較真實——也就是說，當意識對某個狀況的接受表現出對那個狀況的認知——虛假意識的可能性就會隨之降低。

我覺得我是富有的。可是婉在哪方面可能會是富有的？她的貧窮可怖至極，她的覺知殘缺不全。

我自己的理解仍有可能屬於殘缺的那種；我們也可以假設許多富人瞧見佛陀坐在菩提樹下時會可憐他；但佛陀的沉默不是一種困惑，他的靜止不是一種軟弱，他的孑然一身不是一種窮困。佛陀開花了，婉腐壞了。我真的全心全意地可憐她。

我覺得我是富有的，因為……這樣說至少顯示心還存在於某種現實中。「**因為**」把說話者跟某個東西連結了起來。

阿拉為我們做了對的事隱含了這個因為，也就是說：我接受我的狀況，因為我相信阿拉已經恰當地把它判定給我。

就某些主觀判斷而言，因為的邏輯仍然脆弱。**我接受我置身的現實，因為我屈從於源自前世的惡業**，這種話讓我一開始聽得很氣，因為我覺得很難把它跟下面這個明顯、可悲而又非常普遍的虛假意識實例做出區隔：**假如媽咪和爹地離婚，那都是我的錯**。我們很同情會這麼想的小朋友，會努力設法說服他情況並非如此，首先是因為這確實有誤——小孩對父母的婚姻失敗並不需要負責——再者是因為這樣的想法只會損害他的情感健康。可是在許多希臘悲劇和聖經故事中，父親的罪惡卻反彈到兒子身上，有時甚至連續數代皆如此，這必然是因為作者企圖為無辜者必須受苦的事實帶來某種意義。相信**他們受苦是因為他們的祖先有罪**這句話，這可想而知是多麼令人寬慰的事！畢竟誰沒聽過有些故事說，當人在面對疑點重重的審判案件時，總會想辦法讓自己對最後的處罰判決感到寬心（**那個人無論如何一定是犯了什麼罪**）？

前面這個段落中舉的所有例子是否都足以說明什麼叫「虛假意識」？如果可以，這些例子是不是依然可能優於它們的個別替代方案？「媽咪和爹地離婚是因為他們互相討厭」，這種說法威脅了小朋友的人格健全的程度，是否有可能高於「這個因素確實強大到足以導致這場災難」這樣的看法？心理分析為處在衝突情況的成人提出這樣一個道理：**我需要為這個問題負責，因為如果我一味責怪對方，我就必須指望他改變他的行為，而他可能不會這麼做，但如果我責怪自己，我可以改變我自己的行為**。這樣的表述似乎具有幾分激進型的效力。我舉甘地的例子，一九四七年，印度分裂衍生出印度教徒與穆斯林之間的殘酷暴力，甘地在談到這個問題時表示：

該責怪的人是我，我的「阿西姆薩」（ahimsa，即他提倡的「非暴力」，源自婆羅門「不殺生」的概念）出現了某種瑕疵，這必然會對人民造成影響。這種自我鞭笞不僅具有策略意義（對一個責怪自己的人，我們能生多大的氣？），而且具有道德上的吸引力。又如杜斯妥也夫斯基在《卡拉馬助夫兄弟》中提出的那個瘋狂、令人讚嘆的主張：要把世界另一邊的殺人犯所犯的罪行扛在自己肩上，因為所有人都是兄弟姊妹，必須互相為對方負責！

「我接受我所處的現實，因為我屈從於前世造成的惡業」是相當於「我滿足於這個狀況」，或者較接近「我認為自己不好」？

無論是哪種選擇獲得聲張，如果我開始能認同某個窮人接受他為自己的貧窮負責這個事實，無論是因為（這是最可能的情形）這種認同對我而言是一種思維上的方便，或者因為我尊重他的意識有權利變成某些人所說的「虛假意識」，那麼我是否應該實踐杜斯妥也夫斯基的方案，接受我自己作為一名「富人」，而該為婉和所有窮人的生活負起責任，也就是說，我以某種本質上的方式變得有罪？

比起蘇妮的說法，這條思路不會比較荒謬，也不會比較不真確。

3

一份聯合國報告向我們斷言，全球四分之一人口生活在赤貧中，但過去五十年間貧窮減少的程度已超過先前五百年的總和。同時，一名普立茲獎得主指出：數十億第三世界公民，相當於全球百分之八十人口，依然生活在接近或低於飢餓程度的窮困中；他還表示，為數眾多的社會正面臨全面崩潰的風險。誰說的才對？為了做出決定，我們應該採用哪種分類和運算方式？讀者們或許記得，我的通譯因為看到蘇妮的母親擁有的電器，因此不認為她窮。你們同意她的看法嗎？而那個還在上學，有時會在外婆家吃飯睡覺的薇蒙拉特，你們會不會認為她沒有蘇妮那麼窮？相較於婉，她們沒有一個稱得上窮。我是否應該像名副其實的基督徒或共產黨信徒那樣單純地說，凡是比我窮的人都是窮人？葉門那個鮪魚漁夫是否因為覺得自己快樂，而得以安全地脫離窮困？假如他不再覺得快樂，在其他條件維持不變的情況下，他是否就變窮了？假如他的身體狀況變得無法捕魚，相較於他自己決定不捕魚的情況，慈善機構是否該給他不同的待遇？這些充滿道德意味的問題在我所處的在地環境中有部分已經過時了①。在其他地方、其他時代，這可以是個極具典範性的問題：我的一九一一年版《大英百科全書》擔心，任何針對無業人士所做的普查，將被迫必要性地將人口中那些無所事事和無法雇用的部分以及處在聘僱狀態邊緣的人納入統計。（「無所事事」的人是指誰？我想應該是指「流浪漢」。根據「流浪法」〔Vagrancy Act〕，流浪的典型罪行是乞討、露宿……等等。所以婉是個流浪漢，蘇妮和薇蒙拉特不是。像婉這樣過生活的人如果被抓到，流浪法制定的處罰方式是二到四週的拘禁，其中可包含也可不包含做苦工。一個人若第二次被定罪，則應視為「流氓型流浪漢」。）在我住的城市裡，遊民收容中心不會區分名正言順的窮人和無所事事者；

①——我自己習慣區別愁眉苦臉的乞丐和逞凶好鬥的酒鬼。如果對方是用請求的，我經常會給，如果他們是強迫我要給，我就不會給。

在擁有不鏽鋼水槽、空氣中瀰漫洗碗水氣味的溫暖大廚房，食物煮出來以後會分給所有人吃。每次我走進那裡，窗口的好心太太都會遞給我一張餐票。如果我接受餐票，我是否就被歸入窮人一族？我猜想她會計算自己給出去多少張餐票，而這在某些人的計算方式中將代表有多少個窮苦人有了飯吃……

我在本書開頭盡我能力所及，製作了一份最好的所得表，希望能將讀者將陸續在書中看到的各色人物自己聲稱的生存收入加以比較。如同所得表的頁底注所顯示的，我的最好並不是很好。我怎麼膽敢以量化方式，衡量某個人的「正常生活需求」和另一個人相對於自己的「谷底」需求浮泛表示出來的「需求」之間有多大差別？就算我可以建立一些臨時性的對等關係，那又如何？某些學者將「窮人」定義為每天生活費不到四美元的人②。另一位學者則憤憤不平地提出反對意見，堅決認為他稱為「市場」的那個半真實實體以金錢貧窮取代了資源貧窮，以致貧窮無法量度③。這是無可爭辯的。一名游牧獵人就算一輩子沒看過一個美元硬幣，他也能過著不錯的日子。就他自己的標準而言，在瓦爾登湖（Walden Pond）畔生活的梭羅過得非常富足；在他的觀念中，向他碰到的窮困家庭建議放棄咖啡和其他奢侈享受，像他那樣只吃豆子過活，這樣做就是對他們行善。（結果沒有人照他的建議做。）他在《湖濱散記》中列出自己的總支出。以今天的美元計算，我相信雖然他的收入比蘇妮的多出四倍，但至少就市場的觀點而言，梭羅依然可以具有窮人資格④。（**《菲律賓經濟》，一九四九年：生活水準的定義是個人或團體習慣消耗的商品和勞務的量及品質。**）罷了，還是把梭羅和游牧獵人排除在外吧。

越南河內一名政府雇員說她賺的薪水只夠看電影、喝咖啡、買蔬菜。她得靠黑市收入生活（當中很可能包括貪污受賄之類的東西，雖然她沒這麼說）。不過，她認為自己在辦公室得到足夠的回報，她說：雖然我在政府辦公廳每天工作八小時甚至十小時，而且公家薪水很少，不過我們可以喝茶、玩牌，開開心心的。就算我們把她也排除在外，我們的量化工作還是等於繼續在拿蘋果和柳橙做比較⑤。新馬克思主義經濟學家薩米爾・阿敏（Samir Amin）寫道：有一件事經常被忘記，傳統農民的所得對應的是每年一百個工作天，而城鎮工作者的所得對應的卻是三百個工作天。如果我們把這些因素都納入考量……正式記錄的所得數據之間的差距——有時高達一比十——通常就不再那麼戲劇性⑥。

簡言之，貧窮的定義可以有天大的差別，有人可能會說：**只有阿拉知道！我不知道**。不過我確實知道蘇妮是窮的，而婉更窮。我之所以知道這點，是因為當我想到蘇妮的時候，會感到一股隱隱的悲傷，而想起另外那人時，內心則會萬分痛苦。對我而言，貧窮不只是物質上的匱乏，因為有些人擁有的東西可能比我少，卻比我富有；貧窮是一種**悲慘的狀態**。於是，與其說那是一種經濟狀態，更應說它是一種經驗。因此，貧窮在某種

②—參見七九頁頁末注。

③—他還寫道：「西方式富裕的好處無庸置疑，儘管這些好處對大多數人類而言依然遙不可及。」

④—如一四頁的所得表所示，二〇〇一年時，蘇妮每天的收入是三點五六美元；當年梭羅的收入則是十四點三六美元（這個數字乍看之下的精準度——小數點後還有兩位數字——當然是湊合出來的）。美國乞丐「史提爾牧師」一天需要二〇〇五年的五美元來生活；在美國生活的瓜地馬拉籍房屋清潔婦卡門・莫拉雷斯需要六十六點六六美元；我需要大約一百美元。

⑤—我們這個時代大多數關於貧窮的考量都帶有這個時代的特殊缺點：試圖傳達只針對某個特定時刻計算的狀態，而且採用的是一些細節區分細緻得悖謬荒唐的統計方式和比例。因此，百分之八十四的蒲隆地（Burundi）人被歸入這個或那個類別，這個類別是十二年前發明的，而在過去四年間又有了這樣或那樣的改變。這類描述，無論可以多麼徹底地加以量化乃至複製，都可能變得沒有任何意義，結果當初是否想出這套方法就顯得無關緊要。

⑥—特別是因為這段文字，原本我打算在本書描繪農村貧窮現象。尤其我本來計畫參觀瓜地馬拉的咖啡農場。我讀過報導說，從使用化學物質的角度來看，咖啡是全世界最髒的產品之一，而咖啡農場據說是繼殘酷又封閉的地方。不過最後我還是決定精簡比較重要。

程度上一直是無法量度的。如果統計學家斷言，有若干百分比的人類不快樂，我們會懷疑他們的精確度。由於缺乏心電感應（或說完美的情感共鳴），我確實會讓經濟因素融入情感因素，藉此希望能在不同人之間進行某些比較，無論這些比較多麼模糊或鬆散；不過我能做到的頂多也只是把貧窮理解為一系列的感知類型（perceptual category）。

4

我會在下一章向各位詳細介紹五十八歲的妮娜·里歐尼哥芙娜·索柯洛娃（Nina Leonigovna Sokolova）〔照34〕。現在請先看以下的感知類型實例說明：

我想知道妮娜是否過過比較好的日子，她的回答是：我們從來沒處在正常狀況過。我們所有的錢都用在生活開銷和扶養兩個女兒。當時大家都那樣過活，不過我們認為那樣沒什麼問題。就記憶所及，我們一直在等住宅分配，可是從來沒被分配到。我媽媽在屈卡洛夫斯基（Tchkalovsky）有房子，我們把它換成伏爾加格勒（Volgograd）的房子，可是房子很小。那時我們有六個人；媽媽那時還在世……

我們從來沒處在正常狀況過。當時大家都那樣過活，不過我們認為那樣沒什麼問題。換句話說，當時我們從來不曾生活在現在我們視為正常的狀況中；可是那時我們習慣把自己那種低於正常的狀況視為正常。

六個人擠在一間小公寓，那在蘇維埃時代是正常的。在巴基斯坦的一處難民營，我見過十二個人同住在一棟小土屋裡，全靠家長的兄弟（他是工程師）賺的錢生活。對他們而言，那已經變成**正常狀態**。

幾步路外，一家廢紙回收廠以每一大袋一千盧比的價格收購廢紙，所以我的巴基斯坦朋友們認為住在那些土屋裡的人一點也不窮。一個朋友說：阿富汗那邊的人日子過得很糟。他們跑來這邊，拚命做買賣！這話中的嫉妒意涵是說，由於他們能做點買賣，他們的**正常性**一定獲得了改善。我記得我在阿富汗戰爭期間略為見識到的阿富汗，所以我不能同意上述說法。我也無法接受任何人對他們買賣的貨品感到眼紅。沿著金納（Jinnah）模範高中（該校校訓是：「工作時要想著人生永無止境，行動時要想著明日即將死去」）旁邊那條彷彿伸向地平線的運河，所謂商販賣的東西，只有一串香蕉或一條魚……運河另一邊，我隱約能看到一些帳篷，彷彿一群白鳥臥在地上睡覺，那片景象跟我二十年前看到的約莫雷同。**我們從來不曾處在正常狀況**。換句話說，狀況已經變得**正常**了。這是否代表那些窮人已經不再窮了？

5

引人入勝、撼人心弦，時而靈光閃現的《大蘇維埃百科全書》（*The Great Soviet Encyclopedia*）將無產階級處境的惡化分為絕對惡化與相對惡化兩種：前者代表生活品質確實降低，後者則代表在全國所得中的占比降低。這個概念可以簡化為在某個已知時間——比方說我們這個時代——的絕對貧窮和相對貧窮。

考慮以下案例：

1. 假設在泰國東北部某個苗族分支的赫蒙族（Hmong）村莊，所有人都過著社經條件大致相同的生活：文盲農業的生活型態⑦、兒童的高死亡率、地方性的寄生蟲疾病。想像我們來到三百年前的赫蒙族村莊。除了遠在天邊、甚至可說虛無縹緲的皇室家族之外，村民所知的所有外地人都過著同一層次的生活。

2. 現在，我們在不改變所有特性的情況下，把這座村莊拋進一九六〇年代。泰國有些人已經變得很有錢，村民可能聽過馬桶、空調等等不可思議的奇蹟。我會預期這種設備對他們而言仍奇幻到超乎他們覬覦的範圍；畢竟在四分之一個世紀以後，當我的朋友K娶了一個來自這個地區的妓女，新娘的媽媽陪新人來到曼谷，結果她在走進此生見過的第一部電梯時嚇得當場失禁。所以電梯還是化外之物！不過蚊香和牙膏這類東西可能已經成功躋身為富裕的象徵。

3. 最後，我們把這座性質一如既往的村莊搬到二〇〇〇年。現在許多村民都有了自己的電視，比較窮的鄰居則會走進鄰居家欣賞這種神奇物品。他們一邊抓著身上被蟲子咬傷的地方，一邊收看描繪百萬富豪生活的美國肥皂劇。（一名後蘇聯時代的波蘭小說家這麼描述這個現象：**水泥、木頭、塌陷的屋頂、殘破的圍牆、鐵欄杆，這一切無不製造出一種摔爛的蛋糕般的窮困，讓人憧憬電視上看到的那個世界。**）有錢的觀光客有時會來拍他們的照片，然後回到 Land Rover 休旅車上，由駕駛載往下一個景點。

比起他們沒有人可以嫉妒的年代，這些人變得相對比較貧窮了嗎？他們擁有的家電是否讓他們變得絕對比較富裕？那些前往曼谷、步上蘇妮後塵的人呢？他們過起像她那樣的生活，是否代表變得比較富有？假如他們村莊的**正常性**缺乏那樣的選項，對他們而言是否會比較好？

關於十八世紀時廣東地區在漁船上生活的貧窮家庭，我們可以看到這樣的描述：**他們在那裡能找到的生存物資少之又少，因此急於釣起那些歐洲船舶丟進水裡、骯髒至極的垃圾，包括已經腫脹發臭的死貓**。把他們看作絕對貧窮也罷。如果他們的「急於」真的就只是「急於」，而不是不顧一切地拚命，他們是否依然相對貧窮？假如他們變得比較挑剔，再也看不上「骯髒至極」的垃圾，要的是比較上等的貨——例如才剛死去的貓——這樣一來，我們又該說他們在什麼程度上變得相對富有或絕對富有？

6

早上六點半，越南河內，一個頭戴斗笠的胖太太把裝滿一個腳踏車籃的廢物小心翼翼地倒在街上，挺直身

⑦—從游牧到農業的過渡可能會被視為絕對貧困化的案例，因為在人類學家的觀念中，那相當於「從普遍高品質的營養轉移到低品質營養」，因為植物性食物含有大量無法消化的纖維質成份，而必需胺基酸含量非常稀少。舉例而言，小麥的賴氨酸（lysine）和異亮氨酸（isoleucine）含量不足，因此會妨礙兒童成長；稻米缺乏蛋白質，因此會抑制維生素A的新陳代謝，結果導致一種失明現象經常發生。

子，雙手叉腰對我微微一笑，接著若有所思地吐了一口痰；那口痰跟一只蠶繭一樣又白又大，滾落她丟出的垃圾裡。因為她和像她那樣的人，這街道一小時內就開始發出臭味。發臭的街道在這裡是**正常**的。在我住的加州城市，只有在居民永遠不會想到要對陌生人微微一笑的區域，這情況才可能是**正常**的。這是否代表在我的城市，一般而言，發臭的街道是**不正常**的？河內發臭的街道似乎確實比沙加緬度更多；但在沙加緬度，要是能在湖邊看到枝椏下垂的大花紫薇樹（bang lang）上那些長長的紫紅色火焰——這種花是越南的學生畢業時男同學會送給女同學的禮物——那是非常**不正常**的事。如果醜算是一種貧窮，那麼沙加緬度在這方面一定比河內貧窮。（但會不會只有我這麼想？）越來越多戴著斗笠的婦女用扁擔挑著兩籃荔枝走來，籃子隨著她們的步伐上下晃動。她們的肩膀一定很疲勞，想必有時還會淤青或磨傷。對她們而言，這是不是**正常**的？（亞里斯多德說：……**使用奴隸跟使用家畜幾乎完全沒兩樣；透過這兩者，我們都能得到對我們的身體需求非常重要的東西**。換句話說：粗蠻的勞動是**正常**的。）假使我假定他們若是可以，會想跟我交換位子，那麼這是我的一種自我陶醉，還是就事論事？（當我假定他們做的工作是「粗蠻的勞動」，這是不是在貶低他們？）如果他們進入我的**正常性**，他們會在什麼程度上變得更富有或更貧窮？假如我成為他們當中的一個，我會不會變得如我想像的那麼悲慘？事實上，他們的生活所展現的那種明亮、潮濕的緩慢步調給了我希望，讓我覺得我或許可以「適應」。可是當我的想像力設法從章陽（Chuong Duong）橋離開這座城市，被壓制在身穿雨衣、並排騎摩托車的人群在雨中交織而成的一片褐色和灰色混沌當中；當我設法在龍邊（Lung Bien）橋的群眾間穿行，一把大傘底下那個身影略呈逆光的瘦小警察正監管著他們的**正常性**；當我經過許多遮棚和鐵窗，看到一對男女騎摩托車回家，表情痛苦的女子把濕淋淋的額頭靠在丈夫背上擦抹，而她穿的那件單薄雨衣已經破了一半；面對那麼多讓我感到又累又不舒服的事物，每個人卻都顯得極有耐心，這點讓我抓狂。現在，過了最後幾棟寶塔般的公寓大樓以後，我進入越南的鄉村：雨中的香蕉樹葉，然後是一些戴著斗笠的人在雨中的田裡彎著腰，喔！那些頭戴斗笠、臉孔被白布黑布遮住的女人；雨一直下，一直下在她們彎曲的背部；難怪這些人就算胳肢窩裡長癬、足部被寄生蟲入侵，他們的生活還是屬於**正常**；於是一種恐怖的感覺在我內心炸開，彷彿高聳尖銳、綠草覆蓋的石灰岩山崗猛然在潮濕平坦的水稻田上爆裂；在我豐沛的無知妄想中，我害怕那種苦工就連做一天也會是無法忍受的事；當然，事實不會如此，就連做一星期也不會；但倘若我被判處受那種苦一直到死，我會有什麼感受？蒙田（Michel de Montaigne）曾經指出，害怕變窮的人經常活在比窮人本身更大的焦慮中。如果情況確實如此，原因一定是因為害怕**正常性**有可能減縮。我想起哈薩克那些原本當老師的女性剷雪工（照91）⑧；還有，那位很久以前曾經在故鄉當小學老師，後來到美國非法打工當清潔婦的墨西哥女子⑨；前者做得筋疲力竭，後者因為累積了相當的怨氣，會故意把髒污留在角落，以致陸續有雇主請她走路。我就是她；我是毛澤東最討厭的「臭老九」。曾經滄海難為水，生而就在田間工作豈不是快樂得多！但這種思維方式隱含以下這個想法：要是從來沒出生，那該有多好！

無需贅言，我認為一個日復一日跟在水牛身後工作的婦女跟我價值相當。我輕易就能假定她跟我一樣快樂，或者更快樂。那麼為什麼我會害怕變成她？唯一的可能是因為我判斷她的處境比我的差。——再次強調，處境

⑧—參見二〇九頁及以後。
⑨—參見第二一七頁。

並不代表人；比較差的不是她——但是，大多數我珍視的樂趣——閱讀、書寫、用我自己的方式欣賞現實世界的多變性——這些都需要錢。（想必梭羅不會同意這點。姑且再把他擱一邊吧。）——我擁有感恩節（我的父母會坐在餐桌邊悠哉地剝栗子殼，沒有緊迫盯人的老闆或稅務員騷擾他們）。種稻的農夫有什麼是我欠缺的？我希望那會是強健的身體，又或許是在熟悉事物中感受到的喜悅。我有什麼資格說？我怎麼可能知道？但她的同胞——街頭小販鴻（Hong），他會在之後〈隱形〉那章中短暫現身（照64），不願意認為我應該羨慕屬於他的特定正常性。——有些時候我們會忍不住想知道，為什麼我們出生在貧窮的國家，他靜靜地告訴我。我們沒有本錢像你這樣四處旅行。

7

一二七二年，一位日本天皇臨終時，高級祭司設法讓他安心地走：**您透過前世的美德，在今生成為天皇……您可以懷抱希望，將在天堂重生。**

一九九九年，一名貧窮的哥倫比亞人告訴我，他的八十二歲高齡終於磨圓了他對暴力的恐懼，那種恐懼曾經折磨他很久，因為他多次遭遇搶劫；有一次搶犯甚至劃開了他的肚子。我問他對有錢人的看法。他握緊拳頭說：**喔，他們沒幫窮人做任何事！**

傷害他的那些人比他更窮——可是他仍然怨恨有錢人。

在那個乾涸的噴水池畔，一名年紀比較輕的邋遢男子坐在他身邊，那男的身形瘦長，白髮蒼蒼，衣服油膩，長褲髒污，鞋子沾滿塵土。

你被人攻擊過嗎？我問。

太多次了，而且我還是個窮人呢。他們拿走了我所有的東西：文件，珠寶，通通拿走了，發生過好多次。他們帶著刀子搶，我從來不反抗。

他們比你有錢還是比你窮？

比我窮。

那些打劫的，他們討厭有錢人嗎？

有錢人壓榨窮人，窮人討厭他們。**我**討厭他們。

還有蘇妮，她說她沒錢是因為她從前不好。比起這兩個因為沒錢、所以是好人的哥倫比亞男人，蘇妮那種狀況是讓她顯得更窮，還是沒那麼窮？這個問題迫使另一個問題隨之出現——那也可能是同樣的問題換個樣子重新出現，而且那個問題已經在巴基斯坦那家廢紙回收廠前拋在我面前過了：假使貧窮變成一種正常——這是蘇妮的部分情形（因為她接受了她天生注定的處境），但不是那兩個哥倫比亞人的情形（因為他們對自己的命運顯得不以為然）——被正常化的那個人是否同時也變得沒那麼窮？這個問題的第三個版本：虛假意識到底是什麼？

8

墨西哥阻街妓女安赫莉卡在結束一整晚的工作後進到我房間，她身上散發出尿騷和汗臭。她肯定地告訴我：我不窮，因為我可以工作。

為什麼有些人富有，有些人窮？

沒有所謂富人，也沒有所謂窮人，她說。

那有什麼？

我們就只是人。

為什麼有些人的錢比別人多？

因為有人知道怎麼照顧他們的錢，他們努力工作，遇到機會就好好把握；然後是另外一些人，他們不懂這點。在個人主義和自我仰賴的表象之下，要挑起墨西哥的階級仇恨非常容易，我就是在這種意圖下問了她這個問題：我知道南部有很多窮人，他們會到北部的加工出口廠（maquiladora）⑩工作。

可是安赫莉卡沒有依循前述的哥倫比亞人的模式譴責有錢人，她反而批評起窮人。她說：政府給南部老百姓一大堆錢，讓他們照顧小孩，可是他們給太多了！政府要是給了老百姓一塊地，他們不會好好工作，而是會坐在那塊地上曬太陽。我在南部生活過，所以我知道。我是從薩卡特卡斯（Zacatecas）來的。

她這番話投射出兩個有關貧窮非常普遍的論點。加州帝國郡（Imperial County）的李歐納德．奈特（Leonard Knight）也曾提到這兩個論點，只是他的表達比較柔和。奈特是個被視為近乎聖人的人物，他過了二十年梭羅式的刻苦生活，親手打造出救世山（Salvation Mountain）；攝氏四十六度的高溫在當地是司空見慣的事。當我問他為什麼有些人富有、有些人窮，他的回答是：我認為喜不喜歡錢跟這件事有很大關係。我不是要批評誰，不過我認為很多人窮是因為他們想要窮。這州裡有很多人因為有兩個小孩，所以政府每個月給他們一千五百美元，結果他們居然說沒辦法過日子！這是人生態度的問題。如果你生在美國卻餓肚子，那是因為你自己的心態。這不是在罵窮人或有錢人；我心裡對這兩種人都有愛……

所以，對奈特而言，窮人——至少是美國的窮人——會讓自己相信他們沒辦法過日子，但事實上他們應該可以過得不錯才對。畢竟他不就過得不錯嗎？他告訴我他跟一個乞丐的故事，他給這乞丐越多錢，對方就需索越多，於是最後他決定不再給他任何東西。不過有些時候，當某個窮困家庭來到救世山，李歐納德會給他們錢。在這件事上，他從來不知道怎麼做才對，但他真的很希望他能知道。

9

儘管我們幫助窮人，窮人還是會失敗，或者說，正因為我們幫了他們，所以他們失敗。我親眼看到過這種

⑩—外國投資的製造業工廠，業主通常為美國人、日本人或中國人。

情形。這是他們的鄰居經常提出的雙重論調。

二十世紀初期，評論家理查茲（I.A.Richards）把未說明出處的詩句發給他的英文系學生，請他們寫下簡短的評析。有些詩句源自經典著作，有些則是濫情或平庸的臨時創作。理查茲收集學生的各種錯誤解讀，據此寫了一本書；他指出：**在目前的文化條件下，我找不到任何理由讓我認為我們可以很容易見到更高水準的批判性洞察力**。在他列出的責難中，特別顯眼的是刻板印象式的思考；他不吝於承認這種思考方式在一般社會情況下確實有其必要，但卻會妨礙一個人對不熟悉事物的解讀（感知及分析型理解）。庸俗的詩詞以陳腔濫調的文字漫不經心地表達淺薄的想法（在此我應該補充一點：假如有人指控理查茲走菁英主義路線，他不會認罪；他對好詩詞和壞詩詞的解構方式至今依然令人驚訝地符合邏輯），但卻被大肆讚美為高尚、深刻等等。真正的好詩可能複雜深奧，必須以嚴謹的方式不斷閱讀後才能探究出來，然而這種詩卻可能遭受抨擊。有一個批評特別能夠說明這點，它認為某一段詩文破壞了讀者熟悉的「規則」——其實這個意思等於是說，獨創性玷污了那首詩。理查茲提出這個深具說服力的假設：**導致不恰當的刻板印象式反應的主要原因，是人把自己從經驗中抽離**。而以刻板印象看待事物的人企圖否定的，正是這種抽離心態。**我在南部生活過，所以我知道。我是從薩卡特卡斯來的。**

所以在某些情況下，我的窮困必須歸咎於富人；在另外一些情況下，我一點也不窮，而且更窮的人也不窮。這兩種論調都可能合乎事實，但也可能只是自我欺矇的方便說詞，因而成為虛假意識的寫照。

10

我們從來不曾處在正常狀況。有錢人壓榨窮人，窮人討厭他們。政府給他們太多了！幾乎確定無疑的是，在以上這三種陳述中，**正常、有錢、窮、太多**這些關鍵詞即使不是昭然若揭地進場論辯，至少也幽微間接地做出闡述；它們的意義在每項陳述中都有所不同，而我自己對它們的理解屬於第四種同樣孤立的類型。（二○○○年版《所得分配手冊》〔*Handbook of Income Distribution*〕：**根據資源、貧窮線、等值規模等概念的定義方式不同，……儘管使用的是設定在兩年之間的相同資料，愛爾蘭的貧窮現象卻可能大幅增加，略為增加，沒有改變，或大幅減少。**）

這樣一來，如果婉認為——或者至少是聲稱——她富有，我有什麼資格說她窮？

不過她終究還是窮的。

我怎麼知道？她目光黯淡、骨瘦如柴、皮膚上有病斑，這些無一不是證明。我會不會拿自己的性命打賭，說她此時已不在人世？倒還不至於；即便是醫生在面對自己的末期病患，也少有人會做出這麼輕率的判斷。只不過……

貧窮是在機會和際遇方面低於正常程度的悲慘處境。任何觀察者如果理解自己的正常性的外在現實狀況，都可以應用這個定義。它作出一個有用的初步粗略評價；聯合國的速記型定義「貧窮是指每日所得低於四美元」是針對那個粗略評價所作的**實務性**粗略評價。這種物質主義的概念有它的毛病，前面已經討論過一些。以下是一個更基本的問題：這個概念只針對人生在世的物質性、可測量面向。這樣定義出來的人也很可能會是盧梭

（Jean-Jacques Rousseau）所說的「野蠻人」：這種人在天地間認定的好事只有食物、女人和睡眠；害怕的厄事只有痛楚和飢餓。當然，政府和救濟機構中那些心思最細膩的政策制訂者會為盧梭的「好事目錄」做點補充，加入諸如教育、性別平等能為公民社會錦上添花的好處；他們加的項目越多，就會遭遇越多的反對意見——哪個項目該獲得何種程度的經費挹注？簡言之，他們也因此越會落入本書早已決定放棄的那種主觀性。

貧窮是……低於正常程度的悲慘處境。但何謂「悲慘」？只要那兩個哥倫比亞人有食物吃，有覺可睡，有女人陪，那他們的處境有什麼必須讓我們揪心之處？這個問題當然非常唐突，但這更證明了我們[11]非常清楚他們值得擁有更多。沒錯，他們值得擁有更多。

貧窮是指值得獲得身為富人的我所擁有的一部分。這是慈善機構下的定義。這裡的「值得獲得」不該被維多利亞時期的觀念玷污；那個時代的觀念在慈善方面非常欠缺，因此會把遊民和慣性無所事事者排除在外。

或許我受的教育沒有我希望的那麼多；不過無論如何，我的生活大致上還算適合我。那邊那個乞丐有食物吃，有覺睡，還有女人，不過他不識字。他「需要」多少教育？何不回答：**跟我一樣多**？何不甚至乾脆說：**跟我希望我能受的教育一樣多**？

假使他要的比較少呢？有一次我救了一個少女，讓她免於被迫賣淫。我幫她出了一年的學費。她選擇學習縫紉，而不是學讀書寫字。當時我應該堅持要她做別的選擇嗎？我最後一次聽到她的消息時，她已經結了婚，仍是個文盲，但自己有謀生能力，而且不會不快樂。

如果有人擁有的東西比我少，而且對此不快樂，我會認為他窮。如果他宣稱自己有錢，可是我卻明明看到他沒有興旺發達（類似醫學教科書所說的「成長不良」〔fail to thrive〕），那麼最好也把他視為窮困。只要在這件事上有任何懷疑，何不就把他視為窮？慈善機構便是這麼要求的。

但是，如果基於我對他所處現實的感知，以及我對他的邏輯連貫能力的判斷，我決定把他視作心智健全（這就是馬克思主義的虛假意識概念出錯的地方：在要求我們「盡可能尊重其他人的自我覺知和自我判斷」這種慈善式的思維中，馬克斯主義的概念站不住腳），而且如果這個心智健全的人堅持認為他是富有的，無論他擁有的東西是多麼多或多麼少，那麼慈善思維會要求我相信他。

11

所以沙布瓦的鮪魚漁夫不是窮人。妮娜．索柯洛娃是窮人。我記得在馬達加斯加看到的那個行乞老婦，她張著嘴巴，黑眼充滿哀傷，瘦骨嶙峋的手扯著削瘦臉孔上的鬆垮皮膚；她說她不記得這輩子肚子曾經飽過〔照79〕；當時如果我問她算不算是窮人，那真會是天大的侮辱和挑釁；她的肚子已經回答了這個問題。——那麼葉門那個女乞丐安娜赫呢？她說她很快樂，也說她是窮的，所以她是窮的。越南稻田裡那些婦女呢？我很誠實地

⑪—這個「我們」是誰？我的中國通譯員蜜雪兒（一一〇頁起）堅決把她自己排除在此之外，因為她說：「什麼事你都該自己做。不應該抱怨人生對你不公平。」

回答：我不知道，因為我還沒問過她們。

你窮嗎？這個問題我們大部分人都能相當輕易地回答。**你為什麼窮？**窮人對這個問題的回答經常跟他們生活上的窮困一樣貧乏，這點相當恰當地與本書的期盼和自許產生矛盾：

在河邊的遊民宿營區，一名飽經風霜的日本人坐在他的腳踏車上，雙腳撐在水泥地面。我問他：

為什麼有些人富有，有些人窮？

他斜倚在腳踏車上想了一下，接著說：因為有些人有工作，有些人沒有。

那這是因為運氣，還是因為某種其他因素？

他說：當你的年紀越來越大，就算你想工作也沒辦法。這裡的人大部分都在建築工地工作。我在公園裡做清掃。

這個工作難嗎？

難，很辛苦……

我們互相看著對方，不知道還能說些什麼。

譯注

❶—巧茶（qat）學名為 Catha edulis，也稱阿拉伯茶、葉門茶、東非罌粟等，葉子含有興奮物質，可嚼碎食用。

3 娜塔莉雅的小孩

Natalia's Children

俄羅斯，2005 年

1

指控她出生的季節（她出生在哪個季節與此何干？在任何一個秋季，她都可能被那隻扁蝨咬到！），歸咎給那個為她的婚姻帶來噩運、拐走她的小孩、甚至可能用魔法毒藥害死她丈夫的吉普賽女人——娜塔莉雅（Natalia）〔照 32〕訴說的是一個窮人的故事：更精確地說，是個日期相互矛盾——尤其是在小孩這個格外重要的部分——的故事。她乞討的方式是沉默的點頭，那究竟是一種祈禱、打招呼或近似帕金森氏症的痙攣，我從來沒過問；無論如何，當她雙腿蜷縮在身體底下、坐在滴血教堂❶旁邊鋪在人行道的厚紙板上時，她的頭部那種看起來神經兮兮的抖動，跟她身體其他部分的全然靜止形成了醒目的對比。

不若蘇妮，娜塔莉雅是以敘事體口述她的自傳，當中充滿伏筆、敘事性的轉折，以及最後的高潮；雖然她的小孩在故事中扮演的角色不可思議地變化多端，至少他們的存在——無論其中帶有多大的悲劇色彩——還是比蘇妮的下一代被描繪出來的存在感來得連貫些（蘇妮的小孩有時是五個，有時三個，端賴說故事的人是蘇妮自己，還是薇蒙拉特）。畢竟蘇妮的工作是清掃辦公室，而娜塔莉雅的工作是搏取富人的憐憫；把故事說得活靈活現、淋漓盡致必然有助她達成目標。

她艱苦地起身，陪我走到米凱羅夫斯基公園（Mikhailovsky Garden）中的一處長椅，然後說（以下正式詞語的表達方式一部分源自她自己，一部分則是通譯員的功勞）：我是我母親再婚後生的小孩，我出生時她已經四十九歲。我不幸生在西伯利亞東部，而且是在五月，所以注定要在秋天被扁蝨咬到，秋天的扁蝨特別毒。他們把扁蝨拉出來的時候，牠已經長到**這樣大**——她邊說邊在拇指和食指間拉出一個大大的距離。——我認為她覺得那是命運使然，通譯員插口道。

我被咬的地方是頭頂上比較軟的部分，娜塔莉雅繼續說道。我母親第一次結婚時生的小孩，也就是我姊姊，她沒跟她先生住一起，因為他是個酒鬼，當時是她把扁蝨拉出來的，因為她留了長指甲。我姊姊那時十七歲。在西伯利亞東部，叫救護車是不可能的事；那裡根本沒有救護車。扁蝨在我身體裡已經待了四十分鐘，如果蟲再待久一點，我恐怕會沒命。姊姊把牠拉出來以後，我哭了起來。當然我不記得這件事，是我母親告訴我的。我姊姊跟家人的關係一直很不好，她曾經說她真希望當初沒救我。後來她死了，原因是嫉妒和心術不正。

我第一次癲癇發作是在那隻扁蝨被拔出來的時候。一九八三年，癲癇復發了。現在癲癇越來越常發作，每次會持續四到六個小時。

如果當年沒有扁蝨咬妳，妳的人生會有什麼不同？

說不定我已經念完大學。也許我會有同樣的婚姻；我丈夫現在已經死了。不過我可能不會像現在這樣在街上當乞丐，娜塔莉雅說；她狡黠地點頭。在這天的冷涼天氣裡，她的手臂交叉胸前，大衣鈕扣一路扣到腳踝。

妳的婚姻是什麼情形？

我丈夫因為脊椎結核死了。他和我的關係本來很好，不過後來他跟一個吉普賽女人有了婚外情，那女人想在我們家有個法律上的名分①。她可能對他做了什麼不好的事，因為我岳母去世的時候，身上有中毒的跡象。雖然那女人有個烏克蘭姓氏，不過大家都說她是個吉普賽人。她比我丈夫老成，不是說她的實際年齡比較大，而是她的經歷比較多。

他認識那女人以前有脊椎結核嗎？

他在那之前就出了毛病，因為他在LOMO相機工廠工作，工廠裡很多人都因為化學物質而生病。

妳父母屬於貧窮階級，還是在中間，或是算富裕？

還不壞。媽媽在一家印刷廠工作，不過她心臟出問題之後，他們就把她降級，要她去賣報。接著她就中風了，不過她拿到了撫恤金。

你們為什麼離開西伯利亞？

我父親是個地理測量師，他的工作讓他能住在這裡。我母親是個退伍軍人。當年她在離她村子只有幾公里的地方打仗。我們住在父親的房間裡，一直到母親可以申請軍人撫恤金。父親在一九九八年過世，接著母親丟

①—我的通譯員解說了這個部分：「那是指「propiska」，也就是在那個城市登記和享有住房的法律權利，如果想要得到這個權利，她必須拿到文件，證明她是那個家庭的成員，比如說跟娜塔莉雅的丈夫結婚。

了她的工作和福利，因為她得一直帶我去看病，結果常常無法上班。

所以我認為她覺得有罪惡感，彷彿她毀了她母親的人生——通譯員做了這樣的評論。

2

娜塔莉雅那張蒼白、麵團似的俄羅斯臉孔上有一對海綠色的眼睛，她穿的是一件色調比她的眼睛深一級的藍綠色大衣，總是習慣坐在滴血教堂旁、鋪在人行道上的厚紙板上，雙腿蜷縮在身體底下，糖果色的壯觀教堂讓她的身影顯得格外渺小——這些都是關於娜塔莉雅的事實，而在這些事實中還能填入其他資訊：她生於一九五六年，一九五八年被帶到聖彼得堡，在各個療養院度過許多時日，一九八五年結婚，同年生下頭胎。她丈夫跟吉普賽女人的婚外情在一九九〇年展開，然後（她想了一下）他在一九九三年去世。

當我請娜塔莉雅繼續說她的人生故事時，她說：從我兩歲開始，我的身體右邊就有部分癱瘓。我一直都有顫抖的毛病，這輩子常在做各種醫學治療。

這已經成為定義她人生的東西；她從來都逃不了。

我們大家全住在一起，她說；包括我婆婆在內，我們共有六個人。可是我父親跟母親處不來，所以他跑去跟我姊姊住。我後來的丈夫就住隔壁。他也是退伍軍人的小孩。當時我在醫院上班；一九八三年秋天，我們在一場醫院的宴會上認識。一九八四年我們結了婚。我的癲癇復發時，他非常、非常體諒，他說：我要跟妳一起生活，照顧妳。我為他生了一個健康的女兒，這樣他就知道我的血是健康的，所以我那種病只是後天疾病。女兒六歲大的時候，他就死了。

這樣的話，我計算了一下，他應該是在一九九一年過世，而不是娜塔莉雅一開始說的一九九三年。姑且不管這個。她告訴我她所有小孩的名字和出生日期。艾蓮娜是在一九八五年六月二十二日出生（那是個不吉祥的日期——納粹入侵日），娜德茲妲一九八九年二月十七日生，亞歷山大一九九一年八月二十日生。

接著她說：我的小孩被送進孤兒院。她又說，年紀比較小的兩個都自殺了，大女兒則逃出孤兒院。我去找她，我找得很辛苦；可是那時因為嚴重癲癇住院，結果一直沒找到艾蓮娜。

妳的小孩為什麼會被送進孤兒院？

那是我先生幹的好事，娜塔莉雅說。

為什麼？

那時候他嚴重酗酒，我又住院，小孩等於無依無靠。而且那個女人讓情況又更糟糕，她竟然說當初我不該生小孩。她說服我丈夫把小孩送進孤兒院。那時候我人在庫比雪夫（Kuibyshev）的醫院裡。

根據娜塔莉雅最初的說法，這些都是一九九〇年代初期發生的事。所以亞歷山大是在還不到三歲的時候就自殺了。可是如果當初把小孩送進孤兒院的確實是她先生，而且他是在一九九一年、而不是在一九九三年過世，那就表示心智超級早熟的亞歷山大大約是在一歲時自殺。

妳說那是什麼時候的事？我問。

一九九八年或九九年。我想到莫斯科車站搭車去領回孩子，可是我朋友（這時通譯員說：我認為那個人不只是個朋友）說服我別這麼做。而且我發現，如果我要把孩子領回家，我得請醫院證明說我不會再犯癲癇。我沒辦法拿到這個證明。

好吧。那妳現在的生活怎麼樣？

我跟一個男人同居，我跟他溝通得很好。我們倆的健康狀況很相似。他有認知困難和癲癇。他也愛喝酒。他媽五十歲生下他。兩年前她過世之前，她簽字把她的公寓轉給我，她對我說：幫我好好照顧他。

妳的經濟狀況曾經好過嗎？

一九八〇年代，確實說，是一九八四到八九年間，那時我還沒結婚，在診所工作。我對這工作興致高昂。我在九十八號醫院上班。然後我丟了工作，因為我得照顧三個小孩。

隨後她又說：我的癲癇復發，因為這樣就丟了在那家診所的工作。

那麼妳是在何時變窮的？

我跟我先生的關係在一九九三年變差。後來他試著和解，我想他是為了拿財產，可是我說不要。於是他就失去了房子。我就變成在這裡……

3

娜塔莉雅，妳為什麼窮？

癲癇症。這個社區每個人都認識我，也都看過我病倒。警察認識我，他們會給我打針。他們知道我不喝酒。

這個幾乎跟我同齡的可憐女人，頭髮已經比我的白很多；她連自己的故事都沒辦法說得有條理，更甭提她小孩的故事，可是她居然能從自己的窮困狀態中分析出道理——不是像蘇妮那樣用佛教的「造業」概念來解釋，而是把問題歸諸於**環境因素**。不過我記得她的口述自傳是怎麼開始的：**我很不幸生在西伯利亞東部……**——而且我沒忘記通譯員提供的說明：**我認為她覺得那是命運使然**。

我問娜塔莉雅她相不相信命運，她說：絕對相信。我到過好幾間教堂，在命運這件事上得到慰藉。我進過一間教堂，祈求上帝解除我的病，我知道這樣要求是一種罪，但我還是做了。

為什麼妳的命運是在年紀很小的時候被扁蝨咬？

被扁蝨咬只是個巧合。我出生的時間不好。秋天的扁蝨很毒……

4

沿著大教堂邊走幾步路，就在圍繞教堂的欄杆旁，我碰到娜塔莉雅的對手——硬朗敏捷的老婆婆奧可桑娜（Oksana）〔照33〕；她非常瞧不起娜塔莉雅，因為「她專門跟酒鬼混」。奧可桑娜用比較合理、也比較有智慧的方式說起自己的故事，而且即使年事已高，她依然神采奕奕、洋溢自信，不難想見她的人生經歷過一些成功的片段（我想我在這裡說的「成功」應該是指「安全」），不過關於「命運」，她表述出一種徹底奇幻的想法，在這個共產時代產物身上，這件事讓我非常震驚。一個比娜塔莉雅的遭遇更駭人的環境變故，讓她流落到了這裡；儘管如此，她非常相信一種東西——由於我找不到更好的名詞，姑且就把這東西稱作「草根迷信」。

奧可桑娜的年紀是八十一歲。

她說起她的故事：一九四一年我唸完七年級以後，就被直接送到戰場上挖反坦克壕溝。當地有一家汽車工廠，我們就負責在附近挖壕溝，確保敵人無法逼近。他們朝下挖了九公尺，這樣坦克車一來絕對會掉進去。我們整個四一年夏天都在做這件事。那時我十八歲。後來我被送去挖草皮，裝進集裝箱裡；那是要運去發電站用的。接下來兩年，我成了某個政府組織的僱員，晚上會到醫院洗地板。我跟我母親同住。我父親在前線犧牲了。他是在四一年底被點召進去的。我們聽說他有一次因為痢疾被送進新西伯利亞（Novosibirsk）的醫院，然後又回到前線。戰爭結束後，我們收到一封信說他已經為國捐軀了。

我們家絕對算不上有錢，但也不是窮光蛋。媽媽是集體農場（kolkhoz）的小隊長，爸爸則是集體農場的司機。我在一個統計局工作，那個單位負責記錄集體農場的資訊。之後我被派到工廠，專門負責收集縣裡面所有集體農場的統計資料。每個縣都有一家像這樣負責計算的工廠。所有東西都會被計算、秤重，所有農產品、穀物、麻布、牲畜等等。我是那家工廠的負責人，我是屈卡洛夫斯基縣的首席統計督導，那個縣在高爾基（Gorky）附近……

奧可桑娜說這些時帶著一種確信感，那超乎單純的驕傲。顯然她在那個重要的職位上表現得很好；那個工作適合她；她有資格坐上那個位子。

那時我跟我先生住在一起，她繼續說。媽媽留在家鄉的村子裡。我在一九四五年認識我先生，他因為酗酒過度，在四九年就死了。我們的女兒在四七年出生。那段婚姻不是很理想，狀況很多。後來我沒有意願另外再建立一個家庭。

妳結婚的時候在財務方面有安全感嗎？

我們賺的不夠多，沒辦法有安全感。我們認識的人每個都撐得很辛苦。戰前的情況比較好。那時我父親工作很賣力，所以我們有一些物資和很多牲畜。大戰期間我們還很年輕，體力充沛，所以去挖壕溝的時候根本沒注意到自己正錯過什麼。接著大戰結束，情況就惡化了。四七年最慘，因為麵包配給量減少到只有兩百公克。

情況變成這樣，妳會怪史達林嗎？

那個年代我們不會這樣思考政治，我們就是接受上面來的決定。

現在呢？

她啜泣，然後說：現在的生活已經掉到絕對谷底②。

這位信仰虔誠的女人從來沒進去過滴血大教堂，因為進去要花錢。可是有誰比她更熟悉教堂外部？

我問她我一直很討厭問、但又不得不問的問題：妳現在會把自己描述為窮困嗎？

當然會。我沒有住房，無法申請換發護照，所以沒辦法找工作做。這個問題從九三年開始就一直存在。我

②——聯合國指出，「東歐及獨立國協成員國……」——相當於過去的蘇聯——「在過去十年間經歷了最嚴重的惡化現象。所得性貧窮從人口的一小部分擴及到三分之一——一億兩千萬人生活在每天四美元的貧窮線以下。」

女婿的爸爸沒有撫恤金，而我們的文件從我們來到這裡之後就一直沒能換新。

妳為什麼窮？

我不知道。也許我們在某個時候做錯了什麼。我們這種人不習慣乞討，所以人生的河流把我們帶到哪裡，我們就到哪裡。我有四個人要養……

妳相信命運嗎？

我相信上帝，所以我相信命運。這就是為什麼有回我被人從我待的地方趕走後，我在地鐵裡徘徊，一個黑衣、金髮的高挑美女給了我一塊肉餅。警察過來想趕我走，可是她挺身支持我。

所以妳的命運就是乞討嗎？妳一直沒辦法做點什麼別的嗎？

我確實相信命運。可是有些人的適應能力比其他人好，我們在適應這個方面運氣不好。有個教會人士跟我們接觸過，他答應要幫我，他拿了我的證件去影印，寄到英國，他說我們會得到財務援助。後來我女兒要上醫院動胃部手術，我們請教會幫忙，結果他們說他們得整修教堂。我現在還是相信他們拿到了應當給我的錢，但卻把錢拿去整修教堂。

那麼，奧可桑娜到底相不相信命運？那當然！很久以前，當她還是小女孩時，有個**又高又漂亮的阿姨**看了她的手相，然後說：妳老了會變乞丐。——我相信那女人是個神靈，奧可桑娜說。

讀者們請試想：出生在一個官方信條是激進無神論的國度，一輩子大部分時間都活在那種信條的陰影下，在某個地政機構工作，達到某種物質上的成功，卻仍然讓某個超自然預言縈繞心頭！那個女神靈莫非就是因果報應的人形化身，就像毀掉娜塔莉雅人生的那個吉普賽女人？

所以，為什麼有些人富有，有些人窮？我問。

奧可桑娜微笑著搖搖頭；她攤開雙手，頭往後傾，露出笑容。——因為這世上沒有公理正義，她說，因為比較有錢的人拿走了其他人的東西。這是天理；一定是上帝准許的。

（如果去除文化差異和自責的部分，我們會發現，這個說法和蘇妮的答案很像：這是造業。）

共產時代情況也是這樣嗎？

那時候比較好，因為我隨時可以抱怨，政府會處罰犯錯的一方。現在我不知道該向誰抱怨。

為什麼上帝准許這種情況？

這不只是唯一一個上帝的事。世間還有一些不乾淨的神靈，那些東西也不願意讓耶穌活在這世上。可是我拒絕承認他們，因為我只相信一個上帝。於是他們就不會幫我。

5

所以，儘管娜塔莉雅強調被扁蝨咬只是個巧合，我還是注意到了，那個致命吉普賽女人的幽靈在她的說明中無所不在，就像海鷗叫聲在全聖彼得堡市裡迴盪。表面上看起來，她的宿命論不像蘇妮的那麼強，比如說當我問她為什麼世上有窮人有富人，她的回答跟奧可桑娜差不多：我相信這跟一個人在人生中的適應能力好壞有關。假如我沒生病，我會很樂於找個工作做……

「適應」所處環境的能力因人而異，這個概念或許真的跟態度和個人選擇有關。但對娜塔莉雅來說，「適應能力」很可能也是一個天生得到的量。我從沒聽過她責怪自己沒能成功「適應」。**假如我沒生病，我會很樂於找個工作做**。在這個脈絡中，疾病聽起來幾乎不像是性質上的缺陷。

6

我下回再見到娜塔莉雅時，是個暖和的日子，所以她沒穿那件厚重的大衣。少了大衣的她顯得比較虛弱、纖細，比較扭曲而悽慘。她說她的身體很痛苦。她只跟陪同我的那個女人說話，似乎不認得我了。第三次或第四次見面後，她終於費勁學著說我的名字，不過很快就忘記了。第五次見面前，她發了兩次癲癇。那次她說話的速度慢了許多。她說她的頭部有一種奇怪的感覺，覺得自己應該是**情緒緊張**。

娜塔莉雅住在一戶兩房公寓裡，公寓原是她男友的母親所有，她是個退伍軍人，戰時殺過幾個德國人，因此特別配到好房子。她曾經是營長，胸前掛滿徽章！娜塔莉雅地神情肅穆地點頭，緩緩說道。她記起自己的家世：我父親去世前得到將軍身分，她說③。

她的男友原先在克魯普斯卡雅（Krupskaya）空氣壓縮機工廠上班，負責清潔壓縮機。列寧主義倒台後，這棟紅磚建築改了名，不再用列寧夫人❷的名字稱呼；現在它叫「進步工廠」。

娜塔莉雅邊點頭邊扮了個鬼臉：如果他沒讓我跟他住，我會流落街頭。

妳生第一個小孩那時，妳跟妳先生快樂嗎？

提到這個話題時，我清楚感覺到她眼中浮現一種全然的消沉——我是不是該換個話題？可是從一開始就拚命想搏取我同情的人是她，我們第一次見面，她就提起她死去的孩子。而且是我付錢請她告訴我——這是為了我，也是為了各位讀者——她悲慘境遇的特殊脈絡。如果我們的交談沒有具體的結果，我還是能尊重她改變原則的決定。實際情形是，由於我富而她窮，我可以——這麼說吧，我有權利殘忍；或者你也可以簡單地說，每當我把錢拿出來，我會習慣事情按照我的意思做；又或者你也許可以幫我貼上一些比較仁慈的標籤，比方說「貫徹到底」或「誠心誠意」。在和娜塔莉雅的訪談過程中，通譯員有兩三次表現出責備姿態。她認為我應該放下小孩這部分。我想我或許可以簡單地告訴各位小孩已經死了；然後，當事實本身開始站不住腳，我也可以把它從記錄中全面剔除，藉此展現圓滑；但要是這麼做，不就剝奪了娜塔莉雅爭取各位同情的最佳說詞之一嗎？況且，當我要求前去她家拜訪——我也跟她的競爭對手奧可桑娜提出同樣的請求——她拒絕了，理由是她跟男友

③——誇大其辭是個無處不在的人類特徵，猶如家常便飯。可是當窮人試圖放大自己時，他們的貧窮把他們牽制住，有時是在他們謊稱經歷過一些他們根本沒經歷的事時揭穿他們，有時則會把那些謊言壓縮得非常薄弱，聽起來可悲、而且不足採信。故事或許是真的？但那種薄弱感依然揮之不去。我最近在沙加緬度遇到一位遊民，他自豪地誇稱他來自所有地方：西德，羅斯維爾（Roseville），北高地（Northern Highlands），卡爾麥克（Carmichael）！除了第一個地點之外，其他都是沙加緬度的郊區。至於西德，那是因為他過去所屬的軍事單位設在那裡。他非常驕傲的一件事是，因為他的工作涉及核子事務，因此曾受到美國聯邦調查局的調查，結果獲得清白。這個遊民自封是「史提爾牧師」，他不管有沒有服藥，都會聽到惡魔的聲音催促他去殺人、搶劫、炸掉國會，他坐過一次牢。他向我乞討時剛好有警車經過，警察警告他走開，所以我基本上不期待他會對執法人員有什麼好感；但在他的心目中，被聯邦調查局調查的事依然光彩奪目。他吹噓這件事時那種洋洋得意的口吻，就跟娜塔莉雅宣稱她父親具有將軍身分時的態度如出一轍。

的父親關係不好。所以我還能憑藉什麼去認識她？只有她對自己所做的敘述，對吧？可是她提供的那些反覆無常的細節，卻不斷在我的注視下變換位置，就像她得一直點頭一樣。我不是在斷言她說的人生故事當中的所有細節都是假的，我只是覺得故事的每一個面向都像黏黏的蜘蛛網，很難禁得起重複審視。

先前我提過奧可桑納不喜歡娜塔莉雅。有一天早上，她狡猾地讓我知道娜塔莉雅前一天的收獲驚人；某個觀光客給了她三十歐元④。當我問娜塔莉雅昨天過得如何，她露出同樣那種疲憊不堪的表情。或許那不是消沉，而是一種戒心。現在，她正設法從受損的大腦中找出關於她小孩的真實記憶，或者只是在努力回想她先前告訴我的故事是哪個版本？

孩子出生時，我高興極了——她終於回道。我先生和我都很驚訝她那麼健康。我們之間的關係一直很好，直到那個女的毀了一切。

妳的小孩都是按照計畫生的，還是不小心有的？

她露出微笑。——我先生很想有個兒子，所以我們就一直試。我們先生了兩個女兒，然後生了兒子。故事的這部分是她比較喜歡講的，最初那段甜蜜時光，她生下健康的寶寶，自己的身體也暫時回復正常，先生非常疼愛她——她還沒遇到那個要命的吉普賽女人。想必是拜這些因素之賜，她小孩的故事讓她和我同樣目眩神迷，宛如陽光在教堂金頂上形成痛苦的白色光環；那些冰淇淋糖果般的金頂或捲曲或方整，映照在運河的黑褐色水面上，變成受苦扭動的綠色形影，失去了任何意義。那座大教堂擁有多少金頂、臉孔、角度、圖案？跟整個世界一樣多！但運河硬是把它們全都壓扁、扭曲，化約成殘缺不全的碎片。

娜塔莉雅降低說話音量，通譯員則側著頭聽她說話；這次我們帶她到一家鬧哄哄的食堂進行訪談。——小兒子在困惑中成長，她繼續說道。我跟他說一件事，我先生跟他說的是另一回事，然後吉普賽女人又有不同說法。我先生決定出軌後，衝突就開始出現。那個女人一心想混進我們家，把她的兩個小孩也弄進來。其實她對他們很冷淡，她嫁給一個海軍軍官，先生經常長期派往海上巡航。她一直對丈夫不忠。她是半個吉普賽人，所以見怪不怪嘍⑤，娜塔莉雅邊說邊把略呈肉紅色、小於平常人尺寸的拳頭捶進另一隻手的掌心。

妳的癲癇症是在妳丈夫出軌之前、還是之後復發的？

我老實跟你說：要不是發生那種事，我的健康狀況一定會比較好。八五年那時，醫生說我的狀況改善了，八九年以前我一直越來越好。

你丈夫後來還愛妳和你們的小孩嗎？還是他只關心那個吉普賽女人？

娜塔莉雅幾乎坐著不動，她的手放在胯部，上身往前傾。她身上一直穿著大衣。她說話變得越來越不情願，她說：我先生某個時候跟她失和，他聽說我的狀況變好了，就想回來跟我住，我說不行。兩天後他就死了。那陣子我在庫比雪夫醫院神經病房。他從沒來醫院看過我。我設法讓我們的接觸減到最低，不過小孩們要來看我。

這個說法和她先前所說的版本矛盾，她原本說小孩在她先生酗酒過量時已經被送走了。

小朋友的情況呢？我假裝是第一次問。

④—當時大約相當於二十五點五美元。

⑤—在此我忍不住想引述作家屠格涅夫在一八五〇年左右的作品中的一個女主角：「你不明白我們這些吉普賽女孩嗎？我們是這樣的，這就是我們。一旦離去的渴望占據我們，把我們的心召喚到某個遙遠的地方，我們怎麼可能留在原處？」

小女兒在孤兒院待了一段時間，然後跑走了，那時她六歲。

妳可以多告訴我一些小朋友後來為什麼會被送進孤兒院的事嗎？

我先生死後，他們就把小孩帶走了，現在她這樣強調。他自己絕不可能允許這件事。而且那個女人很怕會失去拿到房子的機會……

具體到底發生了什麼事？

我住在醫院，我跟小孩關係變差，吉普賽女人於是利用了這個機會。我發作時會有部分記憶喪失的現象，也會有一種叫作「漠然」的症狀。

所以那時候妳對他們感到漠然？

對。

他們自己在家待了多久？

她的眼睛瞇了一下，然後用睡意甚濃的聲音緩緩咕噥道：他們大部分時候是跟我婆婆在一起，我跟她也是鬧不合。

妳跟小孩分開多久？

我在醫院過了三個月，或許是兩個半月。幾天後他們強迫我出院，因為我沒有好的住房……

她的手勢開始遲疑，表情變得困惑。

妳什麼時候開始察覺到孩子們已經被送走的跡象？

我先生有個朋友喜歡喝酒，是個酒鬼。他後來死在公園裡。他被人發現倒臥血泊中，那時已有烏鴉在啄他的眼睛。而且他的腿部有壞疽。就是那個人告訴我的。他很怕那個吉普賽女人。他和我以前會在涅瓦（Nevsky）大街或地鐵站碰面，有回見面時，他告訴我那件事。因為他有壞疽，地鐵站裡有些人不讓他進車站，他們怕他會感染別人。

我問通譯員，妳覺得那個人對娜塔莉雅來說是不是只是個朋友而已？

我是這麼覺得。

娜塔莉雅，他們去把小孩帶走時，妳婆婆怎麼說？

其實她那時已經死了。

所以小孩是獨自求生？

事情都是人家傳的，娜塔莉雅囁嚅說著。我從來沒收到文件……

妳聽到消息時有什麼感覺？

我心情糟透了，就算是我的敵人，我都不會希望他們覺得那麼糟。我激動得發抖！

接下來妳聽到什麼消息？

什麼消息也沒有，不過那個吉普賽女人一直刺激我，她說：妳保不住小孩的，而且我無論如何都會把他們帶走。我那個有壞疽的朋友跟我說我的二女兒被帶走了。他的名字叫史畢爾金（Spirkin）。他會去看我的小孩，帶他們去散步。

妳為什麼不去看孩子？

娜塔莉雅緩緩轉身，不知在包包裡翻找些什麼，可是也沒見她往包裡瞧一眼。她說：他們不准我去，因為我跟我先生起過衝突，還有因為那個吉普賽女人老是待在那裡，所以我沒法想像自己去看他們。

（為什麼那個吉普賽女人總是待在那裡？是為了幫忙照顧小孩，還是為了把娜塔莉雅隔絕在外？她有什麼資格？）

7

妳的小孩發生什麼事？我問她。

她的頭忽然往前低下，眼睛又呈現藍綠色。她幾乎沒有移動身子。

我需要錢是為了買車票去找我的孩子。我認識一個人，他有可能幫我找到。

娜塔莉雅現在神色森冷，坐得很端正，雙臂交叉胸前。她搖頭，拒絕再讓我拍照。或許她在那一刻很恨我逮到她說了一堆謊話，如果那些確實是謊話；也有可能她在陳述每個故事版本的當下，那個版本對她而言都是真的。我很擔心如果繼續問下去，她可能會受不了，繼而癲癇發作，所以我決定讓她離開，於是她恢復了屬於她的那份快活。

我哺乳的時候奶水很多，她透露道。

趁著通譯員往前多走了幾步路，她猥褻地摸了我一下。

8

和娜塔莉雅不同，奧可桑娜保有她的小孩，而且一直扶養到現在。其中只有一個是她親生的，也就是她的女兒妮娜．里歐尼戈芙娜，現年五十八歲。妮娜的丈夫尼可萊．瓦西列維契．索柯洛夫（Nikolai Vasilyevich Sokolov）比她小一歲。他們生了兩個女兒，根據奧可桑娜的說法，她們的年紀過了二十（其實她們已經三十歲），名字分別是艾蓮娜和瑪莉娜。奧可桑娜出門乞討時，他們全都待在家裡（照34–37）。

她可真是個堅強的老太太！我忽然想到，或許我不該宣稱她真的快活；每當她回憶起教會的人是如何利用她，她都會忍不住哭起來；其他某些時候，當她自己或我讓她想到在這一刻之後，還會出現許多情況半斤八兩的時刻——簡而言之，就是她想到自己的窮困狀態——她就會開始擦拭她年邁的雙眼；她不斷捏起眼鏡，用食指拭去眼角的淚，她顫抖的嘴巴隨之下垂。儘管如此，她依然一身傲骨，在某方面來說甚至充滿樂觀。有一次她說：我一直工作到九三年。我是一九二四年生的，你看看，我到現在都還在工作。我一向不喝酒也不抽菸，這就是我還能工作的原因。以前我很會游泳，曾經游過窩瓦河。我會游到一座島上，在島上摘漿果和野菇；現在我連腳趾頭都不碰河水！過去我是那種永遠懷抱希望、絕不向人乞討的人，雖然我當了一輩子的工廠主任，可是我不會因為現在得乞討就覺得羞恥。我心情低落的時候會向上帝和聖靈祈禱，然後我就會覺得比較好些。

情況最好的時候，我一天能拿到一百或一百二十盧布⑥。我們只靠麵包和茶過活，沒有臘腸也沒有乳酪可吃，有時會買一盒果汁。房租是每個月六千盧布，幸好有個住在窩瓦河附近的堂親會幫忙出這個錢。

我女兒的丈夫被派去清理車諾比核電廠❸，結果輻射中毒。於是我們搬到了聖彼得堡，因為唯一能治這種病的醫院就在這裡。他的症狀是嚴重頭痛和高血壓。他們幫他做了全身X光攝影，他在醫院待了好幾個月。他的心臟也有問題。要是現在他能被派去當清道夫，他會很高興。

我女兒生病那時，因為她沒有證件，沒有一家醫院願意收。為了救她，我簡直拚了老命！最後終於找到一個醫生。我相信上帝，所以她開刀的時候，我把討來的錢全捐給教會了。妮娜的健康狀況現在已有改善，我相信我的祈禱有了效果。

我的兩個孫女因為健康問題，也都沒有工作。也許這跟輻射有關。她們大都待在家裡看書。

9

他們當然住在離聖彼得堡市中心相當遠的地方，住在一路延伸到天邊的郊區那些曾經潔白過的公寓大樓的其中一棟。奧可桑娜每天單程通勤至少要花一個半小時：搭地鐵一個小時，地鐵裡的警察有時會把她乞討到的錢搜刮走；接著花三十分鐘、甚至更久的時間等公車回家，車程又是半小時。後面這段路途妮娜、通譯員和我走路十分鐘就能走完，不過奧可桑娜年紀太大，已經沒辦法這麼走。由於我不想勞動她（而且我還得考慮通譯員的費用是按小時計算），所以我選擇搭計程車。當我們以這種不尋常的方式進入他們的社區時，奧可桑娜很困惑，沒辦法辨識那些大樓。包括耐心得驚人的司機在內，大家都同意那些大樓每一棟都長得一模一樣。

於是我見到了奧可桑娜的家人。後來通譯員表示，她跟這家人稍微熟了一點之後，他們在她眼裡看來就比較像一般人了；她記得以前上小學時，有些同學平常看起來完全不會讓人覺得屬於邊緣階層，可是到了他們家卻發現，因為爸爸是酒鬼，家裡沒東西吃，他們只能用水煮乳酪⑦，做成濃湯來喝。

（娜塔莉雅穿的雖然是破舊的網球鞋和髒污的外套，但看起來也不窮。）

奧可桑娜曾經說過，她在妮娜借給她的一本書上看到關於不乾淨的神靈的事，所以我特別在他們公寓四處尋找宗教的跡象，結果我找到了：牆壁上有耶穌圖像，還有一些風鈴、小面具和線圈。房子整理得很乾淨，看起來沒有「暫時棲身」的樣子，只是到處都有行李箱靠著牆壁堆放，還有一個時鐘、一張餐桌；後側倒是有很多東西，女兒之一的瑪莉娜就窩在那裡，她的頭埋在手臂間，膝蓋往上立起，長長的頭髮往下流瀉。她從頭到尾沒說一句話。我沒有做出拍她照片的殘酷行為，不過我拍了其他家人的相片。我一些在美國做所謂低下工作的移民朋友看到這些相片後，跟我說這些人看起來一點也不窮——這個看法跟我的泰國通譯員說蘇妮的媽媽不窮的情形差不多。

⑥—她的女兒後來告訴我，他們一家人每天需要兩百盧布才能過活，另外還得加上每天三百盧布的房租。她沒說他們怎麼補足差額；可能是奧可桑娜的堂親在處理這個部分。

⑦—通譯員在此補充道：「是指加工乳酪，不是一般的乳酪……否則就沒法明白他們有多窮，因為真正的乳酪很貴。我們這裡有一種用鋁箔紙包成一塊塊的加工乳酪，只要花幾個戈比〔按：一戈比（kopeck）相當於百分之一盧布〕就可以買到一塊。

10

妮娜在我跟這家人接觸的過程中當了兩次「查證員」，第一次是打電話給通譯，詢問我們的動機和資源，第二次是在我設法獲邀到他們家拜訪的時候，她出現在牆上有塗鴉（「吻我屁股」）的門廊上查核我。每當她的丈夫在批評政府時說得太激動，她會設法安撫他，而她似乎也是兩個女兒最親近的人。一開始她讓我覺得她是全家人裡面體力最好、心智最健全、情緒最穩定的一個——即便我把八十一歲還老當益壯、為一家人賺生活費，只是經常會哭的奧可桑娜也算進去。妮娜看起來俐落、細心，不會顯得老氣。

她說：我完全沒料到情況會變得這麼糟。他們答應在聖彼得堡給我們一間公寓。我們不清楚內情，真的是被騙了。我們被告知說我先生是被派去車諾比做建築，而不是清理善後。我們在收音機上聽到那件事，可是他們跟他說他的工作地點跟污染區之間會有一個安全距離。他離開三個月，期間曾寫信回來。他們禁止他讓我們知道有任何事出狀況。所以我們相信他信中字面上說的東西，我心想，我丈夫永遠不可能欺騙我。他立刻出現健康問題。他變得沒辦法一天工作八小時，於是他們就提議把他解雇。

那時妳做些什麼事？

我常跟小孩一起相處，也在小學教書。

11

在大教堂前面，奧可桑娜說過：他不太喜歡提那件事，不過當時他人就在爆炸中心點。他的一個同志偷了一塊看似黃金的金屬，放在枕頭底下，結果此人再也沒醒過來。可是我女婿遵守所有規定。他在主要區域裡工作，每天工作結束後，他們都會把他的衣服燒掉，再發新的給他。

就像早年預告她會以乞討維生的那個靈女，造厄的黃金也帶有童話故事般的性質；我這麼說不是要影射奧可桑娜在幻想。輻射有可能用這種方式讓人死掉嗎？一位腫瘤專家提醒我，通常人是因為嚴重輻射暴露導致腸道內壁脫落而死。頭部如果遭受到高劑量的伽馬射線，比方說通過一個枕頭，確實可能導致頭蓋骨膨脹，因而死亡，但她認為這至少需要兩三天。姑且不管這個。我們沒理由不相信某個無知的工人會把某種放射性物體放在枕頭底下，而且因此斃命；一九七一年時，有幾個日本人因為收藏另外一個受污染寶物——那是一根沒收好的銥 -192 金屬棒，某個人看到那個彷彿來自外星的東西，覺得非常好奇，於是把它帶回家——結果出現噁心、組織病變、貧血等問題。這個世界真可怕，邪惡的玩意兒遍布各處，一般人因為難以解釋那是什麼，乾脆就說「超自然」……我是不是該請奧可桑娜的女婿驗證那個有毒黃金的故事是真是假？他自己從來沒主動提過那件事。在他們的狹小公寓裡，奧可桑娜就站在他旁邊（房內的椅子不夠讓所有人都有得坐），於是我忍住不問，以免讓她難堪。

12

娜塔莉雅穿上那件有點髒污的駱駝毛外套時，眼睛會變成跟她的頭髮一樣的那種灰色。雖然我最常看到她坐在滴血大教堂旁邊，蜷縮在她那塊硬紙板上，彷彿一隻乾掉的蜘蛛，但在我心目中，她會跟我的通譯和我一起坐在公園的長椅上，看四周蒼翠林木、灰濛天色，聽鳥兒輕快歌唱；因為那裡是她第一次向我引介她小孩的鬼魂——還有扁蝨和吉普賽人，那個要命的吉普賽女人——的地方。

至於奧可桑納，當我想起她時，我會記得她說：我要謝謝這世上所有好人，要不是他們，這個世界肯定天下大亂！

假如世界上真的只剩下作惡的人，我是否認為天下將會大亂？這倒不至於。但奧可桑娜相信奇蹟。——這個嘛，就連娜塔莉雅都有她的恩人，有個男人會開車經過，每次給她一千盧布；不過娜塔莉雅口中的奇蹟大部分都含有險惡的成分。

奧可桑納的奇蹟偶爾確實也會有幾分災厄的性質，比如那個被輻射污染的黃金的例子；不過她的奇蹟大都跟十九世紀俄國玩具上那些修長的木頭馬、豬和鳥一樣可愛。這是她對「大衛國戰爭」⑧的回憶之一：有一次我們在運送一火車的草皮，結果敵人的飛機丟了幾顆炸彈下來，炸彈掉到火車上，可是沒炸開。那些炸彈裡裝的都是沙，還有一些紙片，上面用俄文和德文混著寫了「我們會設法幫助你們」之類的訊息。——我可以相信這種事確實發生過，因為納粹在彈藥工廠裡使用奴工，常有奴隸因為過勞而死；於是就有很多破壞行為的故事流傳下來。話雖如此，我很懷疑那些善意的炸彈是否真有助於縮短奧可桑娜那時在打的戰爭。不過對她而言，那些訊息本身就構成了一種幫助。我認為她跟娜塔莉雅一樣——蘇妮應該也是——相信「天神干預」這種東西。

13

你是什麼時候知道出問題的？我問。

他們幫我檢測時我就明白了，男人回道。我的暴露指數是九點四。

他們在派你到車諾比之前，你知道些什麼？

根本啥也不知道。他們在我的官方軍用票證上只注明我去那裡是要蓋房子，沒別的。

我一直以為蘇聯對工人很好，我說。

實情完全不是這樣，他拉高音量強調。他們只是在報紙上高喊他們對工人好。我寫過一封信給普亭，結果收到回信要我跟地方當局連絡，但地方當局早就不理我了。

這男人的頭髮掉了一些。他穿著一套藍色舊衣，顯得太過瘦長，他的臉色蒼白而骨感，看起來有點怪異。

⑧—也就是我們習慣說的第二次世界大戰。

⑨—這裡一定有什麼東西在翻譯過程中被漏掉了，不然就是尼可萊・索柯洛夫自己搞混，因為爆炸事件確實發生在一九八六年四月。可能他是一九八七年才去做那個清理工作的，因為他後來說：「從八八年到九四年，我們住在伏爾加格勒，一直設法得到住房。」

他給我看他的卡，上面寫了一九八六年，他說那個年度不對，也就是說他無法證明他曾到過車諾比，因此他沒有資格申請賠償⑨。

你有跟其他工人保持連絡嗎？

沒有，他說。

他妻子認為只是日期被弄錯了，不過他相信是政府希望清理隊所有人員全都死光。

我認為莫斯科方面必須負責，他說。他們的目的完全就是改變情況，使得無人需要為政府對人民做的事情負責。

你今天好不好？

不好，他回道。

他妻子說：他在醫院時受到治療，但後來他房子沒了，結果也就沒得治療了……

我產生的輻射量比用來測量我肺部的X光機還多！他用夾雜驕傲和恐怖的口吻叫道。機器是四，我是十，所以X光做不成。

你的存在對家人造成危險嗎？

操作X光機的那個女人得穿上一件能防止四級輻射的鉛質圍裙，而我是十級，所以必然會有危險。這種情況是他們刻意造成的……

你在車諾比核災之前的生活是什麼情形？

他雙臂交叉，站在那裡想了一會，然後說：我的生活很穩定也很簡單。我在工廠工作十小時。現在我會抖，關節會痛。我是個建築工人，從地基開始蓋。這是我受的訓練，可是後來我又往其他不同型態的工作發展。不管工作在哪裡，都只是工作。我開始轉型做工廠和辦公室的工作，但後來我開始受到歧視。我的酬勞跟別人的不一樣——

我說過，索柯洛夫家的公寓裡沒有多的椅子，所以他站著的。我這個客人、觀察者、有錢人是坐著的。到了這時，他留了半長的稀疏頭髮和光禿禿的前額，還有他那正在發白的厚實眉毛，無不讓他開始對我造成奇特的效應。

你去車諾比的時候，現場是什麼樣子？

嚴格管制。我們會搭一輛特別的巴士前往一個中間區，穿上工作服，再前往主要反應爐區。我們會搬構架和混凝土，把混凝土灌進去。日本送了一些機器人到反應爐裡，可是輻射太高，那些亮晶晶的嶄新機器人派不上用場，只能站在那裡當花瓶。

那裡面是什麼樣子？

我們到那裡的時候，反應爐已經用水泥覆蓋住了。但是它旁邊有一個機器通道，叫機械室。爆炸時反應爐炸出來的東西掉進那裡，有牆壁碎塊、燃料棒，什麼都有。起初我們得用跑的，不能用走的，因為輻射太高了。我們戴著防護面具，拿鏟子進到通道裡。每次在那裡只待幾秒鐘，我們的工作就是**每天**進去幾秒鐘。我們會跑進去，把一鏟的量鏟進掘溝，然後跑出來。掘溝有六到八公尺深。通道清完後，他們說可以用走的了。掘溝填滿之後，我們會灌漿進去。我們在樓下工作，穿的是布料工作服。在屋頂上作業的人穿的是鉛製工作服，他們的保護比較好。

你看到多少工人？

每天有好幾車的人，只算我們這個班。

他們為什麼不開飛機飛過去，把鉛板丟下去？

艾蓮娜坐在她的椅子上，蒼白的雙手合攏摩擦了一下，用俄語說了句尖酸刻薄的話。男人則說得越來越大聲，身體進一步往前傾。——我也經常問自己這個問題。因為他們太小氣，不肯花那個錢，所以他們選擇消耗人。

艾蓮娜尖酸地插口：**只是人**。

那是作戰，可是基本上人後來都死了。我們的血管堵塞，他們只叫我們多喝點伏特加，結果反而更慘。

死了多少人？

我不知道。我不聽收音機，我聽膩那些騙人的東西了。

如果你當初沒去車諾比，你現在的生活會是怎樣？

我會繼續蓋房子，他聳聳肩。就能做個像樣的工作，賺到足夠的錢。

14

他的症狀包括：頭痛、掉髮、體重減輕，還有**血管堵塞**——這應該就是奧可桑娜說的**高血壓**。他也具有傳染性的輻射，或者至少曾經在某段時間中這樣，他這麼相信。

至於他們的小孩，瑪莉娜進過精神病院，有自殺傾向，今天她覺得太緊張，不想說話；妮娜後來埋怨過我的造訪，說那導致她女兒心煩意亂。——艾蓮娜這樣說她妹妹：她的問題有可能跟輻射有關。我一直有一種奇怪的能力，能接觸到靜電，以前大家都會笑我。我有高血壓，沒辦法出去曬太陽，不然我曬了會頭暈，血壓大幅上升。

我們都有噁心的毛病，妮娜說。

掉髮、體重減輕、頭痛和噁心確實是教科書裡提到的輻射中毒病狀。那其他症狀呢？

根據瑞士發展暨合作署 (Swiss Agency for Development and Cooperation) 的說法，**截至目前為止，關於低度輻射可能導致哪些疾患，除了癌症以外，科學界沒有廣泛的共識**。關於呼吸障礙及心血管病症——這也許包括尼可萊·索柯洛夫抱怨的血管堵塞——的報導**並不是依據統計證據，而是依據主觀感知的趨向**。

瑞士發展暨合作署進一步指出，低度輻射中毒似乎是由食用受污染的食物所導致。該機構沒有提到人與人接觸造成感染的情形。可是我記得有一項針對一九二〇年代繪製鐳錶盤的美國婦女所進行的追蹤研究⑩，該研究結論的依據是那些婦女呼出的空氣中所含的氡。這是不是意味著她們呼出的氣息具有輻射性？如果是，那麼尼可萊生活在一間小小的公寓中，是不是可能對他的家人造成傷害？我不知道，也許所有人都不會知道。

⑩—其中有一個細節也許可以有效納入奧可桑娜說的超自然奇幻故事：這些愛玩的「鐳女郎」之中有些人會在牙齒上塗輻射發光漆，然後出去跟人接吻。

該瑞士機構的報告包含一個標題為「心理效應」的子章節，裡面多列了兩個相關症狀：依賴和受害心理（victimization）。

15

還有一個相關的議題：車諾比核災有多嚴重？瑞士發展暨合作署指出，在八十萬名清除人員（意指尼可萊．索柯洛夫這種清理工人）中，至今大約有兩萬五千人因為輻射暴露而死亡。根據清除人員委員會的報告，死亡總數高達十萬人。不過這些數字都有爭議。我拜訪索柯洛夫一家時，白俄羅斯已經有一千八百名兒童和青少年罹患甲狀腺癌，原因是反應爐。世界衛生組織預估這個數字將增加到八千；聯合國發展計畫署認為會達到五萬；一名德國輻射專家則提出高達十萬的數字。二〇〇二年，烏克蘭政府機構「車諾比諮詢局」表示，核災期間遭受輻射暴露的三百萬烏克蘭民眾有百分之八十生病。可是，沒有資料顯示未受污染者的罹病比率。

我遇見奧可桑娜和她扶養的家人兩個月後，一個聯合國指派百餘名專家組成的特別小組做出結論（以下內容取材自《紐約時報》整理的摘要）：只有五十個死亡案例可以直接歸因於嚴重輻射暴露，另外有四千個案例很可能最終將可歸因於該意外——相較於先前預估的數萬人……在四千個兒科甲狀腺癌病例中，百分之九十九後來都可以治療，只有五十名兒童死亡。簡言之，尼可萊．索柯洛夫的輻射疾病跟娜塔莉雅的小孩一樣虛幻！接下來還有這個微不足道的注腳：報告承認有一批核心人物——人數可能在十萬到二十萬之間——繼續受到嚴重影響……當然這種瑣碎的數字基本上引不起我們這些富人的關心；不過話說回來，那些人可能會是誰？似乎應該是受污染地區的居民（姑且按照本書的定義，稱他們為「窮人」）；甲狀腺癌罹患者，還有——我們終於幫索柯洛夫這家人找到類型歸屬——那些在災變後獲得重新安置，但一直無法展開新生活或找到新工作的人……報告提出的建議聽起來彷彿是由銀行家研擬而成：減少支付金額；恢復經濟進步，根除過度主張福利權益的救濟文化。

16

艾蓮娜跟她父親一樣身形瘦長，她留了長髮，可是看起來有股陽剛味；她正在照顧窗台上的一排植物。

我問她：假如蘇聯現在還在，妳的生活會比較好還是比較差？

我對蘇聯的感覺很負面，她用硬梆梆的低沉聲音回說。那一切只是一堆謊言。我會有一份工作，可是那只是一輩子幫國家做牛做馬⑪。

⑪—至於娜塔莉雅，當我問她共產時代的生活比較好還是比較差時，她的回答很簡單：「一九八三和一九八九年之間那六年最好，因為我找到丈夫，結了婚，生了小孩。」或許比起艾蓮娜，她比較專注在自己的事情上；也可能她只是習慣迴避公開討論政治，因為她大半輩子都生活在高壓統治的警察國家中。

不管是那時或現在，都必須送紅包，她的母親插話進來。那個時候得偷偷給，現在則是光明正大地做。最近我們跟地區領導人說要給他六千，請他解決我們的住房問題，他說：六千什麼？六千美元的話我就可以幫你們⑫！這一切都是因為錢太少的關係。假如我們有能力買房子，馬上就可以拿到需要的文件。

買房子需要多少錢？

我會需要足夠買一間公寓的錢。每平方米要八百美元❹，加總起來我們連想都不敢想。

如果你們回伏爾加格勒去，又會是什麼狀況？

一樣，我們在那邊的房子已經沒了。

17

為什麼有些人富有，有些人窮？我問他們一家人。

有些人想得比較快，有些人慢一些，腦筋動得最快的人賺最多錢，艾蓮娜邊抓腳踝邊打呵欠說。

她的父親說：聖經說，把一頭駱駝從針眼塞過去，比要有錢人拿錢出來容易⑬。有錢人總是想變得更有錢，而且連窮人的最後一丁點東西都要榨得一乾二淨。他們不明白自然平衡的道理：如果他們讓所有人都變窮，經濟就會變窮，他們也會跟著變窮，無論他們蓋了多少豪宅，無論他們囤積了多少槍枝。

妮娜的回答是這樣：蘇聯把人民訓練成習慣過窮困生活，讓大家以為那樣是正常的。所以現在大部分人都擺脫不了那種薰陶的結果。政府那樣做是為了設法省錢。

我問她先生對馬克思和列寧有何看法。他雙臂交叉，傾身向前說：馬克思和列寧的想法是正確的，可是大眾完全搞不清楚狀況，結果錯誤詮釋了他們的想法。

18

你們對自己的未來有夢想嗎？

最後死去的是希望，艾蓮娜尖酸地說。

希望就是我們能找到門房的工作，然後得到住房，她的母親說。他們什麼都不提供給我們……

艾蓮娜說：我會回到大學讀書。我會先工作。我對英文有興趣。

妳最喜歡的美國用語是什麼？

Fuck you

⑫—換句話說，那個領導人當場就把價碼抬高了二十八倍。

⑬—那一段（馬太福音 19.4，馬可福音 10.25，路加福音 18.25）其實是這麼說的：「富有的人上天堂比駱駝穿過針眼還難。」

她的發音方式幾乎讓人完全聽不懂。

她母親說：這句話跟我們過的生活很搭調。

19

這家人每個都臉色蒼白。

（他們把全名寫下來給我：

索柯洛夫，尼可萊·瓦西列維契，五十七歲

索柯洛娃，妮娜·里歐尼戈芙娜，五十八歲

索柯洛娃，艾蓮娜·尼可萊耶芙娜，三十歲

索柯洛娃，瑪莉娜·尼可萊耶芙娜，三十歲

傑拉米列娃，奧可桑娜，八十一歲。）

20

妮娜陪我和通譯員走到地鐵站，她說她只有在冬天晚上出門才覺得舒服。白夜光線太亮，她會強烈感覺自己拋頭露面。她沒有電視，沒有收音機，也沒有報紙。她不想跟世界有任何關係。在我們跟她單獨相處的短暫時刻中，我開始明白她跟我的距離有多遙遠。先前我已經知道她丈夫跟我之間也有天大的距離。我不能說他們**迷失了**，因為他們知道自己現在的處境：他們的處境已經**不復存在**；他們窮困；他們活得像僵屍。

我親吻她蒼白冰冷的手，向她道別。

21

蘇妮、奧可桑娜、娜塔莉雅都沒有表現出任何樂觀態度，認為她們的生活會有所改善。**最後死去的是希望**，艾蓮娜說，而她們已經被歸類在「最後那些東西」裡。不過蘇妮的絕望感牽連到造業的概念，這點和另兩位女性的「要是這樣那樣就好了」形成對比。扁蝨、吉普賽情婦、車諾比；奧可桑娜的教會人士不肯幫忙，而且可能還不老實；蘇聯撫卹金制度的崩垮；這一切都成為可以永遠搬出來責怪的因素。同時，奧可桑娜和娜塔莉雅反覆提到無力感，加上她們相信命運，這些卻又讓她們的人生觀顯得跟蘇妮差不多。於是我開始覺得好奇，「向失敗投降」是否可能是窮困者的一項特徵。

譯注

❶—即「滴血救世主教堂」（Church of the Savior on Spilled Blood），位於俄羅斯聖彼得堡。

❷—娜傑日達·康斯坦丁諾芙娜·克魯普斯卡雅（Nadežda Konstantinovna Krupskaja），一八六九—一九三九，俄國布爾什維克革命家、政治家。於一八九八年與列寧結婚，後來曾經擔任俄國教育部副部長。

❸—一九八六年四月二十六日，蘇聯車諾比（Chernobyl，位於現今的烏克蘭）核電廠的四號反應爐發生爆炸意外，直接造成三十一人死亡，但後續因輻射污染罹癌死亡的人數據估計可能高達數萬人以上。財政損失方面，根據二〇一六年四月二十一日非政府組織「綠十字」（Green Cross）發佈的報告，估計累計達七千億歐元。

❹—相當於一坪約兩千七百美元。

4 什麼事你都該自己做

Everything You Should Do by Yourself

中國，2002 年

1

我記得那些漫長的午後，在幾乎沒什麼人影的公園裡，樹影寂寥，稀稀疏疏的幾對年輕情侶並肩行走，他們的拖鞋在龍眼樹下的人行道上喀噠喀噠地拍打；時節還早，龍眼樹圓圓的果實還太硬不能吃；一連串廂房般的亭台樓閣圍繞在古堡中最珍貴的寶物——一座大砲——周圍，裡面的鏡子彷彿來自遊樂場的歡樂屋，反照出詭異的沉寂氣氛；同時，隨著氣溫上升，鳥兒和蟬鳴唱得更加緊迫，直到牠們自己也開始招架不住。正是這種瀰漫著昏昏睡意的慵懶，為南寧這座城市賦與人間天堂般的質性。在人民公園裡，笑吟吟的老婦人坐在遮陽傘和椰子樹下，邊玩麻將邊拿扇子搧涼，炎熱而芳香的微風從植物園吹來，輕輕撲向她們的臉龐。她們身體前傾，揮動蒲扇的動作緩慢而優雅，彷彿鯰魚在餐廳水族箱中擺動牠們的鰭；她們用力出牌，看誰輸誰贏，每隔一段時間，她們會在那張褪色的綠色桌子上重開新局，造出來的牌陣看似兩排有綠頂的白豆腐或椰丁。每位婦人都從自己那道祕密小牆後方窺探，等著輪到她把牌張甩下去。也許她會拿到對子（兩支相同的牌），也就是所謂的「眼」。時間懸浮在空氣中，彷彿荷花池飄來的炎熱香氣，墨綠色的荷葉幾乎和甘藍一樣粗硬。昏昏欲睡的慵懶像氣體般，從全開的粉紅色花朵中昇華出來。很快地，氣溫將會升得更高。民眾的衣服會黏在身體上；撐陽傘的女人會拿手巾輕抹前額。然後熱氣、植物的氣息和車輛的氣息會融成一片迷茫霧氣，籠罩每個月都有新大樓矗立起來的南寧市區，壓向那些白色的大廈、綠樹成蔭的街道、髒污的白瓦、盤結的交通，以及工地的樓房骨架。一名通譯員驕傲地宣布，南寧大都會區的人口現在已經達到兩百四十萬；南寧本身則有一百萬人。所以，就像中國其他地方，建築工程持續進行；我在北京採訪過的許多建築工人辛苦工作，只能得到基本的食宿；他們來自農村，他們在那裡一無所有。我無法告訴各位讀者，南寧的建築工人是否也是這種情況；各位會希望能確定的重點是，這個城市的民眾很快就會享有更多空調旅館；許多人將能坐在寬敞得令人咋舌、牆壁和地板都潔白明亮的公寓中收看連續劇。在其中一間公寓裡，一個頭上綁著雙辮的嬰孩生了病，她正在吃包子，茶几上擺了一袋龍眼，我本來以為那種水果是荔枝。電風扇轉動得幾乎跟向日葵一樣慢，賓客坐著喝菊花茶。電視螢幕上，離了婚的男女在雨中重逢，在下一集中可能會復合，從此過著幸福快樂的日子。可能是為了涼爽，嬰孩穿的是一件看起來有點類似婚紗的細薄白色小洋裝，她鬧著要媽媽再剝一顆龍眼。

外頭仍舊非常炎熱，許多男性打著赤膊，把襯衫包在頭上，汗水淋漓地走著。大街上，車流有時會完全卡住十分鐘，甚至更久。於是腳踏車騎士會把穿著拖鞋的腳擱在人行道邊，除了等待還是等待。這些腳踏車有的拖著一輛小拖車，上面裝載金屬或木材；比如在這裡，我看到一名婦女，她頭戴半透光的斗笠，把繩子繫在下巴下方固定住，她的工作是清運垃圾，這個工作讓她每個月可賺三百人民幣，相當於三十五美元左右〔照38〕。（後來我在北京花四個小時把這些筆記輸入電腦，光是這樣我就付了等同她半個月的薪水。）根據一名退休鐵路員工的說法，三百元不夠一個人在南寧生活（他的退休金是一個月四百元）。至於那位還是喜歡把自己打理得乾淨漂亮的女清潔工，她告訴我她的薪水還不壞，足夠她餬口。這是她做這份工作的第二個月。她的夢想是為家人做點生意，設法改變自己和家人的生活，不過她不太知道怎麼進行。她已經結了婚，有一個兒子。可惜的是，**她沒有變成有錢人的能力**，因為**我看書看不太懂**。她帶著虛無縹緲的淡淡笑意說，她不會嫉妒任何人。（為什麼有些人富有，有些人窮？我問她。——她相信每個人在這個世上都有自己的生活，通譯員這麼解釋。她沒法明白為什麼。她跟其他人一樣辛苦工作，但沒法明白為什麼。）隨後她跟其他騎自行車的人一樣往前進，因為燈號終於變了。在南寧，跟在中國所有地方一樣，有些人騎自行車會雙載。群眾忙著擦去臉上的汗水。戴墨鏡的摩托車騎士對著手機大聲吼叫，車輛廢氣近乎快活地為空氣添加香料。

時辰已經來到晚上，不過暑意未消。理容院熱鬧起來，身穿半透明服裝的長髮中國女孩在裡面嘻笑、招手；那種地方通常唯一懂得使用折疊剃刀的人是鴇母。有時樓梯會通向一些房間，裡面有窄窄的按摩床，花個三十元，她們就會讓你躺下，用帶有刺激效果的乳霜為你做清涼的頭部按摩，問你想做什麼別的事；有時候樓梯更直接地通到設有雙人床的房間，床已經使用得疲乏老舊，窗台上擺著衛生紙。隔壁又是一間理容院，裡面的小姐更加婀娜多姿，她們嘻笑、抽菸，一群人聚著坐在矮板凳上看連續劇，其中一個人負責幫我洗頭。鏡子周邊裝飾了一些小南瓜球，是用艷紅色絲絨做成的，串在銅鍊上。後面的房間傳來骨骼碰撞般的迷人聲音，小姐們正在裡邊劈劈啪啪地玩麻將；其中兩個人給我送了飛吻。

鴇母帶我走過一扇門，後方是一道樓梯，我心想應該是通向另一處妓院。結果不是這樣，樓梯往右轉，我們又經過一個短短的走道，接著我忽然像愛麗絲夢遊仙境那樣，發現自己已經回到下榻的旅館，站在偌大門廳的入口，我這位臨時嚮導則擺出一副哀怨惆悵的模樣，佇立在我旁邊；我跟她道別以後，她繼續從門廊望眼欲穿地看著我。純粹出於最高尚的科學研究動機，我把我的房間號碼給了她；深夜時分，電話接連響了起來，一下是甲小姐一下是乙小姐，都說要給我「馬殺雞」。

我的一位通譯員說，明年你再來南寧的時候，會覺得這裡更漂亮了。這位通譯是個年輕的旅館行政人員，她工作太忙，沒時間交男朋友；她高高興興地從我的火爆短語手冊中抄下這個例句：**你怎麼能靠你們公司令人作嘔的性質這樣賺大錢？**——在河內時，我的通譯一直說：不用，請你不要付錢給我，我只是你的朋友。——我只好使勁地把二十美元塞進她手裡。——可是魏曉敏（她幫自己取的英文名字是蜜雪兒（Michelle），不過她按照自己的實際發音方式，把名字拼寫成 Mishal）開門見山就要談好條件：從早上八點到下午六點算二十美元可以，不過如果要我陪你夜遊南寧，就得多付點。——她簽了我的收據本以後，我跟她說她用我的筆得付二十美元，她大笑：沒這回事！

這個身材纖細的姑娘不但談笑風生（只是她說的笑話跟我的笑話一樣，經過翻譯之後大部分都走味了），而且是個效率專家。她特別厲害的地方包括：排隊時設法幫我擠到最前面，在火車票賣光後神乎其技地找到票，說服計程車司機降價，把旅館帳單上的奇怪費用消掉，忙碌地帶我穿梭在南寧的白色辦公大樓和同色調的公寓大樓間；對我而言，她足以象徵南寧對它的發展那種堅定不移的驕傲。在我造訪過的其他亞洲國家裡，中國人常被刻版地描述為重商主義者，而且這個描述經常帶有負面性質。中國確實有某種粗魯急躁的特質；不是韓國那種極端、而且徹頭徹尾的唐突，不過中國人的唐突還是名滿天下。舉個例子：搭火車時，身穿藍白條紋制服的乘務員會面無表情地在擠成一堆的乘客間推擠穿越，或說某天早上，蜜雪兒帶我到一家時髦的高層空調旅館，在觀景廳喝咖啡吃東西、聽預錄音樂，我吃完以後，女服務員不是像在日本那樣親切點頭、溫柔地道謝，而是不客氣地伸手指了一下，意思是要我把餐盤遞給她。這當中沒有針對個人的冒犯之意；中國人做事匆忙，只是這樣①。中國的媽媽會為了一些雞毛蒜皮的小事嚴厲地打小孩，然後馬上安慰他們。偶爾確實會出現人身攻擊的情況，例如那些你不肯雇用他們就會嘟嘴生氣的湖南兒童歌手；他們會拿歌譜敲你的身體，凶巴巴地把你的手臂捏到淤青。不過整體而言，中國人的性格跟美國人一樣，對財富的態度是讚賞多於嫉妒。在南寧，民眾向店家道別時會祝他們「好賣」（生意好）。毫無疑問，近來財富確實降臨南寧，瀰漫在這個城市灰濛濛的炎熱空氣中。

蜜雪兒告訴我，這些寬闊的大街和貼了白磁磚的公寓大樓大都是一兩年前才蓋好的。混凝土街道，混凝土步道，全都是新的！——我覺得南寧是個綠化的都市，一顆綠色的寶石，她驕傲地說。

為什麼有些人富有，有些人窮？

富人積極投資，變得越來越富，窮人則是懶惰。

妳這輩子想做些什麼，蜜雪兒？

①—我的下一位通譯員麥小姐說：「在中國，有太多年輕人沒時間談戀愛。如果你想住在城市，必須有錢才行。你會想住在能夠為你提供保護的城市。人太多了，工作太難找……」

我想當個好的管理人員，把人管好，因為這樣才能有效運用人力資源，好好做生意。假如我有小孩，我會去度假，在中國旅行。我打算到西藏。

白牆公寓中那個孩子正在生病的年輕妻子是蜜雪兒的朋友。她告訴我：路越來越寬，樓房越來越高，到處越來越乾淨。一切都好！——至於那位退休的修路工人，這三十年來他的工作一直是保養同一段路面，現在他身穿一件藍色舊襯衫，頭戴草帽，面帶微笑地站著，有時會摸摸下巴上的白色鬍渣；他凝視著髒污發臭的河水說：現在變得越來越好了，這些草，這些樹啊，都是新種的。現在沒有以前那種木造房子了。這條河變乾淨了。以前我們在家整天都得捏著鼻子，現在完全不必。——他的話不無道理，今天河水的氣味確實不比燃燒橡膠的臭氣難聞。老人滑溜溜的眼珠子快樂地滾呀滾，滿臉散發燦爛神采，他瞇著眼滿足地說：共產黨讓中國人走上正確的道路，讓我們生活得越來越好。我非常感謝毛主席和鄧小平。

他同意那位退休鐵路員工的看法，認為只有三百元的話不夠生活。他認為一個人每個月需要六百或七百元才有辦法過日子。他自己每個月拿到的錢是四百元。

這個世界上為什麼有人富有，有人窮？我問他。

這個世界上有各式各樣的人，他說。政府裡人太多了，所以工人的薪水比較低。

話雖如此，他的生活當然是越來越好。他們所有人都是這麼說的。可是在那個因為窮困而被冠上「非洲」稱號的淒涼城區，有條路叫望州路，那裡有一座山丘，上頭全是瓦礫堆，其中大都是磚頭和磚頭碎塊，而腳穿拖鞋的男男女女就在那因為瓦礫滑動而不斷改變形貌的山坡上撿拾東西（照39-41）。那些房子在六個星期前被拆除了，原因是為了建設一條馬路。其他一些房屋也隨時會被拆毀。透過那些男人敞開的襯衫，我能看到他們當中有些人骨瘦如柴。他們說政府會給他們拆遷賠償，金額是每平方米一百七十元②，不過這個賠償承諾沒有兌現，現在得由道路建設公司負責此事。而且無論如何，新房子的價格是每平方米一千兩百元③。

我們可以相當肯定地說這些人不快樂。他們在那些房子裡生活了三十年，結果七百戶人家就這樣頓時失去家園。

一個身穿黑衣、戴淺色帽子的人足蹬拖鞋沿著瓦礫堆走，肩上扛了一個淺色袋子，他的臉完全被陰影遮住，彷彿沒有臉，我相信蜜雪兒也這麼覺得；其他人——例如那名戴黃色硬帽的男子——在那個容易滑動的破片堆上從容地攀爬，彷彿他們已經很習慣那個環境，可是這個人卻只是——容我打個比方——輕吻著荒山的裙邊，慢慢尋找天曉得什麼可悲的碎片，只要它出現在眼前。又或許他並不是原來的屋主，而是住在附近的鄰居，如果是這樣，何不將他視為富人？噢，你們這些其他人類！

戴黃色硬帽的男人和穿涼鞋沒戴帽的男人試著告訴我他們本來有**八個區**，可是我沒機會了解那是什麼意思，因為蜜雪兒說我們得走了。

七百戶人家！其中有個人還沒像其他人那麼可憐，他帶我走進他的店鋪後邊一處屋頂很高、漆成白色，不過有點破舊的長廊；他的店不久後也會被拆除，但他們沒告訴他是什麼時候。他六十六歲，從一九七二年就一

②—相當於每坪兩百二十五美元。

③—相當於每坪一五八七美元。南寧市中心的房價則是每平方米一千六百元。我有個朋友叫班，他在舊金山當房地產估價員，他說舊金山的房價是南寧的三十倍。

直經營這家店到現在④。蜜雪兒後來幫我評估了他的經濟狀況，她認為他介於窮和富之間。他給我看了房契，那是毛澤東時代政府發給他們的東西；現在這些文件都沒有價值了，如果想繼續玩這場遊戲，得買一張新的所有權狀，而在「非洲」，很少人出得起這個錢。不過就連這個人也表示，比起以前住草屋的時代，現在南寧所有人都過得好多了。——以前很窮，他說。——在那個他親手打造的涼爽廳堂裡，滿臉皺紋的他光著腳坐在狹長的月曆和兩個時鐘下方，眼裡迸發哀傷情緒（他旁邊坐了一個女的，她拿著一張照片，對著我歇斯底里地大叫，照片上是她以前那棟漂亮的二層樓房，如今成了一堆瓦礫）；他在地板上打開一張從前政府發的土地劃分圖，他說：一切都變得越來越好，不過……

中國會一直有窮人嗎？

現在比較好了，蜜雪兒幫他翻譯。以後會怎樣，他不知道。

他皺了皺眉，然後說：他們要發展，可是卻不願意多花錢……

這時他的店裡已經有十五個人，每個人都在生氣地叫罵。

另一個人拿著兩張照片，照片裡是她被毀掉的房子，她露出詭異的平靜笑容，彷彿照片證明的過往事實依然強而有力，讓她覺得自己還有一個讓她自豪的家；她的眼睛在半微笑的臉朝向我的時候張得很大，兩個小孩則乖乖地站在他後面。後來我把她的照片（照40）拿給我的幾個同胞看，他們都說看不出她臉上有任何煩惱的神情。

為什麼有些人富有，有些人窮？我問他。

他說，這個村子裡有些人富有，有些人窮。

手拿一疊收據的男人進一步表示：有些人做生意，所以變富了，其他人不努力工作。

而後他變得沉默，也許是想到現在他們很快就要變成窮人了。

我想再多待一會兒，可是蜜雪兒開始擔心警察會來。我不想讓這些人在傷心之餘還惹上新麻煩，所以我感謝他們熱心和我分享，離開了那片白色和紅色磚塊構成的汪洋，幾個淒涼的人影還在那上面撿拾，山坡下方遠處則矗立著摩天大樓。

離開「非洲」的路是一條寬敞的馬路。或許新蓋的路也會是這個樣子。蜜雪兒解釋道：政府盡一切可能讓人民生活得越來越好，所以現在比較方便了。

一整片山坡的瓦礫，一條又一條殘破街道，還有掛在晾衣繩上那些被太陽曬白的破布，這一切都顯得不可思議。我們經過一處花鳥市場，那裡的陡峭階梯上擺了一些小籠子，裡頭關了一些要賣的狗。我問蜜雪兒她喜不喜歡「非洲」那些人。她回道：普通。

身為專業人士的女兒，蜜雪兒堅定不移地相信毛主席的智慧（她也認為西藏人基本上很滿意中國的統治，因為他們是**單純的人，所以如果他們能填飽肚皮，一切就不成問題**；他們不需要音樂；假如他們當中有人出現負面情緒，都是外面的人煽動的結果），她在很久以前就接受了這樣的觀念：**在中國，所有地區都應該團結起來，共同建造強大的中國。要是所有人都鬧獨立，就不會有發展。**

④—他說在一九六六到一九七八年的文化大革命期間，城市居民被送到農村勞動；那個時期結束以後，「政府沒有幫忙安排去哪裡。」於是他誤打誤撞地來到南寧。——「文化大革命是好事還是壞事？」我問他。——他雙手一攤：「這是個政治問題，」他說。「中國已經改變了。」

當妳看到那些被拆掉的房子，妳會不會難過？

政府必須想辦法吸引公司企業。我認為為了發展，他們得放棄一些東西。如果他們不放棄老東西，就不會有發展。

如果他們不想放棄老東西呢？

蜜雪兒笑瞇瞇地說：少數人要服從多數人。

2

當年這些南寧的家庭收到自己房子的地契時，幾乎不可能預想到未來會出這種意外，毀了毛主義的大半根基，包括毛主義的承諾。就算他們曾經預見這點，誰又料想得到中國的去共產主義化代表在所有層面上背叛窮人，甚至是在那個最不共產的層面——私有財產——上？新的資本主義者當然應該支持這個部分才對。地契就是地契，永遠有效。縱然死亡無可避免，但我們都希望能相信我們的保有權永恆不朽。財產代表某種特定意義，不然它就不是財產。徵用權的概念令人難以理解。

那些被拆毀的房屋怎麼辦？我又問蜜雪兒。

什麼事你都該自己做，她斷然回答。不該抱怨人生對你不公平。歷史就是歷史！

3

在那座瓦礫山丘上待一個小時看到的一切，那些人流連、彎腰的景象，縈繞在我心中久久不去。當我思忖著那些令人渾身不自在的意涵（其中一個會在〈隱形〉那個章節中詳述⑤，另一個則將在〈容易出意外〉那個章節具體說明⑥，我的思緒不禁回到蜜雪兒這個相當討人喜歡的人身上。**不該抱怨人生對你不公平**，她的確從不抱怨。若說她缺乏慈悲為懷的精神也罷，可是她又該幫那些人做什麼？在這個部分，我又做了什麼？我隨機向幾個人撒了點錢，付出一點關心，然後離開現場。有個頭戴一頂高帽子的男人站在瓦礫堆中一個凹處，往下凝視某個我看不到的東西，或許是跟他以前的房子有關的標示物；我想走過滿地磚頭，去跟他說我覺得很難過，可是蜜雪兒不想過去；我也考慮過要默默地給他點什麼，可是又怕這樣是羞辱他，況且我們身在其他所有失去家園的人的視線範圍內，所以我什麼也沒做，那人就這樣一直佇立在我的記憶中。

什麼事你都該自己做。這是蜜雪兒的信條，而就我對她的粗略了解而言，她的確遵守著這個信條。她活像一陣小龍捲風，有誰比她更能體現南寧繁榮昌盛的新氣象？在我完成本書撰寫之際，倘若她還沒成為一個**好的管理人員——因為這樣才能有效運用人力資源，好好做生意**，我會非常驚訝。話說回來，我倒不會想當她的員

⑤—參見一二八頁及以後。
⑥—參見一六七頁及以後。

工。

什麼事你都該自己做。可是，那七百戶人家不是一切都自己做嗎？我另外那位通譯員向我大致轉述了收垃圾的女性清潔工說的話：**她跟其他人一樣辛苦工作，但沒法明白為什麼**。至於那七百戶家庭，他們唯一犯的罪就是運氣不好，於是一條新的道路就會把他們的家覆蓋過去；他們將隨之變得貧窮困頓，而如我們所知，**富人積極投資，變得越來越富，窮人則是懶惰**。

他們不夠有錢，沒有能力買新的地契好保住自己擁有的一切；於是他們失去了他們擁有的，結果像蜜雪兒這樣的人反而責怪他們。

與此同時，理容院的小姐繼續在有錢的男人頭上抹清涼按摩膏，給有錢人住的貼瓷磚公寓宛如朵朵白花，不斷在白色大樓的枝幹間綻放開來，南寧的汽車越來越多，於是必須修建越來越多的馬路，總之就是**他們幫助我們變得越來越好**。

5
兩個山
The Two Mountains

日本，2004–2005 年

1

最後這幅圖像必然要比前面描繪的三幅更加真實，因為它傳達和宣稱的東西都比較少；畢竟我在離開他們那座橋以後若是再遇到大山或小山，我可能認不出他們；他們也不會認得我。就這種情況而言，這不是很基本的道理嗎？只要我覺得好玩，我身為一個富人，確實可以挑幾個窮人當我的寵物，然後用最自得其樂、最沾沾自喜的方式餵養他們；但我還是有責任避免跟其他數以百萬計、那些生活在雨中的人糾纏不清〔照 42–49〕。

2

如我所說，他們住在一棟鋪蓋了藍色油布的紙箱屋裡，在京都鴨川上的四条大橋底下。大山人長得矮，小山人長得高，他們在前院裡——姑且把它當成前院吧——放了椅子和一張小桌子。河水中擺了一個變黑的水桶，裡頭生了火，一只茶壺正在火上燒。

你們在外面生活多久了？我問他們。

一年，戴口罩那男的說。他就是小山。——我丟了工作。我本來是個上班族，後來公司做了結構調整。

現在你在這邊這麼久了，要變回上班族會不會有困難？

我當然想變回上班族，可是因為年齡限制，他們不會接受我。很多人都過著這樣的生活。

連年輕人都找不到工作，另外那個人說，所以情況真的很無望。

這是我第一次變成無家可歸的遊民，小山說。

事情發生的時候你怎麼做？

第一天沒做計劃，不過至少我們得找到東西吃。我們找到硬紙板和被單。第一個地方就是這裡。

他是京都人，他朋友說。我是北海道來的。我們無意間碰到面就認識了。

他本來也是個上班族。我以前在一家很大的製藥公司上班，他自豪地說①，然後我辭職不幹了！我在公司待了十三年。現在在這裡也三年了。

你們為什麼窮？

大山身體朝後靠，他說：我不認為我們窮。我們不窮。如果我們有地方住，我們會去那住，如果我們有工作，我們會去做。

他說這些話的時候還是一副那種自豪的強勢口吻，另外那人笑了起來，我猜是因為不好意思。

你們現在的食物是怎麼來的？

我們收集空瓶罐，賣給回收商，一天能賺個三千日圓，然後我們會上超商。這些錢能買到的最好的東西是拉麵、米飯、蔬菜。

一般人經過的時候對你們好不好？

他們點頭。

你們怎麼保暖？

這個嘛，我以前有個女朋友，大山帶著悲傷的微笑說。我想念女孩子。

你對未來有什麼夢想？

公司總裁！大山叫道。

小山說：我想工作。

如果想幫助像你們這樣的人，最好的方法是什麼？

小山對我露出悲傷的微笑，頭側向一邊，他的黑色聚酯纖維棒球帽斜向另一邊；他說：營造出一個比較容易讓人生活的社會。

他們共享一個魚缸，裡面有三十條金魚，**只是好玩**，他們說。金魚缸擺在水中的一個橋墩基座上。以前鳥兒喜歡到那裡搜尋寵物，所以他們在魚缸上加了蓋子。

①—這讓我想起誇大其辭的娜塔莉雅：「我父親去世以前，他得到了將軍的身分。」

3

我喝了他們倒給我的茶以後，他們幾乎是滿懷希望地（這是我的感覺）看著我，也可能他們的表情只是悲傷，或是單純的耐心；另一個可用的字眼或許是**順從**；他們可能根本不想和我有任何牽扯，只是做生意的道理要求他們要表現出好客的態度，跟酒吧小姐一樣——可是，即使如此，我在東京遇到的許多遊民對我還是很粗魯；也許這兩個山真的不在乎我；我望進他們的眼睛，開始體驗到一種有點粗鄙的哀傷，而那無論對他們或對我而言，是同等地無用，於是我在他們面前感覺到靦腆；這跟我在許多其他地方的感覺不同，比如說在馬達加斯加的時候，有一次我看到一頂嬰兒的羊毛軟帽像顆洋蔥頭般從破布做成的襁褓中探出頭來，那團襁褓則是窩在乞丐媽媽的襤褸衣衫裡；夜裡，乞丐媽媽眼睛半闔，在一面被油漆塗得亂七八糟的牆邊等著〔照80〕，這時我只需要隔著鐵欄杆（它的作用是維護我的富裕）塞幾張鈔票過去，就能馬上讓那媽媽欣喜若狂；又或者，當我在金夏沙一條空曠的泥土街道上碰到那個行乞的小男孩——他的破襯衫穿在他身上實在太大了，以至於當他為了賺點錢盯著我的鏡頭看時，襯衫一直往下掉〔照28〕——無論那時或現在，我都相信我對他做了一件非常實質的好事，因為剛果的**正常性**是那種令人難以承受的貧窮，使得我們在當地能用相當低廉的代價，讓任何人立即變富，包括那些會從街道另一邊急切呼喚我的各年齡的女性（**白人先生，來跟我做愛！**），還有市場裡那些為了爛水果爭吵的飢餓民眾，以及那些處於半飢餓狀態、渾身臭兮兮，見到我就藉口勒索錢的警察；但是大山和小山這兩個人——雖然我也許能用五十美元之類的東西**滿足**他們（我的確就是給他們五十美元）——記得一種跟我比較接近的**正常性**，他們至少在理論上希望能回歸那個狀態，而他們卻像多餘的囊腫般，生活在京都那精緻無比的富裕當中；所以，在利他主義等於是自我陶醉的前提下，放棄他們真的比較符合我的利益。

4

一年過去了，他們還在那裡。

我要告訴各位我是如何回到他們那裡的：我走過長樂寺內鋪設米白色榻榻米的寬闊廳堂，沿著古老長廊的砌石牆面往下走去；我步下寬寬的台階，經過一座座華美宮燈，穿越一處公園的木板步道，一對對情侶坐在長椅上，一群群遊客頭戴軟塌塌的白帽，身體彷彿被他們的錄影機往下拉；我經過另一處占地遼闊的寺院區，那裡有朱紅色的鳥居和宮燈，有許多潔淨清幽、無懈可擊的院落，還有成排的小賣部，飛簷的形影掩映在幽森暗影中，彷彿一年前那個寂寥的日子裡，小山那雙本身就是黑色的手套放置在橋下的陰影裡；石碑羅列在朱紅欄杆後方——我記得有一對富有的年輕情侶走在石板路上，男的用手臂擁住她，女的揮舞著一張傳單，他們通過灑落在下一段台階盡頭的陽光，再過去就是京都的高級購物區：櫥窗中出現冰淇淋聖代、文房四寶、和服、燈飾；再經過無以數計的偉大物品和迷人反射，經過一群群身穿制服的高中生、上年紀的夫婦、身穿細緻西服的商務人士，經過門廊下隨時等著鞠躬行禮的漂亮售貨小姐，經過一台台販賣機內亮通通的飲料陳列架，文具店、旅館、書店、皮包、公共電話、香菸販賣機、心情愉快的傍晚群眾，最後終於來到河邊，凝望著夏日景致，走過那座大橋，在那家兩人吃一餐得花上我一百美元的高雅鰻魚餐廳旁邊不遠處走下最後一段階梯，這就到了堤岸上。迷人的夏日向晚正在橋下的河面上閃動，就在這裡，成排鋪了藍色油布的物體躍入眼簾，它們的樣子很簡陋，有點像是進行包裝作業的棚架；腳踏車正等著他們的主人；籠子般的板條箱裡裝了其他的個人物品；折疊椅通常都擺著沒人坐；在這些東西後方遠處，又出現一對富有的年輕情侶，男的用手臂摟住女伴腰部，兩人正在欣賞斜陽在河水中的倒影。

沒錯，他們還在那裡，但他們的金魚已經在一場大颱風中被水沖走了，他們的腳踏車和房子也一樣。現在他們有了新房子，跟原來的房子一樣用藍色油布蓋住。

你為什麼窮？我問小山，因為去年我沒問過他這個問題。

因為我沒有工作，他說。

這是我第一次注意到他缺了牙。

奧可桑娜曾經哭著說她的教會救濟金不見的事；那時她透過承認自己的死而獲得重生；至於小山，他和我從未見到對方身上的生命。或許他那時剛好疲累或飢餓；在我自己的體會中，我是在妨礙他去做些比回答我的問題更重要的事，也就是「生存」，但這樣的體會可能只是一種想逃離他的生命的內疚衝動所形成的投射；不過在我看來，他似乎已經遭到「麻木」的感染，還沒有到婉——曼谷車站那個女乞丐——受感染的程度，不過情況確實比一年前嚴重；話說回來，我得承認自己直到現在對這個人依然一無所知。

現在他穿了一件粉彩色夾克；他看管一籠子的貓。在他的周遭，拎著漂亮皮包的女士們正拿著相機互相拍照。

5

我第一次給他們錢的時候，大山眉頭鎖緊，試圖拒絕，但我懇求他接受，直到他終於同意。他這個人有傲氣，這跟感覺羞恥是同一回事。

第二次，我感到疲乏，小山則很忙碌，所以我們就任由大山獨自在橋下，因為他成了我們幾乎不認識的人，而且他已經忘了我們；我們富有，他窮……

PHENOMENA

我不奢望知道（就這個非常二十一世紀的議題而言，光是有心想探索，就已經很難得）在我列舉的現象中，有多少比例的窮人經歷了其中哪些項目。我只能說我是在**與窮人有關**的情境中注意到這些現象，而窮人也只是透過人生在世的因緣巧合感受到它們，就像其他人會在屬於自己的因緣中感受到其他事物。這些現象類型本身就具有類似的隨機性質，有時甚至還有相互排他性（痛苦和麻木，隱形和畸形）。由於溝通跟其他一些技巧一樣，是屬於富人的技巧，本書裡的窮人有時候沒能告訴我我渴望知道的事。娜塔莉雅給的各種日期湊不攏，而他們的回憶就和我的一樣，都會出現不一致的情形——本書之所以不能成為一部單純的口述歷史集，這就是原因之一。

無論如何，以下又是一個針對「窮困層面」的概念所做的既傷感、而且可能無用的分類嘗試。

現象

聯合國列出以下幾個「窮困層面」：壽命短，不識字，被社會排除，缺乏物質手段。

我自己也列出一個清單，它其實很容易從上面那個清單演繹出來。詳細如下：

- 隱形（invisibility）
- 畸形（deformity）
- 不被欲求（unwantedness）
- 依賴（dependence）
- 容易出意外（accident-prone-ness）
- 痛苦（pain）
- 麻木（numbness）
- 疏離（estrangement）

6 隱形 Invisibility

阿富汗，2000年；葉門，2002年；緬甸，1994年；美國，2005年和2000年；越南，2003年；匈牙利，1998年；巴基斯坦，2000年

1

透過藍色布嘎①的網格，一道平行的目光看到我，但我看不到它。我在葉門參加婚禮，結果卻只能在街頭跟一群男人跳舞，注定從頭到尾看不到新娘，這讓我多麼傷心！但我可能是現場唯一傷心的人。此時此刻，我其實並非愁緒滿懷，而是憂心忡忡；因為在塔利班統治下的阿富汗，任何男人的目光要是不肯從陌生女子身上移開，無論她投射回來的目光多麼隱而不顯，他都是在公然冒犯善良風俗，做出近乎非法的勾當，讓雙方身陷危險。

首先看傳統風俗這個面向，剛好就在國界的另一邊，我那位來自白夏瓦（Peshawar）的司機做了親身說明：他在伊斯蘭馬巴德的一家餐館開心享用午餐，那裡有幾個露出頭髮的漂亮女士正坐著用餐；他覺得她們的行為很浪蕩，認為她們一定是什葉派；他說白夏瓦的女人絕對無法相信世界上竟然有這種地方！我問他白夏瓦的女人會對這些露髮女士有什麼想法，他回道：她們會認為這些人是垃圾。

他的妻子非常可貴。每當有第三者在場——包括她自己的母親在內——她都會要求自己不要跟丈夫同坐床上；雖然他是個相當粗俗的男人，很喜歡上下打量陌生女子（我給他看我內人的照片時，他咧嘴而笑，彷彿我讓他看到她裸體坐在馬桶上），但一講到自己的婚姻，他就會驕傲地在內心感覺到妻子的賢淑端莊。帕坦人❶的新娘必然是處女，新郎也很可能是處男。雷薩（Resa）和他的妻子就是這個情形。他們住在一棟土屋裡；若要說他們窮也不是不行，不過我們姑且簡單地將他們的生活稱為**正常**吧。雷薩對妻子充滿敬意；確實，他以考慮過的坦率態度告訴我他**尊敬**她——其中非常值得尊敬的一點，是她在所有男性（當然，她將丈夫溫柔地排除在這個群體之外）面前全面隱形的表現。她的布嘎、襯褲、衛生棉都是他幫忙買的，因為開店做生意的人畢竟得拋頭露面，所以盡是些男人；他怎麼可能願意讓妻子去跟別的男人囉嗦那種私密物品的事？保護她免於這種窘境是他表現疼愛妻子的重要方式。

還有一個類似的情況：一名稱我為兄弟的葉門人告訴我，他對上帝充滿感激之情，因為他有兩個妻子，她們永遠待在家裡，吃椰棗、看影片，到有圍牆的屋頂花園漫步檸檬樹間；他最大的喜悅就是寵愛她們，因為不若基督教女性，她們只把花容月貌獻給他一人。他的妻子們的看法可能有所不同；她們得燒飯、洗刷，在澡盆

①—本章會提到三種女性遮羞服裝。「布嘎」（burqa）遮蓋女人的整個身體，包括她的臉；連手也不能露出來。「西嘉布」（hijab）是一種頭巾，通常包住整個頭部，掩蓋頭髮，並繫在下巴底下。不過有些婦女戴西嘉布時只是用它遮住頭部頂端。「查朵爾」（chador）除頭部外還遮蓋整個上身。在阿富汗和巴基斯坦，查朵爾經常是黑色，布嘎經常是黑色或淺藍色（不過我記得在哈薩拉〔Hazara〕看到一些女士穿的是破舊的黃色布嘎），西嘉布則以黑色為主，偶而也會出現其他色澤，比如綠色或金色。

裡洗衣服，而且為了屋頂上那些檸檬樹，得把一桶桶水扛上去，那想必是一種折磨（別忘了蘇妮最害怕的就是這種任務）；不過話說回來，雖然妻子們的生活在他心目中的樣貌可能源自一種沾沾自喜的理想化心態，但美國人對這種生活的詮釋——他們認為那是一種囚禁般的窮困狀態——可能更加離譜。在這個詭祕的世界裡，身為一個外人——也就是說，一名不信仰伊斯蘭的男性——的我，隨時處在出錯的極端風險中；話雖如此，由於我在性情上傾向會在不同的生活方式中看到好的地方，這點也許有助於形塑我對穆斯林婦女地位的想法：我認為傳統穆斯林婦女期待自己享有安全保障，不會受到家門外那個不友善世界的威脅，而一旦她們得在沒有人協助的情況下和那個世界周旋，她們就會害怕、怨恨，覺得一家之主沒有盡到對她們的責任。她們失去了原有的隔離保護狀態，於是枯萎凋零。

現在又可以把我那個已經快變成陳腔濫調的案例——蘇妮——搬出來做對照了：那位泰國女子把自己的貧窮歸咎於前世的造業（至少在名義上是如此）；她把自己的身段壓低。可是如果她無論如何都得壓低身段，她的既有做法不是也比較好嗎？文化跟詩詞一樣，都是透過限制去形塑。一個負空間、一個瓶子向內彎曲的線條，那同時也是一道正邊界。簡言之，你我可能詮釋為「制度化依賴」的東西，看在一名穆斯林眼裡，卻是一種**寵愛**，是**尊重**的表徵。

在我寫作的這個時空，很不幸地必須重申這一點：穆斯林婦女並未因為身為穆斯林婦女而陷入窮困頓厄的處境〔照50–61〕。用來強制實行「尊重」的隔離化約束政策或許有時會導致跟「分離但平等」政策同樣的犬儒心態，當年偽善的白種美國，就是透過那種政策假裝解決了它的「黑人問題」。在那個脈絡中，「分離但平等」指的其實是「隱形而不平等」，它代表了持續的窮困處境。——然而，「分離但平等」這個概念透過N將軍的口吻表述出來以後，卻有了非常不同的意涵。我對N將軍有著無盡的感激和喜愛。在訪問塔利班之前二十年，我初次進入穆斯林世界，那時他把我視同己出，當成親生兒子看待。我在很大的程度上正因為他，而非常尊敬伊斯蘭，也願意把我的兄弟情誼獻給所有對我展現相同禮節的伊斯蘭信徒，他們許多人確實如此：我並非總是受到喜愛，但幾乎毫無例外地，我一直得到他們的保護和誠懇對待，而且，一點也沒錯，我受到尊重。至於N將軍，他集權力、財富和愛心於一身，因此相較於大部分我認識的人，他得以成就更顯實際益處的善事。在他的安排下，很久之前的一個炎熱夏天，一名游擊隊員（Mujahideen）帶我進入阿富汗，稍微見識到他們針對蘇聯占領所發動的聖戰（jihad）。我幾乎是拿自己的命信任他，而他確實維護了我的性命。作為他的客人和受恩者，尤其是身為年輕人，我的主要長處是能感覺到自己的無知，因此我不敢頂著冒犯他的風險，請他就女性與世隔絕的生活狀態提出解釋。但是我現在已經堂堂邁入中年，而且他年事已高，未來再跟他見面的機會微乎其微，我明白自己依然渴望他在這個問題上能為我指點迷津；九一一事件發生前一年，在白夏瓦那個冷涼的夜裡，我盡可能婉轉地向他提出我的疑問。

將軍這麼回答：這只是一種自我尊重。比方說，一個人可以穿長褲，也可以遮住臉，不管哪種情形，他都一樣是個人類。重點是，人必須尊重女性。俗話說女主內，一個家是由女人經營的；所以我們必須尊敬她。拉拔小孩長大是母親的責任。我們能沒有她而讓小孩順利成長嗎？所以我們要尊敬她。

在一所「馬德拉薩」（madrassah）、也就是宗教學校中，一名到過美國的男子穆罕默德．伊斯邁爾（Mohammed Ismail）更是直言不諱地對此事做了說明：美國女孩人很好，可是很天真。她們需要教育。男人用她們就像用衛生紙一樣②。我為她們難過。

簡言之，巴基斯坦女孩和阿富汗女孩獲得尊重，美國女孩則無，這可能就是為什麼在卡察加里（Kachagari）難民營——那裡有無數低矮破爛的帳篷簇擁在一起，煙霧從其間向瀰漫灰塵的天空裊裊升起——一名女性難民顫動著嘴唇，隔著面紗向我保證：塔利班很好，好人。——她一定有一些關於昔日阿富汗的慘澹回憶，當年，公路上每隔幾公里就會有一道路障，好讓當地的游擊隊員勒索金錢、把婦女拖下巴士強暴。現在阿富汗女性的處境比那時安全多了，塔利班的確尊重她們。

2

在邊境地帶，霧氣迷濛的早晨，我經常看到馬匹拉的貨車上載滿雪白色覆體布③，就像一堆鵝擠在籠子裡；每一件覆體布的上緣（那裡剛好遮住嘴巴）都露出一雙眼睛，我非常願意相信她們享有地方上的尊重；而且，的確有可能那些沒有自覺的美國女孩比她們更需要受教導如何獲得尊重；但是，晚上我回到白夏瓦的旅館，那個態度天真誠懇、越來越討人喜歡的櫃台服務員會根據他自己的見解，開誠布公地討論這個問題，這時我會試著在他的話中尋找尊重女性的蛛絲馬跡。結果我找到的徵象相當曖昧。這個年輕人相信，女人離開自家以後，連手都不該露出來，只能讓別人看到眼睛；不過當然，他還是更希望眼睛也能遮起來。女人在自己家裡可以在做家事時露出手部，但還是得穿著布嘎。我給他看當天《開伯爾郵報》（*Khyber Mail*）上刊出的一張照片，上面是兩名參加「婦女創業」活動的白夏瓦女子，其中一人只戴了頭巾，另一人的頭部完全沒有遮蓋。我問他，這會不會讓他難過。他說：會，不過現在我們現代化了，我們變了。我們不是從前那種穆斯林，我們的內心已經空了。——他設法尋找某種能重新填滿他的內心的東西，這就是塔利班討他歡喜的原因。

個人覺得，一個女人在家也得穿布嘎是件挺麻煩的事。在此請容我介紹卡察加里難民營內的一個阿富汗家庭，他們一家人睡在一棟只有一個房間的土屋裡。——其實，應該說是兩個房間。——另外的房間是廁所，爸爸說。不過因為你在這裡，女人家躲進去了。——我心想：或許對客人的尊重在此更勝一籌；否則的話，為什麼不是我們這些男人基於對女性的尊重，躲進廁所裡談話？

3

你們怎麼能藉由不看到女人表示對她們的尊重？

我想，這個道理就好比我們能藉由不看到她們的陰部表示對她們尊重。

②—N將軍經常打同樣這個比方。他曾經在一次國際參訪活動中到過我的國家，他的印象之一是：「美國人用女孩子就像用紙巾，用完就丟，抽新的用！那些女孩子好可憐！」

③—有人告訴我，臉部以白色薄紗遮住的是巴基斯坦人，黑色面紗則是旁遮普人（Punjabi）的正字標記。附帶一提，旁遮普人可能是巴基斯坦人，也可能是印度人。綠色或其他顏色的面紗是阿富汗人的特色。黑色布嘎搭配白色查朵爾的穿法也屬於阿富汗。

4

艾美爾（Amel），妳為什麼穿西嘉布？我問一名阿爾及利亞婦女。

我穿它是因為這是我的一部分，我的文化、宗教和其他所有東西的一部分。比方說，我去祈禱時必須穿上它。我們小時候受到的訓練是要端莊嫻淑，所以穿西嘉布就變成很自然的事。

妳如果不穿它，會有什麼感覺？

噢，老天！我會有什麼感覺？我會覺得沒什麼問題，因為我不是看你穿什麼來評斷你，而是看你做什麼來評斷。有很多人身上穿著西嘉布，可是她們不尊敬父母，會偷東西……

妳會不會有一天決定穿布嘎？

絕對不會。

為什麼穿西嘉布好，穿布嘎不好？

我尊重穿布嘎的人，因為每個人都有不同的詮釋方式。如果我跟某個穿布嘎的女人說話，她會說她穿的是對的，我會說我穿的才是。我的意思是，那其實是一樣的東西，就像把頭髮蓋住，可是我不同意把全身蓋住，因為如果我做育嬰工作，我想我會需要一些自由，讓我能看到比較多東西，比較清楚，用更快的速度工作，可做更多事。我就是會覺得比較自由。我不是要說，不好不好，布嘎不好。她要穿什麼，那是她的事！如果她很快樂、很驕傲，那有什麼問題嗎？只是，你不能強迫我也穿布嘎。也許這樣會讓她感覺安全，她覺得穿布嘎是正確的事。可是如果她穿了布嘎卻抱怨，那就表示她穿著不開心。也許她會因此而沒法看到錢，有時候她可能會跌倒，或者……

5

如果一個女人選擇當脫衣舞孃，把陰部露出來給別人看，她會得到我的尊重，因為正如艾美爾所說，**你不能強迫我穿布嘎**。女人搭公車時如果遮住她的私處——無論她是把私處定義成胸部和陰部，或者她認為臉部也包含在內——我也同樣會尊重她。因為我守護我自己的隱私，所以我也必須尊重別人的隱私④。我們有權利把持自己。

④—有一次我在日本搭地鐵，跟許多陌生人擠在一起，我試圖在兩名女性之間坐下，她們假裝沒在留意我，不過她們在我準備坐下時立刻把裙子收攏。然後她們又把眼睛閉上，假裝睡覺，不過她們的站被廣播出來時，她們很快就起身。一名男乘客在睡覺，就連他胸前口袋裡那包菸看起來也很疲倦，跟他的下嘴唇一樣傾圮下垂。可是我絕對相信，地鐵開到他的站時——不管那是四谷、銀座或西新宿——他也會馬上跳起來。有些人可能宣稱這類行為是一種尊重別人的表現，我倒覺得那代表害羞，或者甚至是羞恥。不過我可以尊重別人的羞恥心；他們也可以尊重我的想法：而我會比較欣賞靜靜凝視我的乞丐，而不是那種在街上追著我要錢的人。

6

但那件藍色布嘎後面的隱形臉孔，某個窮困女性的臉孔，它會不會因為沒法分辨錢而難受，還是會因為讓別人看不到她而覺得有安全感，或者兩者都有？**她要穿什麼，那是她的事！**艾美爾高聲說；但在眼前這個環境中，就那張臉孔所代表的性別特定生活而言——也就是說，身為一名生活在塔利班阿富汗的女性⑤——選擇似乎是個不相干的問題。

7

阿富汗婦女委員會主席法塔娜．傑拉尼（Fatana Gellani）女士努力地用有限的英文告訴我：塔利班出現後，他們一開始占領阿富汗各地時，並沒有大肆宣傳那種非常狂熱的意識形態。他們在一九九六年向人民承諾：**我們是為了和平而來**。然後有一天，他們下令婦女待在家裡：不可出門，不可亂跑。現在四年過去了，他們用錯誤的方式運用伊斯蘭的名。阿富汗境內的有太多女性待在家了！她們就像待在監獄裡！

現在大家都在街頭討生活，她露出悲傷的微笑說。大多數婦女變成乞丐。她們的日子太苦了，每個女人都有四個小孩、六個小孩、九個小孩，真的很辛苦。

他們用阿拉的名義實行很嚴格的法律，可是這樣用阿拉的名義好像不大好，因為阿拉是很仁慈的，說著說著，她的聲音哽咽起來。

她當然戴了頭巾，不過我能看到她那張高貴、典雅的中年臉孔。我看得到她的眼神，她也看得到我的。因此，我能看出她的某些感覺和想法。

為什麼穆斯林婦女要穿戴西嘉布？我問她。

這是為了女性的安全，她強調，聲音隨之高亢起來。這對女性是非常厚道的事！我們非常高興我們是穆斯林女性。可是人民不了解這點。伊斯蘭不是要女人到街上當乞丐，伊斯蘭會傾聽人民。可是塔利班從來不聽人民的聲音。

8

大多數婦女變成乞丐——這是誇大其辭的說法。事實上，大多數女性是待在家裡當隱形人，或者以隱形人的姿態出門，也就是說身穿布嘎，跟親屬結伴成行。**這對女性是非常厚道的事**。對某些這種隱形婦女而言，情

⑤—在此有必要進一步解釋這個籠統的說法。在托爾喀姆（Torkham），我們會看到許多穿查朵爾或披著骯髒毯子的婦女露出臉部；在札拉拉巴德（Jalalabad）附近的田地裡，許多做收割工作的婦女把整個頭部都露出來。跟阿富汗產生過的其他統治形式一樣，塔利班的統治在都市地區比較有效力。在接下來幾頁的內容中，我將多次強調這個部分，藉此打擊刻板印象。

況或許如此；但當她們變得貧窮至極，情況就有所變化。

開宗明義，貧困等於隱形；在這個議題上，我想到中國南寧那七百戶家庭，他們的房子被拆毀，但無人關心他們；更不用說仰光那些在街頭生活的小孩，他們年紀小小，但夜裡卻躺在人行道的骯髒厚紙板上，而且還會抽菸：髒兮兮的臉龐，髒兮兮的長襯衫，光著腳丫子的四個男孩和一個女孩。其中一個男孩的額頭、鼻子和臉頰上抹了白色的檀那卡膏❷。爐火在高高的路邊攤水壺底下燃燒，旁邊有其他小孩穿著過大的襯衫和拖鞋在招搖；一些穿中式裙子的女士兩兩並肩走過；勾肩搭背的年輕男人漫步經過路邊攤的桌子旁，桌上擺了咖啡杯、煉乳，以及獻給佛祖的小花圈。一個男孩拿起滾燙冒煙的茶壺，帶去給一桌客人，客人就坐在街邊的矮板凳上。穿紗籠的男孩正在跟隱形的對手打拳，嬰孩在哭鬧，三片藍色窗簾在一棟公寓頂樓發出亮光。低沉的聲響不斷在周遭湧動，那是貧窮發出的聲音嗎？那些睡在人行道上的小孩，他們是貧窮的，沒錯吧？那些坐在街邊吃東西的客人呢？那種陳設在我所屬的富裕美國絕對不可能被允許；餐館主人要是這麼做還會被罰款；但是，感謝各位的提醒，那些坐在街旁，一邊吃東西，一邊還能看到兒童睡在人行道上的客人絕對算是富有的；他們的處境是**正常的**⑥。正如我在這段描述中，可以很快地從街頭兒童描寫到在街邊喝茶的客人，當地人只消抬腳走幾步，就能離開那個塗了白色檀那卡膏的窮小孩，即便他們定神看到了他。他是隱形的，因為沒有人打算給他東西吃或給他地方睡，而且也沒有人會因為他的存在而愧疚。

當他的貧窮在新陳代謝的層面上變得無法忍受，或者很可能在那之前一段時間，貧窮可能開始要人注意：小男孩乞討了。

他會把自己顯現出來；他可能不惜欺騙或敲詐；如果他生病或挨餓，他臉上會顯現出那份悽慘。任何窮人都會告訴我們，這些並不保證一定能得到救助——但試想，假如法律要求一個人把自己包在藍色或黑色的袍子裡面，而且不能接近任何人，那會是什麼情況？不光是他的迫切需求將變得無人知曉，就連他的貧困這件事也不會有人知道。

各位可還記得娜塔莉雅？為什麼你們應該記得她？她只是幾個無法辨別的俄國乞丐當中的一個。她告訴過我，除非救護車人員**認識**她——她的意思是說「認得她，而且知道她的狀況」——否則當她的癲癇再度發作，他們可能不會為她進行正確的注射，因為他們會假定她就跟一堆人一樣，不過是因為酗酒而昏倒。假如她被禁止將自己的情況告知那些人呢？我們怎麼有辦法知道某個倒臥在地的隱形人類跟另一個隱形人類有何不同？

一名教師變成乞丐，她在布嘎底下抓著她的教學證照。她走近一名男子，對他耳語：**我是你的老師。可以幫幫我嗎？**這個從前的學生確實幫了她。這個故事就是他親口告訴我的。要是某個塔利班分子看到那個悄悄交易的場面，天曉得他們會對他做出什麼事？

再次強調這個顯而易見的道理：不是女人乞討這個事實本身格外糟，超乎普通的糟（我在阿富汗見過一名

⑥—我們可以把他們的正常性拿來跟哈薩克那間茶室的正常性做個比較。那間只有一個棚子般大的小茶室位於阿特勞（Atyrau）和薩利卡米斯（Sarykamys）之間的一個小鎮，裡面的牆壁漆成荷蘭藍。所有人都戴軟帽、穿厚厚的帕卡大衣（parka），擠在搖搖晃晃的桌子周圍吃水煮馬鈴薯、喝伏特加。我的緬甸朋友們在那裡可能會覺得很可憐，不只是因為沒有咖啡，沒有煉乳，沒有獻給佛祖的花圈，而且也是因為天氣冷得嚇人。

男性大學講師在做沒拿薪水賣香蕉的事），而是她們的乞討行為在「尊重」、「尊敬」的名義下遭到非法化這件事。

9

最近我剛好有機會到加州薩里納斯（Salinas）的火車鐵軌上走一遭。從車站望出去，一個販毒和賣淫區在視線所及範圍內出現，兩種交易類型互相隔離，一部分是透過林木的遮蔽，另一部分則是靠參與者緊急揮手趕人的動作。這是車站南側的情形。往北走差不多同樣短的距離，一名女子正在砂石地上幫一名男子口交。這時的人之常情是若無其事地走過去，當作沒看到那對正品嘗人間歡樂的男女（當我們瞧見那個臉上塗了白色檀那卡膏的緬甸男孩，或在京都民眾悠閒漫步的河畔看到大山和小山出現在他們的紙箱屋旁，我們也會對他們施與相同的恩典）。我的兩位同行友伴都是事業有成的商務人士，他們說，藉著這種機會重新體認到社會上存在著那種生活模式，感慨之餘也真是獲益良多；那種生活看在我眼裡確實有幾分悲哀，但他們倆卻更是深深感到悲哀。我不禁心想，這兩個心胸開放、富有冒險精神的人，已經在這世上闖蕩了將近半個世紀，怎麼會把那種再尋常不過的情景視為不可思議？平時導致那些牙齒不齊的吸毒妓女和搖頭丸販子在他們眼中隱而不見的因素很簡單，就是一種現成的社會劃分方式，它有各式各樣不同的稱呼：猶太區、紅燈區、「黑鬼城」、戰鬥區、「包容特區」❸、城內不好的一邊（bad side of town），或者——這倒非常合乎眼前的情形——「鐵軌的錯誤那一側」（wrong side of the tracks）❹。因此，追求寧靜祥和的富裕人士本身並不需要展現刻意的盲目；窮困階級會具體地讓自己消失在他們的視線之外！（**妳出了妳的區了**，一名女警有回曾這樣責罵我一位當阻街女郎的朋友。）如果一個人在「錯誤那一側」沒正事做，為什麼要去？況且，去那裡還會大幅提高自己遭到搶劫、攻擊、侵擾的風險？歐克蘭（Oakland）貨運站的調車場瀰漫排泄物的臭味，所以，為什麼要去那裡？這一切的一切，無不積極促進階級隔離⑦。我們從來不去的地方就是隱形的地方，而警政單位、經濟壓力、自我維護及單純的習慣都致力將「異類」安放在那裡，藉此讓他們失去能見度，變成隱形人。

這種運作具有雙向性。你會常常看到乞丐出現在有出入管制的社區嗎？任何人如果搞不清楚狀況，跑去玩能見度這麼高的遊戲，他會在轉眼間被穿制服的「抗體」迅速制伏，從那個社會體中被排泄出去。

我們在這裡談的是稱為「隔離」的那種冷血「相互隱形化」的階級制度。我在塔利班統治下的阿富汗看到的並不是這種制度造成的效應，而是照本宣科的狂熱基本教義意外導致的結果。這就是為什麼相較於南非種族隔離政策的制訂者，我對塔利班多了幾分好感。我遇到的塔利班分子大都對女性沒有任何惡意。他們信誓旦旦地告訴我：他們非常**尊敬**女性！一旦他們全面打贏內戰（要不是二〇〇一年間發生九一一這個對他們比對我們

⑦—在撰寫一本關於貧窮的書期間，有一次我坐在夏威夷一間旅館的露台上，然後我的小女兒驚呼：有人在爬棕櫚樹！那人正在修剪那棵樹，葉子沙沙作響地掉落地面。那人為她帶來娛樂效果；我則是一開始把他當成有趣的風景，然後又覺得他讓我不自在，因為我開始好奇：那工作在他心目中是刺激，危險，痛苦，還是可憎？我記得有些帝國谷（Imperial Valley）的採收工經常抱怨他們得爬上十層樓高的椰棗樹……那人爬了下來。眼不見，心不念。

造成更大災難的事件，塔利班原本確實會贏），他們打算興建獨立的女子學校；他們說，目前他們只是缺乏資源。（不過一名男子冠冕堂皇地表示，他們將逐步制訂相關政策。）簡言之，他們是「窮人」，不僅資源匱乏，而且教育、理解能力都不足，更不用說「同理心」這個在戰爭中的第一個犧牲品。他們之中許多人打從內心無法理解，為什麼女性會因為被排除在公共生活之外而感到不便。一名男子指出，從前他一直把女兒留在札拉拉巴德的家裡，不讓她出門，**因為我不希望她被人綁架**。現在札拉拉巴德已由塔利班統治，女性必然有了安全保障；不過他的女兒還是關在家裡。

10

那個女孩坐著，沒穿鞋的腳互相磨蹭，雙手則扣放腿上。她穿了長褲、黑白方格圖案襯衫，以及一件黑色查朵爾，還有一條綠色西嘉布圍著她那嬌嫩的年輕臉龐。

以前我讀過醫學院。現在我沒有工作，跟我爸爸和哥哥待在家裡，他們都沒受過什麼教育，她語調平平地說。

這場訪談是在喀布爾的一處公寓中進行；這家人是我的通譯員認識很久的朋友。我們在這裡很安全，沒有人會監視我們。女孩帶著僅有的一抹愉悅神情說道：**阿富汗男人可能不見得知道門關起來以後，裡面會發生什麼事**。

塔利班那些人破壞了我們的教育，她說。沒有人能到外面。所以現在有很多問題，尤其是對寡婦而言。那些人真的很殘忍。

妳一整天是怎麼過的？

早上我會祈禱，然後我會教我的弟弟妹妹。我教他們英文和數學。我會洗衣服，讀醫學。

妳最大的希望是什麼？

我現在最大的願望就是成為醫生。我希望能到巴基斯坦繼續完成學業。

就妳所知，有多少女性喜歡塔利班？

很多阿富汗女性沒受教育，她們像奴隸一樣在山區工作。**那些女人**會喜歡塔利班。可是受過教育的女性，她們百分之百痛恨塔利班！

雖然塔利班讓她變得比從前更隱而不見，但如果把她陷入困厄的情況完全歸咎給塔利班，那也不對；因為她說：其實即便是對塔利班出現以前的日子，我也沒有什麼美好的回憶。我上學的時候，很多火箭炮會打過來，我的同學被打死了。我要怎麼受教育？好多難民都在哭。他們沒東西吃。我看到那些人會有什麼感受？

話說回來，無論過去阿富汗的狀況有多糟，某個時候，這名年輕女子原本還是有機會順理成章地成為專業階級的一員。

她用低沉而煩悶的語氣告訴我：有時塔利班看到我單獨一個人，他們會說壞話，比如「妳為什麼自己到外面來？」他們在我家附近打過女人很多次，那些女人會哭。他們也會嘲笑女人，比如說「哈哈！女人不是人！」他們從來沒有好樣子。

然後她用毒辣的口吻補了一句：**他們真可憐**。

11

那些塔利班分子是些什麼人？他們通常頭上包著黑色頭巾，不過也不一定⑧；他們會坐在檢查站和碉堡門廊上，趾高氣昂地揮手要車子停下。我記得看過一些男人戴綠色頭巾，身體裹在毯子裡。他們會向我伸手，表現兄弟情誼。我記得我看過一個充滿恐懼的無知青年，渾身散發飢餓的氣息，他也是塔利班。另一名塔利班則讓我看他那雙被子彈毀掉的腿。

12

女人的標誌形象是什麼？這跟人為什麼窮困一樣，也依地區而有所不同。

泰國女人的代表標誌是身材不可思議地纖細。她會露出臉龐。（比如我記得那些舞者，她們戴著光燦燦、閃亮亮的高聳頭飾，腳上有墨黑色或綠色的踝鐲，服裝上有裝飾性鱗片。泰國的旅遊機構常在廣告海報上呈現這樣的女人形象。）她似乎天生就是要讓人看。——那麼有誰會是隱形的？——怎麼，當然是蘇妮啊！粗腰、流汗、喝醉酒、悶悶不樂的蘇妮——簡單說，就是個微不足道的物品，一個忘了也無所謂的東西，在附有輪子的街頭神龕裡的雪白麵條和車輛轟隆駛過的高架公路之間喃喃自語。她喘不過氣的時候，沒有人會注意。

阿富汗女人的標誌形象是：用布嘎裹住的鬼魂。

13

河內有一處湖濱咖啡館，那裡開了許多越南語叫 jiong vi 的紅花（這種當地有名的花是夏季的象徵）；每天清晨，一名年輕可愛、笑臉迎人的女服務員會在花間蓮步輕移，為我端來咖啡，順道打情罵俏一番。我記得她說她要把書念完，有機會的話就去美國。她笑嘻嘻地問我要不要娶她。那時我沒比現在年輕多少，想必也不會比現在英俊，所以我理所當然會想到一個可能，也就是說，假如她果真認為成為我的妻子是個迷人的想法，那麼經濟考量絕對是其中的關鍵。一開始我真的非常喜歡她的陪伴，以至於我忽略了鴻，那個戴帽子、身穿邋遢藍灰色襯衫的小販〔照64〕。他站在那裡設法賣些越南文常用詞語手冊和明信片集，要價一百到一百五十越南盾不等。他也是每天都在那兒出現，但他的生意很差，正如他的生活非常窮困。後來我真的發現，有時他從早到

⑧—他們肯定地告訴過我頭巾顏色並不重要。

晚一毛錢也賺不到。

當我注意到女服務員對鴻視而不見時，我就沒再那麼喜歡她的陪伴了；而當我邀請鴻一起用早餐，我在她眼中的適婚性則明顯降低。那男人已經連續三年站在她的視線中，每天，在彷彿緩慢前進的摩托車陣般難以前移的漫長時間裡，她堅決地**拒絕**看到那個存在體，除非他靠得太近，這時她就會對他做出嚴厲的手勢，把他趕回隱形的狀態；現在，她忽然沒來由地得服務此人，這或許讓她覺得羞辱（當然我完全沒有這樣的用意）。她皺著鼻頭送來菜單，當我請她多拿一份給鴻時，她的漂亮臉蛋忽然因為恨意而變得醜惡。

你為什麼窮？我問他。

他磨了一下嘴唇上方的鬍渣和汗水，抓著他的貨品——地圖、明信片、給觀光客用的越南實用語手冊。他給我的回答跟我在墨西哥經常聽到的一樣：老百姓沒有足夠的錢上學。而且我們沒有好衣服，所以找不到工作。鄉下地區就是這樣。

他們家有五兄弟。他不識字，不過至少還知道書的哪邊是正面。這些書在大書店裡要賣一萬盾，但他可以到小書店用八千盾的價格進貨。這就是他的利潤：兩千盾。

他跟一個弟弟一起住賓館，兩個人每天需要付六千盾的費用；弟弟的賺錢方式是幫人清理西裝（不過鴻沒告訴我他弟弟能賺到多少）。兩人在賓館睡個覺的最低價格是兩千盾。有六千盾的話，就能洗個熱水澡、泡杯茶。還有一件不重要的小事：每天吃東西需要三萬到四萬盾，這也是算兩人份。

二〇〇二年時，一美元相當於一萬五千盾。把總支出除以二，就是每人每天的生活費，所以我們發現鴻的基本生活需要一萬六千到兩萬三千盾，相當於平均每天一點三美元。總的說起來，假如他每二十四小時能賣出一本書，他可以勉強苟活，不過我們知道他沒辦法指望這點。

照片上的他露出一絲微笑，目光低垂，看著在他手中攤成扇形的貨品。他的模樣非常溫和。我記得在那份溫和底下似乎有一絲苦澀，但他隱藏得非常好，因此我們無法知道那到底是一種尖酸，或只是像蘇妮那種聽天由命。我覺得我會願意信賴他。

他相信有朝一日他可能會因為從不欺騙別人而被舉薦給某個雇主，或者是佛陀。至於投胎轉世，他就不知道了。

我請教他對馬克思－列寧主義的看法，他露齒而笑。他說：國王的小孩會當國王，窮人的小孩會當窮人。這些事不容易。你不會要求國王幫助你；連肚子都填不飽，根本不會去想這種事。

他用完餐，起身離開餐桌，往外邁出二十步，回歸他的隱形生活；他把藍色帽子往下拉，緊緊壓住被汗水濡濕的黑髮。我走的時候，他用發紅的眼睛往所有地方看，但就是不看那個女服務員。

14

在布達佩斯地底深處的七號線地鐵中，兩名女警把一名吉普賽小偷壓制在牆上。她們對他尖聲大叫。一名女警的手抓著那男人的頭髮，把他的臉往牆上敲。所有人就這樣走過去；他是個隱形人。讓自己被扯進這種事不但不愉快，而且具有潛在危險性，因為折磨那人的人可能會把矛頭移轉到我們身上。

在塔利班統治下的阿富汗，一名男子告訴我，他在一個月前看到一個女人被人鞭打。她是誰？他怎麼會知道？她是隱形的；她穿了布嘎。

假如鴻偶爾遭到不當對待，有誰會看到？那位女服務員平時或許頂多只是被動地對他視而不見，但在這種節骨眼上，她會變成主動地、惡意地盲目；雖然我原本的用意良善，希望能讓鴻的生活在一兩天中獲得紓解，但我卻很可能造成他在某種程度上落入她的魔掌，這一切只是因為我跟他一起吃了一頓飯……

15

隱形也可能帶來某種補償；在阿拉斯加州的小鎮諾姆（Nome），我們在三名喝醉酒的愛斯基摩人身上看到這點〔照65〕。在一個陽光亮麗的夏日午夜，他們坐在巷子裡，手中握著酒瓶；坐中間的女人用腫脹的雙手捧住瓶子，她的眼睛闔上，下唇下垂，露出牙齒，蒼白的頭部往前沉落在胖嘟嘟的肩膀間，另一名女子把頭靠在那肩膀的一邊，用手抓住另一邊；這名女子比較纖瘦，半開的眼睛洋溢幸福安詳，她把一瓶已經打開的酒穩妥地收在兩人中間，讓酒瓶也依偎在對方身上；與此同時，唯一那個男的帶著快活的恍惚神情，把目光和醉醺醺的嘴巴轉向我，他的眼睛是三個人裡最開闊的，但假如他的牙齒不是連接在頷骨上，恐怕早已滾落在地；他把手擱在大腿上，頭部斜斜地陷向中間那女人身上。

所有路過的人都會看到他們，但沒有人真正看到他們——他們處於化外。我跟其中一個人一起散步了一會，旁人看了可能覺得不舒服，不過他們沒對我們說什麼，我們也沒對他們說什麼，我們繼續以各自的隱形方式存在；我們同樣可以出現在薩里納斯的樹林中，他們則可能會從旅客軌道上的車廂透過觀景窗，視而不見地看著我們。

16

白夏瓦那人最後幫我拿到了前往塔利班阿富汗的簽證，我永遠都該感激他；他對我很好；同時，戴著頭巾和煙燻色眼鏡的他坐在捲起的地毯上，看著我喝他的年輕男僕送來的茶，他微笑時嘴角迅速閃過一絲受了傷的敵意；他聰明卻也刻薄，設法找出藉口仇恨我這個人。

你們這些西方人想透過你們自己的眼鏡看我們的女人，他說。好吧，你們有民主，可是為什麼我們非得跟你們一樣不可？

你會希望你們的女人是什麼樣子？我問。

她們可以待在家裡，上市集，工作——可是男人和女人應該分開。在你們國家，女人也好，男人也好，他們可以做任何心裡想做的事嗎？當然不行，一定會有一些限制。

一名父親把女兒帶到一間茶葉店，女兒身穿寬鬆的紫紅色長褲、紫紅色長裙，頭上的深紅色頭巾在她的肩背上形成半顆鑽石造形。她的臉部完全露出，只有頭髮被覆蓋住。外頭有一名女子從頭到腳包在深色的打摺裹體衣中，她在頭上頂了一個盆子。在卡察加里的走私市集，我一下子就看到許多女性臉孔，紅褐膚色跟紅褐色土屋互相映襯：一些媽媽站在門廊上，只在看到陌生人的目光時把嘴巴遮住；其他一些女人從頭到腳包著藍色長袍，在男性同胞之間閃現，男人們則忙著修理腳踏車或製做箱盒。對我而言這是生活；這是文化；套用一個經常使用的字眼，我**尊重**它。

一個陽光普照的午後，在白夏瓦，我在一名資深阿富汗記者陪同下展開一項艱鉅的計畫——「與女性談話」，結果我們連在那個拿了我二十盧比的行乞婦身上都失敗了；她收下我送的錢以後默默地表示感謝，然後懇求我們別要她對任何事表態⑨。我們沒辦法帶她到某個地方喝汽水，因為她要是走在我們身邊，只會引起別人懷疑我們之間有性交易。這倒不是塔利班極端主義的表現，只是保守的伊斯蘭思維。我也尊重這一點。我很難過無法進一步了解她的貧困，不過，就像坐在捲起的地毯上那個男人所說，**一定會有一些限制**。

一名跟我同樣年紀的巴基斯坦帕坦人（可想而知，由於他是個窮人，他看起來比我老十歲）說，如果一個帕坦人在自家開設一扇窗戶面對鄰居的窗戶，鄰居一定會開槍打他。我不只尊重這點，甚至拍手叫好。我的隱私就是我的寶藏。

在阿富汗鄉間，無論民眾在哪裡停下腳步祈禱，可能就會輕易地在周遭的灰白色石礫中發現俄國坦克砲彈；我則幾乎一樣容易地發現披戴鮮豔查朵爾的婦女彎身在種小麥的梯田裡工作，她們之中有許多人的臉都完全露出來，甚至頭髮也不例外，於是，那些穿著鮮豔的紅色或綠色衣服的女人看起來就跟羅馬尼亞的農婦大同小異，而我透過我的異邦人距離尊重她們；還有那些在棕褐色牆邊翹著二郎腿，圍坐在鋪了棕褐色毯子的桌子旁，曬成棕褐色的皺紋臉龐彷彿被大鬍子拉長了的男人，我透過我的友善，同樣對他們表示尊重；我很高興有那些人的陪伴，就像我非常開心看到波光粼粼的河水流過石頭，緩緩挖深寬闊的河床，河中島嶼上芳草青青，羊群在碎石地上吃草，興都庫什山脈冰冷的白色山麓丘陵則矗立在遼闊大地上方；我覺得自己擁有無以言喻的特權，能夠來到他們的世界作客，看年輕男僕在餐前和餐後提水壺倒水讓客人洗手，全家男性無不出場作陪，賓主盡歡。我尊重所有人；我欽佩他們；我永遠不會停止感激他們。

一定會有一些限制；的確如此。我無法看到每一個戴面紗的女人。但是那些貧苦可憐的女人，那些獨自死去的戴面紗婦女，我發誓永遠不會對她們視而不見。

譯注

❶—帕坦人（Pathan）又稱普什圖人（pushtun），主要分布於阿富汗東部和巴基斯坦西北部，是阿富汗境內最主要的民族。「帕坦」這個稱呼源自印度斯坦語這個在印度北部及巴基斯坦的共通語。

❷—檀那卡（thanaka）是一種用月橘、象橘的樹皮磨成的白色或淡黃色抹膏，主要為女性用於臉部或手臂肌膚保養，但有時男性也會塗用。使用檀那卡是緬甸傳統文化的特色，也傳至泰國等鄰近國家。

❸—*zona de tolerancia* 這個西班牙文語詞是指在有關單位「包容」下形成的風化區。

❹—城市發展導致鐵路線某一側發展不如另一側，「錯誤那一側」經常成為「貧民區」的同義詞。

⑨—為了讓各位看到阿富汗女性的樣子，有時我會付錢給窮困的婦女，拍下她們的照片，這無論對她們或對我而言，感覺起來都像最污穢的賣淫形式；有時為了不讓別人看到，我會從後方或在一定距離外拍穿布嘎的婦女走在街上的照片。在阿富汗，拍女人的照片這種行為的違法程度相當於拍攝機密國防設施。在巴基斯坦做這件事則只會引來一群怒氣沖沖、滿臉嫌惡的男人。

7
畸形
Deformity

日本，2004 年；俄羅斯，2005 年；泰國，2001 年

1

蒙田寫道：前天我看到一個小孩被兩個男人和一個護士帶著四處走動，那些人說是孩子的父親、叔叔和姑姑，他們向眾人展示他的奇特外貌，藉此討個一分錢什麼的。四個世紀又十年過去，從柬埔寨國界往西走沒幾步路，在黃紅色的沙土和泥巴中，我遇到一個女孩，她的臉孔搏得我的同情和銀兩（照66）。我把她的照片拿給三名醫生看，他們都覺得她的鼻子讓人匪夷所思；鼻孔沒什麼問題，可是鼻梁卻在眼睛下方漫開，像是某個孩童漫不經心捏出來的一坨黏土；當我看到她的時候，我的確就是這麼想的；宗教說得沒錯，肉體確實是黏土；與其說她的樣子令人嫌惡，不如說她是個未完成品，彷彿製造她的陶藝師只是需要再多點時間，用手指好好捏出鼻子的形狀，用水潤濕，仔細順平，讓鼻子跟其他部分的她一樣完美——不過「她」又是什麼？她的臉部中央部分是一個模糊不清的形體。可是她的微笑卻是完整的，她的眼神具有屬於她自己的明顯性格。假如她是我的情人，我很容易就能覺得她很美。但我憑什

麼想像自己跟她戀愛？我從頭到尾不知道她的身分，雖然她和我共享了一頓午餐，在一名通譯員協助下聊了天，然後另一天又見到她，可是現在我唯一記得的是她的外貌。畸形是隱形的另一面——或者也可說是「不被欲求」這個狀態的一種具體顯現方式。哈薩克那位俄羅斯行乞老婦，她的嘴巴像個黑色的橢圓形物體，鑲嵌在由麻木的臉龐構成的白色橢圓形表面；在那張沒有生氣的臉孔上，黑色的眼縫甚至不及右頰上的黑色結痂那般明顯，而圍繞著那個大結痂周圍，彷彿一幅天文圖案似的，一些比較小的結痂凍結在它們的運行軌道某處——我是否也該提提那頂沾了幾縷雪片、往下拉低覆蓋住一部分臉孔的黑色羊毛軟帽，還有包在她那凍僵了、可憐的老朽頭部周圍的粗糙圍巾？——當我把錢拿給她，為各位讀者拍下她的肖像〔照67〕時，她顯得毫不起眼；她站在冰凍的門廊下絕望地顫抖，杯子裡沒有半點錢，沒有人真正看到她；她是隱形的。可是，當我現在看到她的影像，我卻驚駭不已；她的窮苦如猛獸般可怖，直逼魂魄。貧窮等於隱形，除非貧窮把自己強調出來，大聲吼出它的可憐可憎。逝者已矣，在我們眼中成為隱形，但那是因為我們把他們埋進土裡，這樣就無需嗅聞到他們。——為什麼掘開的墳墓令人懼怕？這跟明顯可見的貧窮令人懼怕的理由一樣。

2

的確，在「畸形」這個概念所能代表的各種事物中，臭味是當中重要的一項：不乾淨的肉體、窮人身上長年浸漬在汗水和雨水中的衣服、癒合不良的傷口（這在有錢人的身上自然而然就會恢復得毫無瑕疵），這一切無不散發臭味。「畸形」也是吵鬧不休、滿口咒罵，是哭哭啼啼、奴顏婢膝的「非正常」行為，無數乞丐透過這些手段，尋求我們的協助。對亞當·斯密❶而言，富裕的最低條件是能夠毋須羞恥地在公開場合現身。大阪一處地鐵站中的突兀身影〔照68〕未能符合這個標準；那是個丟人現眼的存在實體，遭受普通富裕階級的恥笑。

這種羞恥的感覺侵蝕了他對自己的信心。我永遠忘不了東京那位身上散發尿臭味、坐在人行道上看漫畫書的老叟〔照45〕。

為什麼有些人擁有的東西比別人多？我問他。

他說：這個嘛，這是因為有錢人和窮人，如果你把他們做個比較，會發現關鍵在於個人的能力。假如每個人都有錢，那就會很快樂。

你覺得自己窮嗎？

他露出微笑，遲疑了一下，然後承認了這個令人蒙羞的事實。

為什麼？

他把漫畫書摔在地上，大聲叫道：這是我的錯！沒有別人得負責！

為什麼這是你的錯？

因為我在街頭生活，一旦你餐風露宿，就沒有人會認識你，你就被困住了。我沒辦法脫離窮困……

3

不符合「正常標準」的畸形生存具有令人嫌惡的特質和徹底的怪異性，而這會促使窮人和富人相互隔離。除了中世紀的聖人之外，有誰會願意親吻痲瘋病患的傷口？不若老當益壯的奧可桑娜，娜塔莉雅之所以遭受法律約束（或者至少她宣稱如此），原因就在於她的「畸形」。

警察不再允許我天天出現在這裡，她說①。他們只准我每兩天乞討一天。有個在附近巡邏的警官看到我癲癇發作會很害怕。他會比出十字架手勢，告訴別人不要碰我……

4

但是，一如蒙田和我各自在不同場合所做的觀察，無論是對那些因為窮困而變得畸形的人，或是對那些因為畸形而為窮困所苦的人來說，畸形也是一種可以銷售的商品。我舉個例子，有一次我到曼谷，每天都會看到一名沒有手臂的男子跪在人行陸橋階梯最頂端旁，用牙齒代替雙手，神態卑屈地乞討。我會給他幾個泰銖，但

①—她補充道：「還有，我的男朋友很擔心我，而我不想因為死在這個公園裡讓他難過。」

一個星期後，我發現他其實是天衣無縫地把手臂扭曲起來縮在背後，我是否應該覺得自己被騙了？他把身體倚靠在欄杆上，掩飾他的正常肢體能力。或許我應該佩服他有辦法做出這麼棒的表演？我的確覺得既好玩又惱火，前者可算是一種佩服，不過只是很微弱的佩服，因為他的表演其實沒有乍看之下那麼棒；後者的發生機制如下：我居然以為他需要那個錢！——然後第二個想法馬上浮現：當然他需要那個錢啊！——起初我沒搞清楚狀況，但一旦我把情況釐清（這個部分所花的時間比那人重新調整手臂位置所需的時間還少），我就繼續繳納「過路費」，而且是帶著快活的心情做這件事。

譯注

❶—亞當．斯密（Adam Smith），一七二三—一七九〇，蘇格蘭道德哲學家，政治經濟學始祖，蘇格蘭啟蒙運動關鍵人物。著有《道德情操論》（*The Theory of Moral Sentiments*）、《國富論》（*The Wealth of Nations*）等多部重要作品，其中前者為其後續撰述奠定倫理、哲學、心理、方法論等方面的基礎，後者則是首部探討歐洲產業和商業史的書籍，書中闡釋分工、「無形之手」（invisible hand）、自由貿易、資本主義、自由意志等概念，為現代經濟學開創先河。亞當．斯密被奉為現代經濟學之父，至今仍是經濟學領域最具影響力的思想家之一。

8 不被欲求

Unwantedness

印度，1979年；美國，1920-1940年代；泰國，2001年

1

作為都市化的基礎，工業化必須獲得重視，西孟加拉❶的一名善意人士曾經這樣建議。然而，為求強化本地區的內部經濟，應該採取方向明確的方法，將來自本地區以外的移民數量維持在低限，藉此讓本地區民眾得以享受製造就業機會的產業所帶來的利益。這位善意人士將流入西孟加拉的境內移民描繪成一個弊多於利的負量（negative quantity），並且進行了無懈可擊的論證；他針對那些「流浪者」做了調查統計；那些人的遷徙動機清楚顯示在他製作的表格內。無怪乎窮困的特性之一是相互敵對！畢竟那些「製造就業機會的產業」基本上無法為所有人提供支持，不是嗎？

只要窮困者構成某種東西的供應源——無論那是廉價勞力，符合某個目的（例如戰爭、賣淫）的簡便來源，或方便好用的服從心態——他們就會獲得容忍，甚至「被欲求」。可是一旦窮困者成為要求享有共同資源的群體，他們就會變得「不被欲求」。疏離——這個窮困層面將在筆者所列的現象清單最

後一項進行探討①——是人對「不被欲求」的狀態做出的自然反應。

回到前述的表格：在流向西孟加拉的女性境內移民當中，幾乎沒有人是為了工作遷移至此的；她們的移民目的包括結婚，陪伴已經在移居地賺錢或希望能在當地賺錢的家人，以及「其他理由」（順道一提，這些理由也構成男性移民動機的顯著部分）。由於她們通常不會跟本地人競爭工作，她們不被欲求的程度會不會低於她們的男性親人？我認為這個問題的答案取決於她們是否成為社會福利名單的一員。如果她們在自家過著與外界隔離的生活，出門只是為了用她們的男人賺的錢買菜或衣服之類的東西，西孟加拉的店家至少應該將她們視為一個正面因素。在此舉個負面因素的例子：在塔利班統治下的喀布爾街頭行乞的寡婦。在「尊重女性」的名義下，她們被迫處於不被欲求的處境。她們的存在原本不至於構成冒犯，但條件是她們必須生活在家中；一旦她們沒有了家，或者——在比較好的情形下——雖然還有家，但沒有了男性親人，她們就只能步上挨餓的命運。塔利班政權棄她們於不顧。那她們該靠什麼生活？國際救援機構應該照顧她們——內政部長給了我這個非常酷的答案。

2

一名講師在解釋經濟衰退期間自殺率增加的現象時指出：發生經濟蕭條時……數以百萬計的個人覺得他們生活在一個不需要他們的社群當中，那個社群不給他們生活的機會，他們無法在那裡找到安身立命之處。這個說明足以描述塔利班時代那些寡婦的處境，更甭提（我們確實經常懶得提）一般窮困者的狀況。此外，不被欲求還有另一個面向：自我憎惡。一本關於「經濟大蕭條」❷的書指出，一九二〇年代期間，許多美國人開始將自我價值等同於物質財產。因此，當環境變得不景氣時，他們會覺得自己沒有價值。事實可能沒這麼單純，不過一般人確實習慣將自我價值等同於他們感覺自己被納入社會的程度，或者至少在一部分程度上以此做為衡量標準。如果他們擁有屬於自己的次文化，或許有可能讓自己絕緣於「不被欲求」所造成的效應之外。但由於所有利益都夾帶著成本，窮困者的次文化一旦變得顯眼，就會遭受能夠看到它的富裕文化鄙視。一部探討義大利裔美國人歷史的著作提出了以下的概括性說法：由於土生土長的美國人看到的主要是一些貧窮、邋遢的低下階層勞工，而且這些人說的是他們聽不懂的語言，美國本地人因此對他們產生刻板印象，稱他們為dago—韃哥、kike—凱克❷、Polack—波蘭佬或Hunky—匈國佬。換句話說，他們的觀念是：應該採取方向明確的做法，將來自本地區以外的移民數量維持在低限，或者至少將他們置於視線之外。一名日裔美國人感受到類似的情形，他記得在第二次世界大戰之前那幾年，從來沒有人告訴我們白種人比日本人優秀，但你自然會感覺像是二等公民，因為我們都窮，因為我們父母的工作不是那麼好。我父親經營一家小服飾店，客戶主要是日本人。我認為「感覺自己不如人」是我們固守在自己社群中的原因。

①—參見一八七頁。

3

名叫「美金」那位貧窮女子（她連被我提到的方式都很貧乏，差不多只能算是關於蘇妮那個章節中的一個注腳）之所以決定離開泰國東北部的一〇一號省，到曼谷討生活，是因為她**需要工作、需要錢**。她在家鄉本來是種稻的。有些村子裡的女孩離鄉背井之後成了妓女，不過人數不多。她跟蘇妮入了同一行；我見到她的時候，她穿著一家清潔公司的制服。關於這個平凡普通的人物，我能說些什麼？她在曼谷已經待了兩年多，有兩個小孩，分別是八歲和十三歲；她自己則是三十九歲。如果我今天再見到她，我很可能不會記得她，她也不會認得我。我也幾乎認不得大山和小山，假如美金現在站在他們旁邊，會是什麼情況？他們站在一起，表淺地置身於我盲目的富人目光中，然後……

美金的隱形程度因為她的恐懼而增加，而那份恐懼在第一次訪談後便馬上顯現出來，以至於第一次立刻變成最後一次；雖然她只需要跟我交談十五分鐘，我就會給她相當於她工作一天的薪水，但是她非常害怕會因為向我描述她那令人沮喪得無以復加的工作和生活狀況，而跟老闆產生某種瓜葛；其他幾個清潔女工也因為同樣的理由拒絕受訪，儘管她們也一樣窮困——或者正是因為她們窮困②。有時，同事的耳邊警告會破壞她們最初的意願。我從來無法得知她們到底怕我揭露什麼東西。或許她們服務的公司並沒有從事任何非法勾當，而且就算以他們的標準而言，也不至於有不合倫理之處；但是無論如何，那些可憐的婦女都認為，萬一有人去向管理階層打小報告，她們的可能損失會超過她們能夠得到的好處。美金很驕傲能靠自己找到工作；她希望保有那份工作。我有一種感覺，她的生活距離徹底的不被欲求不過咫尺之遙，換句話說，她是**可以拋棄的**。

姑且假設她不是如此。假設她是全泰國最優秀的清潔婦。即便如此，又有多少有錢人會邀請她共進晚餐？

譯注

❶—西孟加拉是印度東部的一個邦，相當於孟加拉地區西半部，東側毗鄰孟加拉和阿薩姆邦，首府位於加爾各答。

❷—經濟大蕭條（Great Depression），是一九二九年爆發於美國的世界性經濟衰退，導火線為美國的股市崩盤，隨後襲捲全球，影響至少持續到三〇年代末，可謂二十世紀強度最大、時間最長、衝擊範圍最廣的經濟衰退。在受創最嚴重的美國，工業生產銳減一半以上，國際貿易下跌七成，半數銀行倒閉，失業率暴增六倍（達百分之二十五），各地出現貧民窟。

❸—dago 源自西文常見人名「迪耶哥」（Diego），指「西班牙佬」或義大利、葡萄牙等來自南歐國家或其他地中海沿岸地區的人。、kike 是對猶太人的蔑稱，可能源自中歐猶太人使用的意第緒語中的 kaykl（圓圈）一字；當年猶太人填寫表格時習慣打圈，而非如基督教人士習慣的打叉（十字架記號）。

②—舉例而言，請參見二八頁的曼谷拉丘托里一帶的清潔婦訪談。

9 依賴
Dependence

哥倫比亞，1999 年；維吉尼亞州和英國，1700 年代

1

亞里斯多德說：主人負責預想；奴隸聽命行事。因此有一個共同利益將主人和奴隸連結起來。奴隸制度是自然的；奴隸制度是正常的。畢竟人類第一個家戶的形成，就是出自男人與女人和奴隸這兩者的聯合。（順道一提，自然天性區分了女性與奴隸；他們具有不同功能。）無論情況是哪一種，男性天生就適合統御這兩種人。倘若情感存在於各方之間，這或許是有利的，但奴隸（我推斷這也包括女性）的存在就是為了被利用；因此，情感的作用無異於防止工具生鏽。

雖然我在此看到的是針對依賴所做的剝削觀念灌輸，亞里斯多德卻把它闡述成相互依賴。他說，奴隸屬於主人，正如腳屬於身體。

在蘇妮的情況中，如果我最初詮釋為「針對虛假意識所做的剝削觀念灌輸」的那玩意兒，其實可能具有順應性質，甚或是人道的，我如何能確定亞里斯多德時代的奴役制度是錯的？我把這個問題在舌尖上稍微攪了一下，決定我不想進一步嘗味。

2

儘管如此，我並不打算站出來反對中東地區的父權制家庭。因此，我有什麼權利拒絕接受「權威在理論上可同時具有專斷、個人化和慈善的性質」這樣的命題？一個邪惡的制度當然不無可能在一位具有足夠德性的主人領導下變得緩和、甚至仁慈。古羅馬時代的父親握有小孩的生殺大權，但我們不會因此推論所有的古羅馬父親都邪惡，甚至整個古羅馬制度必然邪惡。

3

另一方面，我們自己身為被寵壞、被解放了的小孩，或許並不希望成為古羅馬時代的小孩。

4

窮困怎麼可能不造成依賴？自我仰賴是富人的奢侈。（各位或許記得當年梭羅將自己認定為富人的事①。）窮困者無法確定自己能夠賺取、或持有足夠的資源，以滿足生活所需，因此他不是自由的，他處於羞辱和奴役的危險中，而且就算他不盡然需要依賴任何一位人類同胞，他也必然得依賴外在環境。

蒙田曾經提到，今日人類的普遍特性，愚蠢、低賤、卑躬屈膝、反覆無常，各種激情形成的風暴往復拉扯，使他們不斷顛簸震盪；完全仰賴他人。這個描述不正涵蓋我們當中大部分的人嗎？它必然涵蓋所有窮困者。

哥倫比亞街頭的一名小販告訴我：警察把我的貨品拿走了，雖然他們給了我收據。我不得不睡在街上，我沒地方待了。

游擊隊能幫你嗎？

現在沒有任何人能幫助任何人。游擊隊把我所有家當全拿走了。

在某個意義上，那個人的依賴程度並沒有我的這麼高。他沒有房子也能生活，而且現在他連原來那個卑微的資本都沒了——然而他拚老命還是撐著！這不就是自我仰賴的勝利嗎？至於我，我有自己的房子；但正如梭羅所說，我的房子也擁有我。有時候我不太知道該怎麼付下個月的房屋貸款。

說完這段注腳，一個無庸置疑的事實依然存在：這個哥倫比亞人在走鋼索，而我是個舒舒服服坐著的觀眾。他表演得很好，截至目前都沒有摔下去。但當他累了，會發生什麼事？他的自我仰賴能力讓他暫時得以在鋼索上撐著，但這個現狀本身並沒有為他提供步向安全的保障。

5

主人負責預想；沒有了他，窮人必然因為**各種激情形成的風暴，不斷顛簸震盪；完全仰賴他人**。要是窮人也有不錯的預想能力呢？他的依賴性會不會變得比較低？他必然會比較不傾向於將他所受的束縛視為好的交易條件。

一名阿富汗難民感傷地告訴我：叔叔沒辦法照顧他哥哥的小孩，他的錢不夠養自己的孩子。──如果「叔叔」擁有比較高超的預想能力，是否就能解救更多的家眷？

預想能力無疑代表力量，而它很可能鼓勵儲蓄、計畫、規劃預算這類衍生自我紀律、有益持續生存的輔助工具。但如果一個人已經沒有任何東西可以儲存，或者他無力改變某個可以完全預見的有害事故，那又該怎麼辦？各位可能還記得，奧可桑娜對事實看得相當透徹，具有不錯的先見之明，她以無庸置疑的簡單道理解釋她的窮困：我沒有住房，我無法申請換發護照，所以沒辦法找工作做。這個問題從九三年開始就一直存在。──她相當清楚她需要申請換發護照才能工作，但她缺乏讓這件事發生的能力。因此，她因為**各種激情形成的風暴，不斷顛簸震盪；完全仰賴他人**。假如她能讓自己麻木不仁到婉的那種程度，喃喃自語著「我認為我是富有的」，

①──他強調，透過捨絕感知性需求（perceived need，即自我感知所認定的需求），人總有辦法走出窮困。或許他是對的。比如說，只要窮人能夠捨棄他們認知中的需求之一──正直，他們不就可以不再惹惱我們這些富人了嗎？一名阿富汗難民則表示：「如果一個女的進到店裡來乞討，而她擁有柔細的雙手，那麼說不定哪天他們就會要求她這樣做」──他的意思是說當妓女。

她的情況會不會好些？

6

很久以前，亞當·斯密就向世人肯定表示，在享有複雜分工體系的社會中，所有人都經常獲得補給，而且**一名工人，就算他屬於最低下、最貧窮的階層，如果他節儉且勤奮，就能享受到比任何野蠻人可能得到的更多的生活必需品和便利性**。不過他認為美國維吉尼亞州的黑人奴隸不過是亞里斯多德式的工具；至於大英國協境內的自由出身勞工，無論他們多麼勤勞節儉，都承受著被人利用的必然風險。他承認**一名倫敦的木工……理論上不可能維持最高精力狀態超過八年**。亞當·斯密唯一想得到幫助木工的方法，是提倡高工資及設法減少按件計酬的工作方式。這點實在可惜，因為他提出的經濟機制照理說應該可以自行達成完美運作才對。倒是有一件事非常肯定：比起無家可歸的哥倫比亞街頭小販，倫敦的木工在鋼索上流汗、轉身的時間或許更久，但第九年的大限終究會在某個時候到來。

於是我們發現，依賴跟下一種窮困現象——**容易出意外**——密切相關。

10 容易出意外

Accident-Prone-ness

伊拉克，1998年；塞爾維亞，1994年；澳洲，1994年；美國，1999年；
哥倫比亞，1999年；美國，1820年代；法國，1754年；愛爾蘭，1889年；
剛果共和國，2001年

1

在遭受經濟制裁的伊拉克，在美國第一次和第二次入侵之間的某個晚上，身穿黑衣的婦女三三兩兩走動，孩童在布滿坑洞的人行道上玩耍，他們的存在讓一座靈棚相形之下顯得不甚起眼；那靈棚是為了讓一名七歲兒童的鄰居和親屬祈禱而搭建的，那孩子因為心臟出毛病，在醫院過世了。這個場景出現在薩達姆城（Saddam City）內某個垃圾、瓦礫及沙土混雜在一起的後巷。假使沒有經濟制裁，那個七歲小孩會死嗎？心臟出毛病雖然是不爭的事實，但在其他情況下，完美的心血管支架、藥物和診斷設備也許可及時提供有效支援。如果小孩的家庭是在高級住宅區提克利特（Tikrit）——薩達姆．海珊[1]的親戚就聚居在那個區——或者他的治療需求是在第一次波斯灣戰爭之前就出現，或者任何其他「富人意外」隨即登場，使環境條件大幅改變，那麼這個「窮人意外」也許不會發生。

在遭受經濟制裁的塞爾維亞，內戰正從僵局轉為失敗；某天早上，一名身穿紅色大衣的女子提著一個袋子，透過貝爾格勒百貨公司的窗玻璃，欣賞裡面展示的燈具和餐盤；一名男子邊扣上大衣鈕扣邊匆忙趕路；大部分人以較為均勻且穩定的步伐移動，他們三三兩兩地穿越廣場，其中有幾個外表髒污，多數人則是乾淨整潔；我會認為他們有什麼東西需要買，或許事實的確如此，但我那位永遠一副悲傷模樣的通譯員表示，人潮實在多得不正常，特別是在那個上班日的中午時分；我果然立刻注意到他們沒有人在買東西。一長串人在銀行排隊；他們希望把第納爾（dinar）換成德國馬克或美元。在附近零零落落走動著的民眾沒有走近那條人龍。時間繼續往前推移。該是用餐時間了，但沒有人去吃東西。他們的窮困可是出於意外？假如狄托❷死後的繼任事宜發生得比較有秩序，假如當初米洛塞維奇❸、圖季曼❹和伊澤特貝戈維奇❺的民族主義傾向淡薄些，而且比較有意願妥協，這些人現在不是應該正坐在某處悠閒享用美好午餐嗎？

來到未受經濟制裁的澳洲，某個下雨天的清晨，在雪梨國王十字（King's Cross）一帶的街頭，一名骨瘦如柴的年輕女子蜷縮在她過夜的潮濕門廊下咳嗽、打噴嚏。她是個以賣淫維生的逃家女孩，也是你我的姊妹，她渾身散發貧窮產生的臭氣。假如前一晚她的肚腹中裝了可口食物，而且能在一張溫暖乾淨的床上一夜好眠，那麼這個疾病意外很可能就不會找上她。

意外是窮困的導因，也是它所造成的效應。娜塔莉雅被扁蝨咬傷的事，以及奧可桑娜的女婿遭遇的不幸，都以無法預知的方式讓這兩個女人陷入貧困①。如我們所見，娜塔莉雅那些滿腹怨氣、借酒澆愁的家人，以及蘇聯解體的歷史背景，也可能在當中扮演了某種角色；如果是這樣，那麼就算我們是從遠方用望遠鏡觀察到她們的出生，而且望眼鏡上只有人口統計這面透鏡，我們還是至少能預測娜塔莉雅會有不好的下場；如果我們還能有一顆水晶球，讓我們看到這兩名女性都會活到共產主義垮台之後，那麼我們連奧可桑娜的下場都能預知：

她們倆都會在一個破產制度下領取撫恤金，都得在因窮困而死的風險中掙扎求生。

無論如何，一旦窮困掌握住一個人，意外出現的可能性自然變高，而且那些意外幾乎是從本質上就已變得更危險。雪梨國王十字那個女孩有可能因為睡眠不足、停藥、甚至頭傷風等因素變得神智不清，結果哪天在路上被車撞死，或者勾搭上一個理智在她比較清醒的狀態下會告訴她應該死命拒絕的男人。這些當然只是假設，因為我的人生路徑跟她交錯了前後不過十分鐘。但以下的故事並非假設。

有一次，我在加州的帝國郡遇到一名男子，他接到法院傳喚，原因是一個可能出於自衛的暴力行為，結果他開車前往法院途中因為擋風玻璃破裂而被開罰單；回到擅自占用者聚居的營區時，他發現自己那條在大熱天下獨自留守在營區的狗被皮帶纏住，已經窒息死亡。假如他不缺錢也不缺朋友，他很容易就能找到人幫他照顧那條狗；假如他擁有修理擋風玻璃的資源，也就不會收到那張金額比修理費還高的罰單——進一步追本究源，如果他夠有錢，不必當非法占居者，他和他的攻擊者兼受害者根本不會狹路相逢，更不可能大打出手（他宣稱他們是在半夜襲擊他的）。就說那些人真的主動攻擊他好了，而他請人修好了擋風玻璃，但他的狗還是在高熱天氣中抓狂亂轉，結果被狗繩纏死；或者再換個劇情，是他主動攻擊那些歹徒，而他任憑擋風玻璃繼續破損，狗兒的下場則跟前一情況一樣：無論是哪種情形，要是有一棟豪宅、一輛賓士汽車和一名專業遛狗師，那些災

①—那位女婿本身也陷入貧困。各位應該記得，當我問他假如他當初沒被派到車諾比，現在他的生活會是什麼情形，他的回答是：「我會繼續蓋房子。我會可以做個像樣的工作，賺足夠的錢。」

禍幾乎百分之百能避免。單就這樣的考量而言，他的性格如何、他原本可以、或應該做什麼，這些都已變得近乎無關緊要。

2

簡而言之，量度貧困的一個標準是**容易出意外的程度**〔照 70–78〕。

人生不過是一場時間一直延長的宿營之旅。無論旅人是睡在豪華露營車或簡陋的帳篷裡，面臨的降雨機率都相同；但一旦真的下起雨，如果宿營者棲身的帳篷品質低劣、會漏水，他會遭遇睡袋被水泡濕的風險，可能因為失溫而死亡。

哥倫比亞的富人可以一個月花六百美元聘請一名持散彈槍的警衛保護；所有好的中學也都這麼做。有錢人家小孩上下學有司機接送。當然，就連他們也有被人綁架的風險，而且不難推測，他們冒的風險比別人更大，因為綁架者可期待拿到更高額的贖金。不過窮人比較容易遭受與機運有關的惡性意外。在哥倫比亞一處名叫新艾斯佩蘭薩（Nueva Esperanza）的貧民區，一名八歲黑人女學童在兩名持刀少年追趕下衝回家；假使她的母親有能力聘請司機負責接送女兒，女兒就不至於置身在這種機運型的意外中。那位母親在能力範圍內能做些什麼？跟所有公民一樣，她可以到派出所報案，但警察當然不會有任何行動。我看到她們的時候，那女兒渾身發抖，母親則神情哀傷，既氣憤又恐慌，充滿**無力感**。小女孩知道那兩個少年是誰，他們也知道她住在哪裡。或許日後不會再下雨，但她的帳篷品質依然低劣。

而新艾斯佩蘭薩只能算是滄海一粟，位於一大片貧民地帶中。那個地區叫玻利瓦爾城（Ciudad Bolívar）：淒涼慘澹的市街上到處是坑洞雨窪，民眾不是在門廊下無所事事，就是在細雨中拖著腳步跋涉，多數人沒有雨傘；一輛白色廂型車的尾燈閃著令人嫌惡的紅光。就在玻利瓦爾城，一名男孩告訴我，他凌晨三點時從一棟房子裡看到**外頭街上有幾名男子在強姦女人**；他打電話給警察，警察到了之後打了其中一名男子的頭，開槍鳴空示警；男孩跟我說這個故事時，事件發生當時人在現場的一名女孩開始又笑又哭，直到涕淚縱橫，臉頰發光。老天！那可憐女孩到底經歷了什麼？她的模樣讓我想起我在阿爾巴尼亞看過的一個賣菸男孩，他在雨中低頭穿梭在各家咖啡館間，試圖保護放在蓋子蓋不起來的紙箱中的那些商品。現在，在玻利瓦爾城，天色慢慢變黑，雨勢逐漸變大，於是，強姦犯和殺人犯的時刻開始逼近那些跟天空一樣晦暗不明的牆壁、某輛公車顫動的頭燈、某扇透亮的雨中窗戶上那幅年輕聖母瑪利亞貼花、左前方那些庸俗難看的公寓燈光、右手邊這些搖搖欲墜的圍籬、不遠處那些醜陋的舊磚塊和醜陋的髒污塑膠板、橋下那些在雨中顯得沉悶寂寥的燈光，還有那些深淺漸層的藍色山巒，跟街燈映現在積水已經抽除的晦暗坑洞中的倒影一樣慘澹。早晨，太平間將接收最新一具裸屍，屍體已經被縫合，包進黑色屍袋，以免子彈在調查開始之前滾出屍體外。當我看到那些死人時，他們的手或交疊在鼠蹊部，或僵結在某個掙扎動作中。他們已經呈現黏土的顏色。我記得看到一根巨大陽具上淌著液體，嘴巴在垂死的痛苦中張開，牙齒外露，死不瞑目，左胸口上方有一個彈孔，另一個傷口位於頸部。他們大都是成年男性，許多或者大部分都是窮人。我可以推斷他們幾乎都是窮人的受害者。在美國，暴力死亡與酒精之間有驚人的關聯性；特別是大部分因謀殺或自殺的死者遺體中都含有某種酒精飲品。在玻利瓦爾城，一個具有同等說服力的關聯則存在於貧窮（玻利瓦爾城又有誰不窮？）與容易出意外這個特性之間。

3

「容易出意外」這個現象會因為「不被欲求」的處境而惡化，這是很自然的事。阿富汗塔利班當局決定禁止寡婦出門乞討食物，這個例子在性質上類似中國南寧那些家庭看到自己的私人屋宅變成公共障礙物。同時，一名美國黑人回顧一八二〇年代末期維吉尼亞州泰德瓦特（Tidewater）一群白種男性的故事：**任何自由有色人種只要出現在他們的行動範圍內，無論人身或財產都不會安全。**白種「暗夜騎士」們**會把他的姊妹綁在樹上加以鞭打。鞭子的聲音和受害者的哭叫聲在我書寫這些文字時依然迴盪耳際，直到我死去那一刻都將縈繞不去。**這是多麼難以解釋的巧合，災厄似乎總是發生在不受珍視的人身上！

4

一七五四年，**盧梭列舉出種類繁多的不健康行業，這些行業會縮短人的壽命或毀壞他們的身體，其中包括在礦場工作，以及金屬和礦物的製備，特別是鉛、銅、汞、鈷、砷。此外，還有其他一些危險行業每天為許多**

瓦匠、木工、泥瓦匠、礦工帶來致命傷害……

一八八九年，一名英國醫生向上議院描述一個如夢魘般縈繞在他腦海的景象：一個長約十二或十四英尺，寬約十英尺，高八英尺的房間，裡面只有一張床，那家人的母親罹患肺癆，躺在床上垂死；雖然那時是夏天，但房間內升了一爐熊熊的火，丈夫在火光中做裁縫、熨燙布料，因此當然導致空氣中瀰漫潮濕蒸氣；在此我順便向讀者說明肺病的治療方法：乾燥的氣候。思凱爾（Squire）醫生繼續描述：在他旁邊，他的兒子也在工作；然後是女兒，她也在縫紉機上工作；兩三名稚齡兒童在地板上玩耍；所有人都擠在這樣一個在充分考量健康因素的情況下頂多只適合容納兩三個人的房間。肯利（Kenry）勛爵請他詳細說明「傳染」的意思，他解說之後做出以下結論：這些窮人工作時的環境條件會對人產生影響，其中主要的顯現方式，就是導致容易生病的傾向。

在美國內戰前生活在維吉尼亞州泰德瓦特的自由黑人、哥倫比亞新艾斯佩蘭薩的非法占居者、雪梨國王十字街頭的逃家女孩，他們所處的環境條件對他們造成的影響是性質類似的容易生病傾向。至於我的剛果通譯員法蘭克先生，他一年會得兩次瘧疾；在那個貧困的國家，這種事對他和其他許多人來說不過是家常便飯……

譯注

❶—薩達姆．海珊（Saddam Hussein），一九三七—二〇〇六，伊拉克前政治人物、總統、獨裁者。二〇〇三年伊拉克戰爭爆發後，美國推翻海珊政權，海珊逃亡半年後被美軍擒獲，由伊拉克法庭判處絞刑。

❷—狄托（Josip Broz Tito），一八九二—一九八〇，前南斯拉夫社會主義聯邦共和國總統、總理。雖然他在執政期間被批評進行威權統治，但也被人視為「仁慈獨裁者」，其強人形象成為聯邦內的民族統一象徵。

❸—米洛塞維奇（Slobodan Miloševi），一九四一—二〇〇六，曾任塞爾維亞總統。南斯拉夫解體後被指控於波士尼亞、克羅埃西亞及科索沃犯下種族屠殺及反人類罪行，於二〇〇年被捕，二〇〇六年因心臟病死於荷蘭海牙的聯合國戰爭罪法庭看守所。

❹—圖季曼（Franjo Tuđman），一九二二—一九九九，克羅埃西亞共和國首任總統。曾於一九七〇及八〇年代因鼓吹克羅埃西亞脫離南斯拉夫獨立而被判處徒刑，柏林圍牆倒塌後，於一九九〇年當選總統，隨後又連任兩屆。

❺—伊澤特貝戈維奇（Alija Izetbegovi），一九二五—二〇〇三，出生於波士尼亞克族穆斯林貴族家庭的律師、社會活動家、政治家。一九九〇年出任首任波士尼亞赫塞哥維納（波赫）主席團主席，因發布備忘錄要求國際支持波赫獨立，導致內戰，曾困守塞拉耶佛三年半。國際法庭曾經對他在波赫內戰期間可能犯下的罪行進行調查，後因其本人逝世，調查無疾而終。

11 痛苦

Pain

泰國，2001年；塞爾維亞，1998年；俄羅斯，2005年

富人會把貧窮跟痛苦的一種特別形式——也就是「飢餓」——聯想在一起。奧可桑娜和娜塔莉雅必然擔心自己得不到足夠的東西吃，而奧可桑娜的家人無不瘦削而蒼白。蘇妮和薇蒙拉特的情況比較不一樣，食物在她們的國家很便宜。一名來自泰國南部的女子曾經有點錢，也曾身無分文，有一次她告訴我，對她來說，沒有「貧窮」這回事，因為她不必花什麼力氣（想必比梭羅花在維持生活的力氣少），也幾乎不必花錢，就能靠香蕉和魚填飽肚子。先不管她經常向我要錢，我也常給她這件事。她深深相信，就算在最壞的情況下，充滿生機的叢林還是會照顧她——這種信心顯然是她的俄羅斯姊妹們不可能擁有的。

因此我可以斷言，窮人未必會飢餓。這就是為什麼我在建立這個醜陋的窮困現象清單時，刻意略去「飢餓」這一項，而採用比較具一般性的「痛苦」一詞，縱使這個用法稍嫌笨拙。

各位應該記得，蘇妮的大腿和小腿上之所以有傷口，是因為她每天都得挑兩桶水爬上雇主的屋頂花園去澆水，結果在爬梯時摩擦到屋頂邊緣而受傷，而這些傷口儼然是窮人薪資的一

部分。我拍了一張她左腿伸展開來的照片（右腿則依然按照泰式禮俗，彎曲置於左腿底下）；現在我坐在這把富人座椅上重新審視這張照片，我看到膝蓋下方有三塊歪斜的白色方形繃帶，彷彿是隨便用手拍上去的，所有繃帶的右側角落都已經剝離；膝蓋後方有另一塊繃帶，貼得比較工整，右腳大拇指上方約一英寸處又還有一塊；那腳底粗糙污穢，足以說明工作的辛苦，但更嚇人的是左腳上側的條痕，儘管那可能不比陽光導致的提早老化現象更糟；右膝上方的大腿上，我可以看到五條平行的水平傷口，可能是表皮輕傷或已經接近癒合的刮傷。再往上一些，在那看起來還略具少女膚質、幾乎可說細嫩的大腿上部（我推測這個部分通常不會被太陽曬到），一雙老女人的手互相扣住，然後肌肉發達的深色前臂把我們的視線帶到照片邊緣。我必須招認，蘇妮的傷口看起來不會比任何正在學騎腳踏車的美國小孩身上的傷口嚴重；但她已經不是小孩，而我從沒看過任何美國的清潔婦會三不五時就在工作場所刮傷膝蓋。

索柯洛夫一家人的神祕疾患必然也造成了痛苦，縱使那些不見得與輻射有關——但又有哪個有錢的政府當局會有足夠興趣找出真正原因？假如這家人富有些，或許就比較不容易「出狀況」——也就是養家活口的男人被徵召去車諾比對抗難以打擊的超自然頑敵。而在馬達加斯加，某個炎熱的上午，我遇見一名婦女站在她簡陋的寮舍門口，她因為熱病而閉上雙眼、露出痛苦表情；我為各位讀者拍下她的照片（照82）：她的小女兒倚靠在她身畔，臉上帶著淺淺的微笑，不過目光往鏡頭外投射；這位母親幾乎每天都遭受這種熱病折磨，所以我大致推測她患有瘧疾；我給了她我的一部分阿斯匹靈藥片，祝福她好運，然後繼續過我的富人生活——我又該做什麼？有時我會走進那個東非大島上的醫院或監獄，找出其中某個正在受苦的人——我選定目標的依據是我那非常人性、因而必然缺乏特定章法的注意力；然後我會向那些機構的掌權者——沒有作為的窮醫生，任由囚犯挨餓的窮獄監——提議支付為減輕那個可憐人痛苦所需的所有費用……然後呢？我付了各式各樣的傭金和費用，但就我所知，唯一的受益者只有那些身穿制服的守衛，他們收下我的錢後就往自己口袋裡塞。方才我說過，他們也都是窮人，所以……至於那個患有瘧疾或其他病症的婦人，我能寫些什麼關於她的事？熱病就是她的人生；痛苦就是她的人生……

我相信我已經提過許多窮人提早老化的現象。十年前，我在塞爾維亞的一家旅館遇到當夥計的米夏（Miša），他跟我同年，可是當時已經白髮蒼蒼、齒牙動搖。他認為自己已經是個老人。十年之後，我的頭髮才剛開始變白。娜塔莉雅於一九五六年來到這個世界，比我早三年。從遠處看，她像個中年婦女，可是近看就會發現她蒼老得多。艾蓮娜和瑪莉娜看起來比實際年齡老，不過妮娜看起來比較年輕。（尼可萊只是一副病懨懨的模樣；在不同時候，他的外表可能顯得比實際年齡老，也可能比較年輕。）老化是痛苦的事；牙齒崩壞、包括性能力在內的官能喪失、肌肉鬆弛、職場歧視，這些都會以不同方式帶來痛苦。

在這些外在觀察之外，還有一個顯而易見的事實是，痛苦本身就是一種致人於貧困的因素，而貧困就是痛苦。許多人熱心提倡所謂「人類潛能」，然而一旦這種潛能崩毀、喪失，它所導致的痛苦，以及這種痛苦造成的影響，都格外恐怖。假如在此還有任何其他東西可以說，蘇妮、娜塔莉雅、奧可桑娜、大山以及小山的故事早已為我們娓娓道來。

12 麻木

Numbness

波士尼亞，1994年；蘇格蘭，1700年代；墨西哥，2005年；美國，1999年；泰國，2001年；巴基斯坦，2000年；俄羅斯，2005年

1

泰然、平靜是許多哲學派別追尋的目標，而古代的斯多噶派[1]信徒在這方面樹立了令人讚嘆的典範。**折磨我吧；謀殺我！**他們不惜這樣向某種疾病或某個暴君挑釁；**我已經學會如何忍耐一切**。蒙田則用下列方式慰藉自我：**凡是我能承受的，我都會承受；凡是我無法承受的，必將置我於死地，因而也為我解除了痛苦。**——這種存在方式需要傲氣、知識、無怨尤的接受等特質。

當馬克思把宗教定性為群眾的麻醉劑，他指的是一種不同的（而且在他眼中是較劣等的）忍耐策略；傲氣在這種忍耐方式中毫無意義（確實，在第三者眼中，各種大眾麻醉劑的服用者經常顯得相當退化、失格）；這種方式將知識視為人生經驗中最沉重的絆腳石之一，是無可救藥的負擔，因此它會竭盡可能拋棄知識，就算不是在盡可能長的時間中徹底否決它，也只是以**麻木不仁**的態度勉強接受它。

經歷過塞拉耶佛圍城的那名女子告訴我，由於她每星期都

會失去一位朋友，因此她變得對死亡麻木（她自己的用詞是**變得冷感**）；她就像被母親強迫學鋼琴的小女孩，幾乎無止無盡的練習不打緊，一旦這個音彈錯、那個速度掌握不好，還得把時間往回調。假如我問她那天的練習狀況如何，小女孩會用開心而誠摯的語氣說：**很棒！**（不過有時她臉頰依然會被淚水濡濕。）——說到這裡，除了少數幾個斯多噶學派信徒以外，所有人不都在做這種事嗎？例如我們相信「為未來節約」的道理，可是未來都還沒來，我們就已經變成骨頭了。或者我們會「期待周末到來」，換句話說，我們主動忽略人生中其他七分之五的部分。當生存是以辛苦勞動為條件（我們也不妨用比較學術的口吻說「當勞動的本質遭到異化」），那麼人生經驗就能透過進一步減少意識而獲得改善，無論是選擇性的減少或全面減少。病患偏好局部麻醉還是全身麻醉？當麻醉這個選項不存在時，斯多噶學派的辦法或許多少有點幫助，但絕大多數人不會比較希望能有選擇嗎？對於克制自己的人，我們是欽佩他，還是覺得他怪異？

麻木不仁具有**適應性質**。小女孩為了鋼琴練習的事哭上一整晚，這樣對她有何好處？在亞當．斯密的時代，生活在蘇格蘭高地的女性一輩子可能會生二十個小孩，最後只有兩個順利存活。如果她能把那種情況視為**正常**，無論對她或對小孩而言不是都比較好嗎？說到這個，奧可桑娜的狀況不是比她的對手好多了嗎？先前我提過，每當我的問題把某些人生實況又帶回奧可桑娜的內心，她會忍不住悲從中來；但她多數時候都比娜塔莉雅更能快活地乞討；娜塔莉雅確實因為身體和精神上都有疾患，因此有更多可憐自己的理由，不過奧可桑娜的情況也不容易，高齡八十一歲的她還得拋頭露面在外行乞，因為有四個家人得靠她生活。娜塔莉雅只是引起我的憐憫；奧可桑娜則是既令我同情又讓我敬佩。她在某個程度上已經成了斯多噶派，因為她說：**過去我是那種永遠懷抱希望、絕不向人乞討的人，雖然我一輩子當工廠主任，可是我並不會因為現在必須乞討就覺得羞恥**。這番話顯示她完全意識到自身情況的改變，而且她接受那些改變，並對自己感到驕傲。不過她接下來還是說了：**心情低落的時候，我會向上帝和聖靈祈禱，然後我就會覺得比較好**。我們何德何能，馬克思又何德何能，有什麼資格拒絕奧可桑娜採用這樣的局部麻醉法？

麻木不仁也有**適應不良的一面**。波哥大的太平間病理師向我表示，她的助手解剖檢查的屍體有一半帶有古柯鹼吸入的證據。稍早我提過，美國的病理師也發現自殺或凶殺與死者身體組織含有酒精這兩件事之間具有強大的關聯性。這些研究結果不只是為明智者提供的有用訊息，更是一個必須大聲疾呼的警訊。

2

在墨西哥，三十三歲的荷西・岡薩雷茲（José Gonzalez）〔照82〕坐在人行道上的一堆垃圾邊，旁邊擺著他的手風琴；他承認自己貧困。他每天需要賺一百披索——不到十美元——才能**過正常生活**（這是他的用詞）；而他**偶爾**能賺到這個錢。

那其他時候你怎麼辦

他淡淡笑了一下，輕聲說：十月我就要回家鄉了……

為什麼有些人富有，有些人窮？我問。

他轉頭，露出微笑。——我不知道，最後他說。

我又問了一次，並以尊敬的態度請他透過自己的經驗協助我。他終於說：這跟人的運氣有關。

你的窮困是你的錯，是其他人的錯，還是沒有人的錯？

沒有人的錯。

有錢人對你有什麼義務嗎？

沒有

為什麼沒有？

我不知道為什麼……

上帝對你有義務嗎？

我不知道。

只有當我問他是否能用手風琴彈奏幾個音符給我聽時，他的神情才忽然飛揚起來；他的演奏不僅美妙動人，而且投入的程度遠超過單純為了滿足我的要求所需做的；我看到他如何沉浸在那音樂中，喜悅而快活，彷彿我和旁邊的垃圾堆都已不存在。我不羨慕他，但我幾乎為他高興。他已經成為我在舊金山見過的那名麻木男子的反命題。那人躺在草地上，身體在陽光中抽動，他的一邊膝蓋往上立起，雙手扣住置於胸口，凌亂的山羊鬍沿著臉頰一路展延到鴨舌帽邊緣的陰影中。他的腹部鼓起又下沉，腳踝邊散落著剛喝完的波特酒瓶。——如果我看到這樣昏睡過去的酒鬼時，認為他的狀況還不如一名坐在垃圾堆旁、意識清楚的男子，這會不會只是我的偏見？每個人不是都需要睡眠嗎？

3

至於蘇妮喝醉酒的情形，是否同樣既是一種適應環境的方法，也是適應不良的結果？有誰能責怪她？她還有什麼可以衷心期待的？（再次引述亞當．斯密：**我看過幾個不到二十歲的年輕人，他們除了製造鐵釘，從來沒從事過其他行業。當他們全力投入工作時，每個人一天可以做出兩千三百根鐵釘以上。**他認為這是一件好事。毫無疑問，當蘇妮全力投入清理辦公室的工作，她可以在某個時間段中完成某個程度以上的面積，造福所有相關人員。）但是，假如她曾經擁有些微機會，能夠爭取到某種值得她衷心期盼的東西，假如她曾經試圖拒絕用前世今生的命定論去麻木自己，假如她曾經學會讀書寫字，假如……那又會是什麼情形？

4

在巴基斯坦的卡察加里難民營，我問一位老師：塔利班是好還是不好？

我們是窮苦人，她回道。我們沒辦法說他們是好還是不好。

這句話是什麼意思？她的意思是說，因為她是窮苦人家，身為教師的她就不再有形塑判斷的能力，或者就對外面的廣大世界一無所知，或者就沒有表達意見的**權利**，或者會因為表達意見而陷入危險？簡單說吧，她已經變得麻木不仁。

5

各位或許記得，由於最初那「不得已」在某個時候成了一種選擇，奧可桑娜的家人變得不太出門。尼可萊蒼白、不健康，希望避免看到報紙上的謊言；瑪莉娜具有自殺性的退縮傾向；妮娜想排斥整個世界；就某方面而言，這些其實都是一種值得嘉許的自我肯定；因為一個處在貧困處境中的人無法像富有的人那樣，輕鬆自如地擴展經驗、獲取事物。斯多噶派、蘇格拉底派，甚至伊比鳩魯派的意識狀態也許可以平靜而精準地接受它的窮困現實；而在索忍尼辛❷的偉大小說《伊凡・傑尼索維奇的一天》（*One Day in the Life of Ivan Denisovich*）中，確實有一些既悲傷又美麗的時刻，例如當身陷囹圄的主角們因為偷到一根鐵釘，或喝了一碗湯而歡欣喜悅；但無論如何，我們有什麼資格要求任何人依循這個標準；為什麼這樣做就代表在某種方式上優於另外一個選項——傲然的否定？尼可萊如果走到外面曬太陽，或許會「感覺好些」。妮娜如果能結交一兩個朋友，或許對她會有所助益（就我所知，她確實有朋友）。至於瑪莉娜，我不知道能說什麼；只知道我這個不速之客的存在除了在財務意義上有點用處之外，其他方面都是有害的。儘管如此，索柯洛夫一家人那種桀驁不馴的生命強度還是令我刮目相看。他們的公寓整齊乾淨；他們的意志力也是如此。他們擁有屬於他們的窮人傲氣。

我曾經想過，要帶難得吃到好東西的這家人上餐館吃頓大餐，但通譯員和我很快就做出結論：這對他們而言只會是一種折磨。我的下一個想法是帶些糧食和其他東西，再度造訪他們家，但通譯員打電話給妮娜時，妮娜說瑪莉娜的精神狀態在上次跟我們見面後還沒恢復，大部分時間不是跟奧可桑娜一起窩在廚房，就是一個人關在浴室。結果我原本以為直截了當的善意表現也無法實現。

我也可以單純地給奧可桑娜一點錢，要找到她相當容易，但我覺得我最關切的人其實是艾蓮娜。她讓我想到曼谷那個蘇妮的女兒薇蒙拉特，只是艾蓮娜早出生了四分之一個世紀。她那種深居簡出的依賴性有種孩子氣；就像薇蒙拉特，她也有她的畫作、她那份羞澀，和屬於她的希望。薇蒙拉特可能會像提倡資本主義的人所說的「讓自己有出息」。可是就艾蓮娜而言，機運正在棄她而去。她幾乎已經走到一個節骨眼，過了那個關卡以後，從頭到尾只消一句話就能描述她：**她是窮人**。

（至於瑪莉娜，她幾乎連我看她一眼都無法忍受，所以我還能說她讓我想到誰？）

假如艾蓮娜能有個工作，甚至有個情人，那該有多好！（後來我發現她確實有情人。）為什麼她跟她外婆一樣，無法進入聖彼得堡滴血大教堂？為什麼她不能買書、看電影？

最後，我帶妮娜和艾蓮娜到俄羅斯美術館看一個夏卡爾❸特展。我當然邀了他們全家，可是只有妮娜和艾蓮娜決定來。或許妮娜的唯一動機就只是從旁看管她的女兒。無論如何，奧可桑娜送她們到了美術館門口，那裡離她乞討的地方只有一小段路。我很盼望老太太能跟我們一起進去，但她覺得她得工作；或許我應該告訴她，我會彌補她一兩個小時的收入損失，可是我找不到合適的辦法讓這個提議不至於對她構成侮辱，甚至以某種方式貶損了**我自己的**面子。為什麼我得花錢請她玩？追根究柢，她上美術館會損失多少原本的生活？還有，我又怎麼可能知道她拒絕的真正動機？她是否跟妮娜吵過架？她是不是想在大教堂做些什麼祕密的事？我面帶微笑讓她走，再也沒有看到她。

妮娜和艾蓮娜基本上認為夏卡爾太抽象。她們喜歡看起來快樂的作品，特別是他和貝拉（Bella）在天空中跳舞那些畫。她們喜歡他畫擺在桌上的花卉。有一幅畫清道夫的作品我只是覺得顏色太大膽，但對她們而言卻彷彿觸到痛處；她們認為那幅畫過於令人沮喪。不久後她們開始聳肩，令人匪夷所思。艾蓮娜和她的母親身穿黑色和沉悶的灰色衣物，看起來活像從蘇聯時代挖掘出來的化石女人（在此做個詳細的描述：妮娜穿的是黑色裙子和灰褐色夾克，艾蓮娜上身套了一件暗沉的綠褐色夾克，纖細的腿上是一條黑色長褲），跟夏卡爾的繽紛色彩——綠色、紅色、白色——形成悲傷的對比。

妮娜一直把通譯員拉到一邊，說她擔心護照換發的事。

在一間展示裸體畫作的展覽室，艾蓮娜好像終於看到能引發共鳴的作品。我們讓她單獨留在那裡欣賞。我買了一本展覽專輯給她，衷心希望某種麻木的淡然能夠感染到瑪莉娜。妮娜似乎繼續對夏卡爾感到麻木，只是焦急地一直在通譯員耳邊低語。這又何妨？畢竟這個年輕女孩身上還有幾分神祕沒有讓她發掘到，因此在她身上總有幾分救贖的可能可以寄託。當我現在回想起那個枝節分歧的迷離時刻，荷西．岡薩雷斯的兩種麻木浮現在我心中：一個是他那種無動於衷的空然，一個是他忽然置身於金碧輝煌的音樂殿堂那個短暫時刻。然後我不禁心想：為什麼他不繼續彈手風琴？他那陶醉的表情和那美麗的音樂是否欺騙了我，讓我相信那無論是對他或對我都足以成為逃脫的可能？或許那只是工作。然而我依然相信，他彈奏的時間比他需要的還長。同時，喜歡畫畫的艾蓮娜暫時以夏卡爾的藝術自娛（至少我是這麼希望），妮娜則用一些「務實」期望的透明幻想讓自己開心。

譯注

❶—斯多噶主義（Stoicism）是希臘化時代哲學流派之一，由希臘哲學家芝諾（Zeno）於西元前三世紀早期創立，後來盛行於整個羅馬帝國，後期思想家包括本書多次援引的塞內卡。斯多噶派強調實踐式的人生哲學，重視倫理，並秉持泛神物質一元論，強調神、自然與人為一體，其中「神」是宇宙的靈魂，其理性智慧滲透在整個宇宙中，因此一切根源於自然。人若要過良善生活，就必須理解自然秩序的規則，而後透過理性，從激情中解放出來，將情緒轉化昇華，進入禁絕的狀態，以達到清澈的判斷及內在的平靜。

❷—索忍尼辛（Aleksandr Isayevich Solzhenitsyn），一九一八—二〇〇八，蘇聯／俄羅斯作家、語言學者、歷史學者，蘇聯時期重要異議人士，一九七〇年諾貝爾文學獎得主。著名作品包括處女作《伊凡·傑尼索維奇的一天》、《古拉格群島》等。

❸—夏卡爾（Marc Chagall），一八八七—一九八五，俄國猶太裔畫家。一九二二年定居巴黎，二次大戰期間亦曾移居美國。風格從早期的現代主義走向前衛，歷經立體派、象徵主義、野獸派到超現實主義。畢卡索曾說，在馬諦斯之後，繪畫界只有他懂得何謂色彩。作品中描繪的動物、人物和形體取材自個人生活、夢境、民間傳說，與俄羅斯家鄉密不可分。

13 疏離

Estrangement

美國，1998 年；愛爾蘭，1848 年；俄羅斯，2005 年；菲律賓，1949 年；
波士尼亞，1992 年；敘利亞，1968 年；肯亞，1972 年；墨西哥，2005 年；
哥倫比亞，1999-2000 年；泰國，2001 年

1

我算是個獨行俠，無家可歸的瑪麗這麼說；當我問她為什麼，她回道：誰知道你的朋友做了什麼？也許她會開始開槍殺人，也許她會成為槍擊目標。我們永遠、永遠不會知道。

有時她會睡在第十街和霍華街交叉口那棟改作俗世用途的教堂，那裡每個人都有自己的空間，不過某天晚上，正當她返回她在圍牆邊的棲身處時，她遭到強暴。那男人從後面抓住她的脖子，勒緊她，說如果她不服從，他就勒死她。最後那人同意使用保險套。這些事是瑪麗告訴我的。她沒說最恐怖的部分，我想最好也別追問。柬埔寨那個鼻子畸形的女孩，我不覺得需要保護她，因為她不需要別人保護；她已經被緊密地織進當地脈絡，因此可以變得隱而不見。可是這位我只見過兩次的瑪麗，她幾乎讓我熱淚盈眶。我拍了一張她的照片，但她很怕讓讀者看到她。她的肌膚鬆弛，散發臭味，她有寬闊的棕眼；她臥在我的腿上睡著，美麗的褐色秀髮中有蝨子。強姦犯逃跑後，她把那人遺落在現場的棒球帽帶給社工人員，社工人員將帽子交

給警察，以便進行指紋採證，但接著就沒下文了。所以今晚瑪麗決定謹慎行事。她不能到樓下來看我，因為她如果下樓，就會失去她在「收容所樂透」中贏得的床位；於是我說我明白，開始用對講機繼續跟她聊了片刻，這時，兩個冷酷的年輕警員走了進來。我問她今晚她能不能睡個好覺，就寢前會做些什麼；她用微弱的聲音回答：我正想著你。要乖喔……

我沒再見到她。畢竟她自己說過，她算是個獨行俠。

十九世紀中葉的愛爾蘭大飢荒期間，有一名女子跟她同名，她叫瑪麗．歐布萊恩（Mary O'Brien），大約三十五歲，有一個私生子；她生了病，然後（這是這裡的習慣做法）立刻被趕出她那落魄的家。她整晚躺臥在墓園的圍牆下。救濟人員發現她時，給了她一些食物，隨後把她帶到濟貧院——但為時已晚，因為她被收容後才十五分鐘便一命嗚呼。這件事無法歸咎任何政府執勤人員。

接下來那份國會報告提到：窮人在遭受熱病或痢疾的摧殘時，對彼此展現的不人道行為非常不可思議；他們因為恐懼遭受傳染，寧可把生病的家屬丟在街上任其死亡。

2

在窮人之間，疏離的表現方式可能是透過恐懼被傳染（誰知道你的朋友做了什麼？），但也可能是透過恐懼的雙胞胎兄弟，也就是對彼此的仇恨。有時這跟一種比較不針對個人的現象有關連，也就是競爭稀有資源。

我認為奧可桑娜和娜塔莉雅之所以不喜歡對方，不只是因為有錢的路人通常只會施捨給其中一人，而不是兩個都給——就算他們真的決定施捨點什麼。所以就連在這種窮困處境中，她們也要爭奪「顯赫地位」。——警察對奧可桑娜比對妳好嗎？有一次我這樣問娜塔莉雅。——他們會找我們的麻煩，她說，不過最近我被找麻煩的頻率比她高。——奧可桑娜的說法與此相反。——她們眼紅地說起對方的收入；她們各自都算是個獨行俠。（屠格涅夫在一八五九年的作品中寫道：一個貧窮乞丐很快就能遠遠辨識出另一個乞丐，但如果他們都已經上了年紀，他們很少會變成朋友——這不讓人驚訝：他們沒有任何共同的事物可以分享，連希望都沒有。）然而，儘管兩名俄國老婦之間的敵對無可避免地帶有人身色彩，但每當我把她們其中一人帶離衝突現場——滴血大教堂，一種不具人身性質的情境就會浮現；因為她們的提防心態只是針對彼此，從來不會對任何其他的乞丐表現。畢竟那些人的「成功」不會傷害到他們。

同理，我們用瑪麗的故事做個說明，搶劫和強姦這兩種行為儘管就被害者的角度而言是非常個人化的經驗，但對犯行者來說，卻可能完全不是針對個人：他只是要某個東西，於是他設法去得到。①

在窮人和其他人之間，疏離成為階級仇恨。窮人的命運很容易想像，一本關於菲律賓經濟的教科書寫道。窮人被迫食用不健康的食物，而且吃得不夠，他們被迫穿破衣，住在不衛生的環境中。他們生病時無力支付醫藥費。教科書進一步指出：當那些目光狂熱的煽動分子發表漫無邊際的社會改善承諾，這些窮人很容易就會對那種顛覆性言論產生反應。

3

貧窮是什麼？富人是誰？一九九二年一個在塞拉耶佛的夜晚，當低沉陰森的轟隆聲和聽起來幾乎像快樂地施放爆竹的小型武器射擊聲已經沉寂下來，一位名叫安妮莎的女子說：感謝上帝大恩大德！可是對自己的傷口非常自豪的民兵薩米爾說：他媽的誰在乎？然後我們看到一個胖子，薩米爾以非常嫌惡的口氣說：那傢伙是個混帳。在塞拉耶佛，所有胖子都是混帳。

這個陳述以再清楚不過的方式表達了階級仇恨。塞拉耶佛的居民現在分為兩種類型——「相對安全」和「容易出意外」，「好生養」和「飢餓痛苦」——簡單說就是富有和窮困。（別問我安妮莎有多蒼白，薩米爾有多枯槁，別要我描述他們怎麼用嘴唇舔咖啡渣。）

4

這種普世性的分隔從另一邊看起來又是什麼情形？在此我可以舉敘利亞刑法的例子。一九六八年，該國的定罪案件中有將近百分之七屬於所謂「妨礙教化罪」（五九九四件）和「違抗財富罪」（一二四二五件）。

5

赤裸裸的數字有時會以和薩米爾的個人格言一樣令人驚駭的方式揭示出疏離的意涵。讀者們是否記得絕對貧窮和相對貧窮之間的區別？②下頁這份源自肯亞中央統計局的一九七二年資料便強烈突顯出相對貧窮的概念。

雖然表中呈現的反對稱情形稱不上完美，但無法否認的是，土生土長的肯亞居民最有可能受雇於最低層的工作，最不可能獲得最高薪、最有賺頭的工作，而非公民則最常從事所謂「專業」型的高階行業。

就算無技術勞工在當時能領到像樣的薪資——這是個不太可信的命題，因為那時的每日整合最低薪資為

①——發生戰爭時，疏離因素顯然會在敵對國雙方的民眾之間運作，無論他們屬於哪個社會階層。一九九八年在貝爾格勒時，有一次我去用晚餐，隔壁桌的父親和他的兩個小兒子開始盯著我看，最小的兒子甚至無法把目光從我身上移開。我吃完以後，用他們的語言跟他們打招呼，但他們不作回應。我走向人行道時，透過窗戶還看得到他們在盯著我。當我走在街頭，隨意望進某個咖啡館或餐廳的窗戶，視線都會立即跟我所稱的「戰爭眼神」交會。我簡單作個說明。據說危險忽然出現時，平民百姓作出反應所需的時間會比軍人久很多很多。在美國這個多數人營養良好、而且處於過度激發狀態的國家，當我刻意凝視某個同胞時，對方幾乎從不會回看我。在電梯或地鐵裡，大家會積極迴避對方的視線。至於女性同胞，由於她們太習慣感覺自己被視為獵物，因此當我把目光投向某個女人，她經常會對我抱以焦慮、甚至懷疑的眼神。但是在貝爾格勒，我從來不需要特別凝視誰；只要我向某個店面望進去，看裡面裝潢好不好看，或是否已經客滿，在我的目光移向其他地方之前，某個理了一頭短髮、一副退役軍人模樣的男人已經把眼睛從他的金髮或褐髮女友身上移開，在遠不及一秒鐘內把我打量一番，等他判定我不構成任何威脅，就會把頭轉回去。我被挑出來研究、分析。不是每個人都會這麼做，甚至不能說大部分人都如此，但我在這裡確實比在任何其他地方更常碰到這種事。

②——參見五八頁。

十八歲及以上男性九點二五先令，十八歲及以上女性八點三〇先令，其他人四點五〇先令（按一九七四年的美元計算，分別是一點三二、一點一九和〇點六四美元——當時美國的每小時最低薪資都比這些數字高）；公民和非公民享有的機會差異大得驚人，想必絕大多數勞工都知道這點。我能想像，為數眾多的肯亞人一定會有類似這樣的感覺：**所有在這個國家工作的外國人都是混帳**。

6

有一次，我在墨西哥遇到一個年輕人，他的名字叫哈維耶·阿曼多·哥梅茲·雷耶斯（Javier Armando Gomez Reyes）〔照83〕。由於他向我要錢，我便問他：為什麼這個社會上有些人富有，有些人窮？

有錢人有足夠的錢得到良好的教育，像我這種窮人則沒有機會進步。比方說我們家是種田的，所以沒有錢讓我受教育，六年級唸完後我就到街上討生活了。我只看得懂一點點東西。我沒有機會上初中或高中，因為我沒錢買書。唸小學的時候我連鞋子都沒有。

	公民	**非公民**
受雇用總計	594,217	26,119
無技術勞工	**246,834（41.5%）**	1,395（5.3%）
技術工人	100,704（16.9%）	1,248（4.8%）
一般職員、收銀員、簿記員	6,839（1.2%）	268（1.0%）
專業人員	4,656（0.8%）	**4,213（16.1%）**
高層行政人員和管理人員	826（0.1%）	2,951（11.1%）

粗體字顯示既定受薪階級類別中人數最多的項目；有色欄位則顯示人數最少的項目。總和不到百分之百，因為我刪除了某些項目。

有錢人對窮人有任何義務嗎？

不，這跟義務無關，而是人在心裡的感覺。比如說，來這裡逛街購物的人，他們的錢比誰都多，可是卻說自己沒錢，可是窮人卻常會給我東西。

他說的話一開始為富人免除應該為他的福利負責的義務，但馬上又明確表示出他對富人的怨氣。我想知道那股怨氣深到什麼程度。

所以有錢人是自私的？我問。

對。他們護著他們擁有的東西，因為他們知道，為了得到那些東西，自己付出了什麼成本。他們從不為別人著想。要是哪天他們失去了財富，變成流落街頭的窮人，到時會出手幫他們的反而是窮人。

如果有人發動暴力革命對抗有錢人，你會參與嗎？

會，因為這樣就能幫助所有貧困的人，不只是幫你自己。

假如有錢人強力反抗，使得你得殺他們，你會這麼做嗎？

看情形。假如有錢人自我防衛，而且可能殺我，那我就可能自衛。這不是因為我心腸不好！

7

最糟糕的地方是那些疏離現象同時存在於階級之間和階級內部的地方。因此，哥倫比亞讓我心神不寧。

玻利瓦爾城內有個街區名叫孔帕提爾（Compartir，「分享」之意），一名當地的青少年告訴我：**我們不喜歡警察，警察對年輕人不好。警察看到年輕人就像是看到壞人**。在此我要提醒讀者，那些警察是什麼人：為富裕階級（這裡指的是被圍困的中產階級，因為真正有錢的人會聘用私人安全衛隊）代理安全事務的那些訓練不足、裝備不良、充滿恐懼、薪水極低的人員；他們蹲在鎮暴盾牌後方，希望那些暴力抗爭的窮人、那些游擊隊，以及游擊隊的對照組——準軍事部隊不會傷害他們。波哥大每天都會出現這種場景：某間醫院有人舉行安靜的罷工，在旁邊的廣場上或對面街上，一排警察舉著鎮暴盾牌焦慮地等待，因為窮人可能忽然變得醜惡，把他們「容易出意外」的傾向感染給富人。有一次，我看到這一點以比較逗趣的方式呈現，主角是美國波特蘭的一名女遊民，她坐在污穢的台階上咧嘴微笑，手指夾著一根點燃的香菸，不時撫摸身邊的花朵，然後是那個充滿幽默感的標語牌（底下還畫了一個微笑女生的臉，增加笑點）：**請在此捐款，讓我能離開你們的社區**〔照90〕。波哥大的警察沒辦法讓誰離開哪個社區，我非常同情他們人數那麼少、力量那麼不足，卻必須對抗哥倫比亞全國各地那些臭氣逼人、面目猙獰的憤怒窮人〔照84–89〕，那些人睜大眼睛，到處等著伺機攻擊你我這種富人；有時他們會把粗麻布袋扛在肩上；有時他們的牙齒殘缺不全；他們永遠有口臭，手永遠動得很快。有時他們會像準備咬擊的馬那樣，引頸朝前斜睞著某個東西。

波哥大太平間的葛羅莉亞·蘇瓦雷茲（Gloria Suarez）醫師在本書中已經數度被提及，她告訴我一九九八那年共有三萬七千人死於暴力。其中許多必須歸因於內戰，但那基本上是一場階級戰爭：左翼游擊隊對抗右翼準軍事部隊。在整個哥倫比亞，殺人的主要導因是搶劫，不過在鄉村地區，政治比金錢更容易成為謀殺的動機。

妳在外面這條街上會害怕嗎？我問她。

會，她平靜地說。我太常看到人被攻擊的場面了。打電話給警察沒有用，沒有任何人類的力量能幫助我們。

葛羅莉亞每天都得付上一千披索，以防自己的汽車遭到窮人破壞。早上她設法不要太早抵達上班地點。——晚上的暴力情況更嚴重，她說。有時付了一千披索，他們還不滿意……

身為如同葛羅莉亞那樣的富人，我在街上經常感到恐懼，甚至當車子停頓在靜止不動的車流中、身材高大的男性往我們走來時，我都會緊張害怕。

他們只是要拿你的後視鏡，一個人說。

但有一次我造訪哥倫比亞時，他們連車帶人都放火燒了。

在卡里（Cali），一名在交通阻塞中動彈不得的女性駕駛遭遇持槍男子搶劫，她明智地交出所有財物；後來一名警察出現，結果男子輕鬆地跟他聊天。那名持槍男子是不是窮人？誰知道？誰可能問他？在我的腦海中，他可以是波哥大那個瘋狂巨人的兄弟；那個彪形大漢把手伸長站在車流間，車子被他碰觸到的駕駛人都會嚇得趕緊付過路費。他一身污穢——想必他是個窮人。

但是在我初次造訪「分享社區」的前一晚，有個人不知何故走近另一個人，結果他這個小小的體力勞動導致他被殺害。後來那些人還殺了一個小男孩，只因為他看到那場兇殺。他們隨後又再殺了一個人。

經常有人肯定地告訴我——我也相信這點——哥倫比亞很少出現暴力型的種族歧視；那裡的疏離現象不是以這種方式存在。（強暴瑪麗的人事先已經在夜間到那個牆角下的棲身處一帶徘徊，所以他必是個窮人；在這種情況下，窮困把他們的命運交織在一起：她把她的「容易出意外」特質帶上祭台，於是意外就發生了。至於強姦犯，除了所有強暴犯身上都有的那種自私和不顧一切，他還帶了什麼？關於那人，瑪麗只記得他是拉丁裔，而她是個白種女性；所以他們之間又多了一種疏離：種族仇恨。但是在幾乎所有其他方面，哥倫比亞的陌生人彼此不信任——他們的座右銘是：**你永遠不知道誰是誰**——波哥大的一名記者告訴我：那其中有很多不同軍隊、不同意識形態在作祟。有些人永遠憤怒，還有些人成天想著綁架③，想著鬧革命……他沉默了一下，接著說：一開始是一種意識形態，現在則變成——怎麼說呢，如果他們贏了，沒有人知道會發生什麼事，連他們自己都不知道。

8

就在我開始確定階級疏離是貧困經驗的根本面向時，我想起了蘇妮，然後我質疑起自己。況且：

當某一棟私人宅邸屢次獲得皇室到訪的殊榮，而且那裡的女孩一個個進宮成為皇后，那確實是引人艷羨的因素，十一世紀的著名日本編年史《榮華物語》中寫了這麼一段；我們不至於不同意這樣的描述，不過接下來撰述者向我們保證：**人類——其中明顯包括最卑微的那群人——會透過別人的好運得到快樂，正如他們會在面對別人的痛苦時不由自主地感到同情。**

事實果真如此？蘇妮會透過她老闆（他口中那個心腸很壞的人）的好運而得到快樂嗎？更普遍而言，當某個階級的人不需受制於她那種從早上**八點到晚上五點十五分**的例行公事，她看著他們時是否會感到高興？我無法相信。無論改變她的命運是多麼不可能的事，無論她有多相信自己應當擁有更好的命運（**我從沒想到會有人**

上門來；我不是個重要的人），我不願意假定她能共鳴般地以我的好運為樂……

③—如果有人被綁架以後同意付贖金，有時他們還會綁架支付贖金的人。這方面沒有任何社會契約。我見過的那個不斷在心中模擬自己被綁架的情節的男孩逐漸在我心目中成為哥倫比亞的寫照；而那男孩最怕的其實是事實證明他認為自己有的一個弱點真的存在：他知道假如他被綁架，他會透過心理策略改造自己，設法討好綁架他的人……

CHOICES

選擇

14 成本攤銷
Amortization

美國，1993年，2005年；日本，2000年；菲律賓，1995年

1

研究馬克思思想的理論家薩米爾．阿敏以不言自明的精準度論證出，一個商品的公道價格除了必須反映為生產者和販賣者提供合適報酬的成本外，還必須包括償還商品再生所需的攤銷成本。因此，如果某種農作物消耗了土壤養分，致使生產者必須花錢讓農地恢復肥力，那就應該有一個按比例支付的辦法，付給他們這個成本的一部分。我記得在某個漆黑的夜晚，看見一道以木板和鐵皮拼湊而成的圍籬，圍籬內是一棟興建中的建築物骨架；圍籬前方是一個由廢棄物堆疊而成的小平台，平台上有個男孩躺在褥墊上睡覺，他雙膝立起，頭部墊在摺起的布料上，布料底下是一個枕頭，枕頭底下是一本電話簿，電話簿底下是一個箱子，箱子底下是一個鋸木架；一個女孩坐在他腳邊，她穿著一件以三塊條紋布料（那些條紋甚至可能是用繡的）拼縫而成的及踝長裙，雙手置於懷中，呆滯的目光越過前方的垃圾，投向黑暗中〔照30〕。他們的休憩時間能讓他們恢復多少元氣？他們在被意外、惡毒或疾病擊倒以前，還能用這種方式

生存多久？與此同時，沒有任何人為他們消耗的物資——生命和健康本身——支付任何錢給他們。——窮人販賣的商品之一是他們自己；這項物資若要再生，必然需要一定的攤銷成本，而一旦我們正視這個因素，將其納入考量，就不得不承認那些人由其而得的報償可能無法達到「公道」要求的最低標準。賣淫行業滿是這種例子。我在我住的加州認識一名四十歲的妓女，她除了妻子、母親及學生這幾個身分，有空時也在「伴遊」這個行業兼差，出賣身體，每小時索價兩百美元，包整夜則收費八百或一千美元。雖然目前的一般行情已經達到每小時三百到五百美元，但這位L女士的心態跟越南河內那名女性政府職員——雖然賺的錢只夠她看電影、喝咖啡、買蔬菜，但她很開心能跟同事玩牌①——頗為類似；她採取低價策略，但收穫反而更多，因為她得到的不只是金錢，還有性愛享受和男性的關懷，這些都是她在過去的婚姻生活中欠缺的。現在來看「攤銷」這個部分：她已經知道播種多少次之後，她的土壤會失去肥力。一星期「約會」三到五次，對她而言已經足夠。當她覺得累，她就不接電話；有時她會把手機關掉一星期，甚至更久。這名甜蜜迷人、態度誠懇的白種女性有時會稱自己是「蓮花」，她並不算窮困的人。她設法讓自己的房子免遭法拍，而且不會讓孩子們忍受穿破舊衣物的羞辱。她完全自由地控制她的勞力付出。我真心希望她能長年享有「適度賣淫」帶來的滿足與快樂，而且不會被警察盯上。

一位名叫愛黎嘉的中國籍酒吧小姐情況比較糟糕，至少暫時是如此。她在東京新宿區的歌舞伎町上班，蘇

①—參見五四頁。

妮以前可能也在那裡工作過。她們這群人是用兩到三星期的簽證到日本「拿時間」（這是愛黎嘉的用詞），抵達日本時，她們會碰到一個負責將她們介紹給日本男人的生意夥伴，換句話說就是皮條客。愛黎嘉用我勉強能聽懂的蹩腳英文描述這些女孩做的事：她們②都站在街上，運用自己的技術。她們日文都說得好，方便釣男人。大部分男人是華人。他們很喜歡在街上跟小姐聊天。新宿有嫖妓的形象。所以每個日本人都知道有很多中國女孩來做愛，釣得到很多客人。老闆希望小姐都能保持忙碌，他們希望有很多客人來。像愛黎嘉這種運氣比較好的女孩很快就能從街頭畢業，進到店裡上班。愛黎嘉那間酒吧會向所有客人直接收取一千日圓的入場費，接著愛黎嘉會跟他們調情，用最靈巧的方式幫他們倒昂貴的酒，盡量幫吧台賺錢，自己也能抽成（她沒透露詳情）；接著，性交易完成後，酒吧可拿一萬九千日圓，愛黎嘉則拿到一萬一。愛黎嘉提供的服務在帳單上會以一個非常低調的項目顯示；金額公開有保障，安全可靠，對大家都有好處。如果客人很喜歡她，下次他會自己過來，這時三萬日圓就全歸愛黎嘉。

簽證費每年需要六千到八千日圓，這個金額可說是微不足道，而且付款方便，因為第一年簽證拿到以後，快速移民單位會打電話，日本人知道怎麼處理。初次允許進入日本的簽證（目的是拿時間）會被抽掉比較多錢，因為……（這時愛黎嘉已經累了，她的英文變得含糊不清，所以換通譯員幫她用英文說話）——她說她們在中國得付很多錢，拿一個月的簽證差不多要一百萬以上。來到東京之後，就得償還這筆錢。

一百萬日圓！一萬美元！用蓮花小姐的例子來看，她每星期最多提供五次陪客服務，每次收費兩百美元，算下來她得工作十個星期，完成五十場為時一小時的性交活動，才能償還那筆錢。愛黎嘉的性服務每場價格相當於一百一十美元，所以她得和人翻雲覆雨「區區」九十一次。跟平常一樣，精準度在這裡只能湊和著看，所以我們不妨簡單說，愛黎嘉必須比蓮花辛苦兩倍，才能達到同樣的財務目標——而且還是在一個生活費比蓮花住的地方還高的城市；還有另外一個「而且」：蓮花不需要靠她的賣淫收入就能生活。沒錯，分期付款有時是很緊張，扶養小孩要花不少錢，但是打理基本吃住不必傷她什麼腦筋。所以比較符合實際情形的說法是，愛黎嘉差不多得比蓮花辛苦工作三倍；換句話說，她比蓮花窮三倍③。

我問愛黎嘉：要是某個小姐不還那一百萬呢？

愛黎嘉笑了。——哦，那她的家人就會有麻煩。所以大家會設法幫忙……

還有從中國來到日本的實際旅費；有時還加上另一種困難——當季提供給沒有明顯經濟能力的漂亮中國女孩的簽證配額已經滿了，甚至早就已經超過。這類困難不是不能解決，不過所費不貲：愛黎嘉的某些同儕為了得到「躺著賺男人錢」的機會，支付了三百萬日圓。在此我們姑且用「每百萬日圓一百次性交易」這個簡單等式。一個背負三百萬日圓債務的女孩子將得服務客人三百次，這還不包括她在那段期間為了賺取膳宿費用得提供的服務次數。

②—愛黎嘉在訪談開始時說的是「她們」，而不是「我們」，因為她對我還有戒心。

③—再舉一個例子說明單純的算數不足以用來做這類比較。菲律賓的妓女朱薇（Juvy）每次被帶出場一整夜可賺到三千五百披索（一百四十美元），蓮花則可以用同樣的工作時間賺到六倍的錢。但是蓮花有分期付款要付，而美國的生活費比菲律賓高出很多。朱薇的狀況顯然比愛黎嘉好，因為愛黎嘉的分期付款（也就是贖她自己）金額高得嚇人。從「相對正常性」的角度來看，朱薇可能是這三個女人中最輕鬆的。

愛黎嘉說，年輕女孩子可以用兩個月還清這三百萬。這相當於每天進行五次性行為，也就是蓮花一星期的量。當然，由於市場對年輕小姐的需求比較高，她們「沒工作」的夜晚數目比較少，還債期間的總生活費也隨之降低；此外，如果小姐真的很年輕貌美，她們的「租用費」還能更高。但是，「年輕」這個商品的再生成本攤銷金額也高得驚人。

愛黎嘉說：中國女孩子全都會碰到困擾！不喜歡吃日本的東西，找不到好玩的事做。她們的生活就是賺很多錢，根本沒辦法休閒。

黑人街頭妓女蒂芬妮的狀況比愛黎嘉貧困得多。蒂芬妮向我哭訴：我真的厭倦當賤人了，我再也不想當賤人了。其實我有時候很體貼很溫柔，可是他們卻要那種硬搞的女生。哦，要我硬搞也行！我有個人人都想要的寶貝，大家以為那是在我的兩腿間，可是那其實是在我的心內，所以我在它周圍蓋了一座牆，加上一道鐵絲網，再加一道通電柵欄，還聘請配機關槍的警衛。這些就像那些獵人出去獵狗，他們開槍一次讓狗跳起來，接著再補一槍，他們先挑好要殺哪隻可憐的小狗，先丟一根肉骨頭給牠——說到這裡，蒂芬妮已經泣不成聲——接著他們就朝牠開槍……

她每做一次賺多少錢？看情況。她的生活費是多少，生活條件如何？時時不同。我無法把她的窮困拿來和愛黎嘉及蓮花的狀況做相對量化，不過表面上看起來，她的商品顯然沒有再生能力，她的農地也不會恢復豐饒，至少不會是在那個舊金山的夜晚——酒瓶破碎，有人大叫「我流血了！」，妓女的聲音隨著強效古柯鹼的煙霧飄盪空中，而後越來越尖銳，彷佛馬在嘶吼；而在那個窗戶圍繞的旅館房間，床鋪四周都是玻璃倒影，蒂芬妮在牆上寫了：我痛苦，在斗櫃裡的一個空抽屜底部，她又寫了：**看過龍蝦是怎麼被殺的嗎？龍蝦活生生被丟進**

水裡煮，活生生地煮……想想看那有多痛，你們在地獄裡將會感受到同樣的痛。

2

許多人因為賣淫之類的危險勞動，導致身體陷於貧困。還有些人陷於貧困是因為環境惡化，例如奧可桑娜一家人；我們隨後就會看到這類因素如何影響哈薩克的薩利卡米斯（Sarykamys）的居民。「客觀」而言，窮人不管怎麼樣都可能被活活丟進水裡煮，接下來他的選項不外乎是在撒旦和巴力西卜❶之間挑一個折磨他。當教育、甚至基本營養都嚴重缺乏，例如在剛果（更不用提婉那位認為自己富有的泰國女子的狀況），窮人的選項可能少到致命——真正置人於死地——的程度。然而，在我初次見到大山和小山之後，一年過了，他們還在原地討生活；蘇妮雖然走到哪兒就喝到哪兒，但她的酗酒行為並沒有讓她喪命；奧可桑娜和娜塔莉雅則是還算順利成功地邁向高齡。這些人確實都擁有某種選擇的能力。由於我希望尊重窮人本身的感知和經驗，我拒絕認為我比他們更知道什麼對他們好；依循這個道理，我進一步拒絕高高在上地對他們施與一廂情願的憐憫——不是自以為他們完全沒有選擇，就是（這個更糟糕、更卑劣）透過我慈善為懷的認可，替他們的所有選擇鍍金。我再次強調這個顯而易見的事實：窮人的人性不比我多，也不比我少；因此，他們應該能得到和我完全一樣的評斷與理解。

蓮花、愛黎嘉和蒂芬妮原本都可能去做不同的事。她們選擇了賣淫；我尊重她們的選擇權；她們都擁有我的關懷；她們每個人也都背負著自己的責任。只要她們能達成最初希望做到的事，她們就能贏得我對她們的驕傲之情；但如果她們失敗了，她們會得到我的同情。就這麼簡單。

方才我說我無法把蒂芬妮的窮困拿來跟愛黎嘉和蓮花的狀況做相對量化。但是就定性的角度而言，她比其他兩人窮困得多，比婉則富有些。

跟大多數妓女一樣，這三個女人都在不同程度上極度關注自我。我在阿特勞遇到的人也一樣——各位馬上就會隨我到那個地方走一遭。蓮花和愛黎嘉「攤還自己」的情況相對良好；蒂芬妮則完全稱不上好。在我看來，阿特勞的老百姓跟蒂芬妮屬於同一家貧困俱樂部。對於裏海的急速環境惡化，當地居民的態度都是「中立」。

譯注

❶—巴力西卜（Beelzebub）在聖經中是魔鬼的同義詞。在基督教鬼魔觀點中，他是地獄七大魔王之一，象徵貪食罪。在某些猶太教文獻及異教傳統中，巴力西卜意指「蒼蠅王」。

15 沒有罪犯的犯罪

Crime without Criminals

哈薩克，2000 年

1

現在我要告訴各位一個醜陋的小故事，這個故事令我打從內心深感噁心和羞恥；不過幸運的是，這故事發生在一個多數人所知甚少的遙遠國度，而且最悲哀的部分都是些無法取得確鑿證據的二手資訊，所以我們要假裝這些事不存在也行。

二〇〇〇年，我家鄉的汽油價格出現暫時性上漲，鄰居們紛紛將這件事歸咎於發生在里契蒙點（Point Richmond）的雪佛龍（Chevron）公司煉油廠的火災。過了一段時間後，「暫時」明顯變為「持久」，而且不只在我的家鄉小城。美國總統習慣性地誇下海口，提出啟用國家策略性石油儲備的方案。但不知為何，石油就是不夠！當然，伊拉克有很多原油可賣，可是當時美國正在慶祝「制裁」伊拉克十周年——美國想必期望把那個國家制裁到毀滅，至少在將伊拉克兒童送進地獄這項工作上，美國成功了。拜禁運令之賜，許多兒童因為下痢而死；根據一項也許灌過水的估計，當時死亡人數已達十萬，另一項估計甚至高達一百萬。讓那一切停止想必對美國會是一大恥辱，因此採用伊拉克石油仍舊未被列入考慮①。接下來那位美國總統說，這樣的話，我們還是可以在阿拉斯加的北極野生動物保護區鑽井。在這種緊急時刻，誰在乎幾隻馴鹿的死活？事實上，情況可能並未如加油站油價表號稱的那般緊急，因為當蘇聯碎裂成許多新國家時，其中有一個是「哈薩克」——在獨立國協的拓樸上暈染出來的一片又寬又長的墨跡，在那個區塊的地理脈絡中，沒有一條河流能為它投射出特別鮮明的主權性——而在那個國家的西部，在一個叫田吉茲（Tengiz）的地區，雪佛龍能源公司、哈薩克石油（Kazakhoil）、艾克森美孚哈薩克公司（ExxonMobil Kazakhstan）和俄羅斯盧克石油（Lukoil）旗下的盧卡科公司（Lukarco B. V.）已經成立合資企業，正忙著在當地開採該財團新聞稿聲稱的「全球最深的超級巨型油田」。那座油田到底有多深？又有多超級、多巨型？他們的最佳估計是：田吉茲油田蘊藏大約**兩百五十億桶原油**。

為了表示對財團主要持股人（擁有百分之五十股權）的尊敬，合資企業命名為田吉茲雪佛龍石油（Tengizchevroil，簡稱 TCO 或「田雪石油」）。現在我桌上就擺著一本田雪石油印製的企業簡介，透過這本印刷精美的手冊，我知道**田吉茲雪佛龍石油公司的目標是成為勤勉、創新、追求卓越的典範，以及本地區及哈薩克經濟發展的重要貢獻者**。我不得不說，他們真是用心良苦！我還看到這段：**田吉茲雪佛龍石油以及為田雪服務的全體員工都非常驕傲能配合國家環境法規，以安全、而且對環境負責的方式經營所有設施**。這個世界多麼美好。

2

不管石油公司在哪裡成立，一定會有某個「石油城」之類的東西出現在不算遠的地方。哈薩克的石油城就位於田吉茲北方大約兩百英里，從那裡幾乎可用肉眼看到裏海。那個地方叫做「阿特勞」。我手邊的一本指南提到：**如果你不是從事石油或天然氣產業，就沒什麼理由大老遠跑到這裡**。阿特勞的天際線是由蘇維埃時代的公寓大樓組成，所有大樓高度幾乎相同，顏色若非灰色，就是略帶粉紅的米色，看起來就類似下方地面上布滿泥坑、沾滿髒污的冰雪；單調的天空則是更慘澹的白灰，只有一兩條垂軟的電線稍微打破那片沉悶。在這些公寓大樓腳底下，還有一些看起來更髒的低矮建築物，煙霧彷彿延宕的思緒般從中匍匐而出；這些建物勉強為大樓之間空寂的積雪中庭帶來些許點綴，否則偶爾出現的幾個黑衣人影（頭戴羊皮帽的男人，或是雙手縮進大衣袖子裡的女人）只會讓畫面更顯淒涼。有時，剛下完一場雪，阿特勞幾乎可以美麗稱之，尤其是在某個泛著柔和白色和灰色光影的早晨，那時包了厚重衣物的民眾會在烏拉河（Ural River）——這條河正好是歐洲和亞洲的正式分界線——的冰上掘洞釣魚，漁人後方羅列著小小的磚房、石屋或水泥住宅，屋頂斜度各有不同，一切都顯得

①——在此或許可以提一下，我寫這段文字時，沙加緬度的油價是每加侖二美元（按：相當於每公升約〇點五三美元）。在哈薩克第一大城阿拉木圖（Almaty），民眾使用的是哈薩克原油經中國的煉油廠精煉而成的汽油，價格按品質優劣，每公升從三十八到五十三堅戈不等。姑且整體算成每公升五十堅戈，這個價格跟美國的每加侖二美元差不多。在此之前兩年我造訪伊拉克時，那裡的油價是每公升五第納爾，相當於每加侖一美分（〇點〇一美元）。

低矮，巨大的烏鴉拍打翅膀快速穿越視野，那水平飛行的模樣正恰似阿特勞的蒸氣和煙霧，那不是在冰凍的空氣中冉冉上升，而是像信號旗般懸掛在每根煙囪上，從煙囪口往外飄移翱翔。當我回想起阿特勞，腦海中浮現的意象主要是髒污的雪，髒污的泥水，髒污而且滑溜的冰，結凍或解了凍的泥土，凍在冰中的垃圾，以及那些長長的大道，兩側是髒污黯淡的公寓大樓，偶爾可見一兩個戴帽子或披頭巾的黑衣人影從一樓門廊冒出，沿著玻璃般平滑的人行道一邊打滑一邊蹣跚前進。

我還記得一些被鐵絲網圍起來的建築工地，以及屋頂和鷹架上的建築工人；因為，如我所說，阿特勞是石油城。——每次我飛過來，它都不一樣，一名蘇格蘭石油業者露出自鳴得意的微笑說。——我幾乎認不得這個地方了！——明年春天會有兩家新旅館，可能是五星級的，因為很多很多外國人會來到阿特勞跟田雪石油打交道。他們不久後甚至還會增闢一條莫斯科直飛的航線。其他奇蹟會陸陸續續跟著石油一起出現。田雪石油當然打算蓋棟辦公大樓——一棟貨真價實的辦公大樓；街道將變得更平整，想必會有越來越多的嶄新街燈。我的旅館接待人員相信，當地的俄羅斯正教教堂會整修得又新又棒。果不其然，當我行經那座老教堂時，從伏爾加格勒（也就是以前的史達林格勒）來的工人已經開始將破舊的銅製穹頂換成以塑料、鋼鐵、金箔做成的新穹頂。住在附近的老婦人開心地看著施工情形。這座教堂在蘇維埃時期無疑曾是一間無神論博物館，存放東西的倉庫，或其他某種性質類似的進步象徵。建造新圓頂的工人告訴我，建築物整修業的市場需求強勁，他們受聘到前蘇聯境內各地整修教堂、清真寺、猶太會堂。這話聽起來相當值得讚賞。他們從舊的圓頂上切下十字架，以便拆除圓頂；他們說他們把十字架交給了神父，我心想那神父應該正容光煥發地站在某個顯眼的地方；結果不知何故，他不在現場。他的住處就在教堂隔壁，是一棟天藍色的小房子，屋頂上有個十字架。我打算拍照，不過光線已經太暗了。隔天我散步再經過時，房子居然已經被拆掉了，一輛推土機正在整平地面。阿特勞每一分鐘都在變得更好，這是無庸置疑的事！他們把舊城區大部分的一層樓房屋夷為平地，這是他們市容美化計畫的一部分，而執行該計畫所需的經費自然全來自石油收入。

我每天都會到舊城區，設法了解居民對這些改善工程的想法。（神父住所隔壁的房屋也不見了。）一位在自宅出生的老奶奶（她的母親也是在那屋子裡出生）說，一旦明年春天輪到她的房子被拆時，她會提早離開，因為她受不了親眼看到推土機將房子剷平；附帶一提，那房子牆壁上刻有粗糙但美麗的心形和花卉圖案。我拜訪這位老太太時，剛好碰到大雪過後晴朗冷冽的天氣，所以舊城區的小房子看起來颯爽亮麗，沒有污泥和髒雪和屋子形成不雅的對比，而且原本會散發臭味的垃圾都被凍結在冰雪中隱而不見；周遭是一片白色漸層的景致，婀娜多姿的煙霧從房舍煙囪裊裊上升，讓那些房子看起來分外溫馨。街道另一邊的鄰居已經拿到拆除補償金，但金額低於拆除單位原先承諾的數字。我問老奶奶她對這一切有什麼想法，她的立場是什麼？老奶奶高抬雙手，用嘶啞而絕望的熱切口吻叫著：**列寧—史達林！**

那天的通譯員是位漂亮的年輕小姐，她平時的工作是幫外國商人翻譯談判交涉內容。或許是因為父母有點錢（按照本書的標準，他們已經夠富有了），她不屑窮人。她認為那些人一身臭味，事實確實可能如此。當我請她跟我一起走訪舊城區時，她覺得很厭煩。那天結束後，她就不再幫我做翻譯了。

妳為這些人難過嗎？我問她。

不太會，我屬於中立派。

她完全就是這樣的人。

一輩子為蘇聯做牛做馬的退休人員拜資本主義之賜，忽然變得身無分文，街頭醉漢在泥雪地上的髒污水窪間不知何去何從（天曉得他曾經是哪號人物？），從前的學校廚師現在得靠剷雪工作賺錢扶養小孩，疲憊的老婦人在兩棟還未被夷平的房屋之間的雪地上設法賣出幾顆蘋果；這些人跟我在舊城區遇到的大部分人一樣，都跟老奶奶有相同的看法。（我也不會忘記那個二十歲的女大學生，她的伯伯仍然滿口當年史達林多好多好，他的老師告訴她從前的蘇聯是全世界最棒的國家。）**田吉茲雪佛龍石油公司的目標是成為本地區及哈薩克經濟發展的重要貢獻者**。真奇怪，居然有那麼多人不希望看到「經濟發展」！

他們當中有些人認為，田雪石油的新辦公大樓會蓋在他們房子原本的所在地，但另一些人打賭說那裡要蓋的是一間土耳其旅館，不然就是一些公寓大樓；經濟發展不就是這般美妙嗎，無法預測！他們確定會拿到拆除補償，不過，當然了，有關單位把金額估得很低，因此他們擔心之後錢不夠到別處買房。他們也許買得起新建大樓的公寓，可是有些人年紀太大，已經沒辦法爬樓梯。怎麼辦？*Tak zhisn*——這就是人生。列寧是他們的英雄，「當然是！」列寧非常嚴苛，但基本上是好的。戈巴契夫❶是壞蛋；他把一切全毀了。能懂的人自然會懂，他們表情陰鬱地說。

我很想進一步了解阿特勞還有哪些發展計畫，但 *akimat*（政府辦公廳）的人拒絕接受我採訪，他們說他們的政策不允許揭露這方面的資訊。這恐怕是屬於他們這裡的「正常」。打電話到鐵路單位詢問火車會在田吉茲哪個城鎮停靠，他們的回答是：我們不提供這種資訊。——這個城市的大老們也許真的都有要務在身？我忽然想到，我待在阿特勞的時候沒什麼人有時間理我。他們都忙著賺錢，他們超愛田雪石油。我陸續聘請的通譯員會以不帶好奇心的匆忙態度收下我的錢，然後轉身離去，滿心想著其他更有賺頭的工作。這個冷酷卻充滿活力的地方有幾分生猛，也有幾分陳腐，我試著了解它，在寬闊的橋上來回流連，那裡有四個兩兩成對的亭子，西側亭子用西里爾字母標了EVROPA（歐洲），然後是拉丁字母的EUROPE，東側則分別是ASHIE（亞洲）和ASIA。我的通譯員大都偏愛亞洲那一邊，那裡有一些白色高架管道彷彿植物根部從泥地中忽然爆出，讓我想到加拿大的極地城鎮。他們說亞洲側比較乾淨、新穎；的確，我記得那裡的一家餐館，餐巾和桌布是用金邊布料製成，材質如香皂般絲柔滑細，很像高級妓院裡的床單。那裡的食物也很美味。我自己比較喜歡歐洲那一側，那裡有個大看板，上面是哈薩克總統和他家人的肖像，底下一排文字則是他信誓旦旦的承諾——二〇三〇年時，一切都將無比美好。舊城區位於歐洲側；民眾把臉龐包裹住，在刺骨寒風中匆匆行進。

根據我在當地遇到的一名環保運動人士所言，「石油自我中心」這句話最足以定義阿特勞的社會氛圍。他表示，成千上萬的裏海海豹逐漸凋亡，原因或許是肥料逕流，也可能是海底原油探勘所導致。他認為魚子醬這個珍饈不久後可能會從市面上消失，因為全球九成的魚子醬產自裏海②。他反對外海鑽探石油，但就連他也支持田雪石油在田吉茲的業務活動。——我能理解哈薩克的經濟應該要發展，他說。不過，以前我們的持股比例是百分之五十，雪佛龍也是百分之五十。現在我們只剩百分之二十。政府把我們的部分陸陸續續賣掉了……

我本身對田雪公司沒有成見。事實上，我的計畫是比較田吉茲的工人和舊城區的市政府員工（比如說「莫斯科小隊」的剷雪人員）的生活；那些身穿黃色制服的剷雪人員每天都會排成一列縱隊，沿著泥雪邊緣慢慢朝

②五年以後，在我完成這本書的撰寫時，美國決定禁止白鱘（beluga）魚子醬進口，希望藉此挽救這個物種。

新教堂走去〔照91-93〕。我猜想，對田雪的員工來說，生活應該比從前任何時候都好，而對市府勞工而言，情況應該也比共產時代好受些。不過我無法確定。很久以前，蘇維埃曾經夢想的願景，是建設白淨的公寓住宅和高層大樓，裝設充滿未來感的淺藍色窗戶，內部窗框則是灰色，一切都映襯著白茫茫的天空，跟列寧格勒❷的「白夜」相呼應，但截至此刻，這都還是紙上談兵。在恢弘浩大的建設藍圖上，到處可見綠樹成蔭。許多規劃從來不曾落實（我無法確實知道有多少，因為我在這片過去稱為蘇聯的廣大地理區域所見不多）。但無論蘇維埃曾把幾百萬人民刻意貧困化，甚至消滅，無論那些人做了多少壞事，那種願景——縱使那可能是一種偽善——確實存在③。如今在阿特勞掌權的市府官員們忙得不願意見我，他們的願景又是什麼？假如我有機會認識這個部分，說不定本章描述的故事就不會變得這麼醜陋。

那些剷雪人員都喜歡我。我每天拍他們的照片。他們身強體健，個性海派，喜歡笑鬧，會以英雄般的姿態把髒雪拋向空中；他們要我在某天晚上他們的「將軍」解散他們以後，帶一瓶伏特加去找他們，大家可以開個小派對，我可以問大家所有我想問的問題。但是田雪公司拒絕批准我參觀石油作業，因此我打算做的比較工作變得相當困難。於是我決定不經允許，自行前往田吉茲，看我能在田雪公司大門之外的地方獲得多少資訊。我對這家公司依然沒有成見，我只是好奇。

那位環保運動人士告訴我，離煉油廠最近的村莊叫作薩利卡米斯。如果你到薩利卡米斯去，就會發現一些不對勁的事。

什麼樣的事？

你等著瞧。田吉茲的石油含有大量硫化氫，大約百分之二十五，因此田雪公司得設法去除硫磺，結果硫磺四處吹散。你一定會發現一些問題。

我跟通譯員說我要到薩利卡米斯。她打了幾通電話以後，神情變得木然，只是低頭看著地板：他們都告訴我說沒有必要去那兒。

這是什麼意思？

他們建議我別去。我想我沒辦法幫你忙。

哦，怎麼會這樣？

那些地方是哈薩克人的村莊，由於我是俄羅斯人，我可能無法跟他們溝通……

可是今天妳跟舊城區那些哈薩克人溝通得很好啊！

可是在鄉村地區，人與人的關係可能不太一樣。

那如果我們請個哈薩克通譯一塊去呢？

坦白說，我現在很怕遇到問題。你知道的，他們會設法控制你想採訪的那個關於……

③—讀者們可能記得我曾經成功問過奧可桑娜和她的家人，還有娜塔莉雅，蘇聯政府是否確實照顧了窮人，還是他們那些冠冕堂皇的進步宣言跟某些呈現農夫跳舞情景的十九世紀彩繪木刻作品一樣荒謬。奧可桑娜的看法最正面，她說過的話包括以下這段：「共產時代有些事情比較簡單，因為我們有政府分配的住房。現在我們得花錢租房子。一家專門為車諾比受害者服務的機構正在設法幫我們找門房的工作。」其他俄國人表達的看法比較尖酸。反之，在阿特勞，我訪問過的所有人都很懷念蘇聯時代。我那些比較有錢的通譯員當然就不在此列。我真希望我也能針對這個問題，了解薩利卡米斯居民的想法，但各位即將看到，我能稍微問到一些東西就已經算走運了。

於是我找了一位哈薩克族的通譯員，她說：我可以跟你在阿特勞工作，可是我很怕去田吉茲。

為什麼？

就是很怕。

最後我終於找到一個願意陪我去的哈薩克人，她在阿特勞才住了幾個月。或許我提供的費用是一大誘因，也可能她不知道薩利卡米斯有什麼奇怪的地方。我忍住，沒告訴她其他通譯員說過的話。

3

前往田吉茲的路途非常遙遠。我問司機他對石油公司有什麼看法，他說：他們在搶劫我們。從海那邊吹來的風都有難聞的味道。可是無論是由哈薩克或美國來做這件事，必然都會有污染。

我問他是否反對石油開採，他聽了以後把我上下打量一番，然後笑著說：你是被哪家石油公司炒魷魚了？

沒有，我是個記者。

總之沒有人會跟你說什麼。醫生害怕說出事實真相，因為他們不想丟掉飯碗。

誰會炒他們魷魚？

田雪石油。

這是你確實知道的事，或者只是你的臆測？

喔，我不知道，我不知道……可是我有個想法。你打不打算付錢給他們？這樣的話他們可能比較容易鬆口。

付錢給誰？

所有人。給他們五十美元，他們什麼都會告訴你。他們會告訴你他們是薩利卡米斯的突變人類！

4

在白雪茫茫的地平線上，一列圓柱形油罐車廂組成的火車在月光下緩緩爬行。不久後，灰燼色澤的暮靄凍結消失在黑暗中。

我記得在那個冬季午夜過後許久，當難得出現的車輛將頭燈的強光像一顆洋蔥形光球般從遠方拋來，並從中將一道細細的光柱射向天空，大草原就忽然泛出藍白光澤；我之所以能判定那輛車逐漸靠近，是因為光柱逐漸縮回它發源的那顆洋蔥狀光球裡；而後那光完全縮成一團，片刻過去，接著又經過一段足以讓我的油布夾克凍得宛如鋼鐵般僵硬的時間，前方光芒重新變強，分成兩個光圈，開始發動令人痛苦的視覺攻擊，這時我們還遲遲無法聽到任何聲音。一隻被照亮的狐狸驚恐地在旁等待。然後車子來了，又走了。車子從來不曾真的來。那夜晚就是這樣，而夜晚在下午五點不到就籠罩大地，早晨七點以後才慢慢遁去。司機繼續以每小時三十英里的穩定速度在結冰的公路上前進，他必須全神貫注，儘管我們三不五時就會經過倒翻跟斗的車輛殘骸，他也不會轉頭瞧一眼；他是我見過最優秀的駕駛之一。每小時三十英里；每小時三十英里；一小時又一小時地過去，我們就這樣慢慢在黑暗中爬行。

忽然間，公路變得跟美國的任何公路一樣，露骨地展現它的安全；司機鬆了一口氣，把時速提高到五十英里。這時我們開始進入田吉茲，而這公路正是田雪公司的公路。前方一座「衛哨村落」中閃現許許多多了無生氣的燈火，看起來彷彿監獄過耶誕。然後……

即便天色已黑，這時我卻開始在前方看到黃昏景象〔照94〕。可是前方是南方，並不是西方。而那個橙色與紫色交織的暮色看起來彷彿黑暗中的創傷，不是平常那種宛如天堂榮景般染遍天際的光彩；無論如何，在那片紫色亮光四周，黑暗更顯臃腫沉重，亮光隨後漸漸解體成一團團火球。夜光刺入被雲氣籠罩的天空，在雲朵間刻劃出一個個泛紅的創口。那裡已經不再有夜晚了，縱使火球還在雪原彼方的遙遠黑暗中。有多少火球？我想大概是四、五個吧，它們在煙囪頂端的高空中發出亮光。那些火焰的桃紅色澤真美！而且底下還有更多燈火簇擁著。我們進入瀰漫硫磺氣味的區域。通譯員捏住鼻子。煙霧和火光繚繞四周，那景象多麼驚人！可是你看那煙霧，它是怎麼攀爬扭動，直到占據整個天空！田雪公司正在為促進全球暖化鞠躬盡瘁。那煙霧可以提供下一代多一個詛咒我們的理由——其實應該說是兩個，因為那不只污染空氣和地面，還代表原料的一大部分都在大喇喇的石油煉製過程中被燒掉。不過當然，這一代有一小撮的少數人會因此致富。

現在我們通過了巨大的煉油廠，道路再度變得不美國，回到哈薩克道路的典型狀態——凹凸不平，到處結冰，無處不是危險。汽車在暗夜中繼續往前爬行，直到抵達薩利卡米斯。

醫院在暗夜中看起來就像一大塊黑壓壓的物體，而且一扇又一扇的門居然都是鎖上的。我很難相信這樣的地方有受到田雪石油的補助——這裡恐怕在蘇聯時代結束後就不曾有過任何補助。我們走上一道結冰得滑溜難行的樓梯，每踩一步，腳都會稍微下陷，然後我們終於在樓梯頂端發現一扇栓得沒那麼緊的門；推門進入，裡面是一條冰冷寂靜的走道，然後又有三扇門，其中兩扇上了鎖。第三扇門讓我們走進一道黑暗但工整的樓梯，頂端是另一扇門，四周門縫透出亮光。我們推開門，終於在裡面看到一個溫暖明亮的區域，只是這裡的走廊散發著我在午夜時分獨自待在實驗室時會強烈感受到的那種陰森詭異的氣氛。我們敲了幾道門，裡面都是些小小的病房，床上躺著眼睛張大、滿臉皺紋的病人，其中有些有穿著厚重外套的親友在旁照料。我們又敲了一些門。最後，終於找到兩名護士，她們面有菜色、無精打采，看起來跟病人沒兩樣。當護士們得知我是記者，她們的沉鬱和漠然忽然轉成恐懼。

我對她們表示我不打算用她們的名字；假如她們要求，我甚至可以考慮不公開這個村莊的名字。我真的只是想知道石油業務是否對這裡的任何人造成傷害。

護士們回答說她們不知道。

我問她們薩利卡米斯最常見的健康問題有哪些，她們說不知道。我問她們走道另一邊的病房裡那些病人是得了什麼病，她們說這個她們也不知道。她們坐在那間除了一張美國電影《鐵達尼號》（*Titanic*）的海報以外什麼裝飾都沒有的悽慘小辦公室裡，雙臂交叉胸前，神情又可憐又焦慮；她們用引人憐憫的細柔聲音一直說 *ne znayu, ne znayu*——不知道，不知道。

最後我終於從護理長那裡挖到這個訊息：**對，他們會搬走，不過不知道是什麼時候。他們現在只是忙著收集文件。**

誰會搬走？

所有人。

誰要他們搬走？

是*akimat*的決定。

先前我提過，*akimat*這個字是指某個地方的行政中心或政府辦公廳；*akim*（「阿金」，地方首長）是官派的，不是民選的。一名受過良好教育的哈薩克人向我說明，每個「阿金」其實都等於是總統安插在地方上的私人代表。護理長透露的訊息大致是說，薩利卡米斯的居民接受到的是來自上面的指示。想必情況相當嚴重。

護理長說：就連告訴你們這些我都很害怕，擔心報紙上會提到**某個薩利卡米斯的護士說**……

我設法請她們多透露一些，但她們一直因為害怕而支支吾吾。最後，由於我不斷堅持，而且她們恨不得趕緊把我打發走，於是護理長撥了電話給主治醫師——或者她只是假裝打電話，因為電話一直沒通；不過我也不想懷疑她，畢竟那裡所有東西都那麼老舊，電話線路故障應該也不無可能；總之，在阿特勞打電話時，聽到的經常不是撥號音，而是電話忙線的信號，甚至可能聽到別人的談話。所以我憑什麼責怪護理長？

最後，助理護士受命帶我們前去主治醫師的住所。我們摸索著走下黑暗破舊的醫院樓梯，回到外頭髒污的雪地；司機坐在車內，他為了取暖，一直讓引擎發動著空轉。

主治醫師的住所離醫院不遠。瘦小的護士用幾乎聽不到的微弱聲音下指示，引導我們繞過一頭正在吃草的駱駝，穿過一片冰凍的泥地，來到一處高高的金屬門前；我輕輕扣了一下門，接著稍微大聲敲，最後舉起拳頭猛捶，直到看門狗狂吠著衝到大門另一側。我推測主治醫師的病人應該不常前來問診。最後我終於看到亮光，聽到腳步聲。一個男孩——應該是醫生的兒子——把狗綁起來，拉開門栓，帶我們越過冰凍的泥地，走進玄關，一時間護士、通譯和我全擠在那家人的鞋靴之間，男孩的身影則沒入屋內的房間。

一陣緩慢的腳步聲，主治醫師隨後出現在我們眼前。她說她有點發燒，這時她也在發抖，跟方才兩名護士發抖的情形一樣，這就是為什麼我對於向各位報知那個村莊的名字感到不安；那村莊確實叫薩利卡米斯，但就算那位主治醫師和那些護士們因為我這個報導而丟了工作（我誠心盼望這件事不會發生），我也必須相信，最重要的事是說出真相，這是為了薩利卡米斯四、五千名居民的健康，而保護他們的健康是身為醫生和護士的責任。總之，女主人躲到門後面，我們這些不速之客只能傻傻地站在那裡。

我對她兒子說，拜託你問她一個問題：這裡的生病比例是不是比較高，如果是的話，田雪公司是不是應該負責？

他面帶羞恥地回道：她會對我尖叫。

護士已經衝到外面去了，除了跟著她走，似乎沒有別的選擇。

我跟通譯說，至少妳的工作算輕鬆。

Ne znayu, ne znayu，她搖頭笑道。

於是我們返回醫院，我又折磨了那兩個護士一陣子，問她們對田雪公司有什麼想法（她們不知道），她們是否聽過田雪公司（她們也說不知道，儘管從醫院窗戶望出去，馬上就能看到遠方那兩顆惡魔眼睛般的火球，以及從那裡冒出的紫色和白色煙霧繚繞在天際）；最後我問她們「阿金」的住所在哪裡，她們當然也不知道。

我說，可是妳們剛才說他叫民眾遷離，那妳們也許知道他家在哪裡。

你去問其他人吧，其他人都知道。只有我們不知道——通譯員一邊翻譯一邊忍不住又笑了起來。

我們讓那兩位女士繼續沉浸在她們的恐懼中，最後一次走下醫院階梯。我疑惑地站在冷空氣中。

現在呢？通譯問道。

Ne znayu。

她傷心地搖了搖頭。

這樣的話，請司機載我們到「阿金」家好了。

司機開始非常刻意地把車開上斜坡，沿著結冰的僻靜彎路開（這種路在這個村鎮裡必須稱作「街道」），不過我不是特別在意，因為方才去拜訪主治醫師時我一直覺得緊繃，現在的心情其實輕鬆得很；不過忽然間，我發現他已經展開返回阿特勞的八小時行程。這簡直就像我在主治醫師家的金屬大門前的遭遇被搬到公路上重演，我得一再質詢、講道理，最後是抓著他的肩膀大聲要求，他才終於掉頭。他一路發牢騷，心不甘情不願地把我們載回薩利卡米斯。他說他知道那些人的心態，我永遠不可能從他們口中套出什麼東西。我客氣地請他一看到有路人出現就停車問他「阿金」家在哪。有好長一段時間我們連個鬼影都沒見著，最後頭燈終於照到一個暗褐色形體，是個在街上踽踽獨行的老婦。我拍了拍司機的肩，但他自顧自地繼續往前開。後來有兩個男人出現在一處門口，我吼了一聲，但司機還是繼續開車，我只好直接打開車門，準備從這輛緩慢前行的車子上往外跳，不過這時通譯員的手輕輕放在我的手臂上，告訴我那兩個人是醉漢。我覺得自己真蠢，只好又等到看見一家人從一個小店門口走出來。我再度打開車門，跳到結冰的地面上，我的外套立刻在我肩上皺縮凍結，車子則在我身後慢慢停下來。這些人馬上指出「阿金」的房子，而且提議陪我走過去，不過沒有通譯員在身邊，我什麼事也辦不成，而且在這種情況下把司機甩掉似乎不太明智，雖然他在還沒拿到錢之前，應該不至於就這樣把車開走。他拒絕聽從村民的指示，只是用哀怨的口氣不斷跟我求情，讓我不禁同情他，他現在也開始害怕了。

他們到底在怕些什麼？很久以後，我回到阿拉木圖這座大城市，去拜訪了一家享譽盛名的報社的總編輯，他是個身形瘦長、臉色蒼白的老菸槍，桌燈的支座是一個列寧的鑄錫雕塑。牆上掛著一幅來自古早年代的紅色俄國標語：**全世界的工人，團結起來**。總編輯說他認為那些擔心害怕的人不會發生什麼不好的事情。醫生和護士不會丟掉工作，司機不會被傳喚到國安會（KNB）總部等等。可是在比較小的城鎮，過去那種壓制的氣氛依然存在。——你知道我們這裡是全國的首善之區，他說。首善之區是變得比較自由了，可是外省畢竟還是外省。

所以現在的哈薩克有媒體自由嗎？我問。
總編輯回道：如果你批評總統或議會，你不會坐牢，可是他們會立刻讓你停刊，然後，你的好運也跟著沒了。根據我的推測，哈薩克政府不希望斷送賺石油錢的機會。基於這個理由，他們用盡一切可能，保護田雪公司免於曝光。各位可記得我從該公司的精美小冊子中引述那句話？**田吉茲雪佛龍石油及為田雪服務的全體員工都非常驕傲能配合國家環境法規，以安全而且對環境負責的方式經營所有設施**。——我不知道哈薩克的國家環境法規包括些什麼。不過是不是很可能比其他地方——比方說美國加州——的法規鬆散些？阿特勞的一名記者告訴我，他和他的同儕每次想寫跟有關田吉茲地區的情況的報導時，都會碰到某些「障礙」——但他不願意說明那些障礙是什麼。他誇稱至少有一條小消息曾經在阿特勞的報紙上出現，內容述及田吉茲的問題……

現在，司機開始警告通譯員和我，說我們可能會被村民打得鼻青臉腫；他強調，那些人很野蠻。我不理他，而且說服通譯下車，請那家人為她說明方向，以便她轉告司機；通譯可憐兮兮地做了這件事。她自己其實不特別害怕，而是灰心、冷感。我呢，一點也不害怕。我從頭到尾都不會像司機那樣感覺薩利卡米斯是個「不吉利」

的地方，甚至無巧不成書，當我們抵達「阿金」住的公寓大樓時，情況美妙得很——「阿金」本人剛好出城去了。他的兩個兒子—一個是青少年，一個稍微小些——年紀還不夠大，沒法像主治醫師那樣大喇喇地驅趕我這個入侵者。通譯員和我再次置身在某個我們不受歡迎的住宅進門處，並肩站在鋪了塑膠地板的狹小方形空間中；平時，受邀的訪客會站在這裡拖鞋進屋，但此時我們當然沒有獲得這麼做的許可。

起初大兒子說他也一無所知；但當我問他他父親是否確實建議、或指示民眾搬家，他猶豫了一下；本來一直害羞地躲在廚房、透過門縫偷瞄我們的小兒子再也按耐不住炫耀知識的欲望，於是他們兩個開始東一句西一句地說了一些，只是大兒子慢慢又開始警覺，彷彿他想到事後他會因為自己所說的話而受罰。這時我實在無法幫他們擔心這點。

大兒子說，兩個月前來了兩個哈薩克阿姨，她們拿走一些門把和其他金屬物品當樣本；後來他父親就請居民遷離。

所有人嗎？

對。

那，為什麼所有人都得搬家？薩利卡米斯出了什麼問題嗎？

大兒子聳聳肩，小兒子則說：有一個工人最近因為硫磺死掉了。

你怎麼知道是硫磺而不是其他東西？

大家都這麼說，大家都知道。那個人下班回家以後準備吃晚飯，結果他在桌邊坐下，然後就死了。

那他年紀很大嗎？

差不多四十歲。

你們兩個會擔心自己的健康嗎？我問兩個男孩。

不會，我們從來沒想過這件事。

不過既然你們現在想到了，你們有什麼想法？

男孩們害羞地互相看了一下，回道：再看看吧。

他們告訴我，清晨或半夜十二點或一點時，經常會出現一種恐怖的化學氣味。他們不知道那到底是什麼，也不知道那兩個科學家阿姨發現了什麼。他們認為那兩個阿姨可能跟哈薩克石油公司有關，不過他們不確定。

這樣喔，我說。所以大家都會搬家。那這裡的房子怎麼辦？

他們會把所有一層樓的房子拆掉。我們住的這種房子會留著當工人宿舍。他們會從這個地方挖石油，就在這些房子底下……

你們對這些事有什麼感覺？

我們一方面會想到我們的健康，另一方面也會想到石油帶來的錢。

這就是重點所在。所有事都怪罪給雪佛龍或哈薩克政府有點太簡單了。可是任何愛抽菸的人心裡一定多少知道這種習慣可能對自己不好。任何用自己的健康換取石油收入的人也是在以類似的方式做決定。我在全世界都聽過這種聲音：**可是我們又能怎麼辦？**鴉片種植者、街頭妓女、恐怖分子，還有其他一些行為可能遭到非議的人，他們都會這樣叫嚷。如果各位跟我一樣，相信每一個人——包括監獄中的死囚——都保有某種程度的精神自由，那麼當薩利卡米斯的民眾表達出他們對石油收入的忠誠時（我在哈薩克確實從來不曾聽到任何人清楚明白地拒絕這玩意兒），他們就變成自我毀滅這個罪行的幫兇。當然，你我比他們更有罪。我們創造出對田雪公司產品的需求，我們用它污染大氣層，而我們對薩利卡米斯的命運卻毫不在乎。如果各位不同意我認為你們應該對此負責的說法，請努力把這篇故事讀到最後，然後決定你們是否願意在一天的時間中抗拒你們的汽油成癮症。

你們會不會難過必須離開薩利卡米斯？

這裡是我們出生的地方，可是我們也不知道……

他們站在那裡，大兒子位在我們前面那個房間的明亮門口，小兒子則已經游移到右邊的暗處，可能是起居室或書房。由於他們還只是小孩子，但幫的忙卻已經比小鎮裡任何人還多，所以我不忍心繼續利用他們。於是我向他們道謝，通譯員則扣上大衣最上面一顆鈕扣。一種越來越令我毛骨悚然的感覺彷彿冷空氣般從我的袖口灌入全身，我設法摒除掉這種感覺，對男孩們報以微笑，順口問他們是不是還有什麼想告訴我；假如他們是大人，他們可能會用某種用來掩飾殷勤或惱怒的淡然態度回答我或搪塞我，但因為他們不是大人，所以小男孩說：他們開了一場會，這裡所有人都有貧血問題。

5

我們敲了另一間公寓的門，一名女子開門讓我們進去〔照95、96〕。裡面的人正在低矮的長型餐桌邊就座，準備用晚餐，其中有些女性用頭巾包住臉部周圍。他們堅持要請我們吃麵包。他們說：很多女人和小孩都生了病。這裡有四千個居民，其中八成都生了病。

他們的症狀是什麼？

一位女士答道：我到這裡才兩年，可是已經感覺到硫磺的影響。我早上三點醒來的時候會聞到硫磺味，接著我會過敏。鼻子和眼睛都會出毛病。這兩位女士是我親戚，她們不是這裡人，是過來玩的。她們到這裡的時候，腿部會疼痛，她們離開之後，疼痛就消失了。

一名橢圓臉、戴眼鏡的女子說：下過雨後，我注意到大門上會有黃色的鏽。她說得越來越快：那是他們的硫磺，從他們的工廠來的。

妳每天都會聞到硫磺味嗎？

不是每天，不過幾乎每天。要看風怎麼吹。

妳會怕嗎？

當然會。我有小孩和孫子，我會擔心他們。可是田雪公司不肯揭露問題……

她說話的速度變得更快了，現在幾乎是用憤怒和恐懼的語氣放連珠炮。

你們會搬家嗎？

如果他們出錢幫忙，我們就會搬，要不然我們也沒錢搬。

一名蓄了白鬍子的退休男子說：因為硫磺氣體的關係，我們醒來的時候幾乎無法呼吸。那是早上六、七點的時候。總之我們應該搬家，何苦讓我們的小孩死在這裡？

請把這個故事傳到美國，一名男子請求道。我知道美國人會做點什麼事。

（他們當然不會④。）

一名年輕女子說：有時候我們小孩子的頭髮會變白，我們不知道為什麼……

現在我開始體會到這種他們稱為「冷恐怖」的感覺。我敲了另一間公寓的門，一名婦女把小孩抱起來說：你看，他一歲又三個月了，還不會走路。他的哥哥心臟有問題，不過我們不是很確定。我先生也有心臟的毛病。我自己則是每天都會頭痛，而且還有那個臭味。夏天時每天都會聞到，在中庭裡也是。天氣熱的時候我們想開窗戶，可是不能開，因為一開就是那個臭味。下午煉油廠那邊會有小小的火，火在晚上會燒得很大，味道就更臭了。有些阿特勞來的醫生跟我們說我們有貧血……

既然石油產業讓你們生病，你們對這個開採作業是贊成還是反對？

假如他們關掉工廠，很多人會失去工作，婦人回答時幾乎開始聳肩。那樣的話生活又會變得很辛苦。

6

無庸置疑，關於石油開採的「必要」的「現實面」，關於美國人開車上購物中心買東西這種天賦人權帶來的好處，關於哈薩克政客的利他主義治國精神及偶爾出現的貪婪，我所知太少，因此必然誤解了這一切。無庸置疑，讓碰巧生活在薩利卡米斯的人類中毒是天經地義的事，更不用說裏海那些不在人口普查範圍內的海豹和魚類。畢竟如果連人類自己都說，如果他們不想中毒的話，**生活又會變得很辛苦**，那麼中毒應該是一件可允許的事，對吧？他們的窮困似乎跟阿特勞的泥巴一樣污穢，那泥巴會結冰、融化，然後再結冰，接著透過靴子的作用抹上了地毯和地板。他們想脫離貧困，而田雪公司無比熱心地介入幫忙。此外，我不過稍微瞥見了薩利卡米斯的一角，沒有確鑿的證據，從頭到尾沒看到沾了一層黃色硫磺的死人或死海豹。我記得阿特勞的一名計程車司機，他在田吉茲工作了一年之後就決定離開，因為他的肝臟出了問題；他看到有些同事掉了頭髮，還看過年輕人晚上上床睡覺後就沒再醒來。我問他，他怎麼能確定那是因為硫磺的關係，他只是笑了一下。我自己又怎麼能確定⑤？我只知道我一從薩利卡米斯回來，就一再出現以下的情況：一些很友善的人先前跟我聊過政治，而且答應接受我的採訪邀約，可是採訪時間一到，他們卻垂著頭，囁嚅著說不想跟我談。——我不是害怕，我的另一位俄羅斯裔通譯員表示。只是我不想惹出任何麻煩。

什麼樣的麻煩？是會被勒令退學，還是會丟掉工作，或是送進大牢？

④—他對美國表現出來的信心，以及我心裡對此的反應，是發生在柯林頓總統任內的事。拜他的繼任者小布希之賜，現在任何這方面的信心都顯得更加荒唐可笑。

⑤—我收集到的毒物研究報告證實了阿特勞居民告訴我的事之中的一部分（不過不是全部）。至於不一致的部分，它不見得推翻了我在那邊得知的事，因為那些研究是在亞急性條件下進行的。關於急性硫磺中毒的案例，例如一九五二年發生在倫敦那場惡名昭彰的霧氣中毒（當時有四千人死亡），研究指出支氣管炎是一個常見的死因。我在阿特勞沒遇見任何會咳嗽的人，不過在我短暫停留期間，並沒有出現過任何硫磺的氣味。如果那些人自己說的疾病狀況確實屬實，如果硫磺和硫磺的氧化物確實是導因，那麼他們似乎是罹患了一種累積型慢性病狀，有時病情會轉成急性。請翻到書末「資料來源及相關說明」中關於本章的倒數第二個注釋，進一步了解這個問題。

當然不是。

那會是什麼？

百分之八十不會發生什麼事，她帶著僵硬、倔強的警覺性說。可是我不想惹出任何麻煩。

什麼麻煩？

她咬著嘴唇，眼神空洞。

至於那群友善的剷雪人員，我們約定的時間一到，他們沒有現身，我下回再見到他們時，他們顯得陰鬱而害怕。——很奇怪，我的通譯說。感覺上好像有人跟他們說了什麼……[6]

那些外國人完全不在乎我們，一名我跟她建立起友善關係的女子這樣告訴我。——他們只是想榨乾我們。可是，當然了，我們自己的政府也一樣。——她有好幾次像這樣不帶畏懼地說話。我跟她說我希望能再跟她見一次面，她說她很樂意幫忙。可是約見時間來到時，我在我上了鎖的旅館房門裡看到一張紙條，上面寫著「因為某些原因，我沒辦法跟你聊」，還說她在我離開阿特勞以前可能沒機會跟我見面。我明白她的意思，沒有再去打擾她。

7

假使沒有田雪石油公司，阿特勞可能會保留那些低矮的小房子——座落在廢金屬做成的大門後方那些火柴盒般的房舍，有些漆了油漆，有些沒有，上空籠罩著廢氣味道，四周則圍繞著雪堆，雪堆頂部沾滿泥污（看起來類似白雪皚皚的山峰被翻轉過來）。在那些房屋之間，唯一有的東西是溼答答的雪泥、彷彿口沫凍結般的白雪，以及胡亂掩蔽在那雪底下的黑色污泥。可是，拜田雪公司之賜，阿特勞逐漸變成一個國際行政中心，擁有優質旅館，視線所及範圍內完全沒有最新出現的那些毒物的痕跡。

整修教堂穹頂的工人當中，有一名來自伏爾加格勒的男子，他的歲數不小，是個懂得思考的人。他告訴我：我想共產主義在某方面不太好，不過至少它為我們保障了未來。那時我們不需要一直找工作，一直下賭注。共產主義和資本主義都失敗了。或許應該走某種中間道路，比如瑞典的社會主義……

我希望是這樣。不過我不認為事情有這麼簡單。

⑥—後來我拜訪了剷雪隊三名女隊員中的一位，她在原先大家相處融洽時給了我她的地址，說我隨時可以採訪她。她和她的小兒子在舊城區租了一個房間住，就在那些雕有圓花飾、很快就會被拆除的小房子中的其中一棟。我到她那裡的時候，她顯得非常憤怒而且恐懼。關於她的生活，她唯一透露的事是她在共產時期當過小學老師。現在她為了生活，不得不剷雪。她的體格不適合做這種工作，所以她總是覺得疲倦，而且一身痠痛。

譯注

❶—戈巴契夫（Mikhail Sergeyevich Gorbachev），一九三一年出生，前蘇聯政治家，一九八五年出任蘇聯共產黨總書記，一九九〇年出任唯一一任蘇聯總統，至九一年蘇聯解體為止。他是唯一出生於一九一七年十月革命之後的蘇聯最高領導人，任內致力推動蘇聯改革開放和民主化，於一九九〇年結束共產黨一黨專政，同年獲頒諾貝爾和平獎。

❷—列寧格勒（Leningrad）即聖彼得堡，蘇聯成立後聖彼得堡易名為列寧格勒，直到一九九一年透過公投恢復舊名。

16 蛇頭的恐懼

Snakehead Fear

日本，2001年

1

深夜的計程車司機向我證實就是這條街，他說那些幾乎不會說日語的中國女孩在晚上十點後會站在這裡的人行道上，召喚男人走進她們服務的酒吧。她們通常是在黎明時分雇用這個司機，她們會四五個人一起擠進車內，引導他開到她們分租的某處公寓。我問他，為什麼他認為那些女孩跟蛇頭有關，他說她們的神情不太自在，有語言障礙，而且每次都是在那條風化街招他的車，這些因素都為她們貼上「非法」的標籤；由於蛇頭的工作是從中國走私人口，而且大家都知道蛇頭會向中國娼妓、酒吧業者、街頭小販之類的人收錢，那些妓女想必跟他們脫離不了關係。我很欽佩他的推理能力，尤其是在我親自踏上那條街以後；在那個冷得不得了的夜晚，我看到一個頭戴兜帽、渾身發抖的年輕中國人站在路邊發傳單，傳單上印了一些穿泳裝的微笑女孩照片，以及同樣那些女孩或其他女孩遮住臉孔、裸體躺在床上的照片，她們有的翹屁股、有的挺酥胸，不然就是撫摸自己的陰毛（雖說那是很私密的體毛，說成「公共毛」

似乎也無妨）；發抖的年輕人向我說明，蛇頭會在午夜過來，有時會進到他工作的店，有時去其他類似的場所①——啊，這類場所可多了，在那條歌舞伎町邊緣的街道上是名符其實地櫛比鱗次。發抖男子說要認出蛇頭很容易，因為他們都高頭大馬，走路大搖大擺，一副逞凶鬥狠的模樣。他還模仿那種樣子給我看，不過我沒看過有誰那樣走路。我夜復一夜地在那條街上溜達，每個男人看起來都是一個模樣，而且不只是我這樣覺得，每次我身邊的嚮導或通譯也都這麼認為。我請發抖男子介紹一個蛇頭給我認識，他說他可以試著安排看看，不過他很害怕。他真的試了。後來他老是避著我，緊張兮兮地說他很忙。一個上了年紀的韓國人笑我，他說：你難道看不出他很害怕嗎？

既然發抖男子變得不牢靠，我只好探詢其他管道，比如我找了一家偵探社，他們提出的方案是以五十萬日圓（超過四千美元）的代價安排會晤，這筆費用將由偵探社和暴力團（Yakusa）②的中間人平分。偵探還說，蛇頭自己也會要求贈禮，不過他不知道對方會要多少。假如蛇頭不願意見我，我還是得付那五十萬日圓。我對這個解決方案不太中意。

還有一個管道是一個我稍微熟識的小暴力團家族，我在先前某次機會中結識了其中幾個成員；他們說他們不是不願意把我引介給蛇頭，只是萬一我寫的文章冒犯了某個人，他們可能會沒面子，甚至更麻煩。他們說他們非常非常抱歉。或許他們也很害怕。

有個擁有部份中國血統的長髮男子，他的工作是安排拳擊賽，人面很廣，在道上小有名氣；他說我要的東西很難很難很難辦，甚至可能辦不到，因為**福爾曼先生，現在那些蛇頭都非常非常緊張！很麻煩！因為現在國際刑警在合作，所以蛇頭都非常非常緊張！**這點他是說對了。

還有一個線索是我認識的一個不太正派的記者，他認識另外某個記者，那記者認識某人，那個人告訴我，說我的打算非常不切實際，不過如果我願意搭火車到千葉，那麼或許能先聊聊看再說。

他跟我和我的通譯約在火車站外頭的丹尼斯美式餐廳見面，我們後來發現，選這個地點相當不錯，因為在那三個小時內，除非我們主動召喚，否則服務員不會主動過來，所以我們擁有充分隱私；從頭到尾只有隔壁用餐區的一個小女孩注意我們，她會從隔牆頂端偷看，驚奇地盯著我的白皮膚。為了這三小時的談話，我付了對方三百美元，他說由於他冒了極大的風險，這樣的價錢算很便宜。他和那個有點道上名聲的長髮男子（他在設法協助我的那段時間裡，曾透過其他管道跟那人見過面）分別都警告過我，要是我的文字讓蛇頭推斷出他的身分，他會遭到殺害。所以我不可能告訴各位我的「線民」是誰。現在你們是否開始明白蛇頭是什麼樣的大好人？

為什麼那些人被稱為「蛇頭」？我從來沒查明這點。他們看起來是什麼樣子？完全不像高頭大馬的熊族，比較像街上的普通人。暴力團的人擁有他們引以為傲的華美全身刺青（圖案是龍和惡魔等），但有人跟我說，蛇頭頂多只會在胳肢窩裡刺上一條小黑龍；這個我從來沒機會親眼見證。事實上，雖然我冒了很大的風險、花了許多錢，可是我一直沒有親眼遇到任何我能百分之百確定是蛇頭的人。因此，這篇探討蛇頭和他們與窮困者

①——不過他們不會去那條街另一頭一家招牌寫著「地下鐵騷擾者」的店（那裡面有個擁擠的房間，裡面站滿小姐，客人可以在指定時間段中進去隨意撫摸她們，明顯模仿交通尖峰時段地鐵車廂中的偷摸和性騷擾行為，對熱衷此道者而言，那間酒吧提供了夢寐以求的機會）——那裡不行，因為招牌上還寫了「只接受日本客人」。

②——即「極道」或日本黑道。

之間關連的文章，只能透過間接方式進行，設法捕捉蛇頭在中國人和日本人的生活中隱約閃現的身影。他們很有紀律，行動神祕，來無影去無蹤——他們沒有永久的組織，只在處理特定國際人口販賣任務的資金事宜時才會見面；他們躲在日本社會的腸道中蠕動，而這個社會的排外性質（連奉公守法的華人都因此不得不躲在地下）反而為他們提供了掩護。舉例而言：有一次，當我提到某個我在飛機上認識的女人的名字時，在場的日本朋友們發出疑惑的聲音，想知道她會不會是個中國人。——喔，不是，當事人後來跟我強調。是我父親幫我取了個奇怪的名字。——但她後來私底下又向我坦言，她的父親確實是中國人，只是她無法忍受有人發現這件事，因為她怕自己會因此被視為「不太日本」。她是個相當國際化的人，在加州有個白人男朋友，不久前才剛去墨西哥度假，可是她卻依然希望用這種悲哀的方式讓自己「正常化」。而且別忘了，她還只是半個中國人。在日本，純中國人或純韓國人跟「部落民」（相當於種姓制度中的「賤民」）一樣，都會設法讓自己被視為普通日本人。蛇頭在掩飾身分這方面很厲害。暴力團分子會跟別人交換名片（而且那些名片跟他們身上的刺青一樣艷麗），相較之下，蛇頭不但頂多只提供電話號碼或地址，而且這些資訊絕對會在三個月內失效。

丹尼斯餐廳那個人說，雖然警政單位通常認為暴力團的年收入大約是一百三十億日圓③（這個數目在一個小國家應該可成為不錯的國內生產總額數字），不過沒有人知道蛇頭能賺到多少。他稱他們是**日本最黑暗的組織**。——連警察也看不到他們的底細，他說。

他們是什麼時候開始出現的？

大約十年前。

一般大眾什麼時候開始受到影響？

大概兩年前。

他開始從購物袋中取出一疊借自警方的機密藍色檔案夾。他開門見山地告訴我：以前我們日本人會說：水、空氣和安全是免費的。現在安全不再是免費的了。

他讓我看關於最近一些犯罪案件的剪報：四名中國人攻擊一輛運鈔車；十天後又發生一件搶案，歹徒搶了四千六百萬日圓，還殺了一個人等等。身為一個美國人——也就是說，對暴力司空見慣——這些報導根本不會讓我訝異。不過俗話說得好，一切都是相對的。科倫拜高中槍擊事件❶發生後不久，我剛好到哥倫比亞走了一趟，當地的朋友看到美國人為了十三個人死亡群情激憤，都表示既驚訝又好笑。哥倫比亞每星期都有可能在全國各地發生三十個人同時遇害的事！所以我一方面能體會哥倫比亞人的想法，同時也能理解眼前這位身穿西裝、儀容整潔，頭髮已經發白，但面容看起來還很年輕的日本人。他說那些事件在顯著程度上是蛇頭的錯。

他說因為「泡沫經濟」崩壞的關係，現在連日本本地出生的大學畢業生有時也找不到工作，所以我應該能想像其他人會是什麼處境。犯罪率怎麼可能不上升？他翻開那些機密檔案夾，裡面有各種幫派組織圖，以及許許多多互相關連的圓圈和方格，令人看得發暈。他開始提供相關細節：蛇頭會向要來日本的偷渡客索價三百萬日圓，偷渡的交通工具通常是危險、而且過度擁擠的船④。這個概括說明無疑省略了許多作業和折扣細節；各

③—以二〇〇一年的美元幣值計算，相當於一億一千兩百〇六萬九千美元。

④—這種船經常是向「十四K」包租，平均一次載運一百五十名偷渡客。十四K是一個以香港為主要根據地的華人幫派組織，其前身為廣東一名幫派領袖兼國民黨將領於國共內戰期間成立的反共組織，早年曾受台灣方面的資助，但現在只是一個跨國犯罪集團。

位應該記得中國妓女愛黎嘉，我在一年前採訪過她⑤，當時她報給我的數字是一個月效期的簽證相當於一百萬日圓（我們幾乎可確定，她說的是她自己的情況），在某些細節不詳的情況下，其他一些「同儕」可能會付到三百萬。她的旅行代理人可能是蛇頭，也可能不是；談到這個部分時，她開始焦躁不安、語焉不詳。千葉那名男子表示，當然也會有一些走高級路線的蛇頭，他們的高級顧客會持偽造文件搭飛機進日本，而且身邊還會有假的日本配偶，不過那些人通常是願意出到五、六百萬日圓，而且事先大方付款的都市人。對大多數偷渡客而言，拿出三百萬已經非常困難，這個數字相當於一個中國農民三十、甚至四十年的收入。當然，如果一名工作者擁有技能，而且運氣又好，那麼他在東京每天可能可賺到五萬日圓，但蛇頭的顧客大都不可能同時具備以上兩個條件。說來說去，他們就是「窮人」。三百萬日圓必須盡快償還⑥，而耐心向來不是蛇頭的長處。怎麼辦？一個贖身的辦法就是犯罪。

在各位對這些罪犯下嚴苛的道德判斷之前，請試想他們來到日本的情況：蛇頭會把他們關在暴力團租給他們的倉庫，讓他們打電話回中國要錢；許多情況下，蛇頭甚至會在一旁舉刀對著打電話者的耳朵，要是錢不來，「刷」一聲耳朵落地，如果錢再不來，殺人的時間可能就到了。（不過，如果他們跟蛇頭結清費用，就能進行來日的真正目的，最後回到中國蓋棟好房子。如果你們想要對這件事做道德判斷，悉聽尊便。感謝我的富裕有其侷限，讓我最終無法前往那些人的故鄉——中國福建省——看看他們在老家過的是何種無法想像的生活，因此我無需對此評價。為了撰寫這個章節，我花了五千到八千美元，可是我卻比在多數其他章節中更無法達到做出基本描述的最低要求；關於哈薩克那個章節至少還能提示出部分的恐怖感；但是那些在日本的中國偷渡客在福建家鄉的生活景象和氣味，應該要能跟他們在東京的生活相互辯證才有意義，而我卻遺憾地無法做到這點；

或許我從來就沒辦法做到，使得缺憾一直存在，若事實確實如此，關於大山和小山的那個章節可說是達到箇中極致，因為它無疑是我對這種缺憾所做的最唐突的告解；不過不像詹姆斯·艾吉，我很怕賦予自我鞭笞和殘害的樂趣不應得的重要性。艾吉曾經寫道：「若是沒有頑石般的盲目，或濫情的心理，我們連自然本性的事實都無法面對。」因此，我不如讓各位和我自己盲目得有如頑石，當作看不到那個未知、但想當然一定駭人可怖的福建生活實況——那個如果他們失敗，就得回去面對的處境，假使他們還回得去的話。）

非法移民有多常會因為沒付款而遭殺害？不得而知。我個人認為這種事很少發生，因為謀殺案在日本非常罕見。如果我是個蛇頭，我寧可讓我的宿主存活，因為即便宿主貧血，那血液至少還能帶來些許養分，絕對勝過無血可吸。

為什麼有人會在這種「DIY式」的移民計畫中尋求蛇頭協助？事實上，直到日本最近開始監視、並限制他們之前，中國人會以參加旅行團這種合法方式進入日本，然後賴著不走。二〇〇〇年九月，有三個中國人就這樣不見蹤影。我在寫這個章節的時候，日本警方還在搜尋他們。那些玩消失把戲的人只要花一百萬日圓，就能加入這場自行致富的賭博——這只有蛇頭價碼的三分之一。（再次強調，這個價碼是愛黎卡最初提供的數字。）但是現在日方已經把這個漏洞補起來了。

⑤—參見二〇二頁。

⑥—原本蛇頭會要求錢要事先付清。現在經常付個五十萬頭期款就可以；某些情況下，他們甚至不會要求頭期款。

於是他們只好退而求其次，搭上那艘過度擁擠的船，在祕密的噩夢之旅中偷渡東洋，感受刀子貼在耳邊打電話回鄉的滋味。如果接下來他們願意繼續讓自己或家人背負債務，蛇頭還可以幫他們打點其他事。最近一名隸屬上海某幫派的蛇頭因為持有日本護照被捕。任何人只要出得起錢，要拿到這種文件根本輕而易舉。一個已經成為合法日本公民的人可以把戶籍資料和個人照片提供給私人代辦所，不過因為他已經把蛇頭給的慷慨酬勞收進口袋，所以他塞在申請資料中的不是自己的大頭照，而是某個中國公民的相片。一兩個星期後，護照辦好時，代辦所會寄通知書給他，他會將通知書交給蛇頭，讓蛇頭轉交給顧客，顧客再到代辦所領件。代辦所的人只會要求領件人提供姓氏和出生日期，所以他只需要知道這麼一點日文，護照就能順利到手。這整個費用大約是五十萬日圓，其中一小部分會分給那個被當成棋子利用的日本籍身分提供者。

然後是假結婚這種把戲⑦。在東京西新宿，距離歌舞伎町走路十分鐘，有一處由鋼梁和水泥牆構成的地下通道，在通道兩側髒兮兮的人行道上，西裝筆挺的上班族、穿高跟鞋的白領女性、自行車騎士和各色男女老少行色匆匆地移動；人行道邊放置了一排自行車，車把前的置物籃中堆滿報紙和瓶罐，在這排自行車和後方畫滿塗鴉的牆壁之間，我們看到兩排紙箱，那裡住的是一些不必行色匆匆的人，也就是無家可歸的遊民，其中一人是個渾身發臭的酒鬼，他親口告訴我，六個月前一個自稱「大魚龍」還是什麼的蛇頭來找他，給了他八萬日圓，要他搭計程車前往歌舞伎町附近的大久保區，到一間沒有窗戶的公寓，那裡的人讓他洗了澡，借給他一套大致合身的西裝，搭配領帶，他穿上以後轉往另一間公寓，裡面有很多害羞而失意的中國女子，其中一個已經打扮得漂漂亮亮；蛇頭為他們拍了一張幸福合影——兩個窮困的人互相施恩，這是多麼甜蜜的事！——然後他們結了婚，從此不會再相見。無家可歸的男子猜測他的妻子付給「大魚龍」大約五十萬日圓⑧，作為籌備婚禮之用，不過當時他覺得這問題太尷尬，所以沒有直接問。他說她很美，簡直像個真正的公主。也許她在事後會找到某個「交友俱樂部」的好工作……

你可有過去看看你太太的欲望？我問他。

喔，從來沒有！因為你知道，這是蛇頭搞的東西，所以我怕——

他讓我看他保留的結婚照；他們竟讓他留下那東西，這豈不隱約是一種鄙夷的行徑……

有時結婚事宜會比這個繁複。在警方所知的幾個案例中，暴力團的人會讓女朋友或情婦跟某個蛇頭結婚，他自己則跟蛇頭的女朋友結婚。這樣一來，那對中國男女就能合法定居日本，暴力團成員則拿到兩場婚事的酬勞。

這些婚姻結合會在相關單位辦理所有登記程序，因此完全合法。有時移民局會在一年後打電話給男女雙方，確認他們還在一起，但想必我那個遊民朋友不會接到這種電話，因為新郎沒有可用的地址⑨，新娘則很可能行

⑦—安排這種婚姻的人不只有蛇頭。在一處公園中，有個理了阿兵哥頭的男人，他住在一個帳篷裡，小小的生活環境打點得有條不紊，原來他從前是個營建公司老闆；閃動雨水光澤的午後光線從帳篷頂部照入，他盤腿坐在毯子上抽菸，說他清楚知道菲律賓女人經常付錢給日本男人，請他們跟她們結婚，韓國女人也會這麼做。各個國家的人通常會透過自己族裔的黑幫辦這件事。他告訴我：「之前有個韓國幫派的人來找我，問我可不可以把戶籍資料賣給他，讓他安排一場假結婚。那時共有五、六個人圍著我的帳篷，很有威脅感。他們身上有槍。」

⑧—根據千葉那個消息靈通人士的說法，被找上的遊民通常會拿到三萬到五十萬日圓不等的酬勞，新娘支付的費用則介於八十萬和一百萬日圓。

⑨—有人告訴我，如果男方不是遊民，女方必須付更多錢，而如果一年後警方打電話時，男方快活地表示他的妻子就住在家裡，女方還得再付些錢，於是他和蛇頭又多了一筆收入。

蹤飄忽，從事各式各樣的工作——依據外貌，她可能會去當酒吧小姐、非法勞工血汗工廠的守望員，或低薪傭人；因此，就算便衣警察特別小隊把這種可疑婚姻的資料登入警方檔案，製作成工整的姓名和地址表（千葉那個人讓我抄下了其中四組資料），那些聯絡資料很快就會失效；我在動身前往那幾個地點拜訪時，便親自見識到這點，我心想那些地方應該夠牢靠，因為它們同時提供給五名甚至十名女子使用。日本舉世聞名的排外現象在此演化成徹底的種族歧視，以至於日本人對這些中國移民（無論是合法還是非法移民）產生強烈恐懼，讓雙方不是陷入外在窮困，就是糾結在心理貧乏之中。這種恐懼感在日本軍隊於二次世界大戰期間對中國人犯下的殘酷暴行對照之下，更顯格外突兀，在古中國為古日本帶來深遠影響的背景襯托下，那些暴行無疑又更令人費解——這三層糾結不清的歷史特殊性，到底是以多顯著的程度瀰漫在中國人和日本人之間的交往中？我永遠不會知道；不過，總之在日本人這種排外心態的壓迫之下，無力支付房租押金的中國妻子們心甘情願地接受蛇頭親切安排的暫時住所，無論那裡的居住條件有多擁擠，也不管蛇頭是否要求每位入住者支付相當於整間公寓租金的費用。我傻傻地想像那些蛇頭至少應該有某種程度的成本意識，懂得長期租用某些公寓。如果我在中午剛過不久的時間（這時那些在酒吧上班的小姐們應該剛醒來）悄悄來到某間警方登記在冊的公寓敲門，如果門開了之後，裡面出現一群看起來驚慌害怕的中國姑娘，說不定我就這樣發現了一個蛇窟。這是我的推論方式。我手上掌握的地址大都位在大久保，也就是那位走運的遊民忽然發現自己娶了美嬌娘、又拿到一筆錢的地方；每個地址都讓那些戴著白手套的計程車司機傷透腦筋，因為當他查閱厚厚的市街圖時，那些巷道都擠在一大堆令人眼花撩亂的彩色線條中，難以分辨。最後一個地址距離最近某起兇殺案的案發地點很近（一名日本牙醫在一場四個中國人犯下的搶劫案中被刀刺死）；司機表示：不是所有中國人都這麼壞，不過我認為警方必須確實執法。我覺得很害怕。這是個新的情況。我住的那區去年才開始變這樣，陸續發生遭人闖空門之類的事，據說是中國人做的。——我的通譯員和我穿越一片迷宮般的公寓樓宇間，有時看到曬衣繩上晾著中國式的衣服，接著我們發現手中的地址現在已是一塊空地。難道那裡一直是一塊空地？我能說什麼？

下一個地址位於大久保車站旁邊的一條小巷子裡，那裡有很多中國娼妓，我們穿過一處地面散落著垃圾的門廳，遇到一位神態警覺的中國老先生和他那眼神天真無邪的十多歲兒子；老先生說他們在那兒住了一年了，日本人對他們都很好、**非常好**，不過他真的得走了。我不想讓他覺得他又要被一個沒好話說、而且讓他害怕的麻煩人物纏上，所以很快就決定放過他，不過我至少透過他知道，千葉那人給我的地址已是至少一年前的東西。

第三個地址住了一位管理公寓的台灣老先生，房子的窗戶用膠布封住；第四個地址則是一名韓國女子的住處，她看到我們似乎非常恐懼，設法在不顯得不客氣的前提下以最快速度把門碰一聲關上，裡面隨後發出上鎖的聲音。在每個情況中，我最後都請通譯在對方耳邊低聲說出「蛇頭」這個字眼，結果每次不甘願的受訪者都宣稱自己對蛇頭的勾當一無所知。這證明了什麼？如果說貧困普遍與某種特定心情有關，那應該是悲傷；但在現在這些人的情況中，不管他們與蛇頭的關連多麼不直接，他們讓人感受到的心情卻是**緊繃**。因為這個緣故，與本書中其他的貧困人物相比，我更難針對這些人的身分建立出任何肯定感，就連暫時捕捉他們的身影都難如登天。我不可能知道蘇妮內心裡對我的真正想法是什麼，很可能因為難得有客人登門造訪，尤其還是個洋客人，使得她隱約覺得有面子，而且她知道每次我到她家，都會給她一點東西；此外，對她而言，還有一個可能性是我能讓她變成有錢人——只是很可惜，這個可能不會實現。薇蒙拉特在我面前很害羞，但我希望她最後會把我當成好人。我想娜塔莉雅不喜歡我；不過艾蓮娜喜歡我，而她的家人跟蘇妮一樣，內心盼望我能為他們做點什麼重要的事。或許他們也對我有好感。大山和小山感激我給他們錢，然後他們就把我給忘了。南寧那些人也許擔心外國記者造訪會給他們製造麻煩；不過他們主要是對自己被毀掉的房子感到悲傷和憤怒。無論他們或我，再怎麼做都是枉然；那些人的身影對我而言，就像黑暗房間中的暮色那般模糊難辨；而現在，我能看到的甚至只是昏暗暮色的擷取影像，我愈是急迫地想看出端倪，它就愈顯迷幻。不過至少我還能稍微瞥見那些公寓的內部，看到屋內沒有太多睡墊，每棟公寓裡租住的人數似乎都算合宜。——那些蛇頭很精明，千葉那個人不帶驚訝地表示。他們會一直搬家、一直搬家。如果你要打電話給他們，你知道他們會怎麼做嗎？他們會到咖啡店裡租用陌生人的手機，用個三、四個小時，就這樣。要跟他們碰面很難……

關於蛇頭提供的服務，暫且說到這裡。在償還的部分，長得漂亮的女孩沒什麼困難。就像有個美國阻街女郎曾經告訴過我的：我可是坐在貨真價實的金礦上呢。——某天夜裡，一名通譯員跟我走進歌舞伎町一家有小姐的酒吧，是站在路邊拉客那個中國人把我們招進去的；進門後，我設法把入場費從每人一百美元殺到兩人一百美元，而後我們坐在桌邊，讓那些看起來煩悶無聊的泰國女人在我們每喝一口水之後舉起酒瓶，把杯子再度斟滿，於是水就多了些廉價威士忌、干邑或其他白蘭地的味道，而那些酒品的主要功能似乎只是讓清水有點顏色；最後我們把一名高挑壯碩、模樣純樸的中國妓女引到我們身旁坐下，我們在這個後來沒拿到我們錢的女孩子耳邊陸續問了一些有關蛇頭的問題，但她那種用平靜口吻表示一無所知的樣子真令我絕望。她說她是由父母送過來學日文的（不過截至此刻她還說不出幾句日文），但她不知道他們付了多少錢給誰。我們喚來媽媽桑，她臉上堆滿的笑容和渾身散發的活力掩不住背後的狠辣，促使我當場決定趕緊先付錢，而且拿了一張收據，以免稍後帳單上忽然多出些不知名的費用；我向她詢問蛇頭的事，她說很遺憾她跟那種人毫無來往，她甚至進一步表示，她把保護手下的女孩們視為個人的神聖義務，因此絕不會讓那些中國男人進到她的地盤，尤其近來中國人和台灣人出現衝突，她更是謹慎提防。至於那些小姐，媽媽桑要我知道，她們每個人都是完全合法的，我大可以去向她們查證；於是我謝謝她這麼客氣地跟我交流，接著悶悶不樂地坐回沙發上，桌子對面那個泰國農家女孩則忙著把冰塊夾到我的杯子裡（由於我曾數度造訪她的國家，至少能猜出她那種貧困人生背後的污穢祕辛）。隔天下午，我請那次那位通譯——一名待人和氣的反核運動人士，名叫麻里——打電話到那家酒吧；我事先已經努力把一個虛構人物的故事灌輸給她，讓某個名叫李小姐的可憐中國農村女孩幾乎在她心中成為栩栩如生的好朋友，那女孩是個處女之身，為了賺到欠蛇頭的三百萬日圓，她什麼事都肯做，因為蛇頭現在已經開始威脅她的家人付錢了。當麻里將李小姐的辛酸故事轉達給電話另一頭那個中國吧女時，對方的回答是：李小姐的問題相當平常，很容易處理；非法身分不成問題，只要李小姐到酒吧走一趟，事情就能迎刃而解……不過那位吧女顯然是個老鳥，因為十五分鐘後我們再打電話過去，打算跟她再掰一些新的謊話時，她已經**跟一個客人忙去了，至少要忙上一個小時。**

如果欠蛇頭錢的人不是迷人女子，那會是什麼情況？這樣的話，他們可以在建築業或其他行業做些只需付出勞力的粗工，那些來自中國農村的男子想必不缺這方面的能力；其他一些人則可能變成專闖空門的盜賊，因為全日本的門鎖有八成都還是舊型的喇叭鎖，很容易撬開。這就是大久保那位戴白手套的計程車司機那麼害怕的原因。這些新型罪犯的標誌物之一是用膠布黏成的封口布，那讓這些盜賊可以輕鬆快速地犯案，儘管一年前，這種手法出過差錯——一名日本屋主被中國小偷猛踢腹部，直到他吐血，可是嘴上的膠帶讓他的血液無法排出，結果血被吸進肺部，導致受害者死亡。另外還有一些非法移民為自己打造出不錯的新事業，有的是綁架，有的是持武器搶劫。比較具有分析頭腦的人則可能走入詐騙這行。有些人製作偽卡，用來在柏青哥的賭博機上贏錢。被蛇頭買通的便利商店店員會把顧客的信用卡號提供給他們，有了這種資訊，那些有技術也有設備的偷渡客就能偽造信用卡，接著他們可以自己持卡使用，或是賣回給蛇頭，或在歌舞伎町的賊市兜售。我在東新宿一帶就遇到一名這種信用卡盜用案件的受害者；警方無法告訴他那個案子是怎麼犯的、在哪裡犯的，只知道犯行者是個中國人，而且沒有任何身分資料。他在監獄裡一直拒絕透露他如何入境日本。

千葉那位消息靈通人士手上拿了一大袋警方機密資料夾，裡面有一堆顯示蛇頭組織的祕密圖表，不過他不許我拷貝，甚至連仔細看都不行，所以我從頭到尾只從他對面顛倒瞄到那些資料（而且無論如何，我也看不懂日文）；他為我寫下歌舞伎町一家中國餐廳的地址。他微微一笑，把手劃過自己的喉嚨。——有一個人被砍了頭，通譯把他說的話翻譯成英文。不對，是三個人，被人用中國大刀幹掉的。我們可以去拜訪那家餐廳。蛇頭會面的地方就在最裡面那個房間。

我果然找到了那個小房間，當中擠了一些身穿黑西裝的中國人，他們後面還有一個更小的房間，裡面沒有窗戶，牆上貼著一些褪了色的傳統中國美女圖像，一些中國人和日本人圍坐在幾張紅色餐桌邊，一邊用大瓶子直接喝啤酒，一邊吃擺在潮濕而且略顯不潔的小盤子裡的菜餚——鰻魚片、豆腐炒麵、青菜。他們當中有人是蛇頭嗎？由於沒有人引介，我想不出辦法得到答案。我吃了一頓不怎麼樣的晚餐，不太甘願地付了七十美元，而且他們不給收據，然後我走出餐館，流連在五光十色的歌舞伎町，欣賞那些明亮的垂直招牌上錯誤百出的英文字句，以及被燈光打得透亮的亞洲美女臉孔、臀部和赤裸胴體的放大照片；身材瘦長結實的機靈年輕小夥子會伸手抓住我，跟在我屁股後面走過大半個街區，他們每個人都會搬出各式各樣的充分理由（具體說就是內容豐富的圖冊），向我說明為什麼他們的「相談室」（交友俱樂部）裡的小姐比隔壁的更美更優更棒⑩。那些人顯然都很重視眼前這個可能為他們絕望的物質生活帶來改善的大好機會。我流連在巷弄間，設法尋找蛇頭。身穿長及大腿的白色仿兔毛外套的女孩們一個個都忙著說服我為什麼我應該給她馬殺雞或吹喇叭；有個取了個挺新鮮的日本名字的中國女孩會說點英文，當我告訴她說我其實希望能碰到幾個蛇頭時，她倏地閃回門廊，掏出一支小小的粉紅色手機，用夾帶恐懼和怒氣的眼神瞪著我。在那以後，每當我半夜回到那條街上，那些瘦長結實的男孩就會指著我低聲說：**記者**！截至目前為止，依然完全籠罩在神祕面紗下的蛇頭問題似乎不可能找到解決辦法；一旦我在絕望無助中開始變得直接而堅持，問街上每個神情哀怨的漂亮中國妓女是否能幫我，她的眼睛馬上會張得很大，當她確知自己不是在作夢，那翹嘟嘟的迷人芳唇就會立刻縮回去，同時她會掏出手機。我明白自己是在做蠢事，我知道如果我敲的門要是真的打開，走出來的將會是一頭猛獸。

說到猛獸，千葉那個人打開最後一個警方檔案夾時，幫我抄下一個蛇頭老闆的地址，那個頭頭是發生在我吃過飯的那家中國餐廳砍頭案的嫌疑主使者。——去那裡吧，千葉男說，只要你膽子夠大。

⑩——我進了一間相談室，花錢了解這種店的運作方式。客人得付三萬元（約二五六美元），其中小姐拿到一萬九，外頭那個手拿圖冊展示性感美眉和其他誘因的機靈小夥子拿一萬，可憐的媽媽桑則只能拿到一千。媽媽桑寄望的其實是下一次，因為如果客人對小姐的服務很滿意，下次他會自己上門，不必透過機靈小夥子招徠，於是媽媽桑就可以大抽一筆；此外，小姐雖然忙著幫客人倒淡而無味而且價格高昂的酒，可是那些酒錢全部進媽媽桑的口袋。——以上所述的價錢及分配方式跟愛黎嘉所屬的俱樂部不一樣（參見二〇二頁）。

他讓我看了蛇頭的照片，是個看起來很溫和的年輕眼鏡男。他說那個蛇頭現在可能不戴眼鏡，或是換了髮型。某天下午接近傍晚時，我搭上計程車前往那個區，在複雜的巷弄和門牌間繞了十五分鐘後，終於找到那棟有一條長長的通道、門窗緊閉的兩層樓房子。我覺得那個地方很陰森，不過那只是因為我這次造訪的性質比較特殊。我正在做一件莽撞、危險的事——敲某扇門，不知道接下來會發生什麼。在我的記者生涯中，我做過幾次這種事，而且每次都不知道會不會門一開我就一命嗚呼。結果這次門沒打開。我雖然鬆了一口氣，但也很失望。我聽到房子裡傳來很輕、很安靜的腳步聲——也許是個保鏢或傭人，但也可能又是一個絲毫無害、只是害怕陌生人的老人。於是我完全無法達成任務；後來，同樣的情況又發生在千葉男提供給我的另一個蛇頭地址。

於是我只好再去找我在本章稍早提過、那位在道上小有名氣的男子。他算是我很特別的朋友，不過我對他有相當程度的敬畏感，因而忍不住好奇（但我到現在還是不知道答案），這個因為信邪而聲名狼藉的人物，這個藝術家和罪犯的同夥，這個從矮胖、黑膚的阿伊努❷豐產女神到全身刺青的小胸脯日本女性受虐—虐待狂都瞭若指掌的人，到底為什麼他會願意幫我忙。也許是因為我自己也是個藝術家。每次我到日本，都會把我最新的書或版畫作品捐給他。他是否尊敬我，還是只是覺得我很好玩？無論如何，最終是這個有點聲名狼藉的傢伙在兩年前安排讓我採訪到一位暴力團老大。幾乎所有事情的來龍去脈他都知道。現在，在我下榻這家每晚房價五百美元的旅館，他正從亮晶晶的電梯走出來；我之所以住進這家旅館，只是為了證明我的身分地位夠高，值得勞動幫派老大大駕光臨。他喜歡這家旅館，對我報以讚賞的表情。他人長得很高，像猿猴般瘦長，身穿長袍般的黑色大衣，銀白的頭髮垂落肩頭；他告訴我說我們馬上就得出發。他帶我搭計程車來到歌舞伎町邊緣地帶的一棟商業大樓，我們走上頂樓的一間髒亂辦公室，在那辦公室裡，幾個男人圍坐在桌邊喝著韓國燒酒。但願我能告訴各位這些人做的是什麼工作，其實那是個不但完全合法，而且非常能象徵我們這個時代的行業，因為它製造的產品是「不真實」，或許我真的能向各位透露這點，而不會對他們造成任何麻煩，不過因為這些人——其中一個身材矮胖，留了大鬍子，神情略顯恍惚，另外兩個面貌比較兇悍——跟蛇頭有關連，因此就算我只是問他們，因為我想替文章添加一些地方色彩，是不是能把他們描述得完整些，但這麼一問就已經形同背叛那位有點道上名聲的友人對我展現的信任。他們彎身行禮，並將名片擺在我面前的桌上，其中一張名片的正面有一個血紅色朝陽造型標誌，背面則有一朵金色的花，這些都很類似我先前在暴力團老大的名片上見過的表現手法。他們都是右派人物——非常愛國，我的朋友面帶微笑地向我說明。在一個小時中，他們自顧自地互相以日語交談，我只能坐在桌邊尷尬地擺笑臉點點頭。偶爾某個人會打個電話。我的朋友解釋道：你知道的，因為蛇頭很緊張，現在查得很緊。我會盡力，我會盡力。

接著我們下樓到歌舞伎町用晚餐，他們點了山珍海味讓我享用，不停地把溫熱的清酒斟滿我的杯子，還拒絕讓我付錢，接著他們帶我到另一間女侍酒吧，那裡有一些眼神哀怨的捷克和俄羅斯吧女不斷在我們的酒杯裡倒摻水白蘭地，每當有人跳起舞，她們就會像機器人般鼓掌。她們大都不會說日文。她們欠暴力團錢，其中一個人告訴我，如果她逃跑，就會被人幹掉（聲名狼藉男對這話表示同意）。不過她不在乎，再過兩個月，她就熬過去了。她說，她到時候打算找她的「贊助人」理論一番。我的聲名狼藉朋友喚了我的名字，一行人離開酒吧，走進午夜的寒氣中。他付了我們一整晚的消費。其他人道別後就走了，我的朋友到二十四小時自助食堂為自己和我買了一碗拉麵吃，然後送我回旅館，我們坐在房間裡喝著蘇格蘭威士忌，討論愛情和輪迴轉世，一直到凌晨兩、三點。早上我到便利商店吃早餐，只吃了洋芋片和喝咖啡，目的是為了省錢，因為取得資訊需要錢，而且如果突然有什麼非吃不可的晚餐，搞不好一下就得花掉我五百美元。我朋友在我的語音信箱留了言：我還在盡力連絡，不過他們都不肯跟你接觸。我隨時可以找到小咖的，可是這對你沒意義，我知道你需要的是大咖。好，今天下午四點過後我會直接跟他們碰面，我最後一次試看看。——他確實做了最後一次嘗試，但沒有成功。那些蛇頭都很害怕。

所以他們拒絕跟我見面。他們現在拒絕跟任何人見面，因為國際刑警要抓他們。而且，他們何以非跟我見面不可？不像暴力團或馬來西亞的祕密恐怖分子，他們沒有任何「形象」可投射；他們除了要賺錢，不具任何象徵意義。曝光和宣傳對他們的生意是壞事。既然如此，我能說什麼關於他們的事？

首先，他們不再只是負責把中國非法移民偷渡到日本的華人幫派。有些俄羅斯舞女告訴我，她們入境日本是透過蛇頭的網路。有個人已經研究蛇頭一段時間（跟其他人一樣，他懇求我別寫出他的名字，因為他得保護自己；他很害怕），他告訴我那些蛇頭現在會到柬埔寨操作，跟當地旅行社合作，而且那邊很容易假造各種護照。我在加州時，三不五時打開報紙，就會看到新聞說又有多少中國非法移民在洛杉磯或舊金山外海的貨輪上遭到攔截。只要富人和窮困的人之間繼續存在地理邊界，蛇頭和他們的同類就會生意興隆⑪。

我的估計是，假如蛇頭的事業變得更成功（有誰能阻礙他們？），而且如果他們的客人隨之以更明顯的方式（例如大量複製暴力型寄生蟲）侵害容納他們的主方社會，那麼那個社會就會啟動自我防禦機制，轉型為警察國家。我們在美國已經看到這件事正發生，首先就是美墨邊境的圍牆不斷變長，搭配警力、感應設備、高速公路檢查哨等管制手段。在日本，我們發現中國觀光團受到越來越嚴格的檢查，當局也強化對日本人與外國人結婚的監控，更不用說廣大的中國移民。隨著犯罪增加，警方將採取越來越極端的措施。

這一切因素導致的結果是，所有人都會越來越怕其他人。日本人會害怕中國人，中國合法移民和非法移民互相害怕，所有人都怕蛇頭。蛇頭無疑害怕自己曝光，為了讓生意正常運轉，他們會採取任何他們認為必要的凶狠手段。當我回想起我在詢問關於蛇頭的事時，那些人告訴我的話，有一個字眼一直在我的腦海中迴盪：**害怕，害怕，害怕，害怕**……

2

就本書的觀點而言，儘管蛇頭這個族群令人不快又引人入勝，但他們跟哈薩克的田雪石油公司一樣，都不是扮演某個具體的角色，而是某種**環境因素**——這一點對我來說，倒可以算是方便的遁詞，因為這兩群人都拒絕接受我的採訪。站在前景中扮演故事角色的，是那些窮困的哈薩克人和中國人；為了生活，他們選擇攤銷自己。

在薩利卡米斯居民的案例中，問題是這樣的：**我該怎麼做才能用最有利益的方式攤銷我的健康**？這個問題

⑪—比如我們可以看看這則來自英國的報導：「五名百萬富翁級歹徒經查為非法烏蛤撿拾業的關鍵人物……這些歹徒都是來自利物浦地區的英國公民，據說他們僱用中國非法移民，讓他們在不安全的環境中工作，而且只給他們奴隸般的薪資，藉此每星期賺取數萬英鎊的利益……大部分工人……都是他們向所謂『蛇頭幫』『買』來的，而所謂蛇頭幫是華人黑社會犯罪集團的支派……」

也可以這樣說明：**我是應該生活在貧困中，還是選擇最可行的方式脫貧，雖然這可能置我於死地，或者至少幾乎一定會在某種程度上毒害我和家人的身體？**我們知道哪種選擇比較受青睞。

在中國福建省農民的案例中，問題是這樣的：**我該怎麼做才能用最有利益的方式攤銷我的勞力？**這個問題也可以這樣說明：**我是應該生活在貧困中，還是選擇最可行的方式脫貧，雖然這很可能迫使我做一些平常我不會願意做的事（例如賣淫、偷竊……），而且一定會讓我在陌生土地上被束縛在兇殘主人手裡？**

在哥倫比亞，許多城市街頭的罪犯是因為暴力而被迫離鄉背井的難民。對那些人而言，如果不想在家鄉的田野間被殺，唯一的替代方案可能只有到首都波哥大或第二大城麥德林（Medellín）乞討；但也有可能乞討無法讓他們維持生計，於是，在那個他們身為哥倫比亞人一輩子都得呼吸的階級疏離氣息中，乞討行為自然而然地又加上了敲詐勒索，乃至一些更可怕的事。

同理，東京的中國非法移民可能覺得，既然在展開這個冒險時，他們已經讓自己和家人置身危險，而且無論如何都已經違反了某些法律，還得受到日本排外氣氛的驚嚇、羞辱和激怒，那麼如果接下來得觸犯其他一些法律，他們恐怕不會感受到良知上的危機。

至於薩利卡米斯甚至阿特勞，我又憑什麼能設想那裡的窮困會是什麼滋味？

我們倒可以相當有把握地說，這些地方的窮人主動決定冒險——經過計算的危險；他們以自己認為最好的方式耗費、攤銷自己和其他人。跟富裕一樣，窮困最常以自私的型態顯現，而絕望者的自私可能演變成一種急迫和不顧一切。我在此又不禁想起蘇妮伸手猛抓空氣的模樣，彷彿她已快要窒息……

譯注

❶—這起校園事件於一九九九年四月發生在美國科羅拉多州的科倫拜（Columbine）高中，兩名青少年學生持槍械和爆炸物進入該校，當場槍殺十三人，隨後自殺身亡。這是美國歷史上最血腥的校園槍擊案之一。

❷—阿伊努人（Ainu）也可譯為愛努人、愛奴人、阿衣奴人，是日本北部的一個原住民族，原居地分布在北海道、庫頁島、千島羣島、堪察加半島及本州北部。曾於十三世紀與元中國作戰，並於同一時期開始與大和人頻繁接觸，最終逐漸被大和壓制及同化。日本官方估計境內人口兩萬餘，非官方數字則可達二十萬以上，集中在北海道，在俄羅斯境內則尚有數百人。在阿伊努語中，「阿伊努」即「人」之意。

HOPES

希望

17 「更多的援助，更好的運用」

"More Aid, Better Directed"

1997年

1

本書撰寫至此，阿諛奉承的時間也到了──我該稍微稱讚一下某些針對改善窮人生活所做的政策性建議。

有一個組織提倡政治、教育和社會賦權，為女性爭取平等，益貧式成長（意指優先強調完全就業、平等及經濟成長、小規模農業、技術發展、環境保護及教育，同時也要減小家庭規模），管理型全球化（managed globalization），維護民主空間，寬宥窮國的國際債務，預防和解決衝突，創造新的全球市場，然後當然還有**加強聯合國的角色和領導**，因為我們必須感謝聯合國帶來以上所有提案。還有一個最具象徵性的要求：**更多的援助，更好的運用**。

更多的援助，更好的運用！對此我們不都求之不得？可是，萬一這個宇宙規定的是「更少的援助，更糟的運用」呢？

蒙古大軍壓境，他們將把我們趕盡殺絕。我們是否該建議他們別來？

我支持聯合國的每一項建議。小規模農業若是在蘇妮的家鄉獲得比較大的成功，也許她就不必到曼谷做牛做馬、借酒澆愁。假如有人教她讀書寫字，假如她生在一個完全就業的社會，或許她就能脫離貧窮①。我真心盼望所有這類提案都能得到具體實施，希望有一天貧窮得以如聯合國所言，像奴隸制度那般被時代淘汰。

哀哉，奴隸制度依然與我們同在。

我假定有些人將會一直窮困，如同自古以來某些人的恆常命運。我的眼前出現大山的手，那手比我的粗硬，皺紋也比較多；他隔著臉上乾淨的白色防菌口罩輕輕呼吸，雙眼閃動著悲傷的光芒，從昏暗的箱屋中往外看著我。我怕他不久後就會窮困地死去。但願我的害怕是多餘的。與此同時，「更多的援助，更好的運用」顯得虛無縹緲，對他那樣的人來說，你我能做的事少之又少，他們自己也大都束手無策。

他們到底能做什麼？**希望**，**接受**，**逃脫**。接受和逃脫是人與自己的存在達成妥協的兩種類似形式。希望則是一個永遠未知的量。它的目標可能合乎實際，也可能不切實際；因此它可能導向接受，也可能引人逃脫。「更多的援助，更好的分配」也許可以達成，我們看到某些計策確實有所成就。然而那也可能是個幻想。窮人怎麼

①—在一九六一年的印度人口統計資料中，有一冊的主題是「在冊種姓❶特別統計表」。其中的表 SC-I 將失業人口按教育程度歸類，所得的結果顯示出驚人的一致性。以曼尼普爾（Manipur）邦為例：六七一八人「無工作」，其中五一〇六人為「文盲」，一三二九人為「識字（無教育程度）」，二七〇人擁有「小學或初中程度」，十三人擁有「高中或高職程度」，而「高中或高職以上程度」的人沒有一個沒工作。再以特里普拉（Tripura）邦為例，在七七四三四名失業者中，屬於各類別的人數符合相同法則，分別是七一三〇五、三八二七、二二三四、四十二和二十六人。

能知道，我又怎麼能知道？對他們而言，情況相當直接明瞭：他們可以選擇殘害自己的健康，或付錢給蛇頭；然後他們就會知道結果。至於我，我只需要化身為會計，記錄他們的攤銷情況。

我在中國一家多樓層、有空調的書店，看到年輕人從早坐到晚，閱讀他們買不起的書。他們會學到神奇的工程技術或談判技巧，藉此解救自己嗎？或者會翻開一本言情小說，在一個下午的時光中征服翠玉公主王國，然後面帶微笑回到自家的破屋？無論是哪種情況，假如人類懵懂無知，只是懷抱希望，等著彩票騎士為他們帶來好運與幸福，這樣對他們不會比較好嗎？——**錢！**這是蘇妮的禱詞。——**大約要一萬泰銖給最小的女兒上學……**假如我能給她這筆錢（這件事我的確辦得到），她的生活是不是就變得完美了？請把這個故事傳到美國，薩利卡米斯的一名生病男子懇求道。**我知道美國人會做點什麼事。**——喔，會的；喔，會的！——**最後死去的是希望**，奧可桑娜的外孫女嘲諷地說。

2

東京隅田川河濱遊步道上，兩名遊民在他們的木板屋旁做飯。

為什麼有些人富有，有些人窮？我問。

我不知道為什麼，年輕人說。也許有錢人知道怎麼用錢……

你們是富有還是窮？

我窮，老人說，很窮。

你為什麼窮？

因為我沒工作。

為什麼沒工作？

因為我的健康有問題。

你認為你的情況有希望改善嗎？

我只是在等死，老人說，年輕人帶著夾雜厚臉皮和悲傷的表情在一旁笑。

如果他們把你趕走，你會怎麼辦？

老人的神情當中沒有無奈或自憐，當然也沒有希望甚或一絲挑釁，他只是指著他那棟小箱屋，然後說：我會再造一個。

3

既然最後死去的是希望，何不把它排在最前面？

癌症末期病患如果相信治癒的可能，對他不會比較好嗎？假如某個自認「健康」的人士對明天（其實也就是距離墳墓更近的一天）有所期盼，某個人認為「美國人會做點什麼事」，某些遊民為了錢跟妓女結婚，某些努力工作的人鴉片成癮，某些人忠於安慰劑的療效，而某些策略師號稱能解決所有困難——只要他們能得到「更多的援助、更好的分配」——那麼我們何不為他們喝采，而不是同情他們？

我的提議是，虛幻的希望跟真實的希望一樣好，只要它不會造成危害，而且無論如何，在虛幻與真實間，我們能判別差異的時候少之又少。——奧可桑娜曾說：我是那種永遠懷抱希望、從不向人乞討的人。——但是現在，她總是在向人乞討。——我們難道該汙衊她原來的希望，認為那是思慮不清的表現？——直到癌症病患死去那一刻，我有什麼資格說他真的已經走到末期？

譯注

❶—在冊種姓（scheduled caste）也稱「表列種姓」，與在冊部落（scheduled tribe，也稱表列部落）同為印度憲法明定的兩大類社會弱勢群體。他們在印度歷史發展過程中遭到邊緣化，處於主流社會之外，英國統治印度次大陸期間將其稱為「被壓迫階級」（Depressed Classes）。根據二〇一一年人口普查數據，在冊種姓占總人口百分之十六點六，在冊部落占百分之八點六。印度獨立以後，在冊種姓及在冊部落受益於憲法保障，按配額制族群優惠（affirmative action）原則，享有「受保護地位」（Reservation status）及政治代表權。表列種姓現已成為「賤民」（untouchables，「不可碰觸者」）的中性稱呼。

18

叢林騎士

The Rider

菲律賓，1995年

我得說蓋瑞真的是個顧家的男人。他很早就告訴他的菲律賓妻子不要對他的工作過問太多——其實他做的並不是什麼壞事，只是不合法。她也不想知道；他自己則忙著為生計打拚，沒什麼餘力思考自己的生活——這又是個保持緘默的理由。老實說吧，他跟所有其他人一樣玩彩票，不斷盼望能中大獎。（他請我幫他挑三個數字；或許我這個局外人會為他帶來好運。結果我沒幫他挑。）不過另一方面，他很不喜歡看到窮人把錢就這樣丟掉——也許是因為他自己太常輸錢。他一次次對我說：要是我知道哪個數字會贏錢，我一定跳上摩托車，騎遍全島，到各處買下那個數字，一整晚就這樣衝啊~衝！可以賺到四百萬披索①呢……！——不過那種預感從沒出現過，也永遠不會出現。整體來說，他對那個商品的評價跟黑夜中的道路一樣黯淡：那是不對的，不過他能藉此拿個薪水也好。坦白說，我覺

①——約折合十六萬美元。一九九五年時，菲律賓披索的幣值與泰國銖大致相當，差不多是二十五披索兌一美元。一披索等於一百分（centavo）。

得他對自己太苛刻了。賭博、嗑藥、愛情都可被歸類為「希望的儀式」。只可惜這三種方式的效果經常被證實為太過虛幻不實，這是上天派來的審判者很喜歡把它們定為非法的原因之一。然而其他種類的希望同樣苦於不切實際的困擾，在定義上幾乎就是如此；因為當獲得是件容易的事，我們就找不到什麼理由懷抱希望。我懶得**希望**我這場感冒會好；我只是等著感冒好這件事發生。不過我真的希望我的蛋蛋鬧疼痛不是因為性病的關係。我們是否該改一下馬克思主義的台詞？**希望是群眾的麻醉藥**。希望推動者萬歲！最好還是讓他們的客戶損失百分之九十九的時間（或許甚至是百分之百），也不要剝奪他們的希望。

我說過了，蓋瑞只是在做他做的事，不會去傷腦筋思考那件事到底對不對。他是個機車騎士，就只是個騎士！他一個晚上賺兩百五十披索，在這個島上這算是不錯的收入。他只是做他做的事，機車頭燈像礦工頭盔般照亮前方，引導他快速穿越叢林小路，趕往統籌所掌管的豐富礦藏，他得從統籌那邊收集記數單，遞送給山頭另一邊那個經理人。

他們說（這裡說的「他們」其實主要是指蓋瑞）這種回力球（jai alai）博彩有人在馬尼拉動手腳。也就是說，那些大老們好像會聚在一起，決定讓哪些玩家贏錢，這跟從前美國一些電視有獎徵答節目的情形很類似。不過我不知道這項指控是否屬實，而它是真是假似乎也不怎麼重要。我們只需知道這種彩票跟菲律賓許多其他事一樣，都散發著某種貪腐的酸臭氣味，除了少數幾個虔誠地接收了錯誤訊息的人，或是事先領了錢的喉舌以外，才沒有人會介意這種事。回力球本身完全合法。街上販賣的賭票每張二十五分（不過我買到的賭票定價是一披索二十五分……），那也是合法的；而且賭票最上方甚至印出相關法條，藉以證明這點。「街頭引門人」經常是小孩、賣花女之類的人，他們的行動方式跟妓女類似——也就是說，不會太過招搖——不過要認出他們還算容易：看啊，來了個販售希望的小男孩！三個老太太一邊購買三份希望，一邊像純真處女般嘰嘰喳喳咯咯笑著。我買彩票時，不會擔心自己被逮捕，雖然每當有人瞧見這個景象，都會咧嘴笑著舉起一根手指搖啊搖。為什麼？我有了公路地圖，但尚未擁有希望，也就是說還沒使用這些賭票；沒錯，技術上這會構成問題，因為賭回力球的行為雖然非常普及，但畢竟還是屬於非法。

要對一場彩票遊戲的結果下注時，賭徒至少會丟出髒兮兮的一百披索鈔票，購買一組數字。街頭引門人會給他一張副券，接著把「希望數字」記在一張手寫記數單上，這個工作可讓他抽成百分之二十五。接著引門人把這些資料和原有金額剩下的百分之七十五一併交給一名所謂的「統籌」（沒錯，他們是用這個冠冕堂皇的名稱，因為經營這種博彩的人跟政府官僚性質類似！）。統籌人其實就是某個一家之主或是客棧經營者，他負責收集引門人帶來的票券，悄悄收存起來，直到遞送員蓋瑞從叢林小路騎摩托車過來。

現在我要多說一些蓋瑞這個人的事。他在這個島上的社會中落地生根，我不知道那是多少年前的事。長期定居亞洲某個國家的白種人不在少數，他們會結交當地朋友、同儕，甚至交女朋友，娶老婆。不過他們大部分都會穿上一件心理上的太空裝，只在進入他們的小小月球基地時才會脫下，因為他們只有在那個小小空間裡才能放心地呼吸來自自己文化背景的氧氣。可是蓋瑞只穿了一條心理短褲。他融入當地社會，連在家都用維薩亞語❶，因為他的家人英文似乎都不靈光——這一切就是他的成功。他跟渡假村的遊客們說的是一種不知來自何處的英文，因此我一開始以為他是澳洲人，後來又覺得他是加拿大人，也可能是南非人。他彷彿在喉頭裡裝了某種電子聲音偽裝器，能夠不斷透過編碼程序為他調製新的口音，感覺有點像一隻幽靈的手在收音機旋鈕上摸弄，讓一個個電台出現又消失，還補上**說得好**、**老兄**、**哎呀**、**行**之類的聲響，彷彿是一些互相排除的識別信號，用來把敵人搞糊塗。（他身材短小精幹，臉上有凹疤，如果當個特務應該不容易被看穿。）當我終於知道他是個美國人，我簡直無法相信。他在不太久以前回美國試著做了一份工作，不過沒幾天就領錢走人了。——我在那邊什麼也不是，他說。我是低下階級，得不到尊重。我會很窮，不得不住在爛區域，讓小孩讀危險的學校。那邊就是很不安全。在這邊，大家認識我，而且也許還蠻尊敬我的，因為我是個有家室的男人，為自己打造了一個家。從本地標準來看我開始算老了，不過沒關係。我的小孩長大以後會照顧我。我得到尊重。——不過在我眼裡，他被當地同化的最顯著標誌，是他成為靠機車生活的騎士。他的白人臉孔在叢林夜色中非常顯眼，但他還是成功打進了那個社會。他說他得到不錯的好處——我想他指的是毒品。

順道一提，他是我見過最棒的老師之一。就說他教我高空跳傘好了，雖然實際上並不是這個。在技術細節的說明部分，我認為他清楚得不可思議。他也很有耐心。如果其他學生第一次就能明白某個東西，而我得花十次才能弄懂，他就會帶我做十次，甚至第十一次。他從來不會不耐煩，即使我犯的錯誤簡直荒唐可笑。可是「高空跳傘」會讓我聯想到一些不好的事，有時候我發現自己很害怕，但他卻有辦法讓這件事變得簡單，就像有一次我在沙加緬度遇到的一個挺著啤酒肚的老警察，他能以致命的精準度單手操作他那把四五手槍；在射擊場上，他教我怎麼握好手槍，食指不要碰到握把，而要與之平行，下方三隻手指像老虎鉗般緊壓——用這種很不自然、甚至像在自我懲罰的方式，把那玩意兒穩穩地抓在手中；那天我的手被搞得非常痠痛，不過我打出來的彈著群組比原先的好很多。直到今天，我都是用這種方式射擊。我記得最清楚、也最尊敬的，就是那位老警察站立和移動時那種泰然自若的姿態。他完全掌握了他的技術，因此能在輕鬆愉快的感覺中一次次命中靶心。於是我也感覺很輕鬆，射擊技術自然而然就提升了。蓋瑞就是用這種方式教導。那種感覺就好像他當我的水肺潛水教練，把我帶進深水中，然後坐在海底的沙地上對我微笑眨眼，讓他的調節器的咬嘴漂開，安靜地吐出氣泡，然後慢慢旋轉右臂，把手指往下移到肩上，憑感覺找到調節器的管子，伸手往下摸索咬嘴，把它重新插進口中，再吐口氣把它清空，然後吸進第一口氣。現在輪到我。這對我而言是一種賭博。我知道如果我讓咬嘴跑掉，卻找不回來，那我的麻煩就大了。我甚至可能溺斃。可是他剛剛才讓我看到，這件事可以不用眼睛看就辦到，而且他還對我微笑。萬一出了什麼差錯，他會幫我。我信任他。我很害怕，但我還是把咬嘴放開，把手伸到肩膀上，找到管子，找到咬嘴，把它插進嘴裡，深呼吸，然後被海水嗆到，因為我忘了先吐氣把它清掉。在一秒鐘內，我幾乎感到恐慌，不過蓋瑞就在那裡，他的眼睛在面鏡底下顯得又大又平靜（在水底，一切彷彿都增大了四分之一），於是我把水咳出來，口中銜住咬嘴，敲了一下排除閥，再吸了一口氣，這次就感覺彷彿不費吹灰之力，如絲綢般順暢，全身立即獲得滋養。現在我懂了，現在我辦得到了。我打手勢請教練允許我再試一次，但他先做了個等待的手勢，接著重新為我演示那套練習動作。他的每個動作都不疾不徐，完美無瑕。他笑著吐出大大的信號氣泡，讓我知道那有多容易。我把咬嘴取出，任它漂盪，然後重新找到它，放回口中，吐氣，再吸氣。一切就這麼輕而易舉。蓋瑞就是這樣的老師，溫柔、幹練而優秀。他知道所有細節。跟他學習時，我總覺得我遲早都有辦法把東西學好。

他期望我準時到課，甚至提早五分鐘更好。由於我是個像托洛斯基❷那種勤勉認真的好學生，我真的每天準時到課，只有一次破例遲了三分鐘。他在片刻時間中假裝沒看到我。他做所有事都是這種態度。有一次他躺在家裡看著一面牆，那牆的灰泥沒塗好，雖然他太太跟他說別為這件事傷腦筋，可是此刻那個缺陷在他高度聚焦的目光下忽然大幅脹大，他知道自己無法忍受下去。他跳了起來，把灰泥打掉，然後獨力重新粉刷。從某方面來看，這種行為很惹人厭，但我們別忘了，他這種人不會指望靠賭徒式的希望讓牆壁變好；他的做法是主動出擊。我很尊敬這點。

某天下午，一堂課結束時（姑且把那堂課叫作「叢林定向越野」吧），我們脫掉靴子，泡在漂白槽裡，我們把餐盒洗乾淨，把黑色陽極電鍍鋁殼指南針放回置物架，教室裡就只剩下蓋瑞和我。有人在桌上留下一張攤開的地圖；還有人歪歪斜斜地擺了兩張紙，然後是一支落單的鉛筆胡亂擺著——這些景象看在蓋瑞眼裡都是無法忍受的事，就像原本毫無遮蔽的午夜星空中忽然被一些厚厚的雲朵玷汙，會讓天文學者氣急敗壞。蓋瑞邊咒罵邊把東西收拾整齊。我想幫他，不過他拒絕了，我不確定那是因為他不想麻煩我，還是因為只有他有辦法按照上帝的要求把教室整理好。他是個很有意思的角色。不，應該說他完美地適合他的工作，而他的工作也完美地適合他。當你教的是——打個比方吧，拆除課，一切最好就要像這樣。

他常跟我聊到他老婆的事（我只見過他的妻子一次，那時她顯得老氣、傷心而且沉默，可能是因為那時他們在財務上出了問題）。他告訴我他有多愛她、多尊敬她。他說他要當孩子的好爸爸。

晚上他上工時，叢林感覺有幾分像是熱帶地區十五公尺深處的海底，植物枝幹爬在懸崖上，還有褐色的莖脈和巨大的真菌狀有機體，這些都會從深藍的迷濛夜色中冒出；叢林就是這般濃密詭譎，滿月（是很飽滿的黃色）顯得又遙遠又奇異，好像從海底往上看時，波光閃動的水面彷彿是一面拍動、翻捲著的超驗之鏡。深入叢林跟登上月球一樣，像一場夢！蓋瑞踩了油門。每一件跟機械有關的事，他都做得完美無瑕。他在凹凸不平的路面上快速奔馳，但這條路他早已熟透，而且在晚上幾乎沒有任何人——喔，大概每隔半小時吧，他可能會看到幾個年輕女孩出來散步（說到年輕女孩，蓋瑞對他的妻子是一絲不苟的忠誠），或者某個背後背了個袋子的晚歸老婦，但那些忽然被他的車頭燈捕捉到的人影，從來不會撼動他那從不懈怠的警覺。他將市鎮拋在身後，過了公路車站以後，他把摩托車停在高大樹木間的一片長條型泥地上。夜晚如海洋般濕潤，不熱也不冷。

周遭一片漆黑，蓋瑞走下一座山丘，經過一片田地，再走下一個陡斜潮濕的山坡，越過一條灌溉溝渠。一盞燈亮著。他脫去鞋子。這裡是弗瑞迪的家。

弗瑞迪就是蓋瑞服務的彩票經理；他拿到記數單後就是要送給弗瑞迪。弗瑞迪就是為他帶來很大好處的那個人，首先是大麻煙（弗瑞迪的櫃子裡永遠少不了那種乾燥成褐色的天堂名草），其次是冰毒，那是一種甲基安非他命的白色液態濃縮物，據說跟賭博一樣，會導致危險的成癮症；我們的審判者們也老愛大聲疾呼海洛因、快克古柯鹼❸、大麻、酒精、咖啡因和糖具有相同的危險性，他們總是對的，不過這點倒跟我們的討論無關，因為審判者們只會剝奪希望。在縱向折疊的錫箔紙上，白色濃稠液體化成蒸氣；煙霧升起，那苦味比較渾濁，不似快克煙那般直截了當；煙霧進入玻璃管，沿著咽喉降下，進入肺部，這時彷彿一隻溫柔的手從後方把頭部提起，讓它彷彿在腦袋裡漂浮，又快樂又穩當又敏銳。這就是蓋瑞晚上開始工作時常常到弗瑞迪家的原因，為的就是前面說的那些好處。

這時候房子裡還很安靜，因為大家還在外面賣彩票。只有弗瑞迪、弗瑞迪的兒子和另一個菲律賓人在那裡，小男孩那晚有點發燒。飄了一段時間的煙霧逐漸降下，把一盞燈泡籠罩在一片朦朧中，蛾像白色光點般圍繞著燈泡快速飛舞。牆上掛了兩幅河豚的漆繪，但顏色已經褪得跟木材差不多，不再像悠游奇妙海洋中那樣銀光閃現。大人們點起菸，夜晚變得充斥吹噓話語而令人陶然。

弗瑞迪有一個從墓園裡挖出來的淡綠色明代瓷器，還有一個一八二〇年的西班牙銀幣，是某次在挖土機開挖過的地上撿到的。他讓我看了這些寶物以後，我們就坐著聽蟋蟀的叫聲。一隻蜘蛛在天花板上爬著。蓋瑞的心思都放在那些賭票上，設法挑選出某個能讓他變有錢的幸運數字。起初我很訝異他會迷上這種東西，不過話說回來，彩票有沒有被人動手腳，這對一般大眾來說有關係嗎？如果下注的人都無法預測開票結果，那麼這個賭博就是公平的。

現在該重新投奔棕櫚林和空寂晦暗的夜路了。回到黯黑的水窪和沼地，豐厚的烏泥。蓋瑞用他那安靜的方式向弗瑞迪、小男孩和另外那名男子道別，穿上鞋子，穿越叢林，回到他的摩托車。他是傳播希望的賣藝人，假如他搭載的乘客果真買到正確的彩票，他可能願意把這島上的任何人載到天堂遊樂。

現在他以安全和駕駛技術所能容許的最大速度飛奔路上，香菸的紅光偶爾照亮他的臉頰。他後來告訴我，他在做這個遞送工作時，除了移動本身和速度以外，他什麼事都不想。我坐在後座倚靠著他的身體，一隻手抓住他的肩膀；有時林間小路窄得讓我兩邊都能碰到枝葉。他對我跟平時一樣親切，不過我知道我打擾了他。通常這種時候他會戴上耳機，讓音樂充盈全身，就像他讓自己浸淫在快樂煙霧中。

他很少跟警察發生問題。有一回警方掃蕩賭博，他敏銳的目光及時瞥見前方有人臨檢，於是他火速迴轉，走另一條路，但他得在教堂附近抬著摩托車爬上一段有一百個梯階的陡坡。那次他沒被逮到。另一次他被逮了，結果弗瑞迪把他弄了出來。警方的行動不是特別針對誰，他們只想勒索一點錢，於是弗瑞迪的騎士們就遭了殃。那只是做生意，不是什麼「公義審判」。說到做生意，弗瑞迪和手下會拿走總金額的四成，扣掉引門人的二成五之後，剩下的三成五用來支付騎士、統籌，以及任何獲獎人；那天晚上的獲獎人剛巧是那些警察。那是若干年前的事了，後來弗瑞德花錢買保障，之後到現在一直都天下太平。

沿著黑暗中宛如成排骸骨的圍籬，蓋瑞騎到第一個統籌的地方，那是個簡陋的叢林咖啡店，店裡充斥著醉醺醺的微笑。那些人親切地跟他打招呼。從他們表情中那種超然看來，我猜他們這次應該沒下注，只是收票、抽成。對他們而言，騎士代表的不算是希望，而是穩當。

他很快回到摩托車上，夾克裡多了一袋記數單。我們再度飛奔上路，下一個地點是一棟位於半山腰的棚屋。一名男子走出來，我聽到房子裡傳來嬰兒的嗚咽聲。這個人也發現了一個西班牙銀幣，上面標示的年代是一七某某某年。他對那枚銀幣非常自豪，忙不迭地拿出來給我看。原本就擦得光亮的銀幣在月光下簡直光芒四射。蓋瑞拿了記數單。拜他的銀幣之賜，這位統籌已經富於希望——搞不好銀幣價值數百萬；現在他就站在那裡，帶著興奮的感激之情目送我們離開。要是銀幣沒能讓他發大財也沒關係，今晚蓋瑞又給了他一個可能性，如果今晚蓋瑞沒能兌現夢想，那麼明天或許可以。期盼不正是我們生命中最純粹的樂趣嗎？現在我們在一條非常顛簸的路上衝刺，我幾乎被甩了出去，不過我先前吸的冰毒讓我覺得氣力十足。

蓋瑞的女兒正在參加女童軍營。昨晚他經過營地時停車進去看她，不過今晚我們經過時，裡面傳來合唱的聲音，我們還看到高舉的火把，蓋瑞猜想女兒可能正忙著，不希望受到干擾。我想我大概從沒見過有誰像他這樣冷靜、但又真切地愛著自己的孩子。

下一個地點有一個夜間遊樂場，蓋瑞一下車就消失在一間燈火通明的小雜貨攤後方。再下一個地點是一棟房子後邊的陋巷。接下來是往山上前進的時候了。茅屋裡的明亮燈泡宛如帶著號碼的幸運之光，抖動著從兩旁閃過，冒汗的香蕉樹讓空氣潮濕如水，彷彿要將騎士吞沒。我們又好像慢慢朝海面浮起，逐漸靠近在上方自在悠游的一輪明月。最後一位統籌的住家附近有一處彎道，蓋瑞總會在那裡停車，點根大麻菸。周遭的叢林溫柔地釋放生命。這就是生命——至少是蓋瑞的生命，雖然他就像所有人一樣，偶而會貶損它，覺得被困入陷阱，感覺年歲悄然侵蝕他，厭倦了這個工作，也厭倦另外那個工作，想要成就些什麼偉大的事，想要發財，想要讓妻子更幸福。不妨說他在夢想和計畫方面富有得無與倫比。雖然我讓他失望，因為我拒絕幫他把他那棒得不得了的海洛因走私到美國，但那個打算不會就此消失，直到蓋瑞死去那天都不會消失。我想，他贏得的是他的命運，他那充滿祕密的安靜人生——那份人生不會傷害任何其他賭客，任何人出錢下注也不是為了被人傷害；他贏得了駕馭那匹以汽油為動力的鐵騎的機會，他因此能戴上耳機，轉動鑰匙，讓每個夜晚成為他的專屬時光，控制所有細節，飛馳到這裡，到那裡，總是受人信賴，總能透過仁善的幻象賦與他人生氣。沒錯，他贏了；他的無盡希望讓他結交到摯友——那些帶著迷幻藥味的永恆夢想。

他又回到了弗瑞迪的住處，小男孩正在後側的低矮廚房中點蚊香，他進到那裡脫了鞋，交出記數單。他點燃打火機（其實試了好幾次才點著）。他在一群貓狗之間把一根香菸塞進嘴裡。他的手肘撐在桌上，身體前傾，靜靜地用維薩亞語跟一名看起來很溫和的男子說話，那男的用長長的手指握著一塊骯髒的岩石，不斷剝下一些碎片。每塊岩石約有兩個拳頭大，我很好奇那是什麼，不過他們不告訴我。

蓋瑞拍了拍貓。他抖著膝蓋。另一隻貓慵懶地臥在水槽和燒黑的鍋具之間的水泥隔牆上，皮毛在燈光下透出粉紅色澤。

真正的業務是在前面的房間裡進行，希望販子們在那裡拿著計算機和一疊記數單在工作。一名削瘦的男子把手臂伸過膝蓋，目不轉睛地觀看。桌邊坐了三個人：男孩拿計算機，兩個大人振筆寫東西。每一張單子上，在那十個神奇數字的欄位下方，是密密麻麻一堆小數字。所以這樣是四個人，加上第五個人面對牆壁，在黃色記事板上慢慢地用手做加總。收音機輕柔歌唱，此時還不是開獎的時候，希望的會計師們在一起低語，食指沿著欄位上下移動，男孩敲著計算機鍵盤，發亮的黑色甲蟲爬在他們的腳趾間。

蓋瑞通常不會待到整個作業程序結束；那不是他的工作。而且，如果他晚回家，他太太會擔心。於是他會乖乖回到那棟他用自己的雙手蓋出來的房子，重新翻看舊報紙，甚至再翻出一本《讀者文摘》，因為他手邊有的東西早已看完；在他的王國中，書本畢竟是不容易到手的貨品。他已經讀了三次那篇大衛．福斯特．瓦勒斯（David Foster Wallace）所寫的故事，那是他從一本《紐約客》雜誌上撕下來的；他把它借給我看，不過我租的小木屋裡只有一個二十五瓦的燈泡，我不想站在燈泡旁使勁睜眼讀東西，同時還得受蚊子騷擾。弗瑞迪剛讀完《蝴蝶》❹，說要把書送我。我從沒看過那本書，很想拜讀，不過蚊子的因素揮之不去，而且不管怎樣，我還是覺得拿走他一本書不大好。弗瑞迪是個好人，蓋瑞也是。他們給了我一些藥，可是說什麼也不肯拿我的錢。

蓋瑞穿上鞋子，向眾人道別。隔天早上，他會知道他賭的兩組數字又落空了。摩托車在路上疾馳，頭燈照出的一片亮光逐漸縮小，隨後倏地消失在叢林中。

譯注

❶—維薩亞語（Visayan）也可譯為比薩揚語，是菲律賓中部及南部部分地區各種語言的合稱，其中的核心語言是宿霧語。維薩亞語與塔加祿語（Tagalog，菲律賓國語）及比庫爾語（Bicol）等語言組成南島語系馬來－玻里尼西亞語族婆羅－菲律賓語群的中菲律賓語支。

❷—托洛斯基（Lev Davidovich Trotsky），一八七九－一九四〇，俄國革命家、軍事家、政治理論家和作家，其政治思想被稱為托洛斯基主義。他是布爾什維克主要領導人，指揮這個派系贏得俄國十月革命，並建立蘇聯紅軍。列寧死後他被排擠出蘇聯領導核心，隨後流

亡海外，一九四〇年史達林派人將他刺殺於墨西哥。

❸—快克古柯鹼（Crack Cocaine）是由鹽酸古柯鹼添加氨水或發酵蘇打及水，經加熱以去除鹽酸鹽後產生的古柯鹼鹽基。這種新型古柯鹼可以製成類似香煙型態供吸用，而且價錢便宜，不像過去的古柯鹼只是富裕階層的專利，因此從一九八〇年代開始大行其道。

❹—《蝴蝶》（*Papillon*）是法國重罪犯昂利·夏里耶（Henri Charrière）的回憶錄，描述他逃出法屬圭亞那惡魔島監獄的故事，一九六九年出版後立刻成為暢銷書，英譯版隔年即推出。

19 「路面下方」
Under the Road

所有地方

1

金邊和瓊邑克（Choeung Ek）之間的公路一年比一年繁忙。都城郊外，距離從前的「殺戮場」❶不遠處有一座橋，橋下的溪谷中，貧民區不斷擴展，這算不上什麼令人訝異的事，畢竟根據聯合國的資料，在筆者撰寫這個章節時，全世界有七個國家的人類貧窮指數（HPI）超過總人口的百分之五十，這個國家便是其中之一。人類貧窮指數是怎麼量度的？不重要。知道了也不可能讓窮人稍微變得有錢。

我一直記不得那個貧民區的名字，在那裡，孩童的笑臉和開心撫摸的手構成一道波浪，而一群小狗伸長的耳朵和鼻子則是波峰，那是一道歡樂的波浪〔照97〕。當我看到那些稚嫩的生命在茅屋牆邊奔馳，那又再次提醒我一件事：在某個程度上，人生的樣貌如何，真的要看我們自己怎麼塑造它。貧民窟孩童不是到學校受教育，而是跟小狗玩耍——在**市場**充滿威脅的口吻中，那種自由**未來將會讓他們付出代價**。我不會羨慕他們的生活。然而，如果我們硬是要說那些聯合國定義中的所謂窮人在那當下並不快樂，那恐怕大錯特錯。

我到過一些加拿大的因紐特人❷城鎮，每一個我都記得。在社會工作者心目中，酗酒、吸汽油、自殺、亂倫、暴力攻擊是定義那些地方的特徵。但是我也記得那裡的孩童展現出來的快樂，他們自由自在，在午夜陽光下成群在外流連，他們的父母都相信——他們相信的理由也夠充分——小朋友們會互相照應；我的小孩永遠無法像那些小孩那樣遊蕩撒野，我自己在孩提時代也幾乎不曾做過這種事。

在菲律賓的宿霧島，一道波浪鐵皮牆邊的人行道上鋪了一張毯子，上面有個衣衫襤褸、眼睛炯炯有神的小孩坐在塑膠板凳上，她的目光從閃亮的長瀏海底下投射過來，另外還有兩個小孩張腿躺睡一旁，那時是晚上，我沒看到爸爸也沒看到媽媽，小孩乖巧地坐在那裡，抓著腿上被蚊蟲咬出的傷口及瘡痂，她就那樣看著我，**看著我**；要是你留意看那個畫面〔照127〕，那雙眼睛也會這樣看著你。不過因為這本書主要探討的是關於富裕與貧困的意識問題，而且最期盼的不外乎是意識能做出自己的選擇，在這個前提下，我是不是該考量一些貧困能憑藉快樂讓自己變得富足的方式？老天啊，我到底有什麼資格非難蘇妮每天喝醉酒？

2

在本書稍早的一個章節中，我引述過評論家理查茲對刻板思維的看法。使詩詞變得平庸的是什麼？**每個項目、每個意義鏈，每個節律，形式的每個細微運動，對任何稍微熟悉英文詩的人而言，都具有致命且無法挽回**

的熟悉性……促成詩歌創作的精神運動長久以來一直是人類的智性和情感儲備的一部分，而這些運動種類很少，性質也很簡單，而且是以顯而易見的順序安排。

你為什麼窮困？我這樣問過隅田川河濱遊步道那個老人①。

因為我沒工作。

我們不妨把這個回答視為具有致命且無法挽回的熟悉性，「致命」一詞在此是個格外恰當的描述詞，因為當我們在那麼有限且單調的脈絡中思索他的處境（這樣也是恰當的，因為窮困正是有限且單調），他的處境確實顯得像一種同義反覆式的、雙重的無望。

有一種可能的情況是（我們何不乾脆希望如此，既然「希望」這種化學生物體是最後才會死去的東西？），如果一個人避免用這種方式將生存概念化，轉而將他的意識運動重新組織成某種比較多元且複雜的東西，或是以比較不那麼顯而易見的順序加以安排，那麼他或許能夠感覺自己不那麼窮困，無論那種感覺多短暫。

在美墨邊界北方不遠處，有一次我遇到一個神態疲憊、醉得令人刮目相看的人向我乞討，他叫胡立歐（照102）。我安排了一場付費採訪，於是同時滿足了他和我的需求：採訪地點是附近的一塊空地（其實他更屬意我的旅館房間，不過在髒亂空地上進行付費採訪的最大好處之一，就是我可以期待採訪該結束時就能結束）。胡立歐曾經當過農工（campesino）②，不只是在墨西哥，也曾在加州做過：在加州當農工比較辛苦，可是賺的比較多。通

①— 參見二五八頁。

常他是在番茄農場工作。

你窮嗎?我問他。

我不窮,因為真要窮的話就得當小偷了。你看我穿的T恤!你看我的網球鞋!

為什麼有些人富有,有些人窮?

富人有錢是因為他們認真工作。我不是窮人,因為我可以當酒鬼,他自豪地說。我有足夠的錢買醉!

也許他只是在表達階級疏離的辛酸;也許他被禁錮在麻木不仁的狀態(無論那是適應性的麻木或適應不良的麻木);無論是哪個情形,我都為他那出人意表的回答喝采。

3

日本詩人山上憶良❸作過一首栩栩如生的詩,叫《貧窮問答歌》。首先我們看到一個「貧者」,他的獨白傳達出一種相當猶豫的生命印象,人生全然浪費,只能在雨雪中發抖,用自己僅有的幾塊破布裹身,啃食發黑的鹽塊。當他大口灌下窮人的瓊漿——清酒殘渣泡水,酒精帶來的暖意和麻木讓他暫時進入自我滿足的狀態。**我不是窮人,因為我可以當酒鬼,他自豪地說。我有足夠的錢買醉!**就算如此,他還是冷。那麼,你這個比我更貧賤的人,你又是如何度日?這個問題是針對他的鄰居問的,那是個「窮者」,處在社會最底層的窮光蛋,他只有一塊破布可披在發抖的身軀上,他的獨白把我們從悲慘拉進哀戚。在他那用茅草和泥巴搭成的陋室中,他的雙親在酷寒裡相依偎，我的妻兒躺在地上緊靠著我，在悽慘中呻吟，而他們的鍋子空空如也，裡面只有蜘蛛絲。可是就在這時，稅務人員卻出現在門口催討。

總有些人日子過得比我好，總有另外一些人過得比我糟。

在〈依賴〉那個章節中，我引述了蒙田對那種人的描述：**各種激情形成的風暴往復拉扯，使他們不斷顛簸震盪；完全仰賴他人。**跟這種人對比的不見得是有錢人，也可以是任何泰然自若、自得其樂的人。山上憶良筆下的貧者無論在絕對或相對程度上都比孑然一身的窮者富有。可是，要是窮者也擁有喝醉酒的能力呢？

4

艾蓮娜和薇蒙拉特的畫〔照110–111〕把這兩個窮困的女孩都帶到另外一個境界。「想像」這個詞彙的一般詮釋——也就是「不存在」——對這個概念非常不公道。**我不是窮人，因為我可以當酒鬼；**艾蓮娜在畫畫的時候也絕不窮困。我全心全意地相信這一點。我懂得什麼是對紙筆和線條的愛；當艾蓮娜向我展示她的畫時，我在她臉龐上看到了那種愛。

②—有時這個西班牙文字光是指在墨西哥境內工作的農工。

我可以斷言，那種境界跟漫長午後在柬埔寨稻田深處的某間美容室一樣洋溢著幸福快樂；男人躺在吊床上緩緩搖晃，一邊悠哉地抽長菸，婦人幫另一位女士洗頭，她的五歲小兒子則一邊唱歌，一邊把桶子裝滿洗頭水。——童工！壓榨兒童！富有的人可能這麼說。——他們有可能說對了。小男孩裝水的時候，他損失了什麼，又得到了什麼？他唱歌這件事是否代表任何意義？從前美國的黑奴也會在田裡唱歌；如果唱歌為他們帶來某種快樂，那份快樂會不會緩和被奴役的處境？什麼是窮困？什麼是財富？每個鍋子一隻雞❹，這是某個過往時代的重要口號。這是不是表示，下雨天時，人人都該有一把傘？畢竟，淋雨不正是窮困的懲罰之一嗎？可是我無比喜悅地記得，在緬甸的一個午後，雨還沒完全停住，但陽光已然燦爛，天空中飄著白雲，民眾有的有傘，有的沒有，他們踩在雨水吱咂作響的街頭，一名穿拖鞋的婦女坐在人行道上，身後是她用塑膠布蓋住的攤子，她的臉頰用淡黃色抹膏塗了圈圈；兩位女士從她身邊經過，她們兩人撐著一把傘，手挽著手行走。

5

那麼，山上憶良的窮者、賤民呢？雨是否為他製造了喜悅？——我想應該會，只要他旁邊那個狀況比他好的貧者願意提供一點資源，讓他喝個痛快……

6

許多次，我在舊金山目睹了辛那吧（Cinnabar）的歡樂音樂和香菸煙霧，而且自己也樂在其中，那些妓女在點唱機的伴奏下高歌一曲，其中有個女孩把那種節奏明顯的樂音叫做「蹦！蹦！蹦過來」。——我我……贏……贏了！一名妓女結巴地說道；她的口吃是有原因的，有個男的曾對她動粗，打了她的頭，可是力道實在大得太超過，結果經過好幾個月的言語治療，她的情況依然沒有多大改善。她的名字叫琳達，有一半中國血統。一位瘦削的白人老妓女從吧台邊起身，使勁推著球桿撞擊母球，**嘩**！琳達接著咯咯笑了起來，把頭髮往上撩起來，大步走到桌邊，換她上場了，球桿在她的拇指和食指間溫柔擺盪，隨後猛力撞擊白球，另一顆球隨之被撞進袋口；看著琳達抬頭挺胸，以完美角度豪邁地繞過桌角走動，我實在開心；現在她傾身向前，彷彿一位持矛戰士……**讓我緊張吧**！她向自己低語。不行，不行！坐在吧台椅上的幾個男人咧嘴而笑，琳達擦乾冒汗的手掌，又繞著球桌走了一圈，把球桿當拐杖，然後她停下腳步，棒球帽底下射出一道凶狠眼神，她的腿張得更開了，她為球桿抹上巧克❺，然後……

7

一名男子在瓦礫堆上走著，是個骨瘦如柴的男人，他襯衫敞開，對著瓦礫堆比手畫腳，還有一些人站在那不斷發出碰撞聲、改變形狀的磚石堆上……——我們又回到了南寧的「非洲」。穿拖鞋的男人站在那不斷發出碰撞聲並改變形狀的磚石堆上。為什麼他們得忍受這樣的事？

假如有人告訴他們，說他們應該懷抱希望，那除了是一種侮辱，又還能算什麼？那你有什麼更好的提議嗎？他們是否應該等待**更多的援助，更好的分配**？

8

一名一身灰袍流瀉的茶商高高盤坐在他的水泥王座上，他的身前是各色各樣的古代茶壺。他把小手伸進一個巨大的鍋子裡，輕快地把牛奶舀進每一個茶壺裡，接著又用同樣動作加糖。在他旁邊，一個水龍頭不斷讓水流進髒杯子。在他旁邊也有一盤凝乳，還有兩個非常巨大的瓷製高腳盅，每個都比他還高，裡面裝著滾燙的水，等著他的輕快小手伸到出水口。

幾個用毯子裹住身體的男人——也就是他的顧客——坐在便床（charpoy）上，互相說「色蘭」（salaam alaykum，意指「祝你平安」）打招呼。他們的牛奶和茶跟饢餅搭配著送來。他們微笑，伸手摸他們的兒子。就我的財務標準而言，這些人幾乎肯定算是生活在「路面以下」，不過這總比陷入地底要好。

我很佩服他們似乎能擁有那麼悠長的時間。在美國，過去咖啡店很少；現在比較多了，不過大部分是特許經營連鎖店；就連我常在早上去跟鄰居打招呼的社區咖啡館，那裡的時間似乎也透過特許經營方式被售出了。——我得走了！我的有錢鄰居們總是這樣互相說著。隨後他們就趕忙走了。我承認在下午時，會有一群人待得久些——主要是學生。我向來喜歡大學城那種昏昏欲睡的氣氛；我最愛去的咖啡館的午後時光中有一點點那種感覺。不過在時間這個面向上，窮國經常比富國更富有。那裡的民眾確實工作得比較久，但他們的工作可以慢吞吞地做，而且中間夾雜著談天說地——至少在他們為自己工作的時候是這樣。這家巴基斯坦茶店的顧客顯然不是在工作。他們坐了一個小時又一個小時，帶著嚴肅的微笑輕聲說話。當然有些人看起來悶悶不樂地獨自坐著。但最安靜無聲的那個人，那位坐在水泥寶座上的皇帝，我怎能不尊敬他的無為而治？他掌管的機器服從他的意志，他的男僕們用胡亂洗過的茶杯發送他的善意。他跟章魚一樣忙碌，同時卻似乎一直置身某種夢境中。某個時候，他拋給我一個甜蜜的微笑。

蒙田斷言：**貧窮沒什麼可怕，除了一件事，那就是它會透過它讓我們忍受的口渴、飢餓、嚴寒、酷熱，和無眠的夜，把我們送進痛苦的魔掌**。有一種可能性是，如果一個人夠謹慎地走向「路面下方」，他會找到茶店可坐進去，跟小狗玩耍，喝些便宜的酒，在汪洋般的時間中悠游，而這一切的代價則是：不舒適的程度在人能忍受的範圍內有所增加。

我們可否假設情況比這個要糟？再引述蒙田：**一個學會如何死亡的人已經拋棄了如何當奴隸的技能**。

9

蒙田對死亡似乎極度恐懼，而且設法透過書寫找到自我慰藉。

我看過一個人在恐懼和迷惑的尖叫聲中死去。就我所能感受到的，他沒有學會怎麼死，就已經死去。

在娜塔莉雅的小孩的故事當中，無論藏有什麼污穢的事實，還有奧可桑娜的家人口頭提供的簡短自傳，都是一些悲哀卻平凡的敘述，訴說什麼叫活著有如死亡。但是，既然窮人在思考、學習和所有其他方面都已經如此窮困貧乏，何以他們還該被期待學習如何生、如何死？

塞內卡❻指出：**靈魂的偉大是一個對所有人類都合宜的美德，即便是那些低等中最低等的人。因為，還有什麼會比打敗厄運更偉大或更勇敢？**但一如往常，縱使貧困者遭遇的厄運已經可能比富裕者的不幸更像洪水猛獸，遊戲規則的設定又進一步對貧困者不利；因此塞內卡繼續寫道：**然而這種靈魂的偉大在好運當前的情況下比較能夠自由展現，它為坐在法官席上的人造就的優勢也勝於對大庭廣眾。**先不管這些話的背景脈絡：這位論述者在隱約試圖從他所知的世界中最富有的人——羅馬皇帝尼祿——身上帶引出**靈魂的偉大**；因此，修辭策略使他必須將富裕的價值抬高到貧窮之上。不過我們還是可以設法拋去那種價值判斷，單純地探究塞內卡的情境分析；這個分析具有無可否認的精準性：窮人身為社會上的隱形人，不只無法期望他的堅毅勇敢為他造就過人優勢，引人對他歌功頌德；尤有甚者，他那必須不斷與厄運交纏的意識還比富人的意識更容易變得殘缺不全而且麻木不仁。此外，由於這裡所談的厄運對窮人而言比較接近**正常狀態**，因此它為窮人提供的「戲劇性」也比較低；他所受的煎熬可能比富人的苦難更漫長（照理說富人的生活在不幸的陰影下度過的部分應該少於窮人），但是窮人的生命終結時，無論那是什麼樣的情況，就各方而言都比較不具看頭。一個已經處在半死亡狀態的人就算死得好，得到的讚揚還是會比較少；如果機遇是反向操作，讓他往「生」的方向走，他得到的將不是盎然生機，而只是回到半死亡的狀態。

一個我衷心喜愛的朋友秉持相當可觀的英雄氣魄，在懷孕期的最後一整個月抗拒快克古柯鹼的誘惑。那是她的第七個小孩，很可惜就跟其他小孩一樣，一生下來就有快克成癮症，因此被強制送進加州的照護中心。這位母親出院後，立刻回歸她的成癮人生。我們何必拒絕讓雪莉擁有屬於她的勝利？可是為什麼又要宣稱，就算她享有好運當前的情況，可能也無法為她造就過人的優勢？

說到這裡，我必須昭告一件事：在我認識她這六年左右的時間裡，我從沒聽過她哀嘆小孩的命運，甚至不會可憐自己。事實上她是個快活、而且精力充沛的人物，她的「適應性麻木」和「適應不良性麻木」確保了她的人生至少在自己眼中將能享有「過人的優勢」。她永遠懷抱希望，相信好事一定會來報到。

（蘇妮幾乎是害臊地輕撫著小女兒薇蒙拉特，告訴我：我希望她能當個老師。我希望她的生活會比我的輕鬆。）

接下來我要再舉一個關於「靈魂的偉大」的例子，它比前面提到的所有案例都更宏大。沙加緬度的「史提爾牧師」③相信，我們當下就活在天堂，死後則會墮入遺忘。地獄是監牢，地獄弔詭地代表著死亡，地獄矛盾

③——參見八三頁頁末注。

地存在此處，至少是在餐風露宿的街頭（用我這個「富人」的語言說就是「路面下方」）。惡魔逼使他犯下暴力罪行；這個宣稱每天靠五美元苟活的人戴著墨鏡、渾身發臭的模樣確實流露著惡魔氣息，不過在他的精神錯亂狀態中，他把這個世界分成了**敵人**的陣營和好人這一邊。他人生中的種種張力，以及其中所含的巨大賭注，很可能讓他的生命比我自己的更富意義。我會選擇當他嗎？絕不會。可是就像酒鬼胡立歐一樣，他提醒了我：生活在「道路底下」的人會發展出自己的**正常性**。塞內卡來到南國，看細瘦的綠樹聳立在馬達加斯加的紅色山坡，高挑細瘦的植樹者為山巒鋪設無數潮濕的洞穴；在這裡，他會發現許多處於「半死亡狀態」的可憐蟲。感謝他的關心，不過那些人其實活得還不錯。一名穿著黃色洋裝、戴黃色遮陽帽的婦人抱著她的嬰兒，抬頭挺胸地站在路邊的樹蔭下。在「朋友旅館」餐廳的竹製圍籬後方，一名穿紅色纏腰布的男子和一個穿泳裝的女孩坐在墊毯上曬太陽，他們的皮膚都曬成深褐色，火車開過時他們也沒瞧一眼。在馬達加斯加東岸的布里卡維爾（Brickaville），一個黑膚小女孩在泥沙街道上拍球玩，她的哥哥在旁觀看，由於他穿了一件白得發亮的T恤，皮膚看起來比妹妹還黑。在高大的果樹掩映下，居民生活在用木樁撐起、以茅草覆頂的棚舍裡，從技術觀點衡量，他們都是窮人。他們的窮困還包括一片布滿樹樁的光禿山坡；那片山坡的侵蝕現象無疑會在未來為他們造成麻煩。一名褐膚婦女抱著她那棟山坡茅舍的門框，害羞地往外窺探。我向她打招呼，她報以微笑。在她周遭，一串串綠色香蕉長在樹上，彷彿造型特殊的手榴彈。一陣夾帶燒菸草氣息的火熱微風吹來。我汗流浹背，她也是；我不禁心想，她的人生有多大一部分會泡在這片熱海般的空氣中度過；可是很快地，雨水降落街頭，天空明亮發白，奇異的淡綠色樹木環抱著小廣場，髒兮兮的小孩笑鬧著，露出潔白的牙齒……

正常性顯然可以相當充分地教導它的子民怎麼生活、怎麼死去。

10

你的正常性是什麼？我永遠不會知道。你可能是那個行乞的剛果女孩，她的眼神垂落在蓋住膝蓋的毯子上〔照29〕。屬於你的祕密是麻木，疏離，或者單純的痛苦？你的精神狀態比較趨近接受、希望、逃脫，或者都不是？無論我走哪條路，你都以無從知曉的方式存在於它的底下，或它的上方；我永遠無法看見你。

11

亞當．斯密認為，每個人的富裕或窮困取決於他能在什麼程度上享有人類生活的必需品、便利性和休閒娛樂。但一旦分工模式徹底發生，一個人自己的勞力就只能為他提供那些事物的一小部分。

這樣的話，如果我們像梭羅那樣拒絕分工模式，情況又會如何？兒童，失業人士，像艾蓮娜那種具有藝術傾向、富於想像力的心靈，這種人都生活在一個未經分工、或者至少分工程度比較低的世界中。

那些在第一世界的標準衡量下被視為低度就業的人，那些緩慢生活的人，他們的分工程度低於其他地方的人。

在這種情形下，是否有某種方式能讓他們重新定義他們的必需品、便利性和休閒娛樂，讓這些事物回到他們能力所及的範圍？我記得「路面下方」那些開懷的笑聲、微傾的臉龐，還有那些試圖掙脫的小狗，從那些小手抓牠們的逗弄模樣看來，我相信小狗幾乎瞬間就將自由；大家都知道那是一場遊戲；果不其然，自由的時刻彷彿射精般迸發，奔瀉在一片笑鬧、奔跑，和狗兒高聲吠叫的亢奮激情中。

艾蓮娜堅稱，最後死去的是希望，但我們為什麼不懷抱希望，相信便利性、甚至必需品，也能像休閒娛樂那般輕鬆自由地由眾人共享？

本書不具「實務性質」，它不會告訴任何人該做什麼，更不會說該怎麼做。在筆者的淺見中，我們這個時代的正常性可能導致資源共享在實質上變得不可能。可是還有什麼會比打敗厄運——或者至少嘗試這麼做——更偉大或更勇敢？當我們自願成為蛇頭的奴隸，或者當我們拿自身的健康去玩一場石油賭博，我們確實是在嘗試。可是無論我覺得我是富有的，或我知道我貧窮，如果一個人的富裕程度確實是觀念問題，那麼，想必人的疏離程度也是觀念問題。各位是否記得哈維耶．阿曼多．哥梅茲．雷耶斯是怎麼說那些有錢人來著④？他們護著他們擁有的東西，因為他們知道，為了得到那些東西，自己付出了什麼成本。他們從不為別人著想。要是哪天他們失去了財富，變成流落街頭的窮人，到時會出手幫他們的反而是窮人。他在此無疑是在像塞內卡那般，把自己的階級浪漫化，但無論如何，如果你我都是流落街頭的窮人，但能互相幫忙照應，那麼我們不是至少都可能享有某種生活改善的前景嗎？

12

每個人的富裕或窮困取決於他能在什麼程度上享有人類生活的必需品、便利性和休閒娛樂。說到這部分，我記得阿特勞那些老房子，那很可能是最初的屋主自己蓋的。（在此我又想到南寧的「非洲」那些房子。）自從我見到那些人，人生的拆屋大鎚已經推去五年時光。也許有幾棟房子還矗立在那裡，有些則只殘存在我的照片中〔照112-116〕。在我用「希望」這個毒品調製出來的幻想中，至少那些房子的裝飾浮雕還能證明房屋最初建造者的存在。（我一直習慣按自己的喜好為我的工作室刷漆。）他們不是窮困人家嗎？他們用什麼名義解釋他們為何要花錢製做那些木質的心形、花卉、車輪圖案？或者，也許在古早時候那些人**不是窮**人，至少根據當時的**正常性**而言他們並不窮，而且委造房屋花費稱不上昂貴，因此那些裝飾元素基本上可以不列入馬克思理論所說的「金錢關係」。那種浮雕在阿特勞舊城區非常普遍，可是每棟房屋的裝飾樣式都不同。它們的存在價值似乎不會被過度哄抬，也不至於被忽略（亞當·斯密提醒我們，每一件商品都有它的「真實」價格），它們就那樣以卑微的方式豐富了滿地污泥的雪國風光。我願意假定有些住過那些房子的人一定對那些裝飾感到自豪，或者至少在它們的日常陪伴下得到支撐。

我是在這裡出生的，戴著露指手套的韃靼❼老婦人說。她有下垂的嘴角。——我想要一間公寓，她說。他

④—參見一九二頁。

們可能會給我公寓，也可能不會。他們把馬路另一邊的老房子拆掉之後，沒有給那些居民足夠的錢。他們說會給兩萬美元，結果只給了一萬四。有些人用錢買了馬，有些買了公寓。所以有一部分人現在負債。

她的目光從包得緊緊的兜帽中探出來，告訴我她已經見過七十五個年頭了。她家房子的窗戶嵌在相當高大的窗洞中，那裡裝飾著長長的鑽石造型浮雕，中間鑿出類似眼球的形狀。在好奇心驅使下，我問了一名美國包商，如果請他幫我房子的窗戶做出那樣的裝飾要收多少錢，他說他不確定怎麼做出那些東西，不過真要做的話，大概是幾千美元。

共產時代當然比較好嘍！韃靼老婦大聲嚷道。以前政府會給我們不錯的收入。

妳的英雄是誰？我問她。

布里茲涅夫—列寧—史達林！她狂喜般地叫了出來。布里茲涅夫掌權的時候，我們豐衣足食，大家的日子都很平安。俄羅斯人一直是很活躍的民族，可是哈薩克人有成癮症，他們會嗑藥，在公共場所舉止很差……

那是屬於她的適應性痲木：透過種族優越感塑造聊以自慰的幻想，更不用說認為過去優於現在的傾向，因為過去是她大部分的希望和歡樂曾經存在的地方，就像老房子窗戶間的凹處那些深深雕鑿的葉形和鬱金香形飾孔。這位老婦不像奧可桑娜一家人，她選擇將史達林同志讚揚為她的必需品、便利性和休閒娛樂的司庫。不管怎麼說，她都比雪莉或史提爾牧師更能找到同伴分享她的觀點。

有一棟老房子的圍牆上有大得像馬車輪子的木花雕飾，其中每片花瓣的造形都鑿刻得很完整，說它是單獨一塊木頭都不無可能。從那裡拐個彎，住在另一棟老房子裡的老奶奶說，隔年春天就會輪到他們家被拆。

你們知道這裡會發生什麼事嗎？我問。

知道啊，小朋友說。

你們會去哪裡？

去旅館，他們這樣告訴我。

那裡會好嗎？

我們不知道。

他們以前跟媽媽也曾暫時住在旅館，不過他們的奶奶說，那時的情況很不一樣。

還有一位老奶奶，她現在住的房子是她祖母出生的地方，她說：我不知道要去哪裡。我會在他們動手拆房之前離開，我不想看到那個場面。

如果我們排除任何現況的改變都會帶來的不確定感，以及這種不確定感在衰老、無力者的感受中益形放大的事實，如果我們假裝沒看到哈薩克當局顯然很可能跟任何其他地方的政府一樣，並非以被統治者的利益為最主要考量，因此不可能為那些倒楣的老房子賦與公允的價值——簡言之，假設我們承認一個荒謬的情況，也就是阿特勞的窮人將真的會從「路面下方」被轉轍到富人悠遊其中的那個平坦潔淨的天堂樂園——我還是認為某種與「路面下方的狀態」有關的粗糙、手作的美感將永遠遺失，而那些老奶奶們發出的悲嘆在某個程度上正反映出這一點。在路面下方，時間比較緩慢，也比較廉價，那裡不僅僅一般的分工概念有時比較不會執意要落實，而且連勞動與藝術之間的「分工」都比較不明顯。再見了，永別了！簡單的王冠造形花卉佇立在斜斜短短的莖桿上，點綴房屋的淺色牆面，彷彿隨時要展開稜角分明的翅膀，陰鬱地翱翔；路面下方的花朵就這樣等待著幸福日子到來，屆時石油的通衢大道在前線尖兵——聲勢浩大的拆屋大鎚——的開拓下，將把所有人抬升到一個更優越的正常性。

13

至於我們，親愛的讀者，何不信步走回路面下方，到波哥大近郊幅員廣闊的玻利瓦爾城看看？貧窮地景的褶皺中不斷出現新建的貧民窟，我們看到其中一處典型社區——一片位在溪溝中的濫建崗，棚屋沿著陡斜的泥土山坡胡亂搭造。附近一個違章社區的管理委員會主席向我肯定地表示，玻利瓦爾城有八到九成的房子是違法興建的⑤。哥倫比亞如此，整個人類世界也如此：當任何一個南寧或阿特勞那些產權清楚的房子被夷為平地，大量非法社區必然會在某處從平地生起。至於溪溝中那個濫建崗，四年前還沒有人占住，可是那裡的地理位置很方便，距離水管只有兩公里（那條水管比三根手指並排粗不了多少）。這片土地的地主們很客氣，對非法占住者不曾有過怨言（或許是因為他們要是抱怨，可能會惹上殺身之禍），他們表示願意把地籍讓渡給市府當局，不過要求拿到兩千四百萬披索，約合一萬三千五百五十九美元。在某個涼爽潮濕的下午，空氣中瀰漫著汽油煙霧氣味，一些非法占住者圍著撞球桌，攤開一張他們夢寐以求的土地合法化地圖。他們說，光是那張地圖就花了他們一千萬披索⑥。那裡共有六百三十九塊地，每塊地要付十三美元才能進行合法化，所以共需要八千三百○七美元⑦。

這個夢想著能就地合法的地方有個非常符合實際情況的名字：新艾斯佩蘭薩（Nueva Esperanza，意為「新希望」）。先前提過的那個八歲女學童就是在這裡被兩個持刀少年追趕的⑧。我初次來到這裡時，見到她那位傷心、憤怒而且無助的母親，而後每次我回來，都會聽到其他醜陋的事件，足以說明何謂「容易出意外」。他們的窮困在四周無處不在，就像瀰漫的煙霧和汽車開過時濺起的髒水。

這裡會不會危險？我問圍繞在地圖四周的民眾。

不會，不會！他們用憤憤不平的語氣說。

在塔利班政權統治下的阿富汗，一名男子曾告訴我：**如果完全沒有工作機會，你的唯一出路就是拿起槍桿。**在新艾斯佩蘭薩，一名穿著破舊圍裙的烘焙師傅正在將糖、鹽、麵粉和濃厚的黃奶油塗在蛋形麵包上，他說：**我們沒法幫準軍事部隊工作，游擊部隊又不讓任何人種田。**多麼令人無奈的一對上下聯！不過這位師傅還是找到辦法開始工作。他傾身在油油的金屬桌上揉麵團，他的四十六歲妻子則忙著從烤箱拉出裝滿黑麵包的長型烤

⑤—這個違章社區在五六年前才開始發展，居民主要是為了躲避左派游擊隊而離鄉背井的人。（如果要前往那裡探索，必須爬過一座座遍地垃圾的山丘，難以從其他社區穿越，因為那些地方所有房子都上下交錯，糾結在一起。）社區管理委員會主席說：「太多暴力問題了。最大最大的問題是水源。有五年時間我們都是用馬把水運到家裡。現在有大卡車載水來賣了。他們開始蓋一條水道，可是沒有合適的管道輸水。有些人用塑膠軟管取水。」主席名叫佩德羅．荷西．阿里亞斯（Pedro Jose Arías）。我問他是否他的階級觀念跟一般當地人一樣。——「沒錯，」他坦言道，「我們討厭有錢人，因為在哥倫比亞沒錢什麼都辦不成。」

⑥—折合五六五〇美元——我很難相信這個數字。

⑦—一千四百七十萬哥倫比亞披索。這些數字似乎前後矛盾——窮人提供的數據經常出現這種情形。

⑧—參見一七〇頁。

盤；那烤箱運來的時候可是大事一件，是四名壯丁用木桿挑著，翻山越嶺才送到的。師傅說：以前我們的生活跟動物沒兩樣，一天只能吃一餐。不過現在烤箱已經在這裡坐鎮三年了；在波浪鐵皮屋頂底下，夫妻倆繼續揉著麵團，我們聊天時，柔和的拍擊聲一直伴隨著，因為他們倆得不斷用長蛇狀的麵團造出一個個水煮蛋般的球體；清涼的雨水打在屋頂上，外面傳來孩童嬉笑聲和狗吠聲。他們做的麵包全部都會賣出去，也非得如此不可，因為六年來一袋麵粉的成本價已經從九千披索漲到四萬八千，麵包師傅只好跟著把麵包價格調漲百分之八十。不過只要政府當局、準軍事部隊和游擊隊不找他麻煩，這位麵包師傅（我沒把他擺進「窮困」一族）就能靠著他那富含玉米氣味的麵團，享有非常牢靠的未來。此外，他的麵包工作似乎不但讓他覺得滿足，而且（希望我這麼說不會太自以為是）成為他個人認同的一大部分；他讓我想起巴基斯坦那間茶店裡的小皇帝。師傅的太太做得比較無奈，不過無論是在路面下或路面上，人最好還是隨遇而安。

我離開麵包師傅的時候，他的鄰居把我拉進他們的破屋，用絕望無助的眼神盯著我，求我提供**更多的援助、更好的分配**。跟麵包師傅過去一樣，這些人一天也只能吃一餐，而且通常只有湯。有些人甚至連湯都喝不到。我記得他們那些房子感覺又冷又溼黏。我分了一點錢給幾個我特別同情的人（不過我一直很小心，不讓他們看到我有多少錢）；雖然其他人一樣窮，甚至更窮，我還是找了藉口搪塞，不敢直接拒絕他們，因為**如果完全沒有工作機會，你的唯一出路就是拿起槍桿**。我再兩度走訪新艾斯佩蘭薩之後，通譯員建議我們不要再回去那裡……⑨

我在前面的章節裡寫過：**他們到底能做什麼？希望，接受，逃脫**。圍著那張合法化的地圖的那群人拒絕接受現狀，但又看不到逃脫的可能，所以他們決心盡快蓋好學校；現在他們的錢還不夠支撐到三年級。——哦，那些人都懷抱著希望！我的朋友卡洛斯醫師在玻利瓦爾城一個比較都市化的地段經營一家為窮人看病的診所，他相信二十年後情況會改善。——二十年？我的司機笑了。老天爺的番茄蛋！我小時候玻利瓦爾城是一片叢林，啥都沒有！這一切都是二十年前才開始的。二十年後，老天哪！——他的挖苦口吻非常接近實實在在的絕望。

第一優先是把診所大樓蓋好，卡洛斯醫師語氣平靜地繼續說道。現在牧師會來主持彌撒了。

他的妻子就是先前已經跟我們聊過的波哥大太平間病理師。由於她承受恐怖景象的能耐很強，我稱她是「寫實派」，而由於她是個寫實派，當她說她有多擔心丈夫的安全（特別是夜間安全）時，我不會把她的話打折扣。卡洛斯醫師是個勇敢、樂觀、實際的人，他在我眼中是個英雄，我希望永遠不會有人傷害他。

新艾斯佩蘭薩的居民捲起地圖，接著他們打起撞球、喝啤酒、唱歌，雨聲淹沒了他們的歌聲，在波哥大城外山邊那個溝壑裡，在那個非法占住者建立的違章社區，一切彷彿都被雨聲淹沒，遺失在街燈照亮的雨滴點點中，在沉悶迷濛的玻利瓦爾城……

⑨——麵包師傅夫妻倆有一個女兒，名叫葛拉蒂絲，她跟她的小孩住在另一個違章社區。我拜訪過他們幾次。她說她在玻利瓦爾城不會覺得害怕（的確，這位年輕女子不僅美麗、快活而友善〔照120〕，而且勇敢、堅韌、強悍），不過有時候在波哥大市區反倒有些提心吊膽。她說：「我是個比較實際的人。一般來說我不會害怕。有一次我被一個厄瓜多爾人搶，不過那個人從頭到尾都設法保持友善的態度。那是在城南地區……」——另外有一次，她在早上四點半下班後，有名男子從公車站牌尾隨她兩個半街區的距離，沿路一直手淫。最後她對他丟了一顆石頭。幾天後，她再經過那個站牌時又看到他。那人後來也對她的朋友如法泡製。他腦筋有問題。後來她就沒再見過他了。

譯注

❶—殺戮場（killing fields）是指紅色高棉於一九七五—七九年統治期間進行大規模屠殺的地方，其中最有名的就是位於金邊南方十多公里的瓊邑克。「殺戮場」一詞為柬埔寨記者狄・潘（Dith Pran）於逃出柬埔寨後所提出，用來描述他在逃離家鄉暹粒時沿路所見情景。他的經歷在一九八四年被改編成電影《殺戮戰場》。

❷—因紐特人（Inuit）是美洲原住民之一，分布在加拿大北部、阿拉斯加北部、格陵蘭等北極圈周邊地區，說因紐特語。因紐特人屬於愛斯基摩人的一支，不過他們認為「愛斯基摩」一詞是印第安人部落對他們的稱呼，意思是「食生肉者」，帶有貶義，因此他們自稱為因紐特人（Inuit 這個字在因紐特語中的意思就是「人」），外界也逐漸改用此一稱呼。

❸—山上憶良（約六六〇—約七三三）是奈良時代獲封貴族的歌人，曾為第八次遣唐使團成員，居留中國三年有餘。他的詩歌深受儒家文化影響，犀利地探討社會議題，有別於同時代歌人的作品，不過也經常流露逆來順受、聽天由命等與日本本土文化及佛教思想較接近的氣息。

❹—這是美國總統胡佛於一九二八年競選期間喊出的口號，全文為「每個鍋子一隻雞，每間車庫兩輛車」。諷刺的是，史上最嚴重的經濟蕭條於隔年爆發。

❺—巧克（chalk）是一種由粉末狀物質組成的立方體（通常製成藍色），用來抹在球桿尖端，以增加與母球的摩擦力，並減低滑桿現象的發生。

❻—塞內卡的拉丁文全名為盧西烏斯・安奈烏斯・塞內卡（Lucius Annaeus Seneca），也稱「小塞內卡」，約公元前四年—六五年，古羅馬斯多噶派哲學家、政治家、劇作家，曾任尼祿（Nero）皇帝的導師及顧問。其父馬庫斯・安奈烏斯・塞內卡（Marcus Annaeus Seneca）人稱「大塞內卡」，是古羅馬修辭學家、作家，出生自西班牙哥多華的一個富裕騎士家族。下文引述出自小塞內卡著作《論憐憫》（*De clementia*）。

❼—韃靼人（Tartar 或 Tatar）是北亞、西亞和東歐多個族群的籠統稱呼，早期指蒙古帝國統治下的蒙古人和突厥語系民族及其後裔，後來主要用來指稱俄羅斯和烏克蘭的突厥族穆斯林。狹義的韃靼人指俄羅斯聯邦主體韃靼斯坦共和國的公民。

20 骯髒的廁所

Dirty Toilets

肯亞和美國，1992 年，1996 年

1

某天夜裡，我在紐約街頭遇到一個黑人女孩。她向我跑來，張開手臂把我圍住，要我幫她買一些化妝品。

你要不要來看我的房間？她問道。

她帶我到一處電梯間，我們搭到六樓。她跟所有成天在那條走廊上鬼混的鄰家青少年和小孩打招呼，跟我說等一下，然後敲了自家的門（六四九）——沒人在。——我不知道他們去哪兒了！她做出一臉驚奇表情。

女用洗手間故障了，她說聲抱歉，走進男用洗手間。那裡面很暗，充滿尿騷味。有人偷走了燈泡，還有人一直偷衛生紙。她邊扣上牛仔褲釦子邊走出來。——真難相信我們得過這種生活，她說。

我問她廁所裡是什麼情形，她說：廁所呀，簡單說就是爛到徹底，我乾脆尿在地上。

我得去一樓探望一個朋友了，她又說。她的寶寶死了。

死因是什麼？

自然因素。

有人說她把嬰兒丟進馬桶沖走，一個小夥子說。警察有來。

有嗎？噓。不要在他面前講這個。噓。

她把我帶到樓下的夾層樓，問我：你想做什麼？

只是想陪妳。

她靠在我身上說：現在我真的得賺點錢了。你想不想跟我做點什麼？說認真的。

我沒錢。

你出個價錢。

那個賤貨真把我惹毛了，她那位失去寶寶的朋友說。每次都把人帶進我房間辦事。這我倒是不在乎，可是她跟別人相好完，我還得住在那房間裡欸！而且，在我的家鄉，如果一個女孩子讓你用她的房間，你得送她點什麼才行。

蘿賓，妳有鑰匙嗎？陪我的人問道。

哎呀，蘿賓說。被我的一個小孩拿走了。

你出去晃個四十五分鐘，陪我的人說。她的名字叫蒂娜。我得賺點錢，辦完事我就出來。

我離開了我在南卡羅萊納州的先生，蘿賓說。現在我跟小鳥一樣自由。

很好啊，我說。

我喜歡跟男人一起玩，蘿賓說。我從男人身上學到好多東西。你懂我的意思吧？

不懂，我說。

這時我們正站在外頭，共有四個人，我們用吸管喝啤酒。夜空中繁星點點。蘿賓有幾個當妓女的女兒，其中一個走了過來。——媽，妳有鑰匙嗎？

沒有，鑰匙不在我這兒。

媽，我很冷。

進去夾樓裡面坐。

媽，鑰匙在哪裡？

妳沒看到我在跟這位先生說話嗎？

我是妳女兒欸，這不是更重要嗎？

沒這回事。這個比較重要。

她的兒子走了過來。——妳有鑰匙嗎？

我沒鑰匙，臭小子。現在請你尊重我。

他們離開後，她對我眨了個眼，然後把鑰匙秀給我看。——我們隨時可以上那兒去。

呦，妳也太壞了吧，我說。

你到底要不要抽插一下？我沒法整晚這樣耗下去，臭小子。

這時她忽然跟另一個妓女因為錢的事吵起來，然後一口交替性缺牙的伊蓮適時出現。

你要不要陪我一下？她想知道。我不是站街上那種，我都會用套子的。

我沒帶錢，我撒了個謊。不過我可以把剩下的啤酒給妳。
蘿賓對我發火。喂，你怎麼把我的啤酒給別人！
伊蓮很不好意思。——哦，我不知道你跟她在一起。
沒關係，最後蘿賓告訴她。留著吧。
謝啦，伊蓮語氣謙卑地說。
我有自己的公寓喔，伊蓮順口告訴我。
她是個**男的**，蘿賓對我耳語。

2

真難相信我們得過這種生活，蒂娜這麼說，當時她特別指的是他們那裡的骯髒廁所；可是在肯亞首都奈洛比(Nairobi)的一處貧民區，有一次我跟一位名叫蘿絲的妓女度過好多個白天夜晚，我跟她的所有鄰居們共用一間廁所，那是個水泥砌成的小房間，地板上有個洞，裡面當然沒有燈泡，也不會有衛生紙。就所得的角度而言，那些人的**正常性**當然低於紐約時代廣場那間流動人口住宿旅館的房客所認為的正常性；儘管如此，他們卻會輪流把廁所打掃乾淨。

他們的確會互相偷東西；他們天天生活在嫉妒中，這種心態有時會以犯罪、乃至殺人的形式表現出來；但他們卻會把廁所打掃乾淨。我從沒見過那些人為了「辦事」，不惜把小孩丟在外頭。他們沒有互相威脅的習慣，也不會公然為了各自的權利和財務拉扯打鬧。

我不會想生活在以上那兩個地方，不過如果我非做選擇不可，我寧可一輩子生活在肯亞的貧民窟。這點讓我產生了希望，因為如果一群被市場定義為比較窮的人事實上卻過著更「富足」的生活，那麼窮困本身可能具有超乎我們預設的可塑性，因此它可能不像其他種類的噩夢那般令人恐懼。

3

再次引述亞當．斯密那段文字：**每個人的富裕或窮困取決於他能在什麼程度上享有人類生活的必需品、便利性和休閒娛樂。但一旦分工模式徹底發生，一個人自己的勞力就只能為他提供那些事物的一小部分。**我們把勞動進行了切割。於是，供應電燈泡和衛生紙變成別人的事。還有另一個人得負責清潔洗手間，而且做這件事是可以領錢的。在這種情況下，沖廁所對我有什麼好處，尤其是當我的鄰居都不認為這麼做有好處？

真難相信我們得過這種生活。

4

有沒有一個可能是，當能夠分享的東西不多時，資源和責任的分享反而運作得更好？如果真是這樣，那麼一無所有的人可能跟幾乎什麼都有的人一樣，狀況優於那些苦於相對貧困的人——也就是擁有足夠東西，所以怕失去，可是擁有的東西不夠，所以快樂不了的人。

我個人傾向於相信、而且希望一種社群共享的文化——就算物質富裕的結果導致它有所淡化——能夠緩和所有種類的貧窮現象。隱形、畸形、不被欲求，這些都無法擊敗真正的鄰里關係，至少不會一直如此。依賴和容易出意外是比較強大的怪獸：一群難民，或南寧那些被奪去家園的人，即便他們被全世界的相互善意圍繞，自己還是有可能想展開通向地獄的旅途，但要是貧困化施展的毒性夠強，任何對它所做的抵抗，無論是個人或集體的抵抗，都不會有效果。可是，不幸的人就算失去其他所有生活資源，至少還能相互慰藉，就像他們在沒有醫藥可供治療疼痛時，照樣能夠互相撫慰。我清楚記得在薩達姆·海珊兒科醫院看到那些坐在性命垂危的小孩身邊的父母；美國政府不願意讓任何醫藥輸入伊拉克，而且認為那個政策是熱愛自由的表現，但當地醫生心痛地告訴我，此舉已經導致無數無辜兒童毫無意義的死亡；可是無論如何，他們能死在慈愛的父母親懷裡，終究好過沒有父母陪伴身邊。至於麻木和疏離，以上考量同樣適用。

5

一個人如果會去打掃社區公用廁所，而且是在沒人知道、也沒薪水可拿的情況下做，他的動機會是什麼？有一個立刻浮現的答案是，在那個奈洛比的貧民窟裡，所有人都住得非常靠近，因此匿名性不存在，做什麼都有人知道；如果一個人弄髒了廁所，下一個使用者會知道，也會去告訴別人。

在這個脈絡中，「責任」這個詞很好用，也很容易被濫用。我可以高高在上地建議蒂娜、蘿賓和伊蓮對廁所「負起責任」，但這樣一來，她們只會落入我在舊金山遇到的那位巴基斯坦移民的處境——那個巴基斯坦人在一整年內嚴守一個奇特習慣：到自助餐廳用餐時會幫排在他後面那個人付午餐費；不過一年下來，他從沒發現有任何陌生人願意幫他付餐錢。蘇妮和其他那些泰國清潔婦教會我一件事：人如果願意為自己的貧困承擔責任，至少能獲得「命該如此」的慰藉；如果我是蒂娜，照理說偶爾打掃一下廁所對我本身而言也許會是好事，但最可能的結果卻可能是受鄙視、辱罵、恫嚇，甚至是在某個黑暗、污穢的隔間裡遭人攻擊或強姦。

蒂娜使用的廁所那麼髒，她該負什麼程度的責任？娜塔莉雅對於失去她的小孩又該負多少責任？難道只要有人告訴我世間所有權利和義務的相關分野，只要我知道所有法規細節或不言而喻的規則，我就有資格判斷某個人嗎？

6

責任就說到這裡。那社群呢？

一名住在新艾斯佩蘭薩的人母表示，玻利瓦爾城的狀況越來越糟。我問她這話怎麼說，她聳了聳肩回道：如果大家讓它變糟，它就會變糟；如果大家不想讓它變糟，那麼好鄰居就應當互相幫忙。

先不管他們是好是壞，我們的鄰居是誰？當然是所有人嘍！這就是為什麼在玻利瓦爾城某處已經整個蓋起來的貧民區，一個女孩帶著幾乎無法承受的尖酸語氣說：選新總統的時候，一堆人會跑來跟窮人承諾東承諾西，可是選完以後，所有承諾全不見了。

PLACEHOLDERS

占位者

21 我知道我富有

I Know I Am Rich

美國，2005 年

1

有時候我會害怕窮人。我這輩子怕過的、或者可能會怕的人當然不是只有他們，而且我也不是**常常**害怕窮人，不過不管怎麼說，我對本書定義中的窮人的害怕，是我之所以被定義為富人的一環。

我是個小資產階級的地產持有者。我住的房子從前是一間餐館，面朝一座街角停車場，停車場旁就是高架鐵路，鐵路過去有個遊民收容中心。有人會在我那停車場過夜，有些人一待就是好幾個月，另外有些我只看過一次。我的視覺記憶在幾次輕微中風之後已經退化，如果要我把某個名字和某張臉連結起來，得要不厭其煩地向我重複說那名字才行。等我真的記住他們之後，他們都會包容我，跟我開玩笑，甚至喜歡我——我衷心相信是這樣。我之所以有理由相信這點，是因為我總告訴他們，他們想在這裡宿營多久都可以。當我認識他們以後，如果他們要求——甚至當他們沒要求我時——我偶爾也會給他們一些小東西，比如送瓶酒讓他們喝個高興，或是給點錢。如果我跟小女兒一起出門，我會帶她去和他們打招呼，因為我不希望她在成長過程中變得瞧不起窮人，或是對他們產生不必要的恐懼。我不會怕我認識的人。他們除了喜歡我以外，可能也會在背後評論我。如果我是他們，我會這麼做。他們八卦的內容經常是嘻嘻哈哈地抱怨我老是不肯邀他們進去我那棟房子，讓他們暢飲我的威士忌，或在我的床上跟人打炮①。我總是出門走向他們，從沒讓他們走進我的地方。套用我最好的朋友班拿到的一塊幸運餅乾裡的籤條箴言：**愛所有人，信任少數人**。這就是我為什麼總是把百葉窗拉下，而且在面對停車場那一邊的窗戶內側貼上錫箔。

夜間，我走出房子時，常看到我不記得曾見過的人，那些人有時不像我認識的人那麼友善。也許是他們當中某人在我房子外牆上上了大號。我應該很快就會買條庭園水管把那穢物沖掉，可是之後水管要放哪兒？如果放外面，我得把它收進箱子裡，而且還得把箱子釘在牆上才行。如果收進屋內，它會散發尿臭味，因為它在穢水裡打滾過。

這種夜間人物在夏季期間數目最多。有時我會覺得他們點燃營火的位置太靠近我的房子。我沒說什麼，不是因為我害怕，而是我認為如此要求是一種策略上的錯誤，他們很可能不會遵守，而且我頂多也只能偶爾查證

①—法蘭茲．法農❶，一九六一年：「原住民的城鎮是個蜷伏在地上的村落……一個在泥坑裡打滾的小鎮。小鎮裡都是黑人和骯髒的阿拉伯人。原住民凝視殖民者的城鎮時，投射出來的是欲望的目光、眼紅的目光；它表達出一種想要占有的夢想──任何形式的占有：坐在殖民者的桌上，睡在殖民者的床上，最好是跟殖民者的妻子一起睡……殖民者非常清楚這點……他們總是帶著防衛性口吻，忿忿不平地斷言：『他們想要奪走我們的地方。』」

實際情況。因此，如果要維護我的房子，最佳武器是設法從他們身上贏得善意。當然我這個人天性善良，至少我誠心相信如此。我試著在不帶利益目的的情況下表現善意，而且當然不會在面臨威嚇時用它來求情。夜裡，我會走向那些高大魁武的男性升起的營火和他們點燃的快克古柯鹼菸，我看不到他們，但我會向他們伸手，自我介紹，說我是這塊地的主人，並對他們表示歡迎。如果他們坐臥的地方離我的鋼製大門超過兩英尺，我會克制自己不要請他們移動位置。我是真的喜歡這樣收容別人，我感覺自己是在當個善人，而這令我快樂。那些夜間人物大都略顯冷漠地接受我的握手，不過有時也會因為我的大膽，顯得驚訝且開心。他們和我都知道，他們可以在黑暗中傷害我，而我將無從求援。

我剛買下這個地產時，跟一家保全公司簽了服務合約，包括在停車場裝設移動探測燈。夜復一夜，保全公司的人會吵醒我，通知我警示電源又斷了。為了符合加州防火法規，房子外牆上掛有斷路開關。我開始推斷，那些睡在停車場上的人覺得移動探測燈干擾到他們，於是切斷了開關。他們向我表示他們看過下手破壞的罪魁禍首，而且警告他離開；他們信誓旦旦說那是個波多黎各人，不是像他們這樣的黑人。我假裝相信，之後找了個師傅把開關裝進上鎖的金屬盒裡，當晚警示便沒有出現中斷的情形。

有人扳斷了我窗戶上的一根鐵條，有些鐵條被人猛力拉扯後，牆面的灰泥塗層出現剝落。這些胡鬧的行為並不令我害怕。可是我非常清楚警報系統其實無法解救我的地產：它只會製造巨大的響聲。

我的房子三不五時就會被人塗鴉，隨後我會用油漆將它塗掉。我不相信這是我的遊民朋友們所為。他們說他們看到了塗鴉者，還向我描述他們的模樣：我假裝專心聽。

在極少數情況下，我的停車場上會出現壞模壞樣的惡棍，他們充滿威脅，要求很多，從我的小資產階級眼光看來，他們非常侮慢無禮。碰上這種人時，我的原則是拒絕他們要求的任何事，不過我跟他們說話時的態度會比我希望的更禮貌，因為我怕了。他們是窮人嗎？如果他們半夜會到我的停車場上找樂子，想必一定在某方面是窮困的……

除夕那天，我從梯子上摔下來，膝蓋受了傷。那是下午的事。我到距離停車場兩個街口的便利商店買東西，步履蹣跚地走回家，這時三名十三、四歲的黑人少年冒出來，要我把手裡的食物給他們，那有一半是我自己要吃的，另一半我打算送給那陣子最常在我的停車場上過夜的遊民②。我拒絕了他們的要求，接著他們頭頭的口氣變得像是在下命令。這段時間裡我一直拖著腳步走回我的堡壘，設法無視這件我無能為力的事。頭頭的命令語氣開始變成嚇人的口吻。我依然拒絕，他凶巴巴地要我告訴他為什麼。我說我只是不想給他們東西。這時我已經越過他們，變成背朝他們。他們挑我身體出狀況的時候找我麻煩，讓我又氣又恨，可是我最主要的情緒還是恐懼。

好吧，兄弟們，頭頭說。我們去抓他。一，二，三！

②—我這麼做可以叫做體貼，不過不算什麼犧牲自我，因為我是個富人。恩格斯第一消費定律指出：隨著家庭收入增加，花費在食物上的比例會減小。在一九三八年及一九四九年的統計中，菲律賓的「薪資賺取者家庭」花在食物上的錢占每月支出的一半以上。因此一名經濟學者做出不無道理的結論：菲律賓的生活水準偏低。至於我那些停車場上的朋友，他們的微薄收入中有多大部分是花在食物上？遊民收容中心大多數時候會提供他們餐食。不過酒應該也算食物的一種；甚至安非他命乃至快克也可以歸類在這一項；無奈的是，收容中心不會負責這些必要開支。

我繼續拖著腳步走回家，沒轉頭回看。周圍暫時沒有動靜。我心想自己隨時可能會感受到被他們踢倒的滋味，可是我拒絕認可他們的存在。我一直對此感到驕傲。

呦，只是開個玩笑啦，頭頭終於說。

幾天後的某個晚上，我在某個路面電車站等車時，他也在那裡，忽然向我猛衝過來。我盯著他的臉看，但沒有任何行動，因為我很清楚，不管做出什麼反應，不但只是亡羊補牢，而且絕對無濟於事；千鈞一髮之際，一名魁武的男子從後面抓住他猛晃，讓他恢復理智。我沒說一句話，只是打開一本書。

可是他們不是窮人，對吧？他們只是誤入歧途的壞小孩。

那些一直在我的外牆上上大號的人倒可以稱為窮人。我想到幫他們租個活動廁所，不過我在探聽這件事時，有人告訴我市政府可能會因此控告我製造吸引眾人的公害。

兩天後，我花了星期六整天刮掉外牆上的糞便，某天下午又花了一百二十美元請師傅用高壓水柱噴洗，之後我進屋裡才一小時，停車場上又有了新的糞便；隔天早上外牆上又出現那噁心東西，這時前一晚睡在那旁邊不遠處的那個人（我懷疑就是他幹的好事）走到我面前，哀求我給他一點錢。我沒對他不客氣，不過什麼也沒給。我成了個哭喪著臉的富人；我覺得自己被剝削了。

你最好把你那地方圍起來，我的朋友一直這麼告誡我。

有時我擔心他們會從屋頂進到屋內。我出城回來時，會發現一把椅子或一個箱子倚著我的牆壁放；我心想，他們是不是要設法爬上我的屋頂。

2

河內還劍湖濱的佛塔有一扇大門，只有國王才能走進去。我在沙加緬度裝設的鋼製大門也是這個意思。住那裡第一年時，我的鄰居（說是我的客人也行，甚至可算是房客）之中有個逢迎諂媚型的人，名叫卡提，他堅持用「大爺」這個詞稱呼我，我對他從來不信任；為了表達我的感覺又不傷害到他（我最後一次見到他時，他正準備離開加州），我在此用的是編造的名字。他握手時力道輕柔，手上有褐色髒污，散發著臭味。容我稍微詳細說明這個部分，因為我的富人記憶經常是透過這一點對人下定義的：娜塔莉雅沒有什麼味道，奧可桑娜也沒有；蘇妮會把自己打理得很乾淨；大山和小山身上有點菸和毛料發潮的味道，但不是很濃；至於那些在被毀的房屋廢墟中撿拾物品的人，就算他們身上有什麼味道，在一片沙塵中也不可能聞得到；可是卡提身上總散發著糞便臭味，他跟我握手時，也總讓我的手跟著變臭；每次小女兒跟我在一起時，我會讓她跟爹地的朋友握手，她也很願意這麼做；回家後，我會先幫她洗手，再把我自己的手洗乾淨。

偶爾我會給他一點錢或酒，不過實際次數沒有我印象中的多。他有時會睡在我的小宮殿的混凝土平台地基上（那塊混凝土平台讓我的房子彷彿成為懸浮在停車場上方的島嶼），其他時候則會睡在我的地產邊界上那個垃圾桶邊。他曾經擅闖我的國王大門：某個下雨的午後，當送貨員和我正忙著把我的新床墊從貨車上卸下來，他忽然衝進我的玄關。門只開了四十五秒，而且那時卡提人在停車場另一端的垃圾桶邊，可是就在那麼短的空檔裡，他居然有辦法出現在我的聖堂中。他說，他心想我可能需要幫忙。的確有可能卡提會很高興地幫我抬一下床墊，賺個一、兩元，可是他為什麼不在門外的卡車旁找我問？這是我跟所有我遇見過的遊民——以及那些坐困愁城的非遊民——之間的行為規則：假如未經邀請，誰也不准進到對方的營地。於是我迅速果決地拒絕了他的提議，而且擋住他的進路，讓他無法觀察屋裡的家當和布局，雖然他渾身滴水站在那裡，我還是不讓自己可憐他。一刻鐘以後，送貨員的車子一開走，我就從外面鎖上鋼門，跑到停車場對面跟他聊天，設法讓我們之間不會有芥蒂。他神情愉悅地招呼我，他站在隔壁房子的屋簷底下，由於他把手推車盡量往內側靠，屋簷下沒有太多空間讓我站，所以我比他淋得更濕。我無視大雨，站在那裡，他則看著我；等我確認跟他又建立起敦親睦鄰的關係後，我慢慢踏過停車場上的水窪，走回我的國王大門。我走了進去，把卡提隔絕在外。為什麼我要費心表示禮貌？有人會說我一方面「喜歡」卡提，一方面卻不信任他，這麼說倒也沒錯。我相信他也喜歡我。假如有機會，他會不會偷我的東西？他是否曾是在我外牆邊上大號的人之一？這點我無法確定；如果我確實知道他是個慣竊，我不會不再喜歡他，但是，如果我親眼看到他弄髒我的房子，我對他的評價會降低，因為透過任何手段獲取利益不見得是針對特定的個人，但做另外那件事卻必然出自純粹的壞心眼。無論如何，卡提畢竟總是大費周章地稱我「大爺」，我則會大費周章地走過去關心他過得好不好。盧梭認為，富人創造、並維持社會形式時，他們自己牽涉到的得失比較多，因為——**如果我可以這麼形容的話——富人對他們財產的所有部分都有感情，因此要傷害他們比較容易**……但是事實果真如此？我的城市莊園在那扇鋼製大門後方持續存在，這不會對卡提構成持續的冒犯和傷害嗎？確實，他的貧困永遠威脅著我的富裕。但尤甚於此，我一而再、再而三地擊敗他；每天我都把他隔絕在外面的風雨中。

3

我一直試著把他當成跟我平起平坐的人，因此每當他叫我大爺，我就會叫他「卡提先生」。有時，我不帶任何意圖說的話會刺到他內心某個惡毒或痛苦的點，於是他發紅的眼睛會忽然閃出怨恨的目光。我第一次稱呼他卡提先生時，就引發了這種反應；他一定以為我在嘲笑他。他之前已經向我解釋過，因為他來自南方，所以很自然地會稱我「大爺」（儘管除了我以外，我從沒聽過他稱誰是大爺）；所以我就跟他解釋，我跟他一樣只是試著表達尊重，之後他就接受了；一直到最後（他在我的停車場待了差不多一年），我都覺得我們是平起平坐的人。他是否有相同的感覺？我的心靈不至於空洞到會認為我對別人的觀感必須忠實反照出對我自己的觀感；我可以尊重那些恨我的人，或許甚至喜歡他們；但「單方面平等」這種事是否存在，確實是個開放性的問題。

話雖如此，很久以前我在貝爾格勒時，聽到一陣拖曳而行的聲音，接著看到我的手肘下方有個沒腿的人，他蓄了鬍子，穿著整齊，牛仔褲管在殘肢周邊縫出口袋狀。他很可能踩到地雷或炸彈。我給了他一張五第納爾鈔票，他用深沉而嚴肅的聲音向我道謝。我怎麼可能說我認識他這個人？如果再看到，我還認得出他嗎？世界上有那麼多沒了腿的乞丐！可是那種金錢的移轉不過像是兩個地球公民之間的握手行為，其中任何一方都可能是給予者或接受者。那是一個雙方都不帶自我中心意識的交易。他透過一種毫不緊迫盯人的態度，表示我有權利不給他任何東西，而我給他的一點東西只代表我認知了他當下的狀況。此時此刻，我越是寫起這件事，就越覺得我在貶抑它；因為我在透過書寫讓這件事顯得有什麼重要意義時，看起來必然像是在惺惺作態地表現我自己的慷慨或優越。可是，這件事的意義剛好就在於它的無足輕重。我們看到對方；我給予；他接受；我們忘了對方。

很久以前另有一次，我在柬埔寨西部的馬德望（Battambang）的一家餐廳，那裡的地板磁磚上印了「不可能方塊」❷圖樣，外型完美無瑕的女孩圍著一條海尼根啤酒宣傳肩帶，滿懷希望地站在桌邊等候，菜單上印了一百種東西，從香蕉鮮魚檸檬花卉湯到炸田雞都有，牆上寫著**金色夢想為你成真**，上了高棉文字幕的華人影片向世界大吼大叫，然後一些行乞士兵走進來，其中有個人沒了腿，他從桌邊爬過，低聲下氣地微笑，拍了拍我的腳踝，摸了摸我的鞋帶。那時我手邊沒有零錢可給，而且前一晚我已經跟他分享過我的晚餐，他只吃了一點點。況且，他旁邊又來了撐拐杖的士兵，接著是沒了手臂的阿兵哥。我做了什麼？我給了誰東西？無論我採取什麼特定的行動，我都不可能滿意。

那麼，行善必須讓我感到滿足嗎？向缺腿的塞爾維亞人施捨不是慈善；那像是施捨給我自己，把錢從一個口袋掏出來擺進另一個口袋。

如果說，我身為富人，免不了會要求窮人在我施捨時表現得卑躬屈節，這種低俗見解對我是否公平？我不認為這樣，因為就算卡提對我卑躬屈節，我也不會覺得高興。不過在俄羅斯，當娜塔莉雅和奧可桑娜在胸口比劃十字保佑我，我確實受寵若驚。（只是，我不在場的時候，她們又是怎麼說我的？）

再問一次，行善必須讓我感到滿足嗎？我是否有義務用某種特定方式感受這件事，或者說，我是否會要求別人達到某個特定標準？假如做一件事感覺像是在行善，我是否已經失敗？

4

有個名叫洛德的人，他比較粗魯，有時甚至可說猥褻，可是後來我「喜歡」他更甚過卡提。洛德的女朋友琳達我也「喜歡」。（為什麼我一直把「喜歡」用引號標起來？蒙田描述過，有個富比王侯的人抱怨說沒有人是出自真正的友誼陪伴他，因為在雙方的關連和對應如此之少時，友誼是不可能結成的……他們的自由因為我對他們施展的巨大自由而四處受到制肘，我在我周遭看到的唯有掩飾和面具。）我試著用相同方式對待他們所有人。如果我買啤酒給某個人，我也會買給其他人。如果我要送他們威士忌，我會拿給最近的人，說那是要給大家喝的。這樣做對不對？

我對他們表示友好的方式不會花我很多錢。我走過停車場，把他們隔絕在我的鋼製大門之外。這樣做對不對？

5

我比現在年輕十歲時，有一次人在明尼亞波利斯（Minneapolis）。某天天氣很冷，風很大，我在路上被一個人攔下來，他以友善的態度抓住我的手，因為他是個人高馬大的窮黑人，我心想恐怕要遭殃了。這個陳述帶有「種族主義」色彩。我在私人筆記簿裡寫下此事時，在距離我住的房子四個街口處，一對白人男女正在遛狗。有輛車在他們身邊停下。一個人下車，開槍打了那名女子的腿。她的丈夫帶著恐懼和愛意俯身關懷，結果那人從背後開槍打死他。基於審慎，當地報紙沒有提到那輛車內的人是哪個種族。當一則電視報導明確指出他們是黑人，一些讀者投書抱怨——我認為他們這麼做有正當理由——他們說，如果能立刻揭發那些壞人的種族背景，至少能讓他們早點把無數其他種族的人排除在他們的恐懼之外。處理申訴的報社主管以平心靜氣的口吻寫了一篇很長的回覆，捍衛報社的政策。他說他們的報紙原則上已經不再指明攻擊者的種族，除非相關事件是一起「仇恨型犯罪」，或者攻擊者還有其他身體上的特徵已經為人所知。他表示，採取這項政策的理由是為了防止美國人的種族刻板印象越來越嚴重。我認為這個政策是對的。有多少黑人只因為他們是黑人而遭受私刑？我也認為這個政策是錯的。隱瞞事實永遠不可能是對的事。

既然我已經聲張了這個信條，現在我已是騎虎難下，無法不坦言我對很多我不認識的「高窮黑」會害怕——不是任何狀況下遇到的任何黑人：不是西裝筆挺的黑人；不是看起來虛弱得不可能傷害我的窮困黑人；尤其不是生活在黑人國家裡的窮困黑人——我既不怕奈洛比的公車或街道上、甚至貧民窟裡的高大黑人，也不怕戰爭期間摩加迪休❸的高大黑人（除非他們正在開槍射擊），而且就連在九一一後，我在葉門也不怕當地的高大黑人；那些大白天在安塔那那利佛❹的人群中三個人或兩個人結夥追趕我的黑人我的確會怕，因為他們真的打算搶我，但這是我唯一害怕的理由。但在我自己的國家，我會怕在街上攔阻我的那些人高馬大的窮黑人。我怕他們，因為我知道他們想從我身上得到東西，而且我相信他們相信我是敵人。我不想當任何人的敵人，但有時我身不由己。我不相信黑人比我優秀或低劣。「社會」是否因為從前的奴役制度而虧欠了他們什麼，這個問題跟吉姆．克勞法❺及其他所有相關議題一樣，我的答案都是肯定的。可是我不相信我虧欠任何一個黑人的東西會超過我虧欠其他人的東西。這是否代表我不欠他們什麼？我只能說，我欠他們的不多於、也不少於他欠我的——尊重，同情，敦親睦鄰，在緊急事故時提供協助。那如果他們的整個人生都是一場緊急事故呢？關於這個問題，我無法提供一貫的解答。

在明尼亞波利斯當街把我攔下的那個黑人先是抓著我的手自我介紹一番，接著沒收我的帽子去裝扮他的頭。他是面帶笑容，以開玩笑的方式做這件事；他說他很欣賞我的帽子，隨後就把帽子還給我；可是無論如何，他在把帽子從我頭上剝下來以前連問都沒問一聲。那時我剛從國外返美，在我去的那個國家，碰別人的頭部不只是粗魯、而且是近乎褻瀆的行為。他們的理由是，頭部是一個人身上最高的部分，因此也象徵他的性情中最高貴、最具靈性的部分。當然，沒有人能指責站在我面前這位人高馬大的窮黑人對我的人生經歷和思維聯想方式一無所知；但就我的國家——也是他的國家——的標準而言，沒有經過允許就碰觸陌生人或他的財物是不禮貌的事，於是我感覺血脈賁張。

那人一直說個不停。我等著他向我要錢，這樣我就能給他點什麼之後走人。我打算給他一兩塊硬幣的意圖並非出自對他的害怕；雖然他人高馬大、是個窮困的黑人，他並沒有以任何企圖施暴的可能性來嚇我；他只是針對我這個人表現出一種輕度的不敬，那或許完全未經大腦思考。（只野真葛❻，一八一八年：**女子生於城市而成為嬪妃或奴婢者，視貴族如敵人。同理，低層人物如僕傭、挑夫之流雖是透過為雇主提供勞役賺取生計，對雇主卻滿心輕蔑。何以如此？**）對於「值得救助的窮人」(deserving poor) 與「不值得救助的窮人」(undeserving poor) 這種傳統二分法，我在本書中已經數次表示懷疑；我傾向於將所有窮人視為值得救助，無論我是否不喜歡他。只有在他確實威脅我時，我才可能認為他不值得得到我的任何救助。

我希望他趕快走開，因為我很餓。馬路對面有一間餐廳，我問他那裡的東西好不好吃。

我可以帶你到一個地方，比這裡好吃多了，往下走一點就到了，他說。是道地家庭料理喔，我常常在那邊吃飯。走吧，我們到那裡去。

我知道這樣勞駕他，一定得付費，不過這倒合我的意；因為，如您所知，我對平等有一種近乎偶像崇拜、但很正面的迷戀，我真心認為，當一個人從我身上拿到錢，如果他能感覺自己是因為帶給對方價值而獲得酬庸，而不是讓人施捨，這樣對他的自尊自重會比較好。況且，對面那家餐館看起來實在不怎麼樣，他知道的那家說不定真的不錯。我抗拒懷疑他的念頭，不願意認為只因為我是個白人，而他是個人高馬大的窮黑人，他就會對我不利。他帶我走過兩個路口，走到馬路另外一邊，又回頭走了一半路，接著把我引進一條小巷。我答應給他的費用是一美元，我就只想付這個價錢；他原本索價兩美元，然後降到了一美元半，可是我真的只想給他一美元。我們在一個已經停業的商家前停下腳步，三個「高窮黑」倚靠在店面的封板上站著。就硬著頭皮說那是一家餐館吧；可是用餐的人不是我。

付錢，我的領路人下令。

他的朋友們齜牙咧嘴地笑著站在我周圍，其中一人開始動手碰我。現在的我已經不會再對那時接下來發生的事懷恨在心，雖然在那之後好幾天，我整個人陷入強烈得嚇人的羞恥和憤怒中，那是一種在受害者（比方說窮人）和整個世界之間永遠無以傳達的感受。就搶劫來說，那次的情況不算太暴力。他們甚至讓我保留二十美元。

有時我在美國會害怕這些「高窮黑」，不是因為他們黑，而是因為窮黑人經常真的很窮；他們的「窮黑」既被視為畸形，也不被欲求，導致依賴，容易出意外，帶來痛苦，而且絕對且必然地是一種疏離——不是麻木不仁的疏離，而是憤怒的疏離；窮人如果比我高大，而且又充滿憤怒，他們就會讓我覺得危險。「有時我在美國會害怕高窮黑」因而成為「有時我會害怕窮人」的同義語，只不過情境比較特定。

卡提是黑人，洛德是黑人，洛德的女友琳達是白人。這些人我都「喜歡」，我也把他們都關在我的大門外。

6

話說回來，他們不也把我關在他們的大門外嗎？

我漸漸知道他們有些人是怎麼相處的，比方說有一對情侶，他們坐在人行道上嘻笑、擁抱，搖搖晃晃地走向某處，一個小時後又手牽著手回來。他們的手臂圍繞著對方飛舞。那兩人愛著對方，他們生活在那股類似穀倉場的微臭中，那是貧窮的許多氣味之一。他們是否還不顧一切地做著富裕美夢——要想成就那種美夢或許需要許多噩夢般的轉折——或者他們已經夠富有了？我可以跟他們做朋友，即使我不敢打包票能讓他們那幾條養在街邊籠裡的狗會把我當朋友。偶爾我會把自己混進那些堆置在牆邊的背包、油布、彈性繩和用毯子蓋住的購物推車；有一次我甚至非常靠近那個身上有創痂的長髮女子，那時她正坐在長椅上抖著腳踝；她把我託付給上帝；現在她已經忘記我了。——我會把你放進我的禱告，她向身旁某個人低語；她的身體散發著牛奶發酸的些微臭味。至於我這富人，我來了，又走了，從那些人的意識中被排泄掉了；現在他們用怨恨且無奈的眼神看著我，他們的狗則在吠叫，彷彿是在臨摹他們的心境。

7

那是在沙加緬度的事；而在墨西加利，午後氣溫升到攝氏四十六度，美國國界幾乎隱約可見；胡哥．拉米雷茲（Hugo Ramirez）（照2）看起來大概四十多歲，所以實際年齡應該是三十多，他坐在一家店門口旁的長椅上，店內的音樂透過開著的門傳出來，直轟進我的胸腑；拉米雷茲跟我握手，他的露指手套曾經是白色的，現在已經穩當地步上變髒的道路；當我問他為什麼有些人富有，有些人窮，他縮起肩膀，表情謹慎而害羞地看著我，回道：**強盜**。——富人搶劫窮人是嗎？我提出問題，設法理解他的想法；但拉米雷茲只是回道：**強盜**。我問他富人對窮人有什麼義務，他說：沒有。我們都得工作……——可是這時他的態度又變得狡詰而謹慎。我不禁好奇他經歷過什麼令人難以想像的人生意外。

一小時後，我在幾個街區外又看到他。他不肯跟我打招呼；或許他已經忘了我；就說他把我關在他的大門外了吧。

8

我把他們關在我的大門外，這個情形就像我們這些搭火車時坐頭等艙的人會關上玻璃門，讓那些比較窮的旅客在走道中自生自滅；他們將在穿越整個羅馬尼亞的路途上站著，或倚靠什麼站著；當然，我把門關上等於讓他們有了可以倚靠的地方，我是給了他們一個恩惠。

9

沙加緬度的地產大亨史卡皮③有回告訴我：他們在整條巷道裡，在整個建築物周邊大小便。整塊地上都是他們的糞便。亞蘭已經進行過好幾次公民逮捕❼。那些人一直賴在那條巷道。我們得不斷清理那條巷子，重新粉刷建築物外牆。你看這裡，這就是他們撒的尿。為了清理他們搞出來的髒污，我已經花了四萬美元。我們花了一堆時間和金錢，做市區夥伴結盟（downtown partnership）應該做的事。你看那些塗鴉，那些納粹十字！為了修理那些圍牆，亞蘭和我又花了一大筆錢……艾瑪墨西哥捲餅店燒掉了。不必想也知道是那些遊民放的火。我除了笑還能怎樣？簡直氣死人——

你們的車就是在這裡被撬開的，對吧？他對他的助理說。你太太的車，沒錯吧？——他轉身背對著我，繼續說明：他們搜刮各式各樣的東西。你想都想不到的東西！他們要賺錢維持嗑藥的習慣，如果賺不到錢，他們就挖地找瓶子。你看！他們把整個地基全都挖空了！我們又得花一大堆錢修！你能相信嗎？這棟房子地基沒了，

③—我把他的名字也改了，以免他突發奇想，對我提出控告。

整個都在這裡懸空嘍……

他繼續說：我們不得不認為這跟都市政策有很大關係，結果造成他們覺得在這裡過得挺舒服的。我真厭倦當受害者了。在我們生活的社會，壞人是掠奪者。我說句公道話，應該是那些侵犯我們產業的人當受害者才對。法律在哪裡？根本無法無天！

他帶我到人行道下方，讓我看看那些燒黑的梁柱和磚造隔間，還有生鏽的波浪鐵皮屋頂。當時我還沒購置地產，所以他那種百萬富豪的悲情只會讓我覺得莞爾。他讓我看一個被撬開的配電箱，裡面的銅線已經被人拉出一半；窮人會用論斤賣銅線的方式賺錢。

他說，我認為他們應該在那些讓這種人填飽肚子的地方實施毒品檢查和武器檢查。而且應該要制定計畫讓他們工作，哪怕一天做個四、五個小時都好。

（史卡皮也許說的沒錯。而且無論對錯，他都是我的富界兄弟。我不是也希望讓明尼亞波利斯那個人高馬大的窮黑人靠工作賺個一美元嗎？史卡皮給我留下的印象是這樣：髮線往後退縮，閃亮的黑皮鞋，太陽眼鏡，領帶，呼叫器，白襯衫，雙臂交叉胸前。那時他那副模樣把我嚇壞了。我依然不贊同他的論調，但在記憶的柔焦效果下，他現在在我心裡已經成了個逗樂兒，跟某些曾經威脅過我的人一樣，他化成讓我訴說的故事。）

我也認為當新的監獄終於蓋好，有足夠的空間，能透過特別逮捕令把那些人都抓去關時，他會開心地說：我想問題會開始迎刃而解了。

評評理嘛！他叫嚷道。**我們繳了一堆稅金，結果得到什麼？**

我記得磚牆下方那條深深的方形隧道。十九世紀的沙加緬度是在那底下打造起來的。歷經無數次洪水之後，他們用土掩埋了原來的生活，一切重新開始。但地底下的房間和通道依然存在，其中有些從我跟史卡皮碰面的那塊地就可以通進去，不過現在已經封起來了。我記得當時在黑暗中看到一台舊切肉機；我看到另一處地下室，一台加數機，沒了燈泡的燈，一股似乎融合老鼠糞、燭蠟、人糞的味道，一條長長的隧道，接著一股令人窒息的糞便氣味忽然撲面而來。那可能就是貧窮的氣味。接著又是一條長長的隧道，手電筒的燈光斜射在棟梁之間。

我們站在隧道邊緣，那裡又熱又臭。

他們居然就從這裡挖洞，潛進當鋪裡偷東西……他說。他的助理亞蘭露出無奈表情環視周遭。

他們偷了東西就拿到外頭的巷道裡，他說。原先經營那邊那家餐廳的人因為幫忙銷贓，結果遭到警方逮捕。

我受夠了，我厭倦了做這一切，真的受夠了！他大叫。他們居然跑到人行道底下挖洞闖進房子裡。那些人好像無所不能，什麼都能被他們挖通。

沒錯，我是有點為他難過，不過他畢竟是個富人，口袋很深。那時候的我認為自己跟窮人站在同一邊，畢竟那些人的確需要上廁所，而他們偷盜銅線的行為看在我眼裡非但不算罪大惡極，反而有點令我刮目相看。但現在，當我想到窮人可能真的擁有某種超自然力量，**那些人好像無所不能**，我不禁心想：萬一他們對我下手呢？

我用錫箔紙遮住我的窗戶內側，不然就是把整片百葉窗拉下。買下那個房產之後的第二年，我終於把一扇窗戶稍微拉開一些，讓房子通風。一個窮人馬上從馬路對面對我吼叫；我小心翼翼地把兩片窗葉稍微拉開，把眼睛湊近開口，結果瞧見了他那渴望、貪婪的臉孔。一個小時後，我聽到一陣聲響。有人把手伸過護窗鐵條，把我的百葉窗折開幾片。我盡量把葉片緊緊折回去，用膠布封起來，把窗戶關上，再把木頭栓子旋進溝槽。（我有個叫肯特的朋友是個商業攝影師，他的工作室距離我的住處只有幾條街，有一次他說：這狀況真的會讓人很想搬走，所有東西丟著就走人。——那家銅管遭竊的汽車零件店老闆可能也有同樣的感覺。）我的窗戶有多安全？什麼都能被他們挖通。那年稍後，我請了一位師傅，用焊接方式在護窗鐵條上安裝鋼網。

10

我欠窮人什麼？比方說，我欠那些在明尼亞波利斯搶我的人什麼？

奧可桑娜的女婿，那個車諾比事故的受害者，他曾經表明，如果我至少在某個些微程度上保護他們免於貧困，這會符合我的利益。也許各位讀者還記得，他的確切說法是：**有錢人總是想變得更有錢，而且連窮人的最後一丁點東西都要榨得一乾二淨。他們不明白自然平衡的道理：如果他們讓所有人都變窮，經濟就會變窮，他們也會跟著變窮，無論他們蓋了多少豪宅，無論他們囤積了多少槍枝。**我不相信這種論調。首先，雖然我的確想變得更富有，可是其他人也全都一樣，包括窮人在內；因此，無論是好是壞，想讓自己致富的衝動似乎是不可能根除的，當年蘇聯進行反富農運動[8]時就上過這麼一課：當他們打著平等的口號讓某些人民變窮，唯一達到的結果就是其他人變富——甚至是他們原來打倒的那群人重新變富。照這樣看來，我們不妨說「有錢人總想變得更有錢」這個事實根本是毋庸贅言的基本道理。話雖如此，確實有很多富人會想盡辦法把窮人的最後一丁**點東西榨得一乾二淨**——雖然我希望無論是撰寫這本書的我，或者閱讀這本書的你，都還不至於如此。可是，「最後一丁點東西」確切來說包括了什麼？馬克思曾經描述，工廠主人付給工人的錢是剛好能為他們供應吃住及餵養新時代無產階級小孩的最低限度薪水。換句話說，工廠勞工在某個程度上得以生存——他們還保有**最後一丁點東西**。納粹占領東歐期間，被關在猶太集中居住區的人之所以到了最後才開始起來反抗（經常甚至是一直到最後都不曾反抗），原因之一便是納粹實施遣送配額和工作卡的制度，讓猶太人相信只要小心謹慎、工作勤奮，設法建立良好關係，以及適時給點賄賂，他們就能得救，而造反起義卻一定會遭受可怕的懲罰；謀殺他們的人非常奸詐；**最後一丁點東西**被一點一滴地剝奪。我們繼續用納粹這個例子做映證。**如果他們讓所有人都變窮，經濟就會變窮**。雖然這個論點在某些方面或許不無道理——一部分德國人曾經徒勞無功地抗議技術優異的猶太製鞋師傅被消滅，他們抗議的理由顯而易見，就是鞋類生產會受影響——但納粹把猶太人產業收歸國有，迫使猶太人淪為奴工，並從猶太人的屍首上盜取金銀財寶，這些都有利可圖，至少對個別謀利者而言、至少就短期而言是如此。**如果他們讓所有人都變窮，經濟就會變窮**；可是，如果他們只是讓**一部分人**變窮呢？一個人就算為了降低產品的製造成本而剝削他人，他終究還是需要一些足夠富有的人存在，他的產品才會有銷路。況且我找不到任何理由認為，假如我們以微薄薪資雇用工人生產一些必需品，然後用微薄成本加一成的價格賣給窮人，這一定就是不切實際（也就是說無利可圖）的事。

總而言之，利己主義並不需要我設法讓旁人富有。它只需要我留給他**最後一丁點東西**。倘若我真的決定幫忙他，我只不過是在取悅自己罷了。

11

利己的原則進一步告訴我，要記得相對貧窮和絕對貧窮的區別。在我的窗外，某個人擁有的可能不只是最後一丁點東西。但無論如何，如果他擁有的比我少（或甚至比我多），他依然可能會想要我所擁有的東西④。於是我繼續把百葉窗拉下來。於是我把他們全關在我的大門外。

12

我不喜歡有人把他的東西跟我的房子貼在一起。我總得在某個地方劃界線，對吧？某個下雨天，有個人把他的睡袋留在我鋼製大門的水泥台階上，我有一種未受尊重的感覺，儘管我的存在很可能完全不在他的思考範圍內。有時候，一些青少年會騎腳踏車繞著我的停車場拚命轉，而且逐漸加速，直到差點沒把車撞上我的牆；那些人很可能假定我這地方是荒廢的，現在這個人也是一樣的道理。一天將盡，他的睡袋還擱在那兒，不巧妨礙到了正在搬一些大箱子的我。我不想因為睡袋而滑倒；那時我全身骨頭已經夠痠痛了。於是我拿起那可憐傢伙的睡袋，一時臭氣四溢，我氣急敗壞地把它丟到溼答答的停車場上。一小時後，有人奮力對福氏堡壘進行破壞；有可能是睡袋的主人因為想到得過個溼答答的夜晚而大發雷霆。我該怎麼做才對？我有義務讓那個睡袋無限期地阻擋我的出入口嗎？

先前那個夏天，一些人已經會在我的門廊下宿營，有些睡睡袋，有些搭帳篷。他們抽古柯鹼時，迷人的橘色火光有如星點般在黯夜中閃動；有些女的是娼妓，她們就在我房子另一邊就地做起生意。我歡迎大家，並跟他們握手。我的小女兒跟我一起時，我也讓她跟他們握手。這樣還不夠好嗎？有些人繼續在我的牆上小解，儘管在短短一條街外就有免費廁所。最後我不得不重新粉刷外牆。我應該忍受到什麼程度？**評評理嘛！**史卡皮叫道。**我們繳了一堆稅金，結果得到什麼？**

我從沒趕他們走。我沒趕過任何人。最後是他們自己移居別處，不然就是警察把他們帶走。接著新的人會進來。

另外某個季節裡，我在用釘子固定護窗鐵條上的停車場標誌時，我發現有條折疊整齊的厚重毛毯塞在標誌後頭。那條毯子並不礙眼，對我也不至於有什麼害處，可是我還是把毯子拉出來，丟在角落雜草堆裡的顯眼處，讓人可以容易地拿回去。隔天我看到毯子還在那裡，結果感到一股懊悔。在某個垃圾桶後面，有個人鋪上厚紙板過了一夜。我撿起油膩膩的毯子，拿過去那邊放。後來毯子就不見了。

④—在此我們姑且把奧可桑娜搬出來跟他作對照。至少現在回顧起來，奧可桑娜在佩特羅夫（Jakob Petrov）集體農場時曾經是個相當快樂的小女子；儘管從我的標準來看，她一直屬於窮困一族。

13

一名壯漢在我的門上猛敲。他需要幫忙；他的汽油用完了。我把手伸進口袋，想掏點零錢給他，這時他企圖推開我，想闖進屋內。我用力踢他的膝蓋，結果他往後倒在外面。我用力對著他把門甩上。他在門上猛敲了好久，滿口吼著要殺人。

後來又有人敲我的門，我拒絕回應。難道我該解救全世界的人？**我們繳了一堆稅金，結果得到什麼？**

14

有一次，我佇立在耶路撒冷，從荊冕堂（Ecce Homo Church）的古羅馬拱門往悲苦路（Via Dolorosa）❾望去，看那些穆斯林走在那條狹窄的砌石街道上，這時有個巴勒斯坦少年盯上我，設法要把他的明信片賣給我。**買一些嘛！都不一樣的！**我向他道謝婉拒。五謝克爾（shekel）而已！都是不一樣的！看看嘛！——不用了，我不需要。——少年一臉嫌惡和怒氣，用淫言穢語詛咒我，手肘還差點沒戳進我胸口。後來，當悲苦路的街頭商販試著向我兜售，我繼續保持冷靜而禮貌的態度，但我也做好心理準備，等著隨時接受別人的憤怒攻擊。

我也記得某個下雪的星期天午後，哈薩克那個剷雪工人隊的其中一名女子⑤告訴我，她在共產黨時代曾在一所學校當廚師和門房，可是現在已經不可能做那工作了。現在她每天工作八小時，而且是**很有挑戰性的工作，**

她說。為了確定我懂她的意思，我隨口問（我覺得我的問題沒有特別含意）：共產主義和資本主義哪個好？——我不知道，她帶著怨憤語氣，讓這句話從牙縫間溜出。無論如何，美國也有窮人。——在那個當下，我感覺得到她對我的恨意。

15

於是我的臉孔成了波哥大的臉孔：綠色、褐色或白色的高牆，牆上裝有刺鐵絲網，私人警衛看到任何人都會閃避，即使我只是忽然出現在他們身邊，他們也是這個反應；街頭一卡車又一卡車的警察，磚牆頂端的碎玻璃，人人小心謹慎、疑心重重——纏著我不肯走的乞丐臉上原本帶上平和的面具掩飾這些，接著越來越生氣、憤怒，最後怒氣沖沖、張牙舞爪地衝向我的隨行通譯員；那些人有時甚至還會殺害駕駛人，放火燒掉他們的車子。在塞內卡的記述中，羅馬元老院有一次集會辯論一個規定奴隸穿上某種特定制服的提案是否恰當；**因此事實很明顯，要是我們的奴隸開始計算起我們的數目，那將造成多大的立即危險**。按照同樣的邏輯，我避免穿戴富人行頭，盡可能不從口袋裡拿出皮夾。在國內時，每當我出門搭電車，我都會事先算好零錢，緊緊抓在手裡，

⑤——參見二三〇頁。

然後直接放進投幣機。

在家的時候，我會盡力保持適度謹慎。我設法做好準備，面對隨時失去一切的可能。在波哥大，所有人都必須比這樣更小心。第一次造訪當地時，我接到的各種忠告和警示讓我憂心忡忡，結果當我終於住進坎德拉里亞（Candelaria）區的一棟爛旅館時，我覺得渾身不自在。（前往旅館的路上，一名眼神凶狠的蓄鬍男子走到路中間攔下我們的車子；後來司機說，如果他沒交出一百披索的過路費，那個勒索者可能會當場扯下後視鏡。）我請的第二名通譯馬可士是我見過最勇敢的人之一，他堅持要我在車裡等著，他先進旅館大廳探路。啊，他多希望我別住旅館，到他的公寓過夜就好！他沒打算收我錢；他同情我，擔心我。我事後回想，不禁好奇他是不是用自己的錢賄賂了櫃台人員，請她多費心保護我。她陪我們上樓進房，馬可士執意檢查門鎖，不過那門鎖當然幾乎是有等於沒有；他也檢查了每扇窗戶，看是否有人能從窗戶進房；最後他終於一副可憐兮兮、擔心不已的模樣把我留在房間。他打開電視時，螢幕上的節目剛好正報導有人專門闖進老太太的住處，把她們殺掉。

16

十分鐘後，我鎖上行李箱，離開旅館。我走過馬路，到對面逛跳蚤市集，心裡一直等著會出什麼事，因為有那麼多人都警告過我這裡有多容易出事。結果根本沒有人注意我。

九一一事件發生一個月後，人在紐約的我因為工作之故，來到攻擊現場附近的電台。我看到幾個人帶著防毒面具，他們的神態既恐懼又悲傷；那景象讓我震驚不已，因為我已經習慣在自己國家設置的「邊界百葉窗」的遮蔽保護下，感受相當程度的安全。結果那些人也沒出什麼事。

就連富人也不無可能走訪這個塵世的街頭。

17

我在我的停車場上找到一件男士襯衫，裡面沉甸甸地裝了他的糞便；他把那個禮物留給我這個富人。我可以戴起手套把它撿起來丟棄，也可以把它留在原處，讓它變得更可怕。

我把它留在原處。幾個月後，它不再發出臭味。我走進屋內，把它關在我的鋼製大門外。

18

梭羅曾經提到那個看起來富裕、但卻是所有階級中窮困程度最駭人的階級，他們累積一堆身外之物，但既不知道如何使用，也不知道怎麼擺脫，因而他們無異為自己鑄造了金光閃閃的枷鎖；對梭羅而言，我是那個階級的一員。儘管當年梭羅常有機會認識那些失格窮人——他們的形體因為長期習慣在寒冷和貧賤中蜷曲著身子，因而總是顯得猥縮，而且他們所有肢體和官能的發展都受到阻滯（我把這種情形列入「痛苦」一項）——他還是寫下了前面那段話。

至於我，我認為自己屬於幸運的階級。我把別人的問題關在鋼製大門外，縮進自己的軀殼中，在那裡有時連我自己的問題都無法穿透進去。我曾經住在帳篷裡，開心地感覺風雨和蚊蟲都無法入侵。我觀察過人類的苦難，做了一點事稍微紓解他們的苦，隨後又把他們拋在後面。我做這種事的感覺有時就跟雨天時瀰漫尿騷味的舊金山田德隆（Tenderloin）區的街道一樣臭；在那裡的一處凹陷式地鐵廣場上，無家可歸的遊民會窩在溼答答的睡袋裡看書、打鼾或齜牙咆哮。我被貧窮感染了，於是趕緊移開目光，但我的視線剛好落在某個眼睛發紅的男子身上；黑暗中，他坐在被雨淋濕的階梯上，對我怒目相向；我可以選擇記得他，但也可以選擇記得那名坐在同一處階梯上唱歌的女子；她的褲子和外套在那晚的雨中早已溼透，水從她的髮際流進她的眼睛；她豐厚碩大的大腿布滿濕疹斑，她一直伸手去抓；她渾身發臭，但她一邊唱歌一邊微笑；當然，我唯一該老老實實做的，是同時記得他們兩位——在屬於我的帳篷裡想起他們。我是個富人。波哥大那個人說的話讓我心有戚戚焉：他說，我很怕窮人會來把我的東西通通拿走。

譯注

❶—法蘭茲・法農（Frantz Fanon，一九二五－一九六一）是法國海外省份馬丁尼克（位於加勒比海）的作家、心理分析學家及革命家，在非殖民化和殖民主義的精神病理學研究方面具有重要影響力，作品陸續啟發許多反帝國主義解放運動。

❷—也稱艾舍爾方塊（M. C. Escher cube），是荷蘭版畫艾舍爾於一九五八年作品《望樓》（*Belvedere*）中以錯覺手法創作的不可能存在的方塊狀物體。

❸—摩加迪休（Mogadishu）是東非索馬利亞的首都與第一大城，瀕臨印度洋。一九九一年政變後發生內戰，持續十多年，危險情勢導致政府被迫遷都，摩加迪休長期陷入無政府狀態。二〇一一年政府軍重新取得掌控權，城市迅速復興。

❹—安塔那那利佛（Antananarivo）是印度洋島國馬達加斯加的首都及第一大城。就本書關注的議題而言，這個城市的治安問題向來嚴重，且二〇〇九年以後進一步惡化。

❺—吉姆．克勞法（Jim Crow laws）是一八七〇年代年至一九六五年之間美國南部各州及一些鄰近的州對以非洲裔為主的有色人種實行種族隔離制度時的相關法律。一般認為「吉姆．克勞」一名源自白人演員湯馬斯．萊斯（Thomas D. Rice），他從一八三二年開始透過諷刺漫畫《蹦跳的吉姆．克勞》（*Jumping Jim Crow*），假扮成黑人批評白種人的民粹政策。後來「吉姆．克勞」一度成為「黑鬼」的同義詞。

❻—只野真葛（一七六三—一八二五）是日本江戶時代中後期的一位女性文學家，以社會批評及女性思想聞名。

❼—公民逮捕（citizen's arrest）指非官方執法人員對犯法者所做的逮捕行為，在英美法系中源自中世紀英國。在具體實踐上，逮捕者可以是任何人，不需要是所在國的公民。

❽—一九二九至一九三三年間，蘇聯在史達林主導下推行強迫集體化和去富農化運動，一方面消滅富農階級，一方面改行集體農場制。較富有的農民家庭被迫放棄土地及財產，投入集體農場，許多人被關進監獄或流放至古拉格，甚至遭到處決。據估計被處決人數至少有七十萬，索忍尼辛的估計則高達六百萬。此外，反富農還導致嚴重飢荒，造成至少五百萬人餓死。

❾—荊冕堂為耶路撒冷舊城內的羅馬天主教堂，現為錫安修女院的一部分。根據聖經記載，該處拱門是羅馬帝國猶太行省巡撫彼拉多審判耶穌的地點，彼拉多在此說了嘲笑耶穌的話：「瞧這人（【拉】Ecce homo）！」，此即荊冕堂原文名稱的來由。耶穌被判刑後戴荊冠、背十字架，沿著悲苦路步向受難地。

22 我認為你富有
I Think You Are Rich

年份未明

1

親愛的讀者，你是誰？有些看了我的書之後寫信來的人正在坐牢，有些是妓女，還有些因為愛滋病而瀕臨死亡——簡言之，就是一些處在窮困匱乏狀態的人；他們的來函令我受寵若驚、深感榮幸，因為我是富人，我希望窮人喜歡我。

我寫下本書是為了取悅自己，這不是因為我自私（雖然我可能是這樣），而是因為這個世界並不虧欠我任何生計，而且擄獲市場的概念令我反感。如果你喜歡我寫的內容，感謝你；如果不喜歡，我不會怨你。

可是你想當什麼？一直有人告訴我，說我的書很難讀懂。如果是這樣，那麼我的讀者想必是些不介意讀難懂的書的人。——在人稱「焦黑地」那個地方，一名美麗而污穢、身穿骯髒破衣的年輕女子（照Ｃ）眼睛穩穩地盯著我的臉看，她的表情彷彿即將綻放微笑，她彎曲的手肘勾著一根丫字形樹枝，那樹枝支撐著她的透空棚屋的屋頂梁，她的另一隻手肘邊有個應該是她孩子的小不點凝視著我，他的肩膀跟她的拳頭齊平，而她把拳頭嵌在束腰帶間；在她的周遭，一切都已被砍去，而且焚燒殆盡，為的是一種無法自行攤銷成本的生存，而正因為如此，馬達加斯加這個大島上的河流全都被森林砍伐造成的淤泥染成了橙紅色；她耐心地凝視著我，內心懷抱溫柔希望，盼望我會為她做點什麼。帶領我來這裡的男子拿到我要丟掉的汽水瓶，高興得不得了；他一路帶著它，穿過整片焦黑地。至於這位年輕母親，基於我完全無法知道的原因，她的生活比我的艱辛如此之多，什麼她都會願意拿，也什麼都願意付出。通譯員建議我別給她錢，以免她遭人殺害……這些人都是文盲，只不過我的通譯員花錢找了一名專門為人代筆的人寫信，成功地在若干年間隱瞞我她不識字的事實。這本書可能為他們之中任何人做什麼嗎？——在「路面下方」，或許會有餘裕做點什麼；我曾經在邁阿密一條高速公路底下的遊民宿營區待過一兩晚（照3-9），我居然在那裡遇到過我的讀者，不過那是因為他們正好是窮人，所以只好撿拾碰巧出現在身邊的廢棄書籍聊以自娛。現在這本書出版時，我會像往常一樣送幾本給剛好在我的停車場上生活的人。無論書的成本價是多少，對許許多多窮人而言，都高得讓他們望之卻步。無論這本書自認有多了解「窮」這件事，那些人了解得都更真實、更深刻，儘管不見得能了解得那麼廣泛。至於行文風格，雖然我很努力想寫得簡單些，可是話說回來，憑什麼沒機會像我這樣進常春藤學校讀書的人就不應該因為看到很長的句子而卻步？

所以，且讓我假設各位讀者跟我一樣，都是富人。

2

我需要告訴你們什麼？說我看待你我雙方的方式，都像是蘇妮的母親凝視她女兒那一輩子醉醺醺的模樣嗎？說我很想知道最後讓娜塔莉雅的生命結束的會是什麼，是她的酗酒問題，或是她的癲癇症，還是某種其他東西，但應該不會是她的窮困處境本身？說在我眼裡，因為某種理由，娜塔莉雅擁有本書描繪的所有人當中最美的一張臉？這些我在內心東拉西扯的囈語或許都可以丟棄，就像它涉及的所有人物一樣，包括你和我。窮人也好，富人也罷，我們都有一個共同點：凡人必死無疑、無足輕重。

3

你是富人，所以請告訴我：這讓你成為什麼人？倘若他們不是因為窮困而潦倒失格，他們又會成為什麼？他們的快樂會多一分嗎？我那些富有的知識分子朋友既快樂也悲傷；太陽依舊升起，而且會前往它被指定該去的地方；而如同我一再說的，娜塔莉雅喝酒和蘇妮喝酒的事不都是她們自己的選擇嗎？所以「他們」會有任何不同嗎？「他們」是誰？假如蘇妮不是那個不識字、怨恨自己、聽天由命得近乎癲狂的酒鬼，那她會是什麼？無論如何，她的不完整所造成的黑暗，就其實際狀況而言，可能跟我自己的盲目所造成的黑暗不分軒輊。一旦窮困的習慣——比方說娜塔莉雅的酗酒——成為一代又一代人的既知，那麼它是否成為人格的一種神聖選擇？

我認為是；我永遠不會告訴她不要信守它。可是，假如娜塔莉雅事實上是富有的呢？我的心思又回到我認識的富人身上。他們得到了多少知識？有時，我會在那些幾乎無須為求生存而奮鬥的人身上，感受到一種因為意識的閒逸所產生的絕望負擔；我走進他們那些昂貴而荒蕪的住宅，我會憐憫他們。那些看到窮人時會皺起鼻子的人有時會讓我怒不可遏。同時，娜塔莉雅的小孩，無論他們是按照她說的哪個故事版本消失、或被拋棄了，他們的命運都讓我對她氣憤填膺。那麼，我到底是要娜塔莉雅——或我自己——成為什麼？我的典範在哪裡？我不相信我們之中多數人知道任何事的意義何在。娜塔莉雅應該被稱為什麼？她的靈魂是什麼？「窮」是她的根本特質之一嗎？

4

你和我是富有的。其他人陷於窮困；從他們構成的廣大社群中，現在翱翔在我閉上的雙眼中的，是某個冬夜我在新宿的地下道中看到的那位婦女，她雙眼闔上，頭部微傾，隱約露出微笑，用戴著露指手套的雙手做出祭拜手勢，請求我幫助她〔照124〕；包裹在毛衣、外套和呢絨帽中的她顯得渾圓而巨大，她彷佛一座由人類需求堆積而成的孤島，茫茫地等著存活或被沖走。我給了她一點錢，給多少我記不得了，然後我把她留在那片寒冷中過夜。為什麼我因為見識到這種不平等而決定翻修我的人生？這一路走來，我該怎麼做才會是對的？我幫助了誰，又傷害了誰？現在我應該做什麼？答案是**更多的援助**，**更好的分配**嗎？就我本身而言，答案如何可能不是如此？但我又如何能進行更好的分配？

在金邊，一名人類的雄性成員對我做出雙手合十的姿勢〔照 126〕；他的臉孔長而窄，看起來像個小男孩的臉那般尚未成形，但又像大人的臉那樣陰沉枯槁，眼睛底下有了皺紋，他盯著我看，他豎立的手指在下巴前方貼合在一起。他在脖子周圍鬆垂地繫著薄薄的方格圍巾。他對我微笑，但不是用他的眼睛笑，那眼睛是在嚴肅地請求我幫忙。那時是夜晚，他身後的街道很暗，一個差不多算是少年的小男孩抓著他的手肘彎，男孩的臉孔比較圓，比較不顯憔悴，他帶著一種平靜而好奇的神色凝視我；他從脖子以上很潔淨，在黑暗而潮濕的夜間街景烘托下顯出細膩的明亮感，但他的淺色襯衫被一堆污漬占據，假如他穿的是他的父親（或哥哥）那種偏中性色調的衣服，或許不至於這麼明顯。他們等著我做點什麼。男子雙手合十的情景化為永恆。

他們等著我做點什麼，但因為我不知道該做什麼，又或者因為我太像凡人，以至於什麼也做不到，於是他們等待的神情變得僵硬而扭曲，彷彿波哥大惡名昭彰的卡圖丘街一帶❶那個女孩，她把頭往前微傾，目光略略朝下，從包在外套兜帽底下的帽子邊緣下方探出來，投射到我臉上，她的喉嚨因為挑釁好鬥的情緒而搏動〔照 89〕。**最後死去的是希望**。然後呢？

一名母親的臉孔寬闊而堅實，流露保護的神情，如同一朵向日葵般朝向抱在胸前的赤裸嬰孩微微下傾。為了讓嬰孩充盈生機，假使有必要，她對你、對我，有什麼事會做不出來？**請在此捐款**，讓我能離開你們的社區。

譯注

❶—卡圖丘街（Calle del Cartucho）現已不復存在。那裡曾經是哥倫比亞最窮困、最危險的地方之一，毒品販賣活動極其猖獗，被視為都市環境惡質化的象徵。一九九〇年代，政府決定剷平這條街及周邊地區，改建成公園，於二〇〇〇年啟用，定名為「第三千禧公園」。可是販毒活動沒有因此消失，只是轉移到公園附近繼續進行。

23 錢只去它去的地方

Money Just Goes to Where It Goes

日本，2005年

頭上包了一塊白布的男子說：我們被迫要搬走了。你能幫我們做什麼？

什麼也幫不上，我說。

那你是想要什麼？

為什麼有些人富有，有些人窮？

這個嘛，錢只去它去的地方。

要是有人早點跟我解釋這個道理就好了！那樣的話，我就不需要拿「窮」這個主題自找麻煩，各位讀者也可以省下浪費在讀我這本書的時間。不過不管怎麼說，我都是個好記者；我不惜推翻大岩石，探尋那下面的深層意義；所以我打破砂鍋問到底：

那是因為運氣還是什麼其他原因？

或許有些什麼原因，不過總之錢就只是去它去的地方，它不會往我們這裡來。

我很難想出別的東西回應他的話。他很有資格當《今昔物語集》❶（約一一二〇年）當中的一名敘事者。在那則故事中，一個窮人和妻子不顧一切地想改善自己的運氣，結果卻搞到雙方分手，後來女的成為攝津總督夫人，男的則陷入越來越骯髒污穢、水蛭孳生的窮途末路；敘事者解釋了箇中道理：**世人對其命運發出愚蠢的抱怨是基於無知，他們不知一切皆是造業的結果，在前生即已命定**。換句話說就是，錢只去它去的地方。於是我望向那條河，將目光從河面移回岸上，又問了那個頭上包了一塊白布的男人：

為什麼他們要強迫你搬離這裡？

他們就是要在今年讓這裡沒有遊民，他平靜地答道。他們撥了五億日圓①預算要把我們弄走……

譯注

❶—《今昔物語集》是日本平安時代末期的民間故事集，於江戶時代首次出版普及於世。相傳編者為十一世紀貴族學者源隆國（一稱宇治大納言），因此舊稱《宇治大納言物語》，但有人認為編纂者是一名佛教僧侶，還有人認為不可考。全書匯集一千餘則來自印度、中國、波斯、阿拉伯乃至希臘、羅馬等地的故事故事，分為天竺（印度）、震旦（中國）、本朝（日本）三大部分，每個故事都以「今日即昔時」起頭。值得注意的是，故事編排方式依循佛教傳入日本的軌跡。

①—以當時幣值計算相當於將近五百萬美元。

佩特里負責傳譯。

320 關於火車頭等艙旅客將門關上——羅馬尼亞，一九九六年。

321 房地產商史卡皮——採訪地點為他在沙加緬度持有的其中一塊地上，一九九七年。

323-324 我的商業攝影師友人肯特——採訪地點為他的工作室，一九九七年。

328 遇見巴勒斯坦明信片小販——耶路撒冷，一九九三年。

329 「事實很明顯，要是我們的奴隸開始計算……」——塞內卡，四二一頁（〈論慈悲〉，I.XXIV.I）。

331 「那個看起來富裕，但卻是所有階級中……」及「失格窮人——他們的形體……」——亨利．梭羅，《插圖版湖濱散記》〔詳細出版資料請參見注二十一〕，十六、三四－三五頁。

23｜錢只去它去的地方

340 採訪頭上包白布的男子——遊民宿營地，東京台東區隅田川畔，二〇〇四年。河合貴子女士負責傳譯。

341 「世人對其命運發出愚蠢的抱怨是基於無知……」——麥考羅譯，《今昔物語集》，二八二頁（〈一名窮者的妻子與他離異後如何成為攝津總督夫人〉）。

341 「他們撥了五億日圓……」——原先的翻譯是：「他們有五億日圓。」可是通譯員後來向我證實那名男子所說的「他們」是指「有關當局」。她同意我改變用詞，以使句意清楚。

佛大學出版部，盧博（Loeb）圖書館，一九九四年（修訂版重印自一九二八年版；〈論慈悲〉最初寫於公元五五或五六年），三七一頁（〈論慈悲〉，IV. 3）。

284 關於馬達加斯加的描述——出自筆者初次造訪時所做筆記（一九九四年）。

285 「每個人的富裕或窮困取決於……」——亞當·斯密，五一頁。

290-293 哥倫比亞的故事及採訪——源自筆者初次造訪（一九九九年）。

290 玻利瓦爾城中四年前才開始出現的貧民區——新艾斯佩蘭薩，一九九九年。

290 玻利瓦爾城另一處類似社區的理事長——佩德洛·荷西·阿里亞斯（Pedro Jose Arías），一九九九年採訪。

293 卡洛斯醫師——在他的診所中受訪，玻利瓦爾城，一九九九年。

占位者

21 | 我知道我富有

307 頁底注：法農關於原住民和殖民者的敘述——法蘭茲·法農，《地球上的卑慘者》（*The Wretched of the Earth*），英文翻譯：康絲坦斯·法靈頓（Constance Farrington），紐約：Grove Press 出版社，一九六八年（法文原版：一九六一年），三九頁。

309 頁底注：恩格斯第一消費定律與菲律賓的案例——卡斯提洛，六三二頁，六三〇頁。

312 「富人對他們的財產的所有部分……」——盧梭，三五六頁。

313 遇見無腿乞丐——塞爾維亞，一九九八年。

314 遇見乞丐——柬埔寨馬德望，一九九六年。

315 「因為在關連和對應如此之少時……」——蒙田，一九五頁（〈關於我們之間的不平等〉）。

315-318 明尼亞波利斯事件——一九九四年。

317 「女子生於城市而成為嬪妃或奴婢者……」——《日本文化誌叢》（*Monumenta Nipponica: Studies in Japanese Culture*）〔東京上智大學協力出版〕，第二十六卷，第二號（二〇〇一年夏季；前一期譯文剩餘部分），一八六頁（珍妮特·古德溫〔Janet R. Goodwin〕等著，《孤獨的思索：只野真葛《讀考》英譯》〔*Solitary Thoughts: A Translation of Tadano Makuzu's Hitori Kangae*〕）。原譯文將「成為嬪妃或奴婢」置於方括號中；為求簡明流暢，筆者已將括號去除。

320 採訪胡哥·拉米雷茲——墨西加利，二〇〇五年九月。泰瑞·

希望

17 | 「更多的援助，更好的運用」

256 聯合國政策建議——聯合國開發計畫署報告，第六～十一頁。

257 關於印度人口統計資料失業數據的頁末注——印度文職部門官員米特拉（A. Mitra），戶籍管理總長兼印度人口普查當然委員，《一九六一年印度人口普查》，第一卷：印度，第V-A（i）部分：針對在冊種性所作的特別統計表，四二八～四二九頁（表SC-I—非在職人口，按性別、業種、教育程度分類，在冊種性—續）。

258 民眾待在書店裡看他們花不起錢買的書——南寧書城，所在地當然就是南寧，二○○二年。

258-259 採訪隅田川河濱遊步道的兩名遊民——東京台東區隅田川畔的遊民宿營地，二○○四年。河合貴子女士負責傳譯。

19 | 「路面以下」

273 柬埔寨於聯合國人類貧窮指數中被列為七個超過百分之五十的國家之一——聯合國發展計畫署報告，第六頁。

274 「每個項目、每個意義鏈，每個……」——理查茲，二三一頁。

275 醉漢胡立歐——二○○五年七月間於墨西加利以英文採訪。蜜雪琳·馬爾康（Micheline Marcom）陪同在場。

276 山上憶良的《貧窮問答歌》——羅伯特·布饒爾（Robert H. Brower）及厄爾·邁納（Earl Miner），《日本宮廷詩歌》（*Japanese Court Poetry*），加州帕羅奧托：史丹福大學出版部，一九九七年（平裝版重印自一九六一年版），一二一～一二三頁（雙語平行文本）。

278 柬埔寨稻田深處某間美容室的午後快樂時光——馬德望，一九九六年。

278 緬甸，下雨的午後——仰光筆記，一九九三年。

279 辛納吧的情景——舊金山，一九九八年。

280-281 關於茶商和他的客人的描述——巴基斯坦，二○○○年。

281 「貧窮沒什麼可怕，除了一件事……」——蒙田，三八頁（〈善與惡的滋味大體上取決於我們對善惡的觀念〉）。

281 「一個學會如何死亡的人……」——出處同上，六○頁（〈進行哲學思考即學習如何死亡〉）。

282 「靈魂的偉大……」——塞內卡，《道德文集》，第一卷，英文翻譯：約翰·巴索爾（John W. Basore），麻薩諸塞州劍橋：哈達到致命的濃度。一九五二年間，倫敦發生濃霧含毒量過高，導致四千人死亡的事例（出處同上，三一〇頁）。其中多數人的死因是支氣管炎，當時罹患率增加為十倍。這些研究人員的結論（三一二頁）是，當煙霧和二氧化硫的每天平均濃度都超過每立方米七百五十微克，死亡率就會明顯增加；二氧化硫濃度五百微克加上煙霧濃度兩百五十微克會導致慢性健康效應：呼吸道感染、氣喘……等。針對兒童所作的調查結果還比較「模稜兩可」（三一六頁）。成長遲緩及其他發展障礙相關研究當時持續進行中。

燃燒石油所釋出的其他化學物質也包括苯；柏克里斯（見前述援引資料）稱其為「芳香族一環及二環碳氫化合物中揮發性、水溶性及毒性均最強」的物質。另外，一氧化碳可能涉及薩利卡米斯當地人宣稱的死亡案例。不過從頭到尾我並沒有實際看到任何死人，因此針對田雪公司的相關指控未能獲得具體證明，但我傾向於相信這些指控。

231 頁末注：採訪剷雪隊的一名女性成員——最初這名女性不只是願意提供她的地址，而且是非常樂意（另兩名女性則拒絕提供），因此我在某個星期天前去拜訪她（我知道那時她不必工作）；我們在她租住的房子前面短暫地聊了一下，感覺上她的話語充滿憂慮和怨憤。不久後她就進屋躲了起來。然後一名男子前來幫她解釋說她太忙，無法繼續與我聊。

16 | 蛇頭的恐懼

233-252 日本採訪——這些採訪於二〇〇一年一月間進行。我的通譯員是麻里 R. 女士及河合貴子女士。

239 我們「連自然本性這個事實都無法面對……」——詹姆斯．艾吉與沃克．伊凡斯，《且讓我們歌頌名人》（波士頓：Houghton Mifflin Co. 出版，一九六〇年；原版文字撰寫及照片拍攝：一九三九～一九四〇年），二四七頁。

251 頁底注：「五名百萬富翁級歹徒經查為非法鳥蛤撿拾業關鍵人物……」——取材自英文《日本時報》（*The Japan Times*），二〇〇四年二月十四日，星期六，第三版（「新聞選粹……獲獎報紙《觀察家報》〔*The Observer*〕；安努西卡．阿斯塔納（Anushka Asthana）及東尼．湯普森（Tony Thompson），〈十九名非法中國移民溺斃：警方緝捕『鳥蛤奴工』老闆〉〔*Police hunt bosses of "cockle slaves": 19 illegal Chinese immigrant Drown*〕」）。

民眾離奇死亡，兒童發展遲緩及長白髮。第一組症狀在我參閱的毒物學文獻資料中有記載，詳如下文。第二組症狀則無相關科學記載。

我不是化學家，而且未獲允許參觀當地煉油廠，因此無法精確告訴各位在田吉茲有哪些種類的硫磺及其他化學物被釋放出來。我們姑且依據常識假定那些化學物質是硫的氧化物。

二氧化硫會導致咽喉以上的呼吸道收縮，因而減少氧氣吸入（參見貝克〔B. G. Baker〕，〈內燃引擎有毒氣體排放之控制〉〔*Control of Noxious Emissions from Internal Combustion Engines*〕，第二－二節，〈廢棄污染物的效應〉〔*Effects of Exhaust Pollutants*〕，收錄於柏克里斯〔J. O'M. Bockris〕編，《環境化學》〔*Environmental Chemistry*〕，紐約：Plenum Press 出版社，一九七七年，二四八頁）。這可以解釋民眾所宣稱的許多屬於第一組的症狀。此外，燃燒煤和石油所產生的硫酸鹽「與一些急性負面健康效應有關，其中包括：急性下呼吸道疾病罹患率增加……以及氣喘發作機率提高」（參見蕾貝卡．札格拉尼斯基〔Rebecca T. Zagraniski〕、布萊恩．黎德勒〔Brian P. Leaderer〕及詹．史托維克〔Jan A. J. Stolwijk〕，〈環境硫酸鹽、光化學氧化劑與急性負面健康效應：流行病學研究〉〔*Ambient Sulfates, Photochemical Oxidants, and Acute Adverse Health Effects: An Epidemiological Study*〕，收錄於《環境研究》期刊，第十九卷，第二號〔一九七九年八月號〕，三〇七頁）。這些後來的學者在他們的研究群體身上發現下列症狀特別普遍（三一五頁）：頭痛、眼部及鼻部刺激、打噴嚏、流鼻水、過敏、頭傷風。樣本群中僅有百分之二點七感覺胸部不適。研究人員的結論（三一七頁）是，懸浮硫酸鹽的毒性不及臭氧之類的光化學氧化劑。他們承認（三一九頁）他們的研究沒有探討到慢性暴露的效應。在另一方面，他們的研究區域（包括康乃狄克州）據稱擁有「全美國名列前茅的氧化劑含量」。他們隨之斷定，只有非常敏感的人會受到硫氧化物（他們指的是二氧化硫及懸浮硫酸鹽）的傷害。康乃狄克州及阿特勞的暴露程度有多大差異，在此無從得知。另外，重度菸癮會使這些症狀惡化，而我在哈薩克見到的人經常是菸槍。

根據《環境研究》第十六卷（一九七八年七月，一卷含一至三號），三〇二頁（約翰．艾里森〔John McK. Ellison〕及羅伯特．瓦勒（Robert E. Waller），〈硫氧化物及微粒物質作為空氣污染物之評析，特別述及其於英國造成之健康影響〉〔*A Review of Sulphur Oxides and Particulate Matter as Air Pollutants with Particular Reference to Effects on Health in the United Kingdom*〕），硫氧化物於一九三〇年在比利時

一五四頁。

201 關於蓮花——二〇〇五年間多次於加州採訪。

201-204 關於愛黎嘉——二〇〇〇年間於東京紅燈區歌舞伎町的一家深夜酒廊進行付費採訪。河合貴子女士負責傳譯。

204-205 關於蒂芬妮——一九九三年間於舊金山採訪。

15 | 沒有罪犯的罪

207-241 哈薩克採訪——這些採訪於二〇〇〇年冬季進行。我的通譯員分別是（按照時間順序）：XX，XX，XX，以及（最優秀而且最勇敢的一位）艾瑟爾（Asel）。

208 財團新聞稿：「全球最深的超級巨型油田。」——資料來源為田吉茲雪佛龍石油公司的業務概要（二〇〇〇年十月），其中部分數據超過以下引述的田雪公司宣傳手冊所提供數字。

208 一本田雪公司發行的精美手冊：「田吉茲雪佛龍石油公司的目標是成為勤勉、創新、追求卓越的典範……」以及「田吉茲雪佛龍石油及為田雪服務的全體員工都非常驕傲能……」——田雪公司宣傳手冊，《為哈薩克的未來打拼，二〇〇〇年》，第二及第四頁（原書無頁數標記）。

209 我的參考指南：「如果你不是從事石油或天然氣產業……」——布萊德利·梅修（Bradley Mayhew）、理查·普蘭克特（Richard Plunkett）及賽門·里契蒙（Simon Richmond），寂寞星球（Lonely Planet）旅遊指南：《中亞》（*Central Asia*），奧克蘭：寂寞星球出版社，二〇〇〇年，第二版，二二六頁。

218 「它還在大喇喇的石油煉製過程中把那些原料的一大部分燒掉。」——一九七四年時，各地煉油廠所生產的二十四億公噸燃油中大約有十二分之五被燒掉或遺失（參見厄尼斯特·梅里恩〔Ernest Merian〕，〈揮發性碳氫化合物的環境化學〉〔*The Environmental Chemistry of Volatile Hydrocarbons*〕，一九八一年，收錄於《毒物化學及環境化學》〔*Toxicological and Environmental Chemistry*〕，第五卷，第二號〔一九八二年〕，一六八頁）。我曾經盼望，到二〇〇〇年時，煉油程序已經有辦法把那百分之四十二的浪費率減低到比較合理的程度，但是我在田吉茲看到的火焰真的很亮很亮。

229 阿特勞民眾硫磺中毒症狀與可取得醫學資訊之比較——各位或許記得我在阿特勞的訊息提供者提到的症狀及問題包括：（一）頭痛，過敏，鼻子和眼睛的「毛病」，心臟問題（這其實可能是胸口痛），呼吸困難；（二）腿部疼痛，掉髮，貧血，青壯

189 「窮人的命運很容易想像……」——卡斯提洛，六二九及六三〇頁。

190 薩拉耶佛採訪——一九九二年。

190 敘利亞的刑事定罪——敘利亞阿拉伯共和國，總理辦公室，中央統計局，《一九六九～一九七〇年統計摘要：第二十二及二十三年》（*Statistical Abstract 1969 - 1970: Twenty-second and Twenty-third Year*），大馬士革：政府印刷處，一九七一年，三八八頁（表二〇八：一九六三～一九六八年期間敘利亞法院定讞人數，按罪名分類）。定罪數目共達二十六萬九千八百二十九件，相當於該年度全國人口的百分之四點三。根據四一頁數據（表十：一九四三～一九六八年間於民政局登記在冊的人口數，按性別統計，年度末資料）所示，當年人口總數為六二四萬四四一八人。

191 一九七二年肯亞就業狀況資料——取材自肯亞共和國，財政暨計畫部，中央統計局，《一九七五年統計摘要》（*Statistical Abstract 1975*），二四一頁；表二二五，「受資階級就業狀況，按職業類別與公民身分統計，一九七二～一九七四年」。

192 一九七四年奈洛比的整合最低工資——出處同上，二六六頁，表二四〇。

192 關於最低工資的美元等值——按同一資料來源計算，見一六四頁，表一三七，〈外匯兌換率，一九七二－一九七四年〉。在這整個期間，一美元可兌換七先令。

192 採訪哈維耶．阿曼多．哥梅茲．雷耶斯——墨西加利，二〇〇五年九月。泰瑞．佩特里負責傳譯。雷耶斯先生也出現於筆者另一著作《帝國郡》（*Imperial*）中。

196 「當某一棟私人宅邸屢次獲得皇室到訪的殊榮……」——海倫．克雷格．麥考羅（Helen Craig McCullough），整理及編纂，《古典日本散文選集》（*Classical Japanese Prose: An Anthology*），加州帕羅奧托：史丹福大學出版部，一九九〇年，二一二～二一三頁（赤染衛門及未詳作者合著，《榮花物語》（又稱《榮華物語》，英譯名 *A Tale of Flowering Fortunes*），主要撰寫於一〇三〇～一〇四五年）。

選擇

14 ｜ 成本攤銷

200 關於如何定義商品的公道價格——參見阿敏，一五三～

11 | 痛苦

176 關於馬達加斯加乞丐的描述——源自一九九四年筆者第二度造訪該印度洋島國。

12 | 麻木

179 高原蘇格蘭人的嬰兒死亡率——亞當·斯密，一四一頁。

180 「波哥大的太平間病理師」——葛羅莉亞·蘇瓦雷茲，一九九九年採訪。關於該次採訪的進一步細節，請參見拙著《暴起與沉淪》未刪節版第一個探討哥倫比亞的章節。

180 採訪荷西·岡薩雷茲——墨西加利，二〇〇五年九月。泰瑞·佩特里負責傳譯。

181 舊金山草地上的醉漢——一九九八年所見情景。

182 「我看過幾個不到二十歲的年輕人……」——亞當·斯密，一四頁。

182 採訪巴基斯坦卡察加里難民營的女性教師——二〇〇〇年。

13 | 疏離

187 無家可歸的瑪麗——一九九八年間二度於舊金山採訪。

188 瑪麗·歐布萊恩的故事——《愛爾蘭大學出版部英國國會報告系列：紓困行動及愛爾蘭貧窮法行政區及濟貧院現況相關會議記錄報告〔第六系列〕，一八四七－一八四八年；愛爾蘭大饑荒，第三卷》（*Irish University Press Series of British Parliamentary Papers: Papers Relating to Proceedings for the Relief of Distress and the State of the Unions and Work houses in Ireland [Sixth Series] 1847-1848; Famine Ireland 3*），愛爾蘭夏儂：愛爾蘭大學出版部，一九七〇年，八〇九頁（記錄及報告〔*Accounts and Papers*〕，二十八卷，一〔十八〕一，紓困行動及貧窮法行政區濟貧院〔愛爾蘭〕，一八四七年十一月十八日至一八四八年九月五日會期，第五十四卷；甘迺迪〔Kennedy〕巡查長對委員會成員所做回覆：——一八四八年三月二十六日）。

189 「一個貧窮乞丐很快就能從遠方辨識出……」——伊凡·屠格涅夫，《父與子》（*Fathers and Sons*）及《貴族之家》（*A Nest of the Gentry*），英文翻譯：伯納爾·艾塞克斯（Bernard Isaacs），莫斯科：Progress Publishers出版社，一九七四年（重印自一九五一年俄國版；《貴族之家》原版出版於一八五九年），三〇一頁（《貴族之家》）。

165 採訪阿富汗難民——二〇〇〇年間於白夏瓦以英文進行。
166 「所有人都經常獲得補給⋯⋯」——亞當・斯密，第二～三頁。
166 「一名倫敦的木工⋯⋯」——出處同上，一四六頁。

10 | 容易出意外

167 國際制裁下的伊拉克——一九九八年造訪時所見情景。薩達姆城是大巴格達地區的一處貧民區。
168 國際制裁下的塞爾維亞——一九九四年造訪貝爾格勒時所見情景。
168 在雪梨遇見逃家妓女——此事發生於一九九四年筆者造訪澳洲期間。
169 採訪加州帝國郡的窮人——一九九七年。
170-171 哥倫比亞採訪——一九九九年。新艾斯佩蘭薩那位黑人女學童和她的母親在拙著《暴起與沉淪》未刪節版（舊金山：McSweeney's 出版社，二〇〇三年）中以影像方式呈現，參見該書輯四，圖頁二。
171 阿爾巴尼亞街頭小販——一九九八年筆者走訪該地時所見情景詳細描述於隨身筆記本中。
172 「任何自由有色人種只要出現在他們的行動範圍內⋯⋯」——《自由的有色人種：威利斯・奥古斯都・哈吉斯自傳》（*Free Man of Color: The Autobiography of Willis Augustus Hodges*），小魏拉爾・蓋特伍德（Willard B. Gatewood Jr.）編，納克斯維爾（Knoxville）：田納西大學出版部，一九八二年，二〇頁。
172 「鞭子的聲音和⋯⋯」——出處同上，一八頁。
172 「種類繁多的不健康行業⋯⋯」——盧梭，三六五頁。不過他認為富人的恣縱行徑對他們本身也有害。
173 一八八九年時罹患肺癆婦女的房間——《愛爾蘭大學出版部英國國會報告系列：上議院特別委員會針對血汗制度所做的第三次報告，包括證言記錄及附錄，一八八九年，產業關係，第十五卷》（*Irish University Press Series of British Parliamentary Papers: Third Report from the Select Committee of the House of Lords on the Sweating System with Minutes of Evidence and Appendices, 1889: Industrial Relations 15*），愛爾蘭夏儂（Shannon）：愛爾蘭大學出版部，一九七〇年；第五頁（〈各委員會報告：共八冊〉，第五卷：血汗制度，一八八九年二月二十一日至一八八九年八月三十日會期，第十三卷，證言記錄；艾德華・思凱爾〔Edward Squire〕醫師證詞）。

8 | 不被欲求

157 「作為都市化的基礎，工業化必須獲得重視，」西孟加拉的一位善意人士……——干古利（D. S. Ganguly），西孟加拉博德望（Burdwan）大學商學系系主任及教授，計畫主持人，《西孟加拉的地區經濟：都市化、成長潛力及產業位置優化研究》（*Regional Economy of West Bengal: A Study of Urbanisation, Growth Potential and Optimisation of Industrial Location*），加爾各答：Orient Longman 出版社，一八一頁。

158 「境內移民」的動機——出處同上，四一頁（表三之六：出自經濟考量與非經濟考量的移民現象……」〔Migration on Economic and non-Economic Consideration……〕）。

158 「發生經濟蕭條時……數以百萬計的個人……」——傑佛瑞．克羅瑟（Jeoffrey Crowther），倫敦《經濟學人》雜誌總經理及前編輯，《國家的富裕和窮困》（*The Wealth and Poverty of Nations*；專題講座內容彙編，加州克雷蒙特〔Claremont〕院校聯盟出版，一九五七年），三七頁。

159 「一九二〇年代期間，許多美國人開始將自我價值等同於……」——羅伯特．麥克艾爾文（Robert S. McElvaine），總編輯，《經濟大蕭條百科事典》（*Encyclopedia of the Great Depression*），第二冊，紐約：Macmillan Reference USA / Thomson Gale 出版，二〇〇四年，一一二頁（〈經濟大蕭條造成的心理衝擊〉〔*Psychological Impact of the Great Depression*〕）。

159 「由於土生土長的美國人主要是看到一些窮困、邋遢的低下階層勞工……」——安德魯．羅爾（Andrew Rolle），《義大利裔美國人：動盪不安的族群根源》（*The Italian Americans: Troubled Roots*），紐約：Macmillian / Free Press 出版，一九八〇年，六〇頁。

159 「從來沒有人告訴我們**白種人比日本人優秀**……」——竹澤泰子（Yasuko I. Takezawa），《打破沉默：試論日裔美國人的族群性及其追求地位平反的努力》（*"Breaking the Silence": Ethnicity and the Quest for Redress among Japanese Americans*），哲學博士論文，華盛頓大學，一九八九年，九七頁（斜體強調為原作採用的方式）。

9 | 依賴

162 亞里斯多德談奴役制度——作品一〇一，二六、二七、三七頁。

164 「今日人類的普遍特性……」——蒙田，一九一頁（〈論我輩之間的不平等〉〔*On the in equality that is between us*〕）。

164 採訪哥倫比亞街頭小販——一九九九年間於波哥大進行。

人、退休鐵路工人和收垃圾婦女時，通譯員是麥，其他採訪則由蜜雪兒（魏曉敏〔音譯〕）負責傳譯。班．派克斯也在現場。

5 ｜兩個山

119-125 採訪大山和小山——這些採訪分別於二〇〇四年及二〇〇五年在京都進行。通譯員為河合貴子女士。

現象

126-127 「窮困層面」——聯合國開發計畫署報告，第五頁。

6 ｜隱形

128-151 阿富汗及巴基斯坦採訪——這些採訪於二〇〇〇年間進行，由艾克蘭姆（M. Ekram）負責傳譯，但採訪戴墨鏡男子是以英文直接進行。

134-136 採訪阿富汗婦女艾美爾——此次採訪於二〇〇五年七月間在加州沙加緬度進行。

138 關於仰光窮困現況的描述——源自一九九三年的一次造訪。

140-141 關於薩里納斯鐵道沿線的描述——源自二〇〇五年的一次造訪。

145-147 採訪鴻——二〇〇三年於河內進行。

147 關於布達佩斯女警的描述——源自一九九八年的一次造訪。

148-149 關於在諾姆喝醉酒的因努特人的描述——源自二〇〇〇年的一次造訪。

7 ｜畸形

152 「前天我看到一個小孩……」——蒙田，五三八頁（〈談一個妖怪般的小孩〉〔*Of a monstrous child*〕）。

154 散發尿騷味的老叟——採訪於二〇〇四年間進行，地點在東京台東區隅田川畔一處人行道，從那旁邊的階梯往下走，即可到達河濱公園中的遊民宿營地。河合貴子女士負責傳譯。

www.Chernobyl.info/index，瑞士開發暨合作署贊助（合作對象包括：聯合國發展計畫、烏克蘭緊急事故暨民眾保護事務部、車諾比爾委員會、聯合國人道事務協調廳……等，二〇〇五年九月六日查閱。相關部分標題為「輻射造成的衝擊」（The impact of radiation）。

99 「不是依據統計證據，而是……」——出處同上，章節名稱為〈其他出現於兒童及成人身上的病症〉（*Other diseases in children and adults*）。動脈硬化不被視為與廣島和長崎原爆生存者的鐳射線中毒有關。這個病症似乎也與美國的鐳錶盤繪製者的工作無關，雖然這些婦女出現非常高的動脈粥樣硬化發生率（特別是就那個時代而言）。參見《環境研究》（*Environmental Research*）期刊，第八卷，第三號（一九七四年十二月），二二一頁（威廉．夏普〔William D. Sharpe〕，〈慢性鐳中毒：針對新澤西州長期生存者所做的臨床及驗屍研究結果〉〔*Chronic Radium Intoxication: Clinical and Autopsy Findings in Long-Term New Jersey Survivors*〕），二九一頁。不過當然有一些惡性病症的發生率提高，其中可能包括老化加速現象。

99 沒有提到人與人接觸造成感染的情形——Chernobyl.info 網站，章節標題為「低度輻射」（Low level radiation）。

99 關於「發光親吻」的頁底注——《環境研究》期刊，夏普論文，二四三頁。這種戲謔遊戲（以及舔塗刷尖頭的行為）導致的結果是：與鐳相關的貧血，頜骨壞死，骨炎，口腔病變，骨源性肉瘤，再生不良性貧血。

100 「依賴，受害心理」（Dependence, victimization）——參見 chernobyl.info 網站「心理效應」（Psychological Effects）章節。

100 其他引述自該網站的資料——參見「健康影響概觀」（Overview of Health Consequences）這個章節。

100 《紐約時報》，一五四卷，五三三二九號（二〇〇三年九月六日，星期二），A 十二版（伊莉莎白．羅森塔爾〔Elizabeth Rosenthal〕，〈專家發現車諾比爾的效應降低〉（*Experts Find Reduced Effects of Chernobyl*）。該報告似乎是車諾比爾論壇發布的一份所謂「車諾比爾影響文件」，遭車諾比爾相關救援組織批評為「不恰當」。關於兒童及青少年甲狀腺癌的句子取材自 www.chernobyl.info/index 網站的新聞資料部分。

4 | 什麼事你都該自己做

107-118 中國採訪——二〇〇三年夏天於南寧進行。採訪退休修路工三三八頁（《論不平等的起源》原版於一七五四年〔提獻年份〕問世）。

70 日本採訪——這些採訪分別於二〇〇四年四月及二〇〇五年五月間進行。通譯員為河合貴子（Kawai Takako）女士。

70 採訪騎腳踏車的枯槁男子——河濱遊民宿營地，東京台東區隅田川畔，二〇〇四年。通譯員為河合貴子女士。

3 | 娜塔莉雅的小孩

71-105 俄羅斯採訪——這些採訪於二〇〇五年七月間進行。大部份採訪時的通譯員為瑪莉雅．格魯賽夫（Mariya Grusev），不過有兩次簡單採訪奧可桑娜時，幫我翻譯的是人是妓女 N.K.。

79 頁底注：聯合國指出：「東歐及東歐及獨立國協成員國……」——聯合國開發計畫署報告，第三頁。

85 「那個女人一心想混進我們家，然後把她的兩個小孩也弄進來。」——瑪莉雅原來的翻譯是「另外那個女人只是想要我們家，還有把她的兩個小孩帶來」。我稍微「改譯」了一下，我想應該正確表達了她的意思，同時顯得更生動些。

85 頁底注：「你不明白我們這些吉普賽女孩嗎？」——伊凡．屠格涅夫（Ivan Turgenev），《運動員筆記本》（*A Sportsman's Notebook*），英文翻譯：查爾斯及娜塔莎．赫本（Charles and Natasha Hepburn），紐約：The Ecco Press 出版，一九八六年（重印自一九五〇年 Viking 版；原書故事寫於一八四八～一八五〇年，一八五二年於俄國出版），三二六頁（〈切妥普哈諾夫的了結〉〔*The End of Chertopkhanov*〕）。

93 腫瘤專家針對頭部遭受輻射的結果所提的論點——詹妮絲．龍（Janice K. Ryu）醫師，二〇〇五年九月。

93 一九七一年日本輻射災害的故事——國際原子能總署（IAEA），《輻射意外的處理：研討會記錄，維也納，一九七七年二月二十八日 - 三月四日》（*Handling of Radiation Accidents: Proceedings of a Symposium, Vienna, 28 February-4 March 1977*），維也納：國際原子能總署會議記錄系列，一九七七年，三五頁（熊取敏之等，〈銥 - 一九二放射源所導致的輻射意外〉〔*Radiation Accident Caused by an Iridium-192 Radiographic Source*〕）。災害所導致的典型症狀包括噁心、皮膚病變、水泡、貧血、暫時性精子數目降低等（見三七頁）。長期效應則包括皮膚色素脫失、處理過銥的手部萎縮、手指收縮等。

99 「截至目前為止，關於低度輻射可能導致哪些疾患……」——

德，《政治學》（*The Politics*），英文翻譯：T. A. 辛克雷（T. A. Sinclair），紐約：Penguin Classics 出版，一九七三年，重印自一九六二年版（希臘文原版：早於公元前三二二年），三四頁。

61 蒙田談對貧窮前景的焦慮心理——《蒙田論文全集》（*Complete Essays of Montaigne*），英文翻譯：唐納德·福瑞姆（Donald M. Frame），加州帕羅奧托（Palo Alto），史丹福大學出版部，二〇〇二年（重印自一九六五年平裝版；英譯本首度於一九五七年出版，譯自一五八八年最終版本〔第五版〕），五四頁（〈論恐懼〉〔*Of Fear*〕）。

62 「您透過前世的美德……」——《二条女士告白錄》（*The Confessions of Lady Nijo*）〔譯注：此處的「二条女士」係指日本鎌倉時代女作家後深草院二条（一二五八～一三〇七以後）。〕，英文翻譯：凱倫·布拉索（Karen Brazell），加州史丹福：史丹福大學出版部，一九七六年（重印自一九七三年 Doubleday 版本；日文手稿〔《問わず語り》〕撰寫於一三〇七年），一七頁。

64-65 墨西哥採訪——墨西加利，二〇〇五年。

64 里歐納德·奈特——二〇〇五年於救世山採訪，加州奈蘭德（Niland）。泰瑞·佩特里（Terrie Petree）也在場。

66 「我找不到任何理由讓我認為……」——I. A.·理查茲，《務實批評：文學評斷的一種研究》（*Practical Criticism: A Study of Literary Judgment*），紐約：Harcourt, Brace & World, Inc. / A Harvest Book 出版（年份不詳，但可能出版於一九八〇年左右；原版於一九二九年出版），四～五頁。

66 「導致不恰當的刻板印象式反應的主要原因……」——出處同上，二三二頁（「從經驗中抽離」在原書中以斜體強調）。

67 「根據資源、貧窮線、等值規模等概念的定義方式……」——安東尼·艾特金森（Anthony B. Atkinson）及法蘭索瓦·布基儂（François Bourguignon），《所得分佈手冊》（*Handbook of Income Distribution*），第一冊，阿姆斯特丹：Elsevier 出版社，「經濟學手冊」（Handbooks in Economics）系列，第十六部，二〇〇〇年，三六二頁（第六章，顏提〔M. Jäntti〕與丹季格〔S. Danziger〕合著，〈先進國家的所得貧窮現象〉〔*Income Poverty in Advanced Countries*〕）。

68 盧梭談野蠻人：「他在天地間認定的好事只有食物……」——尚-賈克·盧梭，《論人類不平等的起源和基礎》（*A Discourse on the Origin of Inequality*）、《政治經濟理論》（*A Discourse on Political Economy*）、《社會契約論》（*The Social Contract*），英文翻譯：科爾（G. D. H. Cole），芝加哥：大英百科全書公司，「偉大圖書」（*Great Books*）系列（與孟德斯鳩合併裝訂），第三十八部，一九五二年，長岩〕到 Vesuvius〔維蘇威〕），五七八頁（unemployment〔失業〕一詞）、八三七頁（vagrancy〔流浪〕一詞）。

54 以金錢貧窮取代資源貧窮——傑瑞米．錫布魯克（Jeremy Seabrook），《世界窮困務實手冊》（*The No-Nonsense Guide to World Poverty*），英國牛津：New Internationalist Publications Ltd. 與 Verso 合作出版，二〇〇三年，五四頁。

55 頁底注：「西方式富裕的好處……」——出處同上，六三頁。

54 「生活水準的定義是一個個人或團體習慣消耗的……」——安德列斯．卡斯提洛（Andres V. Castillo），博士論文，《菲律賓經濟》（*Philippine Economics*），馬尼拉：私人印刷（？），一九四九年，六二六頁。

56 值得商榷的比較：農民收入 VS. 城鎮工作者收入——薩米爾．阿敏，《不平等發展：論邊陲資本主義的社會形構》（*Unequal Development: An Essay on the Social Formations of Peripheral Capitalism*），紐約：每月評論出版社（Monthly Review Press），一九七六年（法文原版：一九七三年），二一九頁。

56 妮娜．李奧尼哥夫娜．索柯洛娃訪談——俄羅斯聖彼得堡，二〇〇五年。參見下一章。

57 巴基斯坦實地情況描述——卡察加里難民營，白夏瓦附近，二〇〇〇年。

59 頁底注：農耕型態在營養面不如游牧型態——肯尼斯．凱波爾（Kenneth F. Kiple）及克里姆希德．科內．奧內拉斯（Kriemhild Conèe Ornelas）統籌編輯，《劍橋食物世界史》（*The Cambridge World History of Food*），第一冊，英國劍橋：劍橋大學出版部，二〇〇〇年，一五頁（I.1：〈過往民族的膳食內容重建及營養學評估：生物人類學記錄〉〔*Dietary Reconstruction and Nutritional Assessment of Past Peoples: The Bioanthropological Record*〕，克拉克．史班賽．拉爾森〔Clark Spencer Larsen〕撰文）。

58 一名後蘇維埃時期波蘭作家——安德烈賽吉．史塔西烏克（Andrzej Stasiuk），《加利西亞故事：一部小說》（*Tales of Galicia: A Novel*），英文翻譯：瑪格麗塔．納夫帕克提提斯（Margarita Nafpaktitis），布拉格：Twisted Spoon Press 出版社，二〇〇三年。

59 「他們在那裡能找到的…」——亞當．斯密，《國富論，選集》（*An Inquiry into the Nature and Causes of the Wealth of Nations, Selections*），第一冊，芝加哥：Henry Regnery Co. 出版，一九五三年，第三刷（原版：一七七六年），一二八頁。

60-62 關於越南的描述——二〇〇三年筆者親自走訪。

60 「使用奴隸跟使用家畜幾乎完全沒兩樣……」——亞里斯多

年），五四頁（表七之一：每日最低工資，按省份），五五頁（表五之三：員工平均每日薪資，按公司規模及地區，一九九九年），一八九頁（表五之二：平均家戶每月支出，大曼谷地區），二一八頁（表八：曼谷大都會行省家戶收入）。

35 兩則魯迅引句參考來源——菲利浦．羅佩特（Philip Lopate）編，《個人散文的藝術：選集，古典時期至現今》（*The Art of the Personal Essay: An Anthology from the Classical Era to the Present*），紐約：Anchor / Doubleday 出版社，一九九五年再刷一九九四年手冊版，三三〇頁（魯迅：〈死〉）。

43 馬克思：「因為生產馬匹和機器所需的勞動……」——卡爾．馬克思（Karl Marx），《資本論：政治經濟學批判》（*Capital: A Critique of Political Economy*），第一卷，英文翻譯：班．佛克斯（Ben Fowkes），紐約：Vintage 出版社，一九七七年，五一七頁（「由機械轉移到產品的價值」）。

2 ｜我認為他們窮

48-49 葉門採訪——這些採訪於二〇〇二年九月間進行。通譯員是阿梅德．阿爾－拉巴希（Ahmed Al-Rabahi）。

50 「伊姆蘭．賓．胡賽因曾經這樣敘述……」——薩希赫．阿爾－布哈里的意義轉譯（*The Translation of the Meanings of Sahih Al-Bukhari*），阿拉伯文－英文翻譯：穆罕默德．穆赫辛．罕（Muhammad Muhsin Khan）博士（沙烏地阿拉伯麥地那〔Al-Medina Al-munauwara〕：伊斯蘭大學（Islamic University），年代不詳），第九卷〔共九卷〕，三〇六頁（LXXVI. 16）。

52 甘地針對他人暴力所表達的歉意——引述自茱迪絲．布朗（Judith M. Brown），《甘地：希望的囚犯》（*Gandhi*：*Prisoner of Hope*），新哈芬：耶魯，一九八九年，三七六頁。也可參考一三二頁（為阿姆利則〔Amritsar〕的暴行而自我撻伐，一九一九年）、二八五頁（為印度非暴力運動整體上的相對失敗而自我撻伐，一九三八年）。

53 普立茲獎得主指出：「數十億第三世界公民……」——賈瑞德．戴蒙（Jared Diamond），《崩壞：人類社會如何選擇失敗或成功》（*Collapse: How Societies Choose to Fail or Succeed*），紐約：Viking 出版社，二〇〇五年。

53 一九一一年版《大英百科全書》論及無所事事的窮人、流氓和流浪漢，等等。——《大英百科全書》，第十一版，紐約：大英百科全書公司，一九一一年，第二十七冊（Tonalite〔英雲閃足夠，也就是每天三三點三三美元。她的最大支出項目是房租。

〔28〕 他睡在一間車庫裡，車庫距離一個輕軌車站不遠，那一帶是出名的毒品販賣區。他經常到市場用便宜價錢買一兩片已經潮濕得無法販售的披薩果腹。他也常到遊民收容中心解決民生問題。這個收入表中的許多其他人無疑需要靠別人的實物（金錢）贈與，才能達到他們告訴我他們需要的最低現金。

〔29〕 我為什麼不簡單寫個「乞丐」？因為他的乞討行為只是見機行事，而不是公然而穩定地以乞討維生。

〔30〕 已扣除稅項。這個金額的一大部分是用來付貸款。

〔31〕 他每天需要一萬六千到兩萬三千越南盾（這是我計算的每人金額），所以我是取平均值。

〔32〕 街頭兌換匯率。

〔33〕 她的估計是四百到五百里亞爾之間，所以我取平均值。有時她只賺到三百。

〔34〕 他的估計是兩千到三千里亞爾之間，所以我取平均值。他需要一千到一千五百來維持生活，剩下的錢他會花在「我那艘船的引擎」上。

引言

9 偉大作家：「窮人從不會——或者幾乎不會……」——路易-斐迪南．瑟林，《長夜行》（*Journey to the End of the Night*），英文翻譯：勞夫．曼罕（Ralph Mannheim），紐約：New Directions 出版社，一九八三年，一三〇頁；法文原版：*Voyage jusqu'à la fin de la nuit*），一九三四年初版，一九五二年再刷，附新引言。

自我認定

1 ｜ 我覺得我是富有的

20-48 泰國採訪——這些採訪於二〇〇一年九月期間進行。我的通譯員是 D。世界貿易中心的「轟炸」指的當然是九月十一日發生的恐怖攻擊。

所有不是由受訪者本身提供的經濟數據皆源自 Alpha Research Co. 出版的《袖珍版用數字看泰國》（*Pocket Thailand in Figures*），第四版（曼谷，二〇〇一年），一八-一九頁（表一之三：面積，人口，一九九九年十二月三十一日，地區生產毛額，一九九七略我們不知道的部分，將零星收入計算成每三百六十五天三六點七八美元，相當於每天十美分。我認為他之後應該偶爾還有繼續工作，但已經懶得再記帳。因此他的總支出是每天一一點四美分——略高於他的收入。由於他排拒負債，而且他的數字有不完全精確的毛病，因此我們不妨化繁為簡，把他的收入和支出都算成每天十美分。（我們也不妨暫時忽略他不需付貸款的事實，因為他是借用他朋友愛默生（Ralph Waldo Emerson）的土地居住。）由於梭羅沒有淨獲益，因此我把這個數字視為梭羅維生所需的最低金額，並據此決定在他的姓名前打上星號（星號意義參見所得表開頭說明）。

〔22〕 美國商務部，《二○○四～二○○五年美國統計摘要》（*Statistical Abstract of the United States 2004-2005*），第一二四版（華府：美國人口統計局及其他機構，二○○四年），六一九頁（六一九號：私人產業集團平均每小時薪資：一九九○年至二○○三年）。農場工人、督導型員工及部分其他工作者除外。二○○三年每星期薪資數字為五一七點三六美元，除以五可得每日薪資一○三點四七美元。這個表也提供了每小時薪資的數字，不過似乎最好不要使用，因為簡單乘以八所得的結果會跟三七八頁的數據產生衝突（五八四號：在職人員工作時數：二○○三年），這一頁資料告訴我們「在職人員」的平均每周工作時數為三九點○；「通常從事全職工作者」則為四二點九。

〔23〕 出處同上，四一一頁（六二三號：全職工資與受薪工作者——人數及收入：二○○○年至二○○三年）。所有工作者：二○○三年每星期收入中數：六二○美元，除以五可得每日為一二四點○美元。

〔24〕 中等收入，每小時一一點○八美元。我假定每天工作時數為八小時。喬伊絲．錫母金（Joyce P. Simkin）編，《美國薪資所得調查》（*American Salaries and Wages Survey*），第八版（舊金山：Thomson Gale出版社，二○○五年），七九三頁。

〔25〕 中等收入，每小時九點三六美元。同樣假定每天工作時數為八小時。出處同上，八六九頁。

〔26〕 計算方式為每星期接客三到五次，每次兩百美元，再除以七。事實上她經常拿到小費；她的接客時間有時會比預計的久，而她也透過別的管道獲得收入。因此我推測她的每日收入比較接近一百五十美元，她必須用這個錢付貸款、扶養來自前一婚姻的兩個小孩，以及補充丈夫的收入。

〔27〕 她每個月需要兩千美元扶養一家五口。她的丈夫會負擔這個費用的一部分。她認為如果她是一個人生活，每個月一千美元就

的〇點七美分。

〔20〕 一八四六年的平均每日工資資料無法取得。在《統計摘要補遺：美國歷史統計，殖民時期至一九五七年，人口統計局與社會科學研究委員會合作彙編》（*Historical Statistics of the United States, Colonial Times to 1957, Prepared by the Bureau of the Census with the Cooperation of the Social Science Research Council*，華府：美國政府印刷處，一九六〇年）中，我在九〇頁（D 系列，五七三－五七七：各產業每日工作時數及平均每日工資指數……）看到的資料顯示，一八六〇年（統計記錄的第一個年度）時，平均每日工作時數達十一小時。若將一八六〇年設為指數一百，則一八九〇年的加權指數為一六八點二（平均每日工作時數減為十小時）。然後在九一頁（D 系列，六〇三－六一七：各產業年收入……一八九〇年至一九二六年），我看到一八九〇年的平均每星期工作時數為六十小時，平均每小時薪資為〇點一九九美元。把最後這個數字除以一點六八二，可得〇點一一八美元，再乘以十一小時，可得一八六〇年平均每日工資為一點三美元。即使一八四六年的平均每日工資低到只有這個數字的一半（實際數字應該高過這個水準），梭羅的收入相對而言依然非常低。不過，倘若換算成今天的美元，一八六〇年的薪資水準似乎高得相當誇張。

〔21〕 我們把梭羅在瓦爾登湖濱的三十個月生活設定為九百天。他的房子花了他二八點一二五美元（《插圖版湖濱散記，附〔赫伯特．溫德爾．〕葛里森系列攝影作品》〔*The Illustrated Walden, with Photographs from the [Herbert Wendell] Gleason Collection*〕，林登．尚利（J. Lyndon Shanley）編，普林斯頓：普林斯頓大學出版部，一九七三年，四九頁）。第一年期間他花一四點七二五美元買種子、工具等等（五五頁）。他在八個月期間花八點七四美元買食物，但「最後一次統計時的既有食材價值不列入考量」（五九頁）。在此之後，他「主要以稻米」維生（六一頁）。服裝和油於前八個月期間一共花了他一〇點四七五美元。他靠他的農作物收成賺了二三點四四美元（五五頁），靠木工、測量和做日工則賺得一三點三四美元（五八頁）。我們沒有完全令人滿意的方式可以攤銷這些數字，因為它們的計算期間各有不同，而且有些數字被省略了。因此我會盡可能將不同項目各別加總。在九百天期間，他的房子每天花掉他三點一美分。第一年期間，他的務農開支是每天四美分。後來這些數字有所降低，但我們不知道降低多少。八個月期間食物和油每天花費四點三美分。我們不清楚他賺進各種零星收入分別花了多少時間；根據前後文的內容推測，那可能是在第一年期間賺得，因此我們姑且忽

〔11〕 這段期間的匯率其實從九披索變成十二披索，不過本書中大部分於當地進行的訪談是二〇〇四－二〇〇五年間的事，當時的匯率為十點五美元。

〔12〕 這是他所謂的「正常生活」。他賺這個錢是靠乞討和彈手風琴（不過「只是有時候」）。

〔13〕 計算依據是每月薪資三百盧比，老師們說那「很少」。我只採訪了女性教師，但她們向我肯定地表示男性同儕的薪水跟她們一樣。

〔14〕 此為副業所賺的外快，正職收入數目不詳。

〔15〕 此為包整夜的費用。這個金額在她的工作地「銀元酒吧」（Silver Dollar Bar）所開立的正式收據上列為「長期薪資」，酒吧則從中獲取比例不知的佣金。朱薇很少被包整夜帶出場。

〔16〕 她估計她每天的最高「收入」是一百到一百二十盧布，我據此計算出平均值。她的女兒妮娜（奧可桑娜供養的四名親屬之一）告訴我他們一家人每天生活需要兩百盧布，如果得付房租的話，還得再多三百盧布。奧可桑娜不是唯一的收入來源；他們有一位堂親幫忙支付他們的全部或一部分房租。

〔17〕 計算方式是每月五百泰銖除以三十天（她每星期工作七天）。

〔18〕 計算方式是每月五百泰銖除以三十天（理由同上）。她的一半薪水必須用來付房租，租住處位於曼谷拉丘托里區，距離她的工作地點走路二十分鐘。

〔19〕 梭羅在瓦爾登湖的生活創作計畫從一八四五年三月（實際進住日期是七月四日）持續到一八四七年十月，所以我選定一八四六年為標竿。一八四六年間，所有項目的消費者物價指數（CPI）是 27 @ 1967 = 100。換句話說，一八四六年的物價是一九六七年時的二十七分之一。因此，一九六七年的一美元等於一八六七年的二十七美元；一八六七年的一美元等於一九六七年的三點七美分。（資料來源：美國商務部人口普查局，《美國歷史統計，殖民時期至一九七〇年，建國兩百年紀念版，第一輯》〔*Historical Statistics of the United States, Colonial Times to 1970, Bicentennial Edition, Part 1*〕，華府：美國政府印刷處，一九七五年，二一一頁，E 系列，一三五至一六六，消費者物價指數（美國勞動統計局數據）——所有項目，一八〇〇年至一九七〇年……〕。）根據谷歌搜尋所得的一個關於消費者物價指數的頁面資料，若以 1967 = 100 為基準，則 2001 = 531.9。換句話說，若要把一九六七年的美元金額換算為二〇〇一年金額，必須乘以五點三二。由此可得，一八四六年的一美元等於二〇〇一年的一四三點六四美元，而二〇〇一年的一美元相當於一八四六年

SOURCES
資料來源及相關說明

所得表

〔1〕 梭羅係由通靈版負責採訪。

〔2〕 聯合國發展計畫署（UNDP），一九九七年人類發展報告（Human Development Report 1997），紐約：牛津大學出版部，一九九七年，一四六至一四八頁。

〔3〕 出處同上，二四四至二四五頁。

〔4〕 按採訪時的匯率計算。

〔5〕 她的每月收入是人民幣三百元。

〔6〕 他每個月可領四百元。他跟收垃圾女工都住在南寧，而他表示，三百元在當地生活不夠用。

〔7〕 這位南寧居民每月也可領到四百元，他同樣認為收垃圾女工的三百元不夠應付當時的生活。

〔8〕 按照那段期間一美元兌換一〇五到一三〇日圓之間的匯率變動，取其平均值。

〔9〕 各別收入相當於三千日圓（二五・五三美元）的一半。

〔10〕 根據在阿拉木圖和阿特勞的訪談內容計算而得，以受訪者所提數字（每月一百美元）為準。有些人說在塔吉克一個月的最低生活費是十美元。我沒去過那裡，所以無法確證那個比哈薩克平均值大上十倍的窮困程度。在阿特勞，有一棟六名學生分租的公寓租金是每月兩百美元，相當於每人每天一點一一美元。付這筆錢對他們而言是一大挑戰。三樓以上沒有水；一樓瀰漫糞便的氣味。

銘謝
ACKNOWLEDGMENTS

很感謝《時代週刊亞洲版》的卡爾・格林菲爾德（Karl Greenfeldt）和佐赫・阿布督爾卡里姆（Zoher Abdoolcarim）派我前往中國。我也很感激約翰・德凱爾（John DeCaire）讓我多次加入文學參訪活動。

米凱・約瑟爾（Mikhail Iossel）曾經邀請我到聖彼得堡進行一兩次演講，我是透過這樣的機緣認識了〈娜塔莉雅的小孩〉那段故事中描繪的人物。我向他和把我推薦給他的黛博拉・特里斯曼（Deborah Triesman）致上謝意和友誼。

丹・海爾沛恩（Dan Halpern）和米利森・班尼特（Millicent Bennett）對我充滿耐心。蘇珊・戈倫布（Susan Golomb）和凱西・鮑爾（Casey Powell）幫了我很多忙。

許多年來，班・派克斯（Ben Pax）一直是個值得信賴的友伴。我很慶幸在這本書提到的好幾個地方享有他的陪伴。

窮人

POOR PEOPLE

William T. Vollmann

作者　威廉・福爾曼
譯者　徐麗松

總編輯　富察
主編　林家任
企劃　蔡慧華

排版　宸遠彩藝
封面設計　井十二設計研究室

社長　郭重興
發行人　曾大福

出版發行　八旗文化／遠足文化事業股份有限公司
地址　新北市新店區民權路 108-2 號 9 樓
電話　02-2218-1417
傳真　02-8667-1065
客服專線　0800-221-029
信箱　gusa0601@gmail.com

法律顧問　華洋法律事務所 蘇文生律師
印刷　通南彩色印刷股份有限公司

出版日期　2016 年 8 月／初版一刷
定價　新台幣 520 元

窮人
威廉・福爾曼 (William T. Vollmann) 著
徐麗松譯
初版－新北市：八旗文化
遠足文化，2016.08
480 面；16 × 23 公分
譯自：POOR PEOPLE
ISBN　978-986-93353-1-7 (平裝)

1. 貧窮　2. 社會問題

548.16
105011471

PHOTOGRAPHS

1｜焦土中的女人，馬達加斯加，1994 年。

2 | 胡哥 · 拉米雷茲，墨西哥墨西加利，2005 年。

高速公路底下的遊民宿營地，美國邁阿密，1994 年

3 ｜愛倫（Ellen）在她的篷屋裡。

4｜愛倫在宿營地的廁所前。

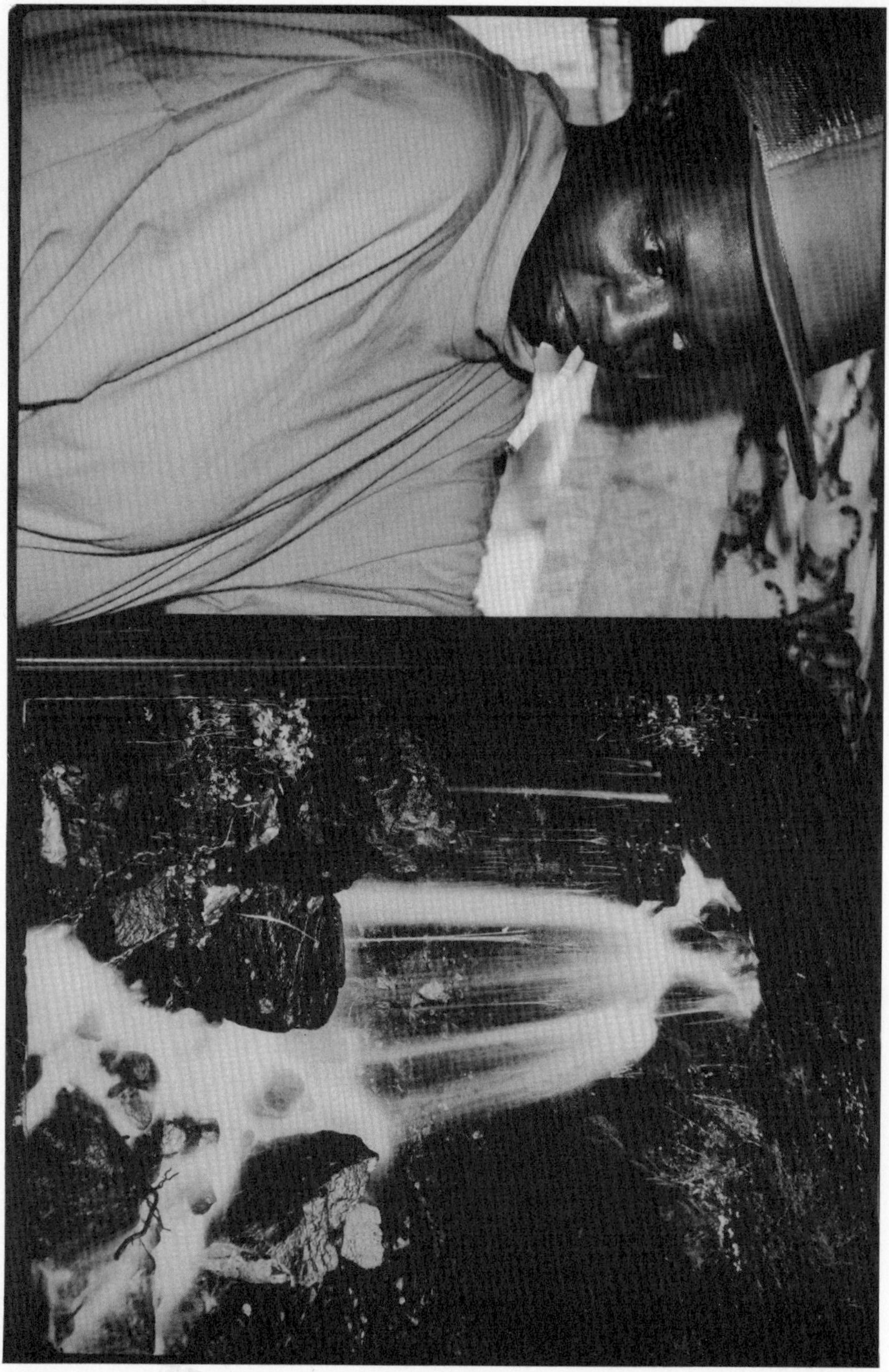

5｜愛倫的瀑布照片。

6｜愛倫比十字架手勢。

7｜愛倫取水。

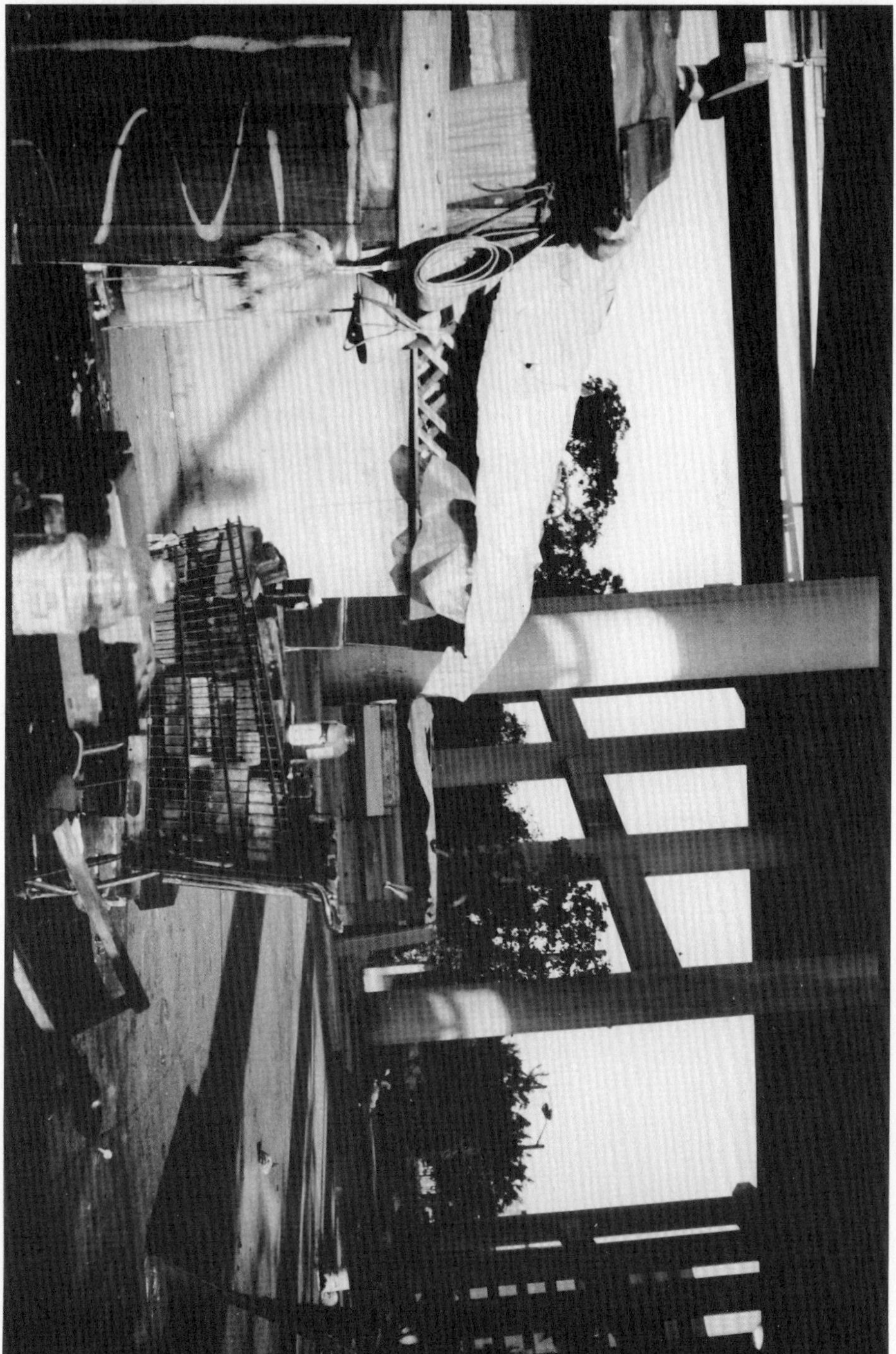

8｜宿營地一景。

9｜生活在廁所附近的一對男女。

人物和街景，牙買加利佛頓（Riverton），1995 年

10 |「這裡有賣 FAB 牌冰淇淋」。

11 | 兩個小孩。

12 ｜遮棚下。

13 ｜垃圾和水圳。

14 ｜兩間破屋。

15 | 婦人。

駄獸

16 | 人力車夫，馬達加斯加，1994 年。

17 ｜少年搬運工，阿拉尼亞普拉塞特，泰國，1996 年。

18 ｜集體拉車，阿拉尼亞普拉塞特，1996 年。

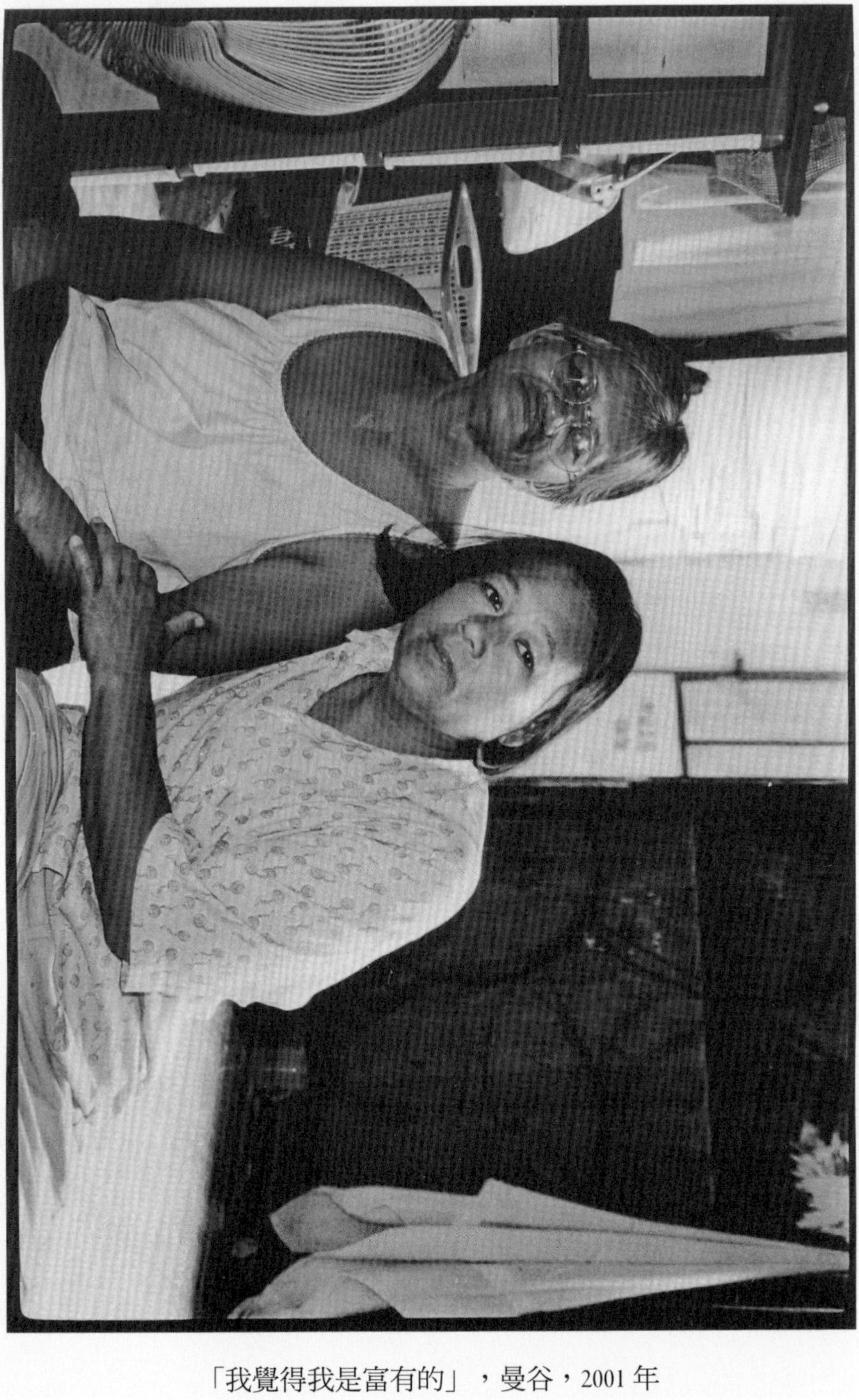

「我覺得我是富有的」，曼谷，2001 年

19 ｜蘇妮和她的母親，在母親家，孔堤貧民區。

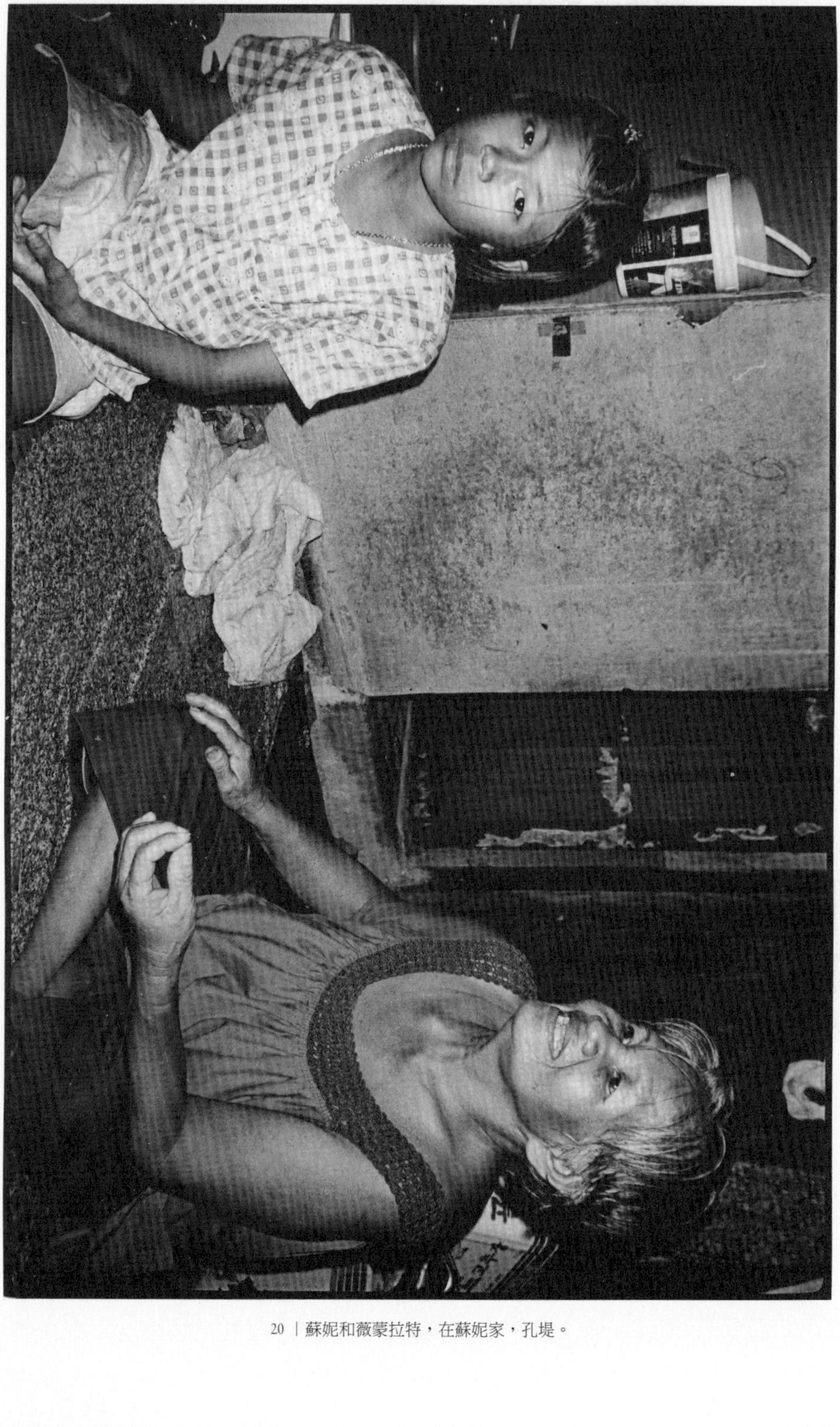

20 ｜蘇妮和薇蒙拉特，在蘇妮家，孔堤。

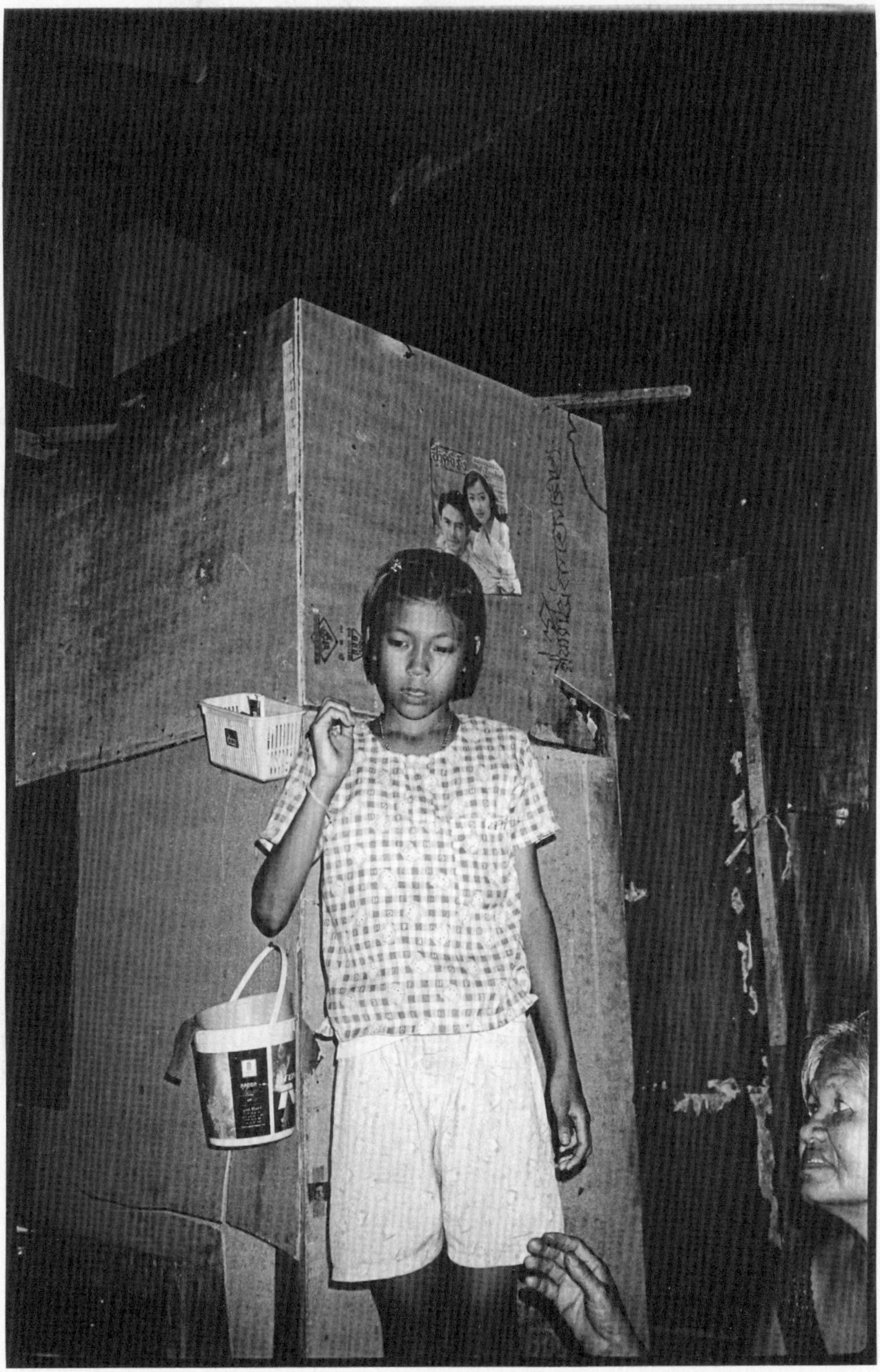

21 ｜蘇妮和薇蒙拉特。也請參見 110。

22 | 辦公室清潔婦，市中心。

23 | 剛下班的辦公室清潔婦，在肯德基爺爺旁，市中心。

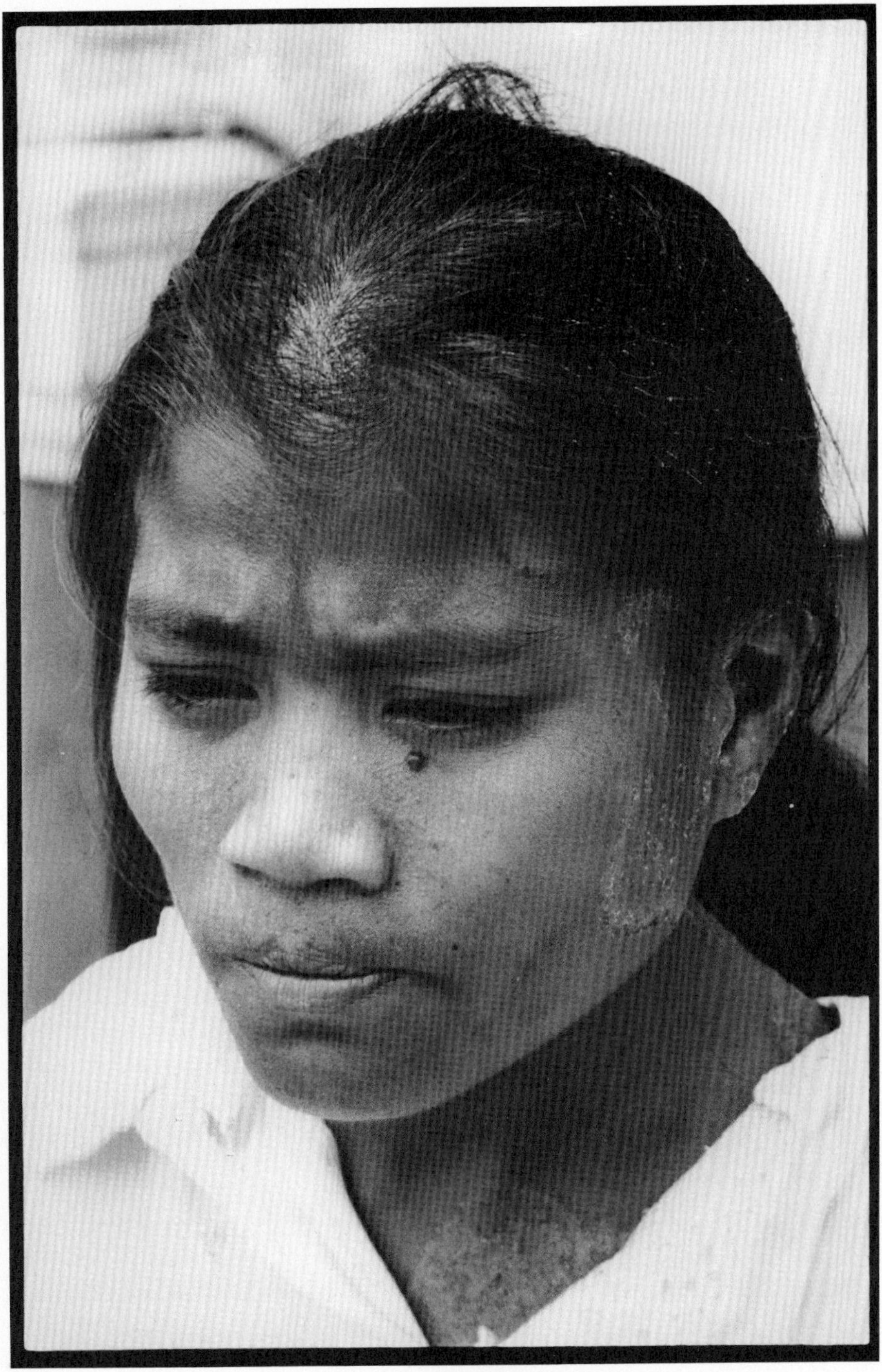

24 | 婉，在中央火車站。

「我認為他們是窮人。」

25 | 安娜赫，葉門女乞丐，2002 年。

26 | 東京新宿車站附近的乞丐。

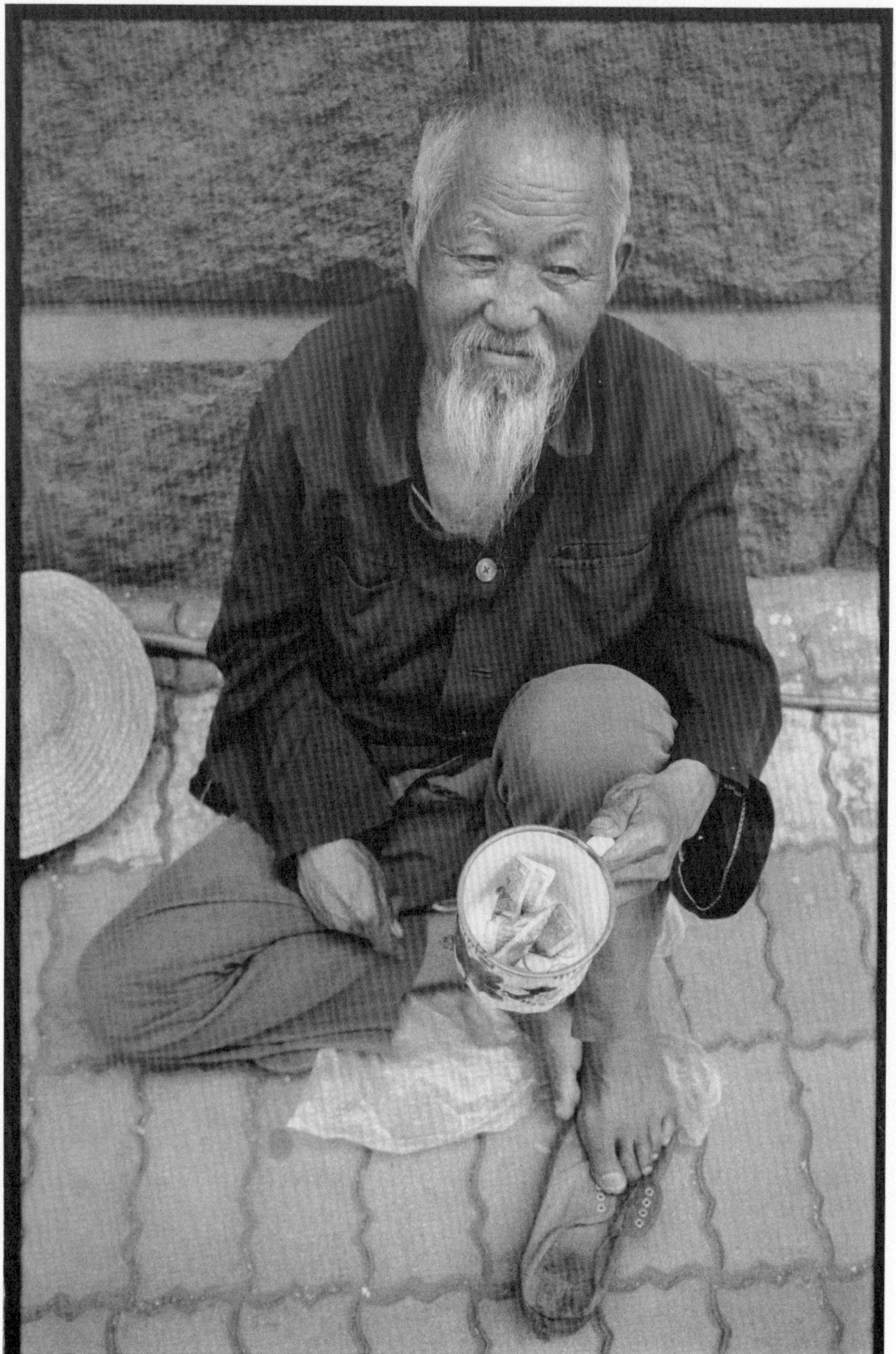

27 | 北京的乞丐，2002 年。

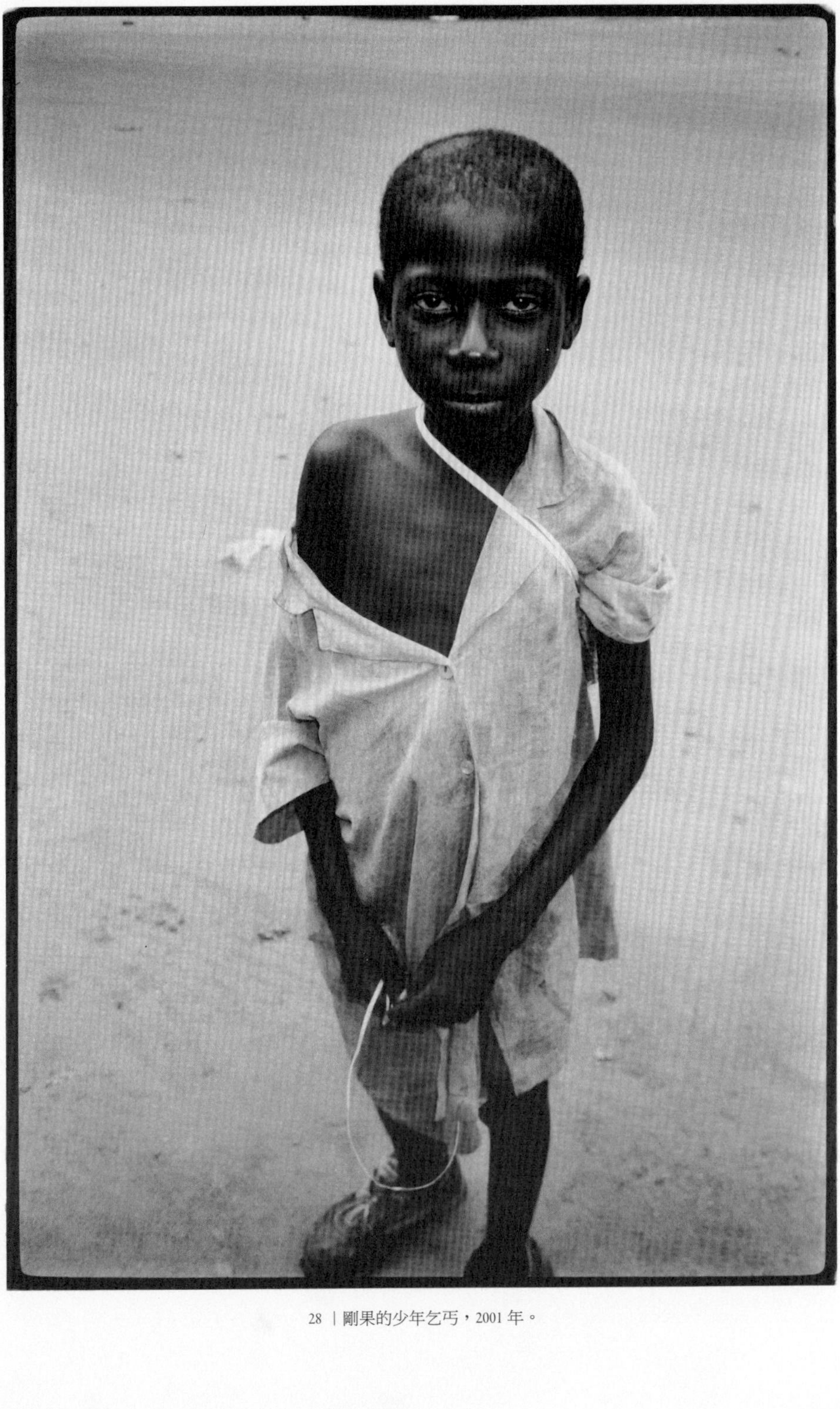

28 ｜剛果的少年乞丐，2001 年。

29 | 剛果的少女乞丐，2002 年。

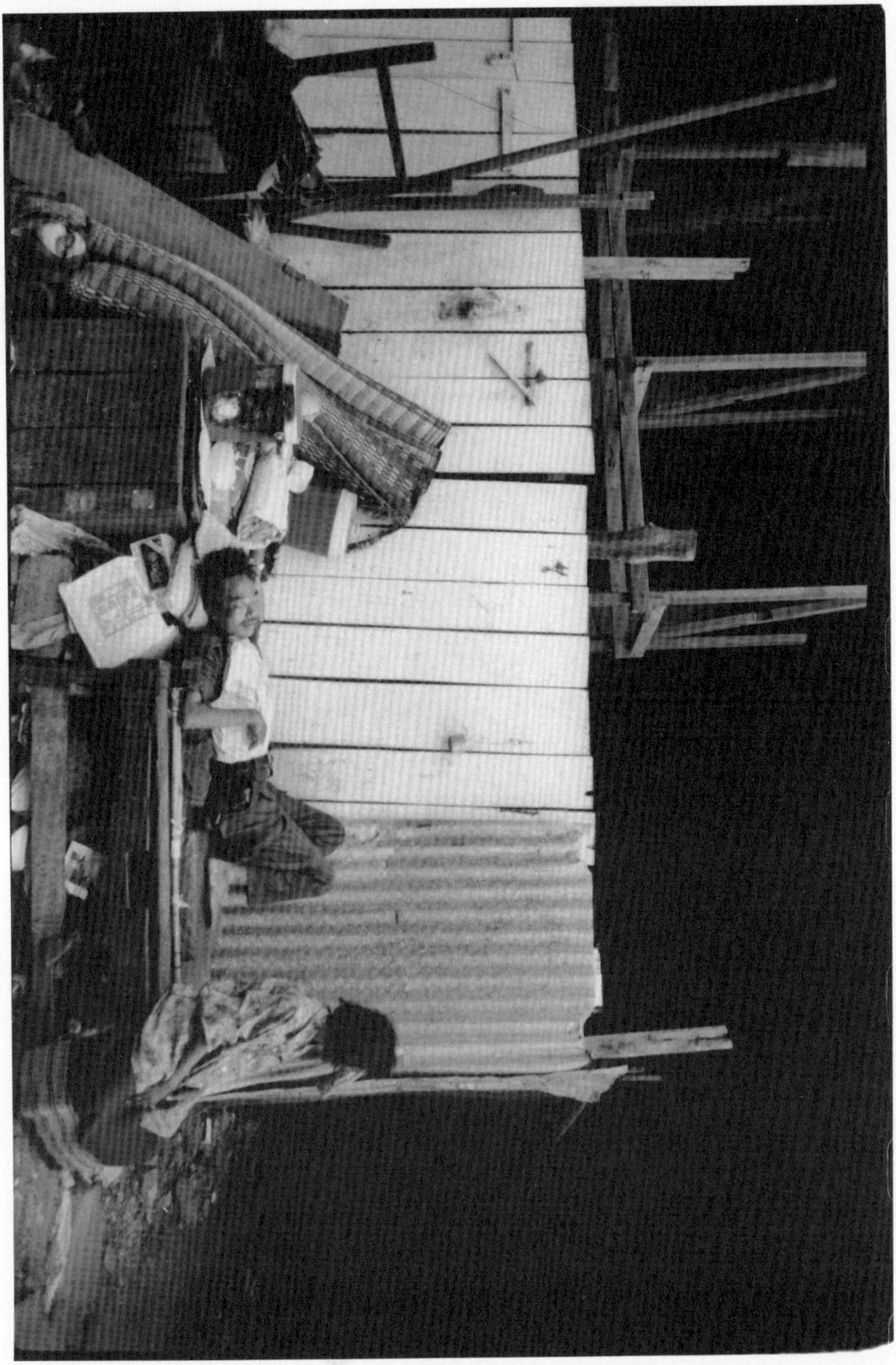

30 ｜不知名露宿者。

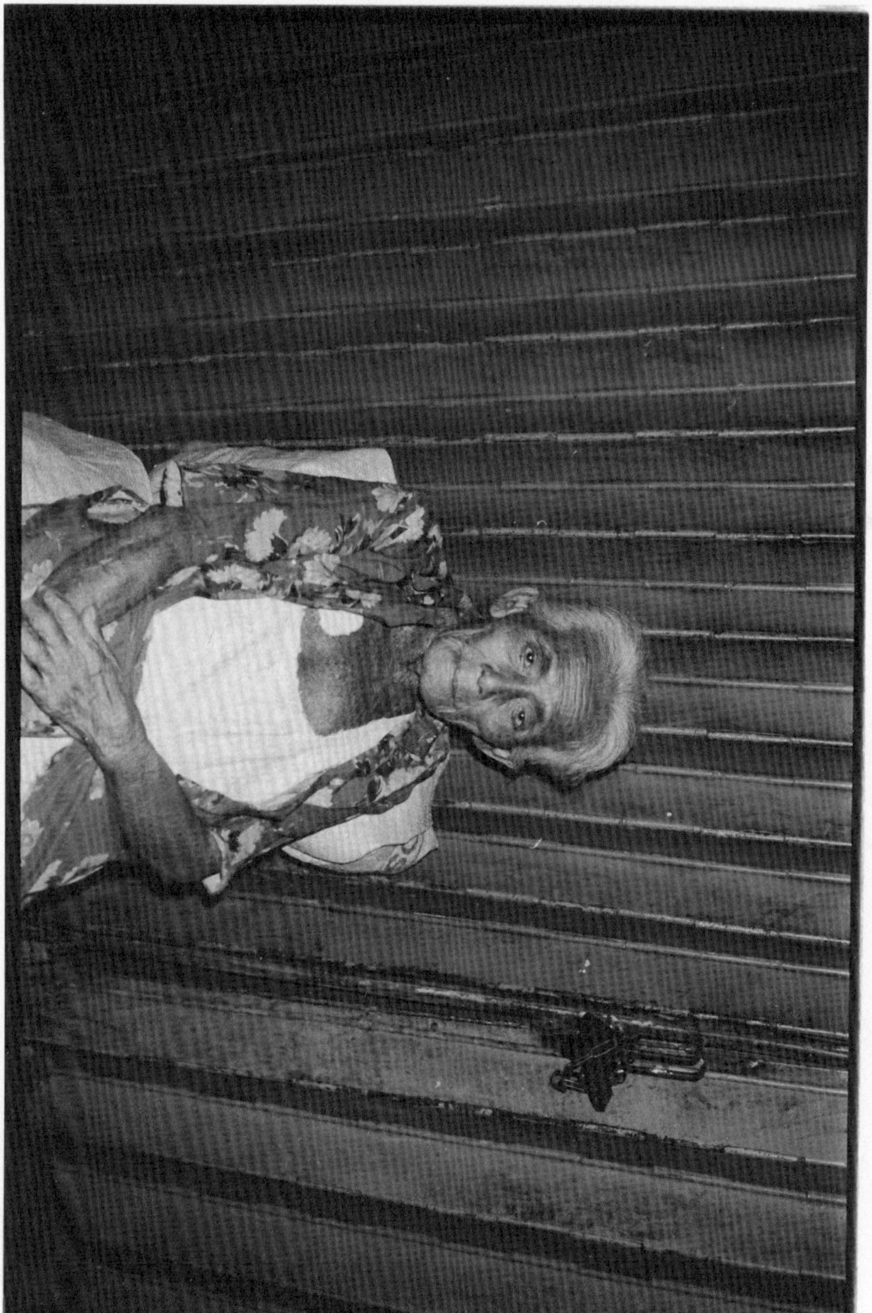

31｜貧窮老婦，宿霧，菲律賓，1995 年。

〈娜塔莉雅的小孩〉，俄羅斯聖彼得堡，2005 年

32｜娜塔莉雅。

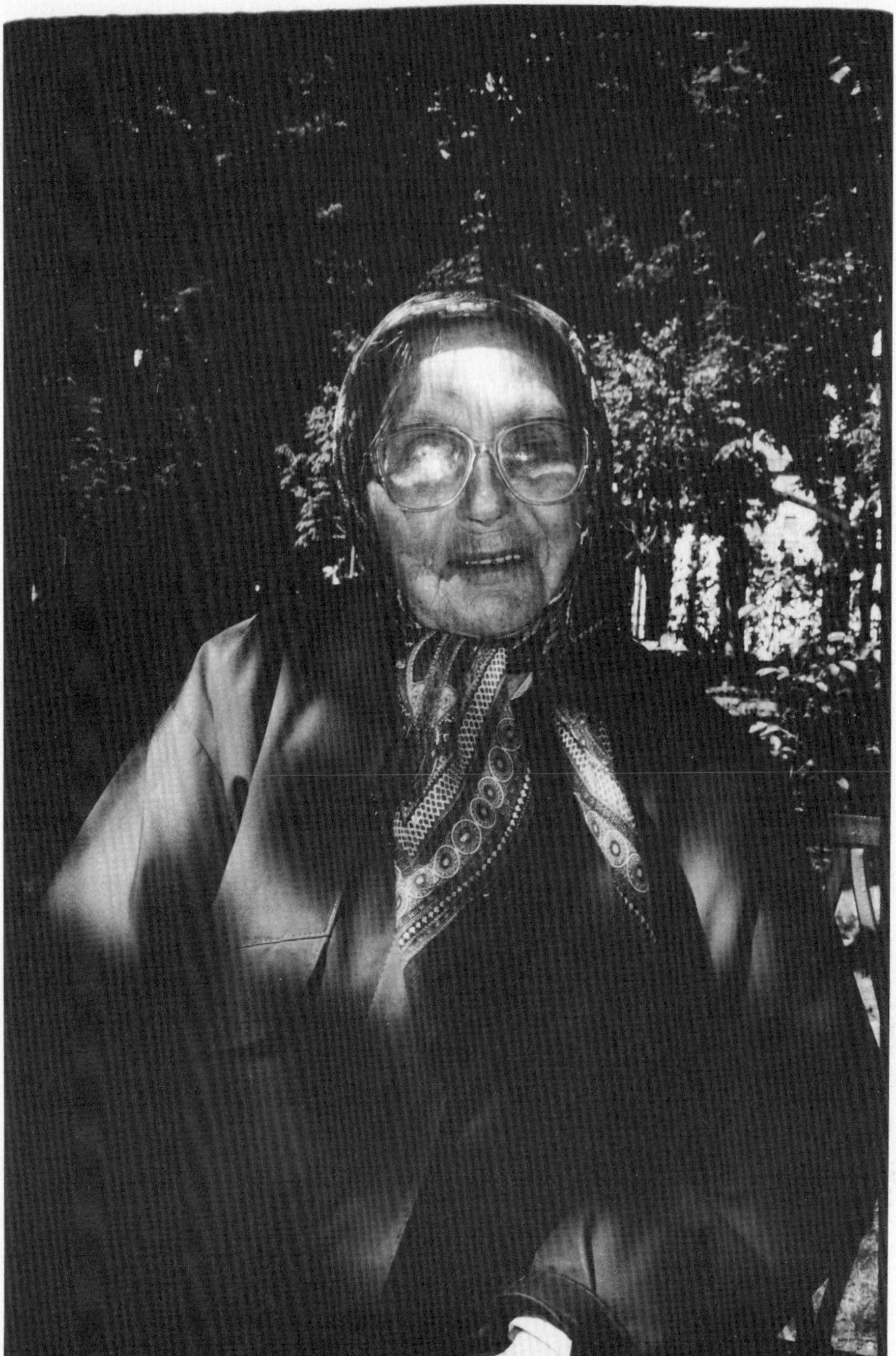

33｜奧可桑娜。

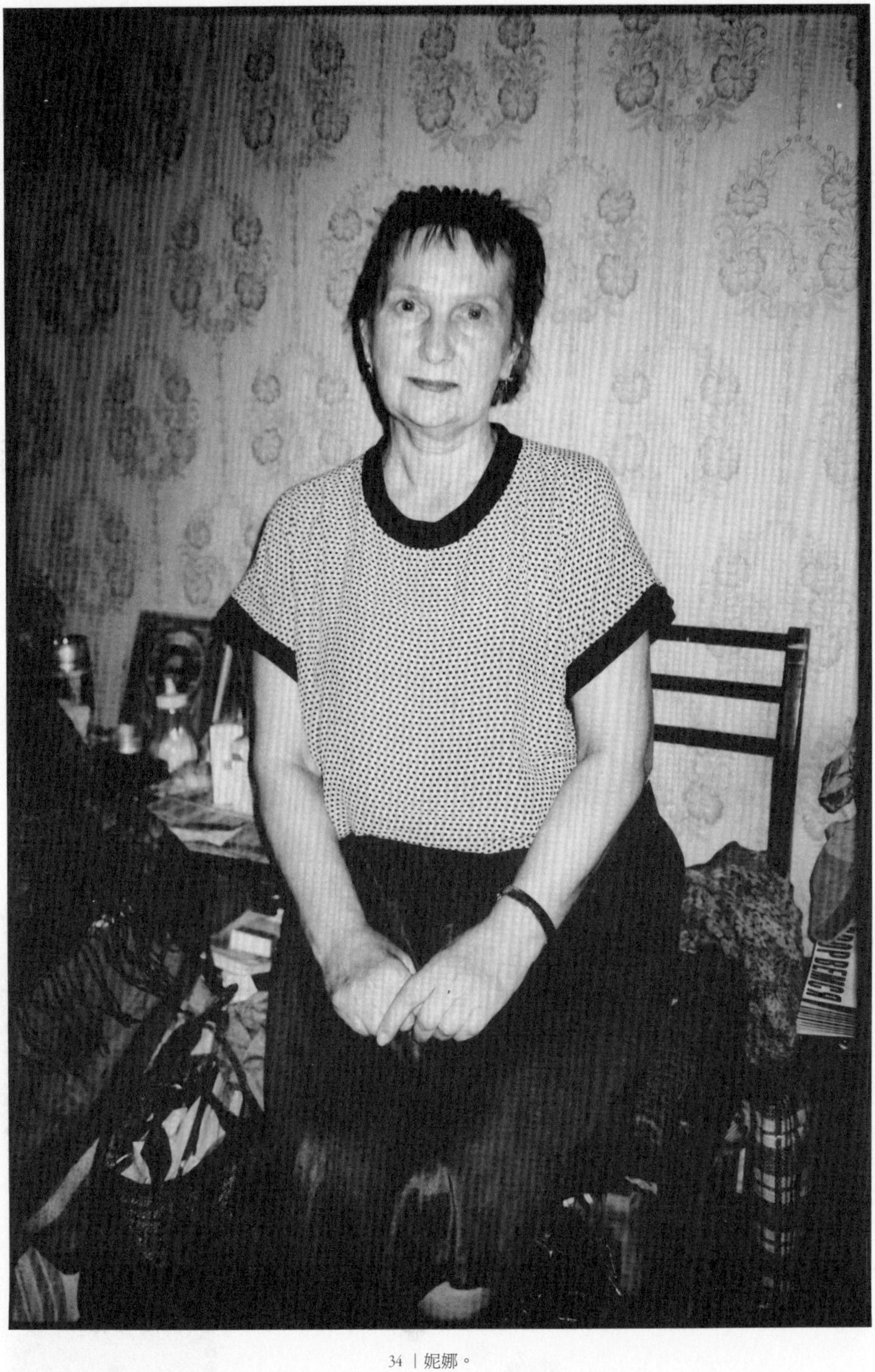

34 | 妮娜。

35 | 尼可萊。

36 | 艾蓮娜。也請參見照 111。

37 | 奧可桑娜的家人（瑪莉娜除外）。

〈什麼事你都得自己做〉，中國南寧，2002 年

38 | 收垃圾的婦女。

39 | 男子行走於為興建公路而拆毀的房屋廢墟中。

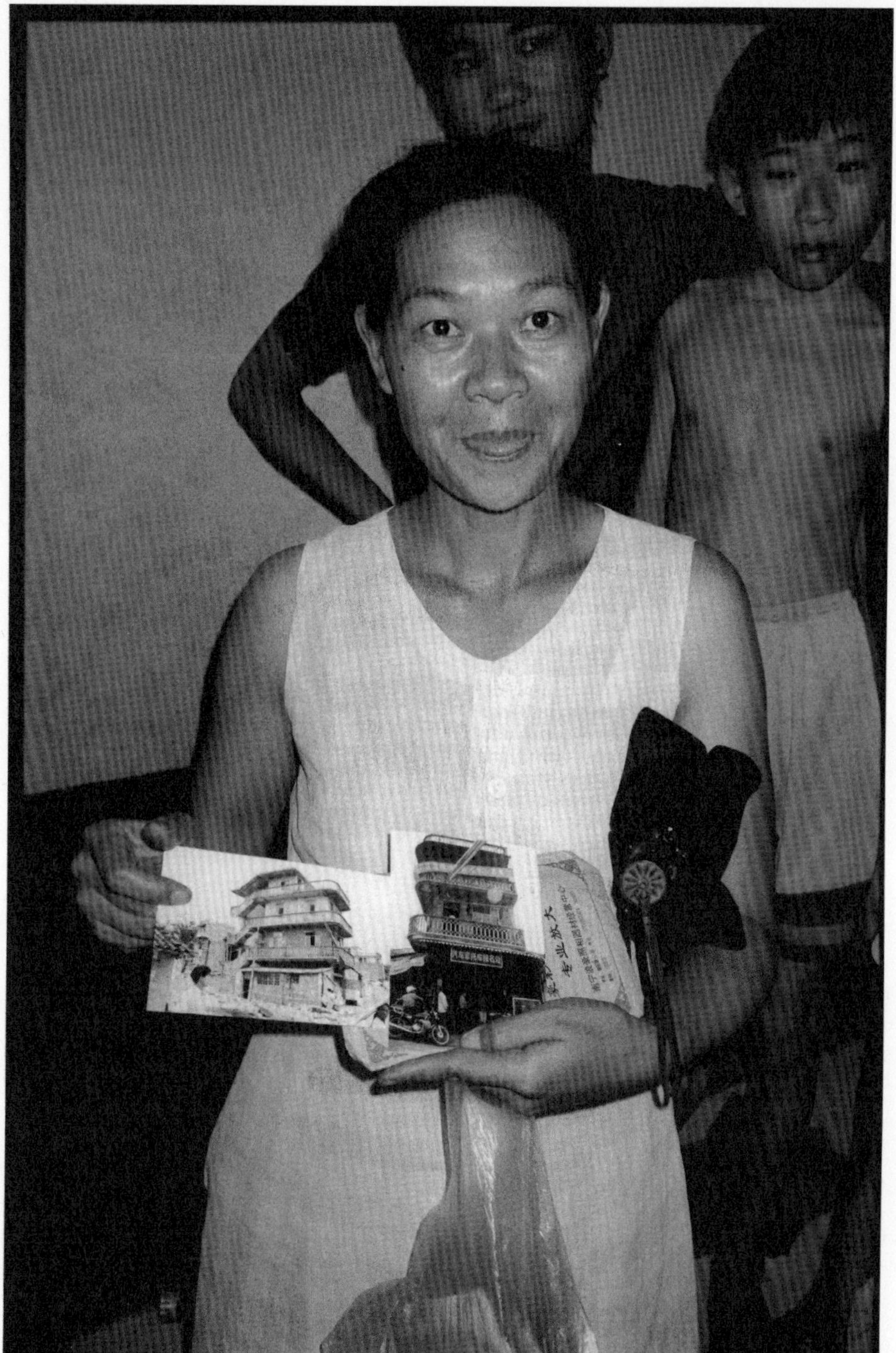

40 | 女子手持她被毀房屋的照片。

41 | 男子佇立於廢墟。

「兩個山」和他們的同儕，日本，2001-2005 年

42 | 眺望箱屋區，隅田川河濱遊步道，東京。

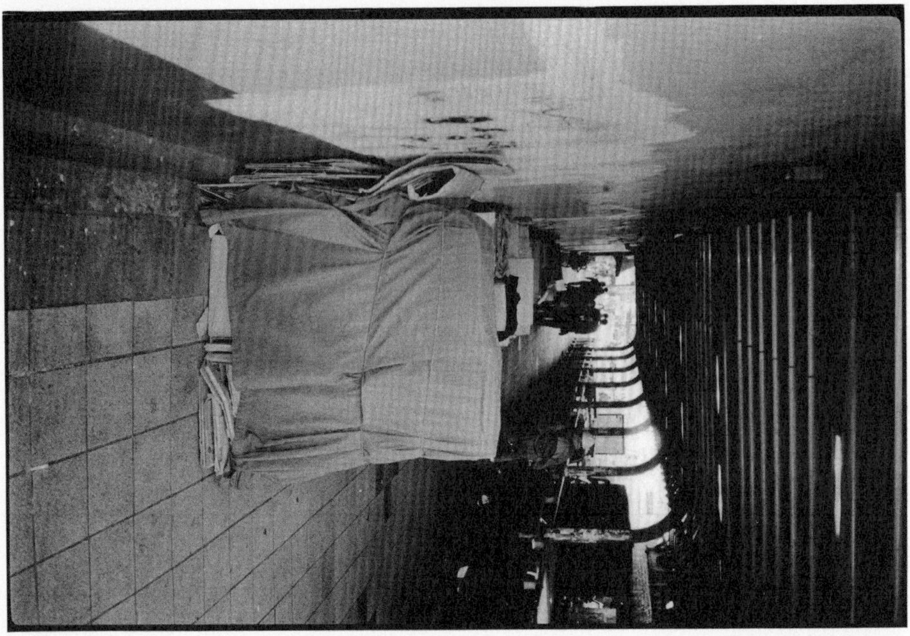

43 | 隧道中的箱屋，東京新宿。

44 | 箱屋內部，隅田川河濱遊步道。

45 | 人行道上手持漫畫書的男子，隅田川河濱遊步道。

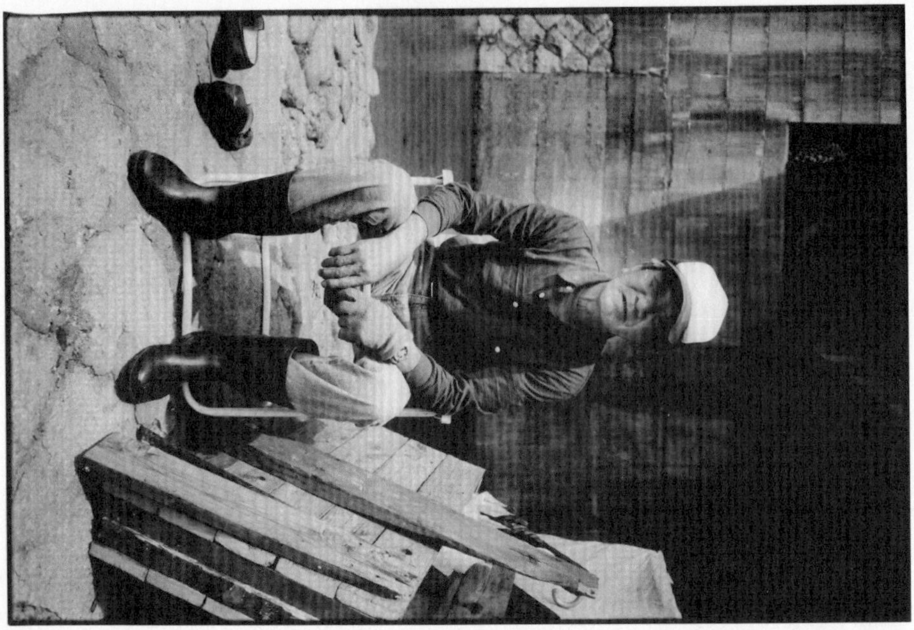

46 | 河畔，京都。

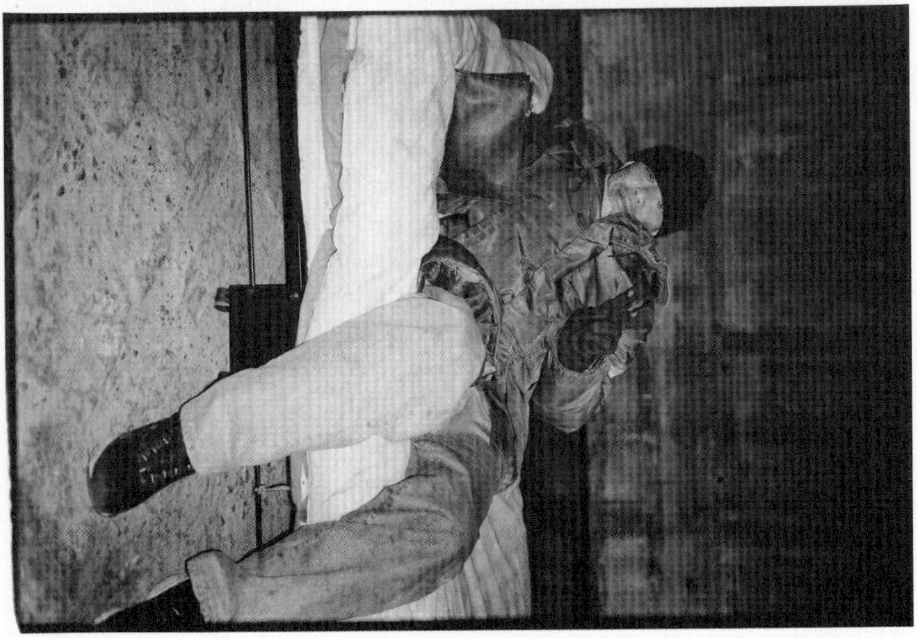

47 | 家中，京都。

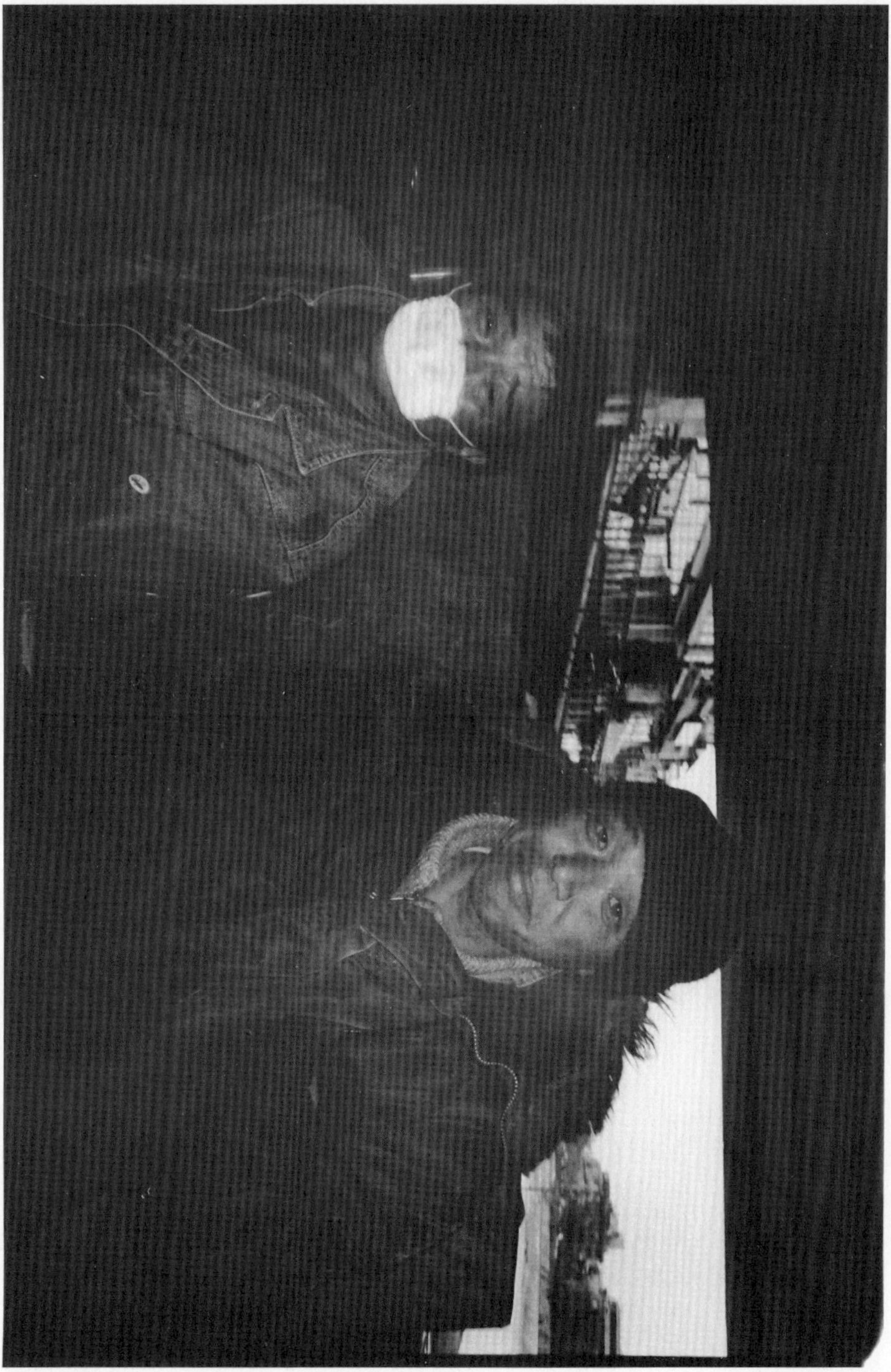

48 | 大山和小山。

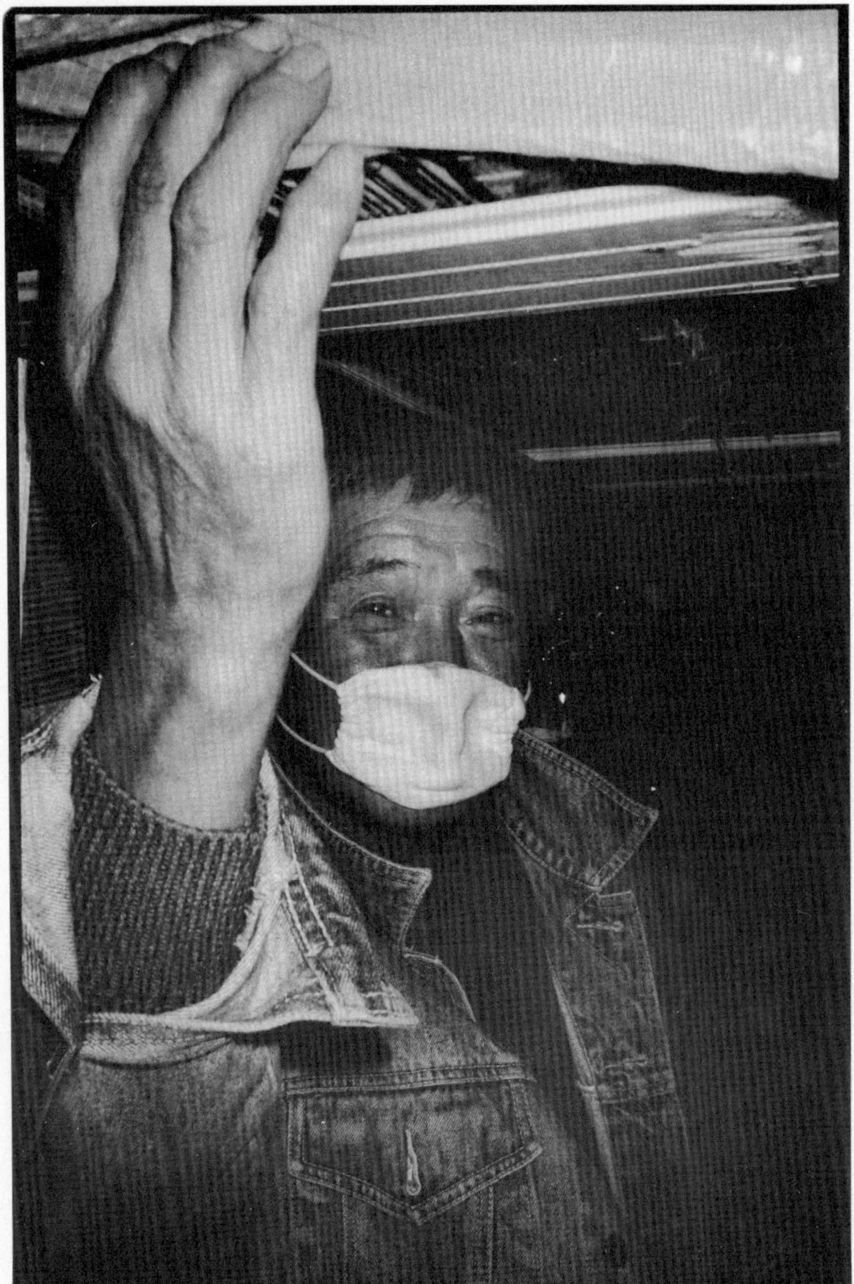

49 | 大山。

〈隱形〉

50 ｜穿布嘎的婦女，沙那，葉門，2002 年。

51 | 穿布嘎的乞丐，白夏瓦，巴基斯坦，2000 年。

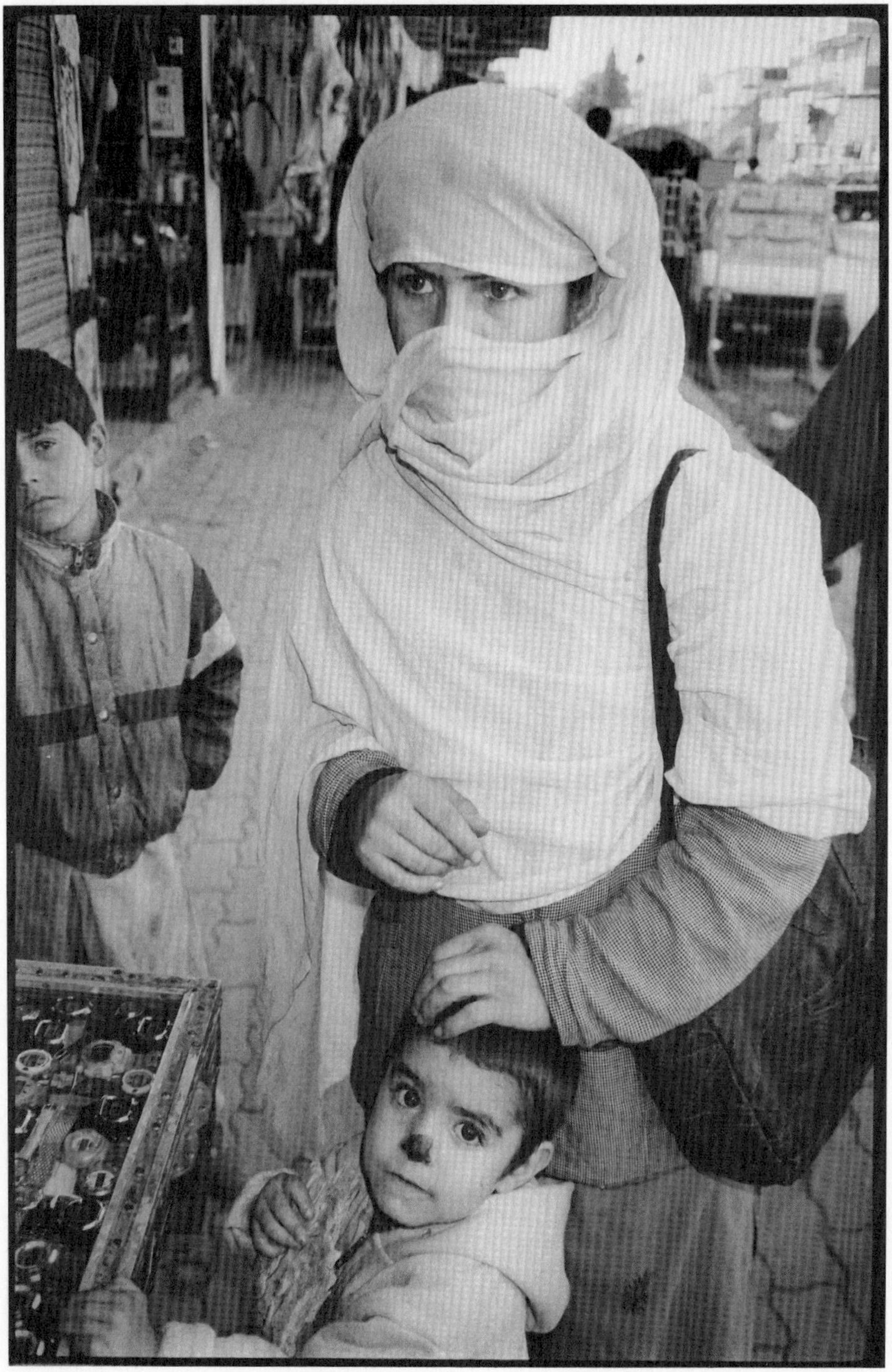

52 ｜披頭巾的母親，伊斯蘭馬巴德，巴基斯坦，2000 年。

53｜阿富汗難民家庭中的披頭巾婦女，卡察加里難民營，巴基斯坦，2000 年。

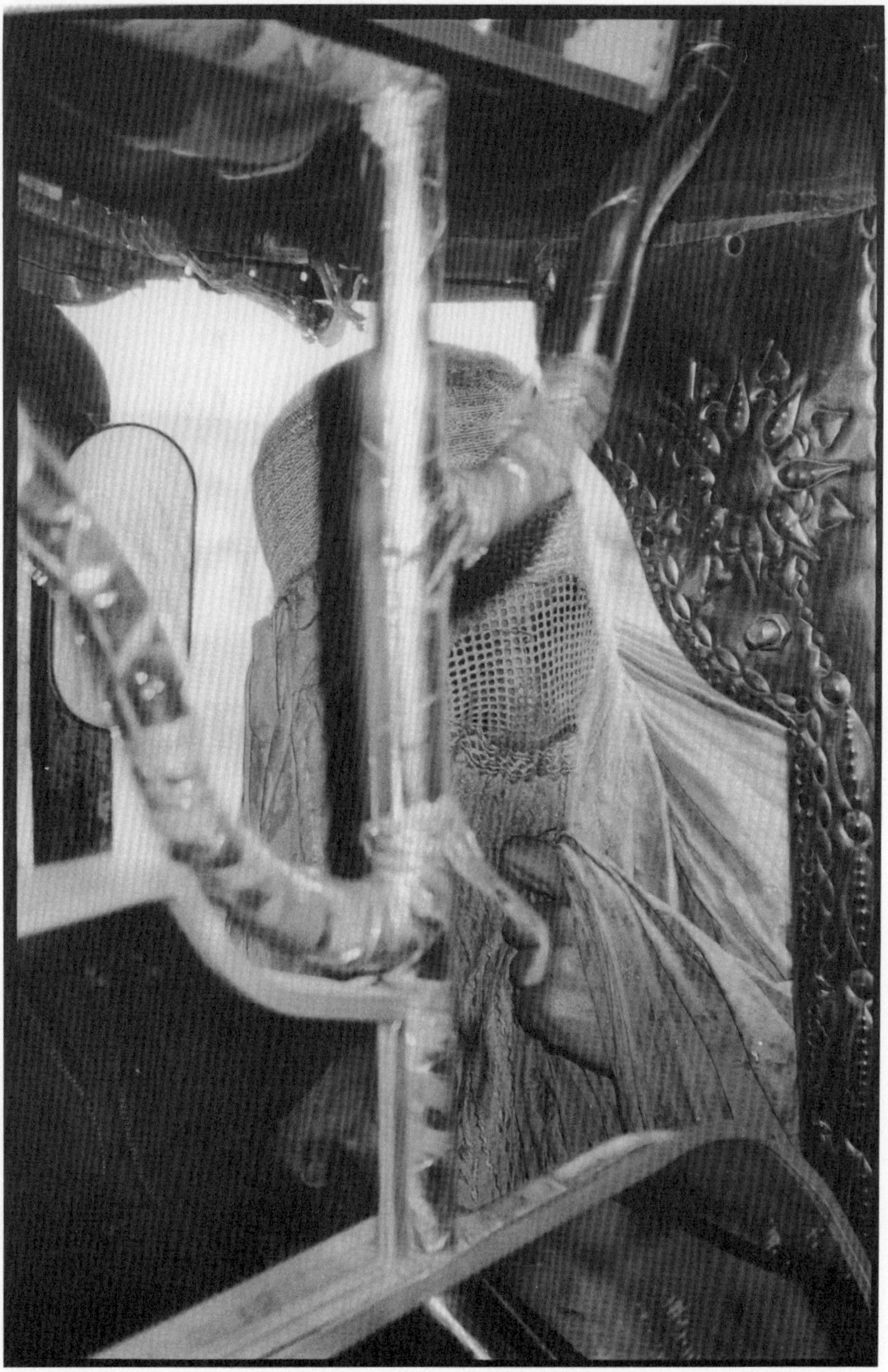

54 ｜穿布嘎的阻街女郎走近人力車，白夏瓦，2000 年。

55 | 布嘎、嬰兒、手，白夏瓦，2000 年。

56 | 女乞丐在布嘎遮蓋下分享食物，白夏瓦，2000 年。

57 | 幹道上穿布嘎的乞丐，喀布爾，阿富汗，2000 年。

58 ｜一女二景（一），喀布爾，2000 年。她站在她家的廢墟前，房子於內戰中被毀。

59 ｜一女二景（二）。她露出臉孔。

60 ｜穿布嘎的乞丐和嬰兒，白夏瓦，2000 年。

61 ｜阿富汗難民在水圳中洗鍋盆，白夏瓦，1982 年。

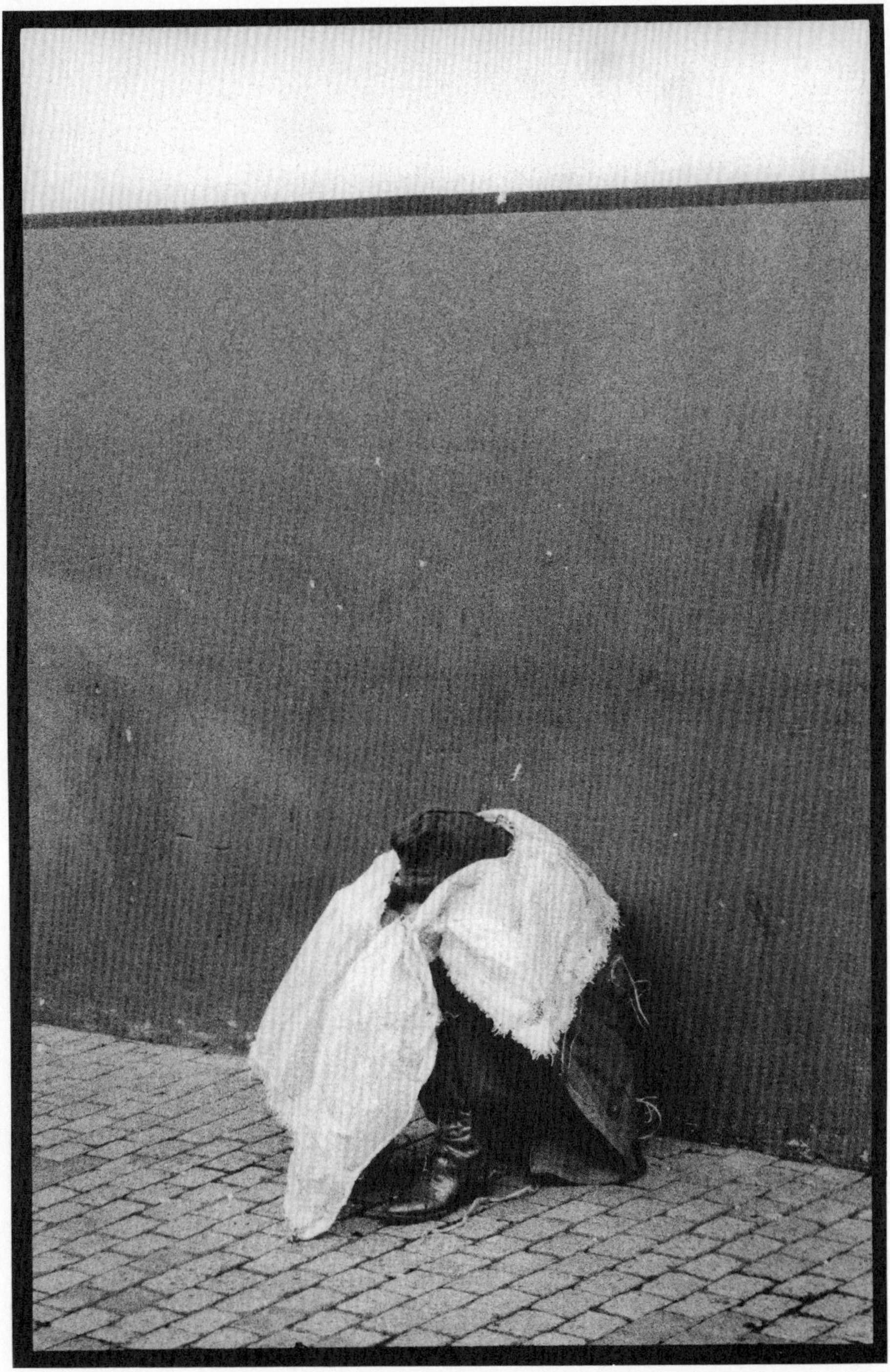

62 ｜縮著身子的乞丐，波哥大，哥倫比亞，1999 年。

63｜在公園裡看報的遊民，東京，日本，2005 年。

64 | 鴻，河內，越南，2003 年。

65 ｜三個喝醉酒的人，諾姆，美國阿拉斯加州，2000 年。

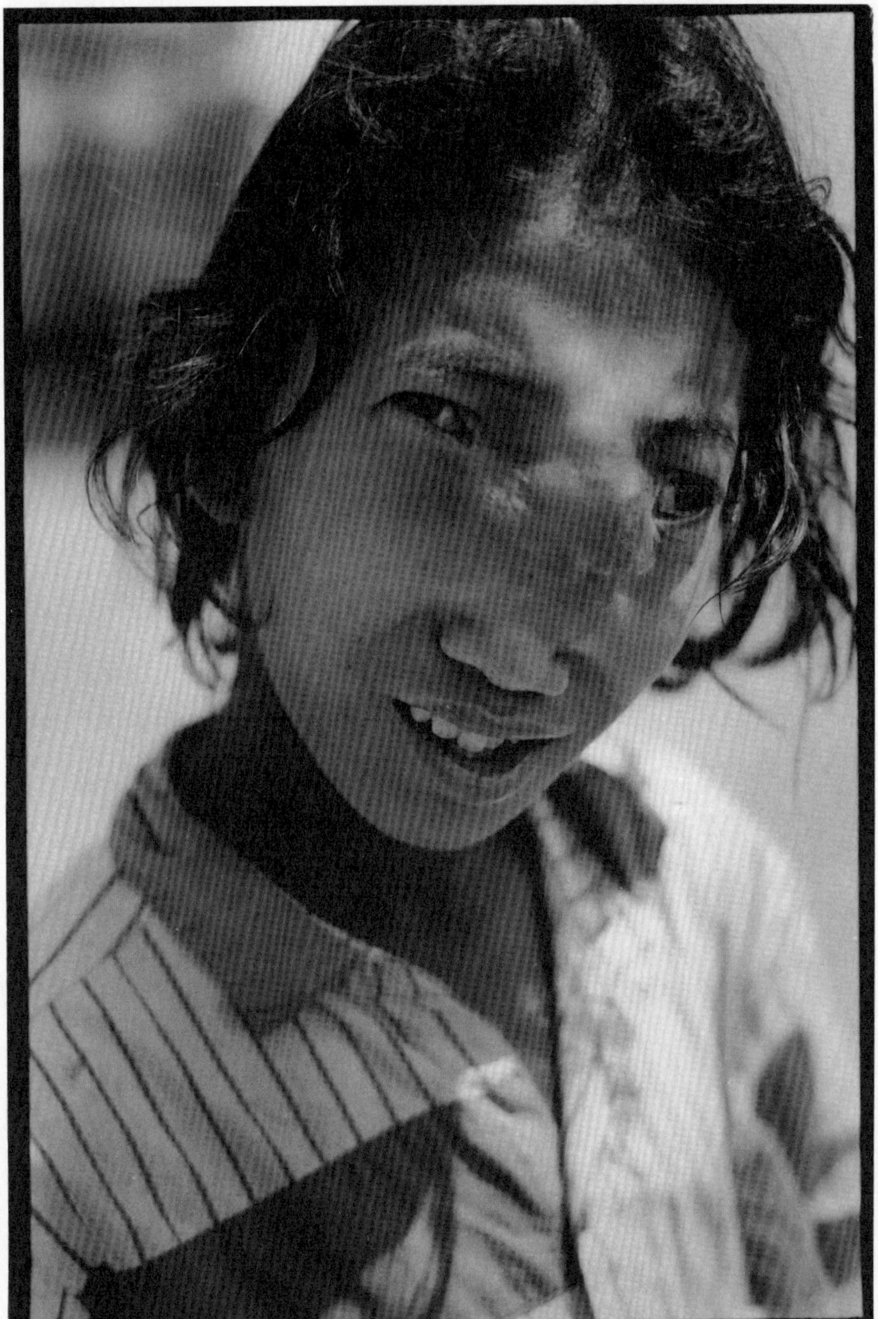

〈畸形〉

66 | 鼻子畸形的行乞少女，阿拉尼亞普拉塞特，1996 年。

67 ｜年邁的俄羅斯女乞丐，阿特勞，哈薩克，2000 年。

68 ｜地鐵站中的「失格」男子，大阪，日本，1995 年。

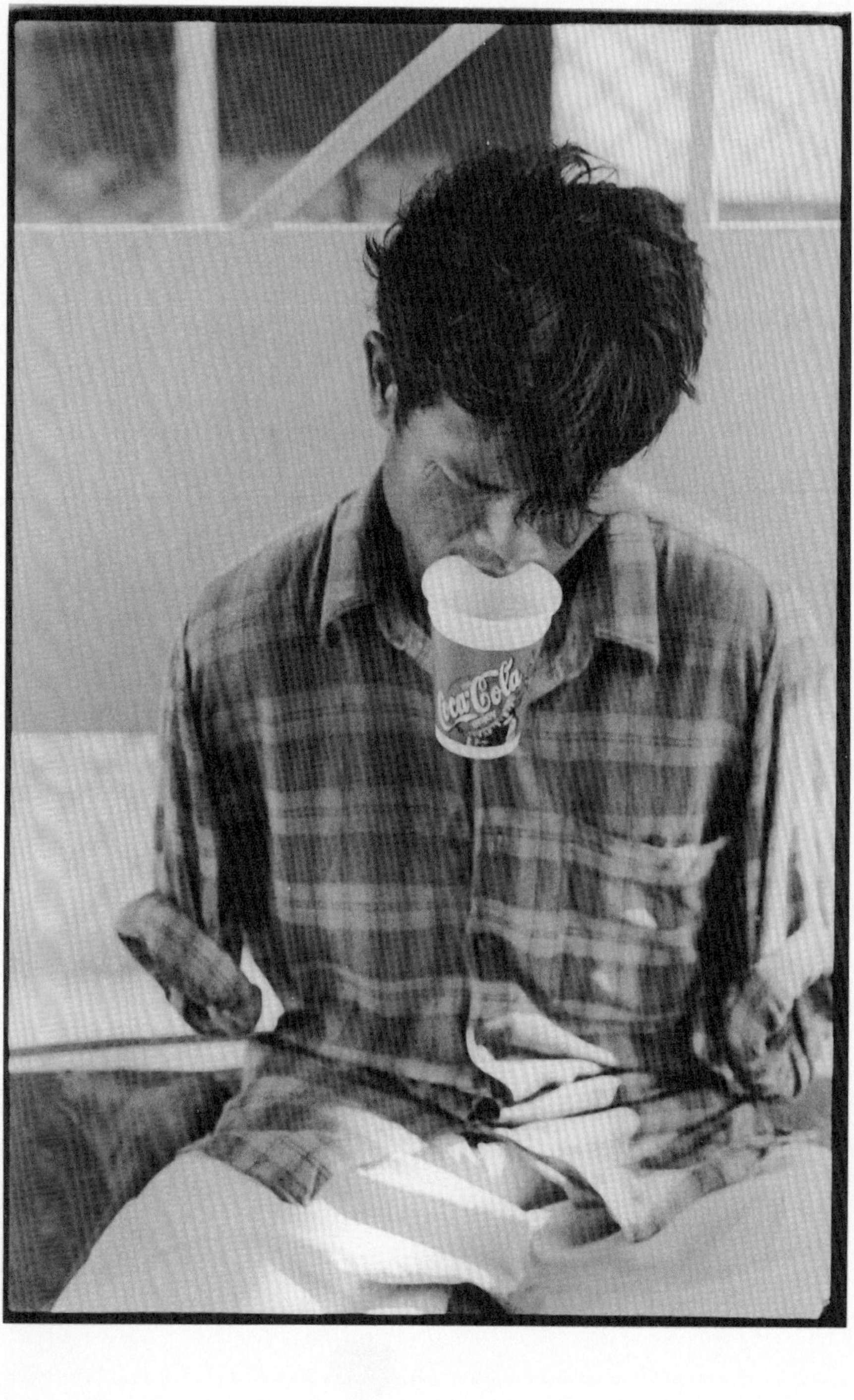

69 ｜假裝沒手臂的乞丐，曼谷，泰國，2001 年。

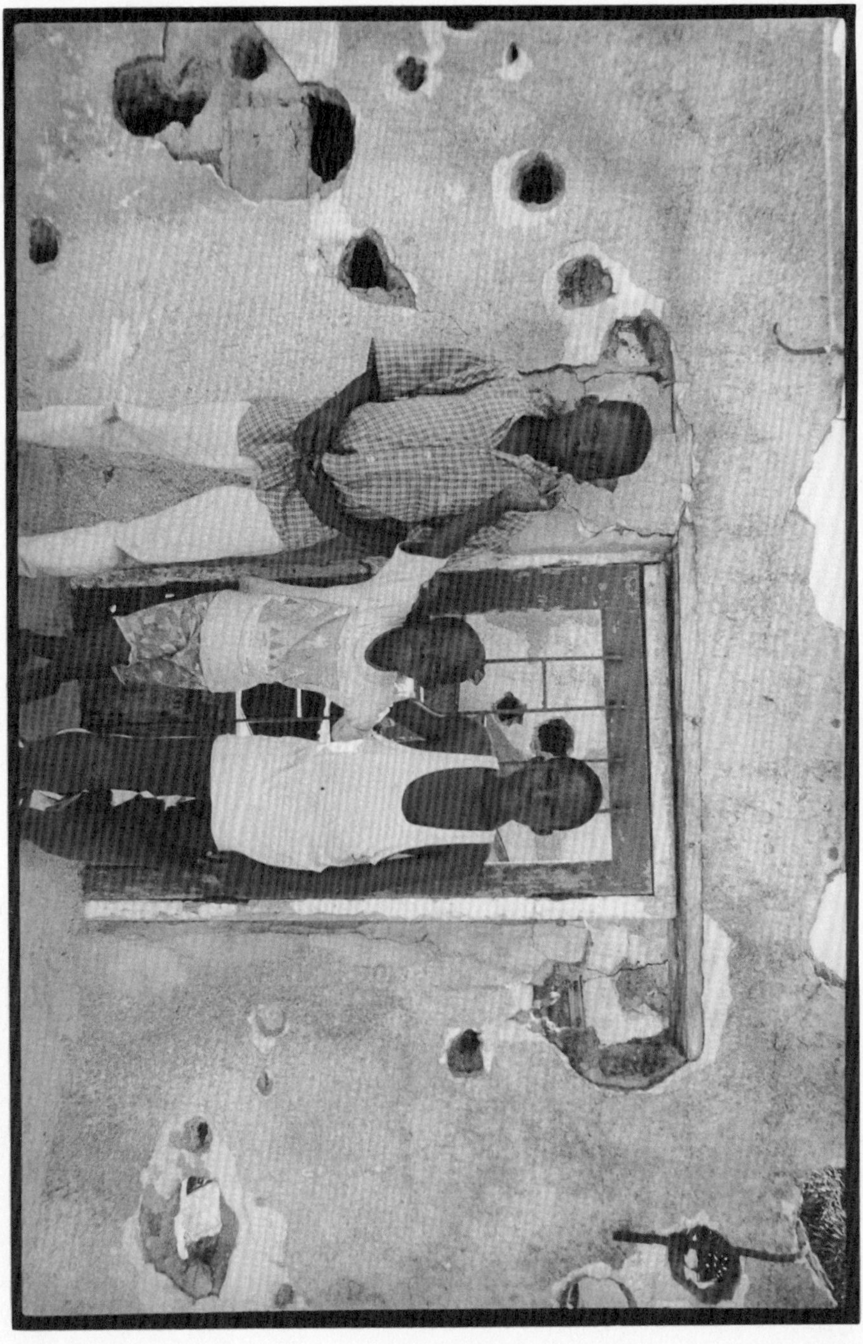

〈容易出意外〉

70 ｜一家人站在彈痕累累的房屋前，房屋係於內戰期間受災，布拉柴維爾，剛果共和國，2001 年。

71 | 男子佇立於他的毀損房屋前，房屋係於內戰期間受災，喀布爾，阿富汗，2000 年。

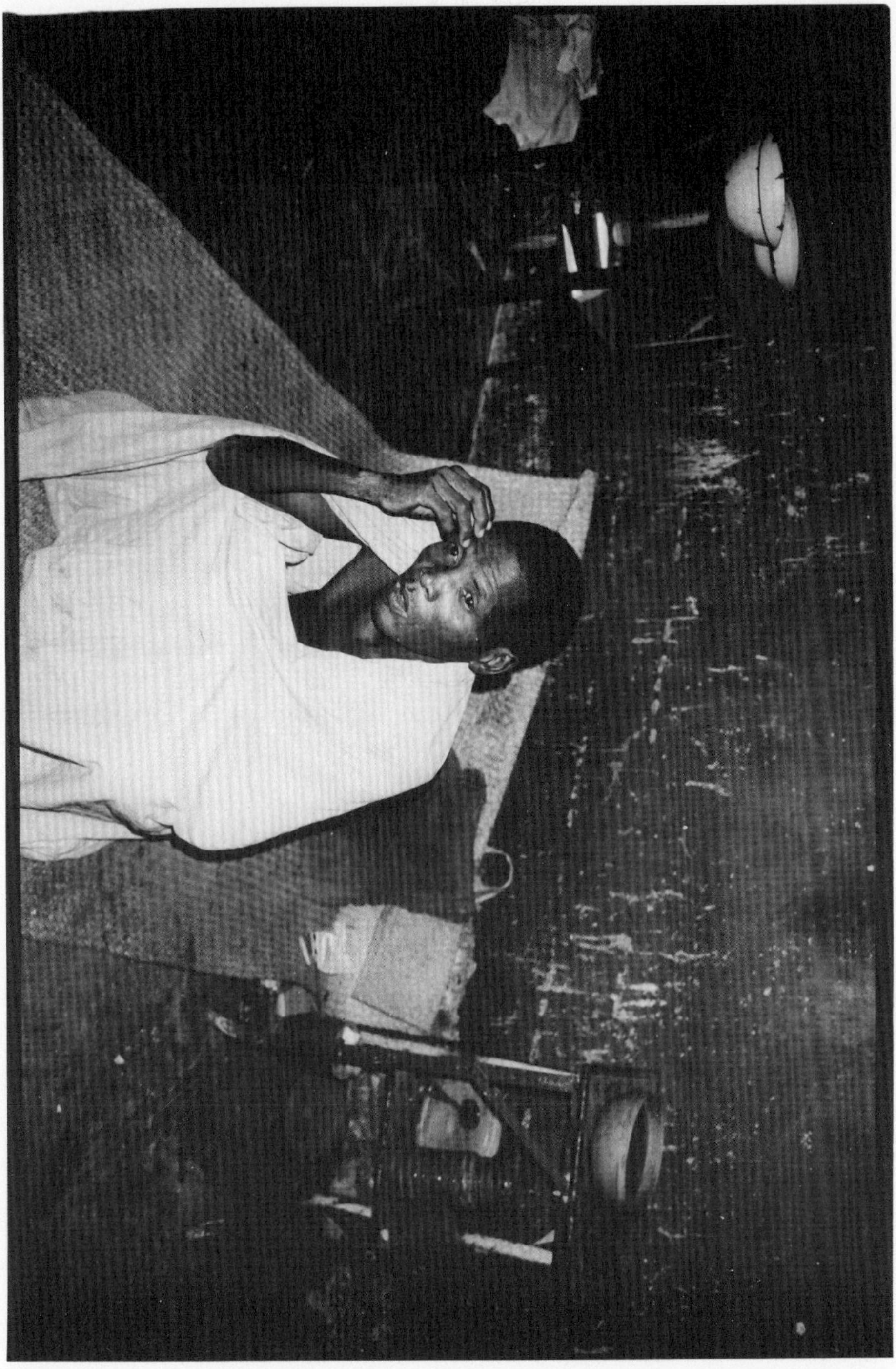

72 ｜強盜的受害者，吐雷阿爾（Tuléar）附近，馬達加斯加，1994 年。

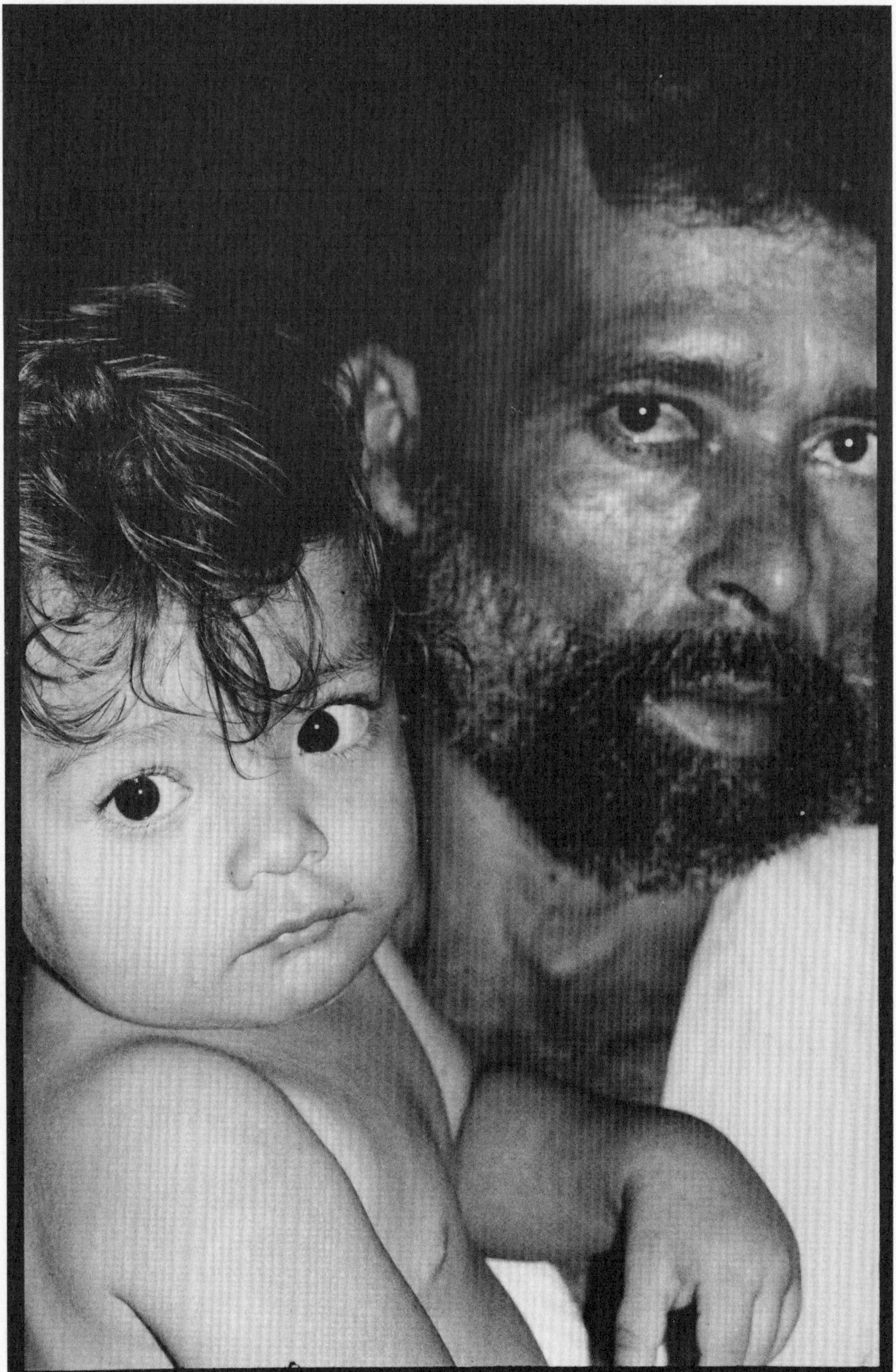

73 | 父與女。逃離鄉村暴力的難民，市立體育館收容所，庫庫塔（Cúcuta），哥倫比亞，1999 年。

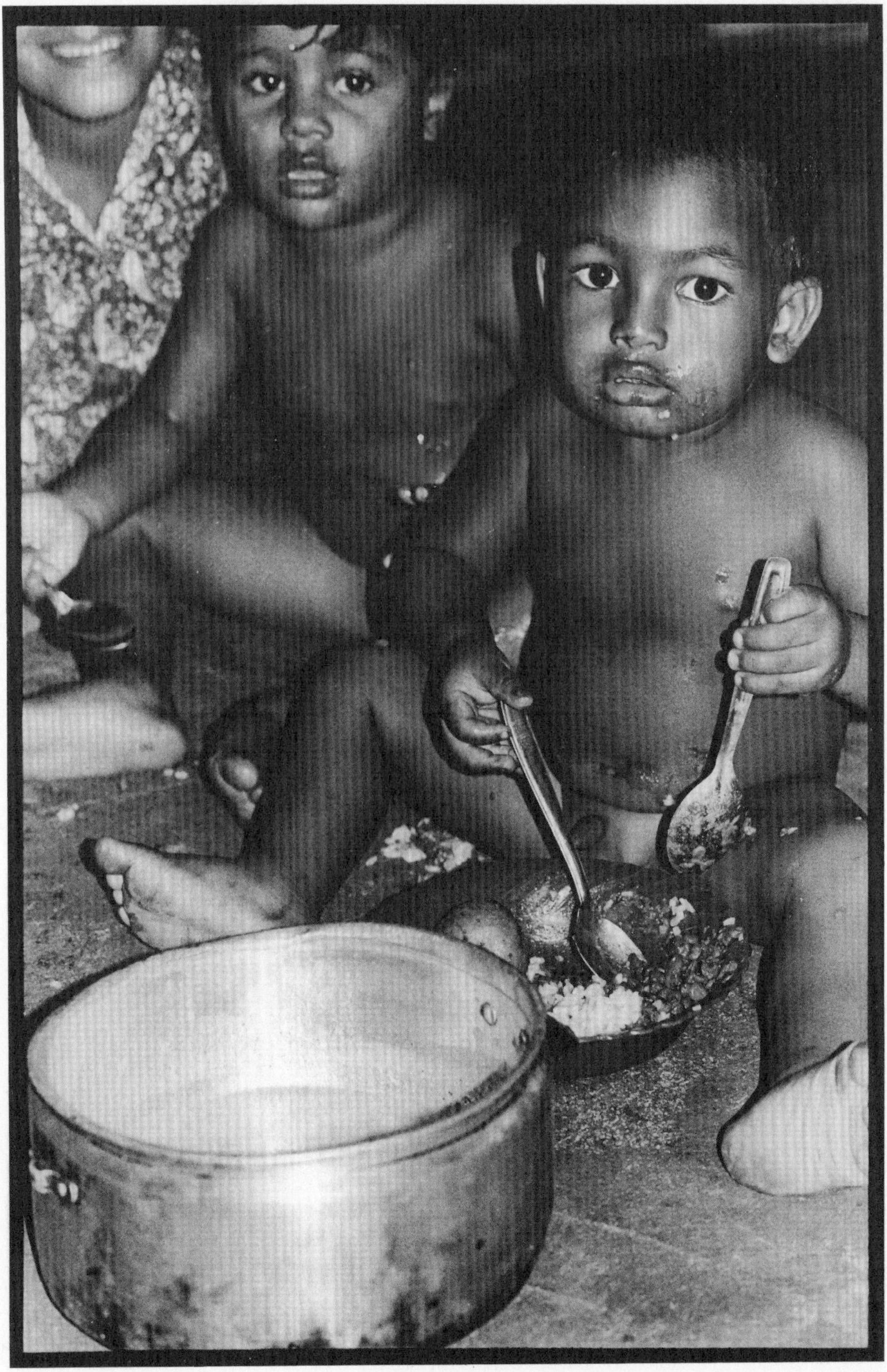

74 ｜吃飯的小孩。難民，庫庫塔，1999 年。

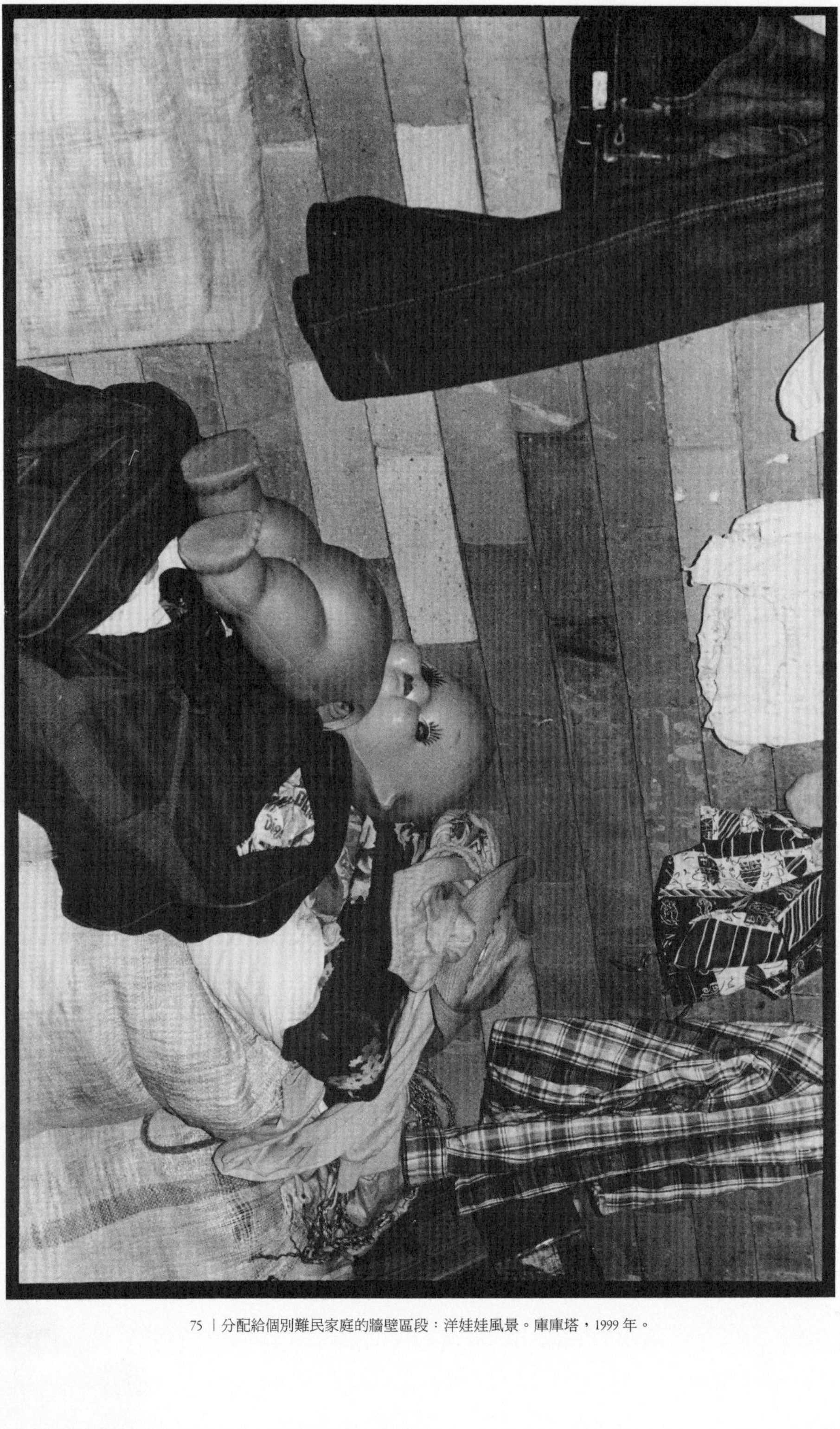

75 | 分配給個別難民家庭的牆壁區段：洋娃娃風景。庫庫塔，1999 年。

76｜逃離鄉村暴力的難民，紅十字會總部，波哥大，哥倫比亞，2000 年。從上方拍攝的街景。畫面上可以看到警察守衛。

77 | 阪神大地震災民，日本，1995 年。

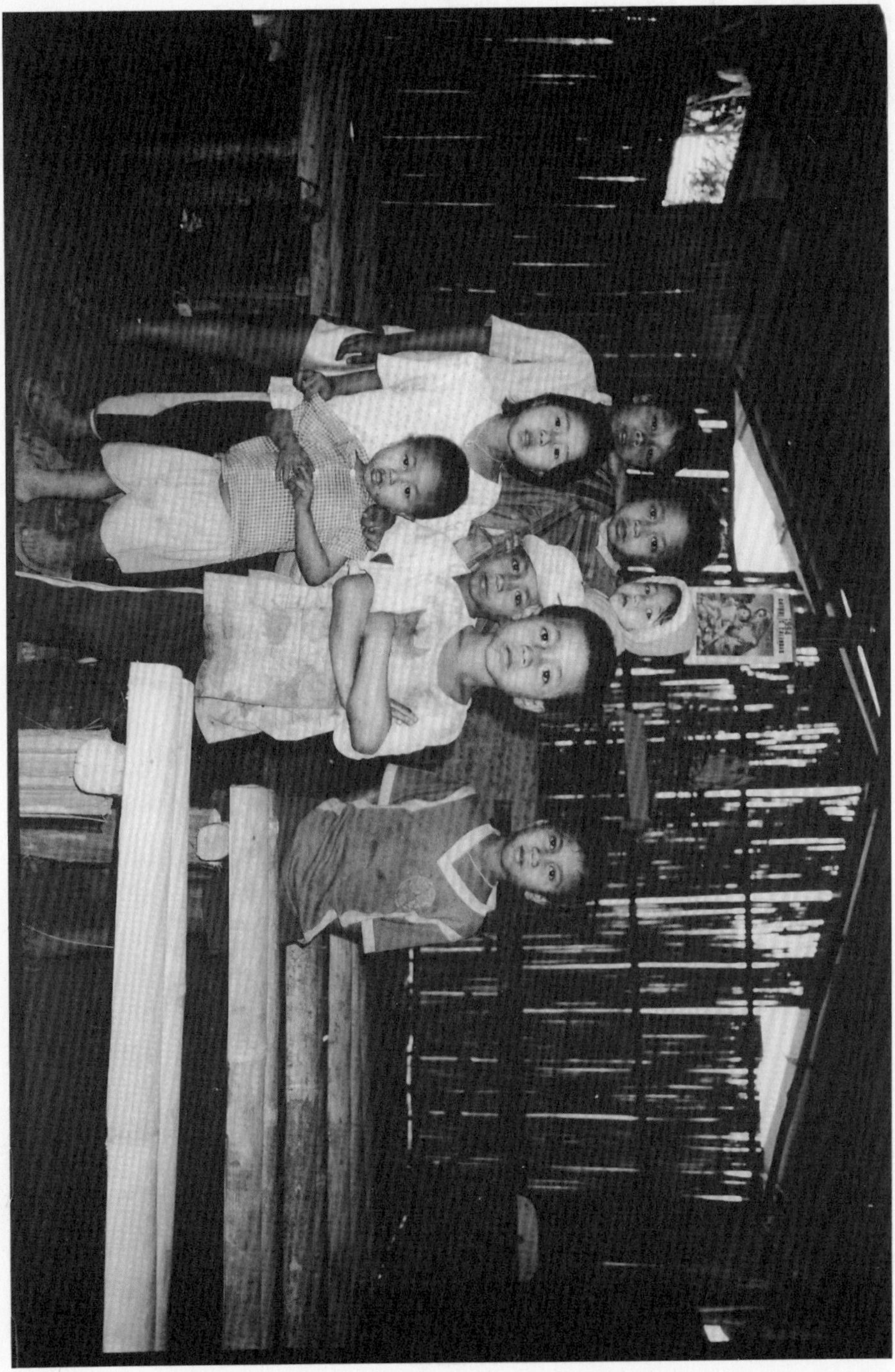

78 | 克倫尼族難民在他們自行建造的教堂中，撣邦，緬甸，1994 年。

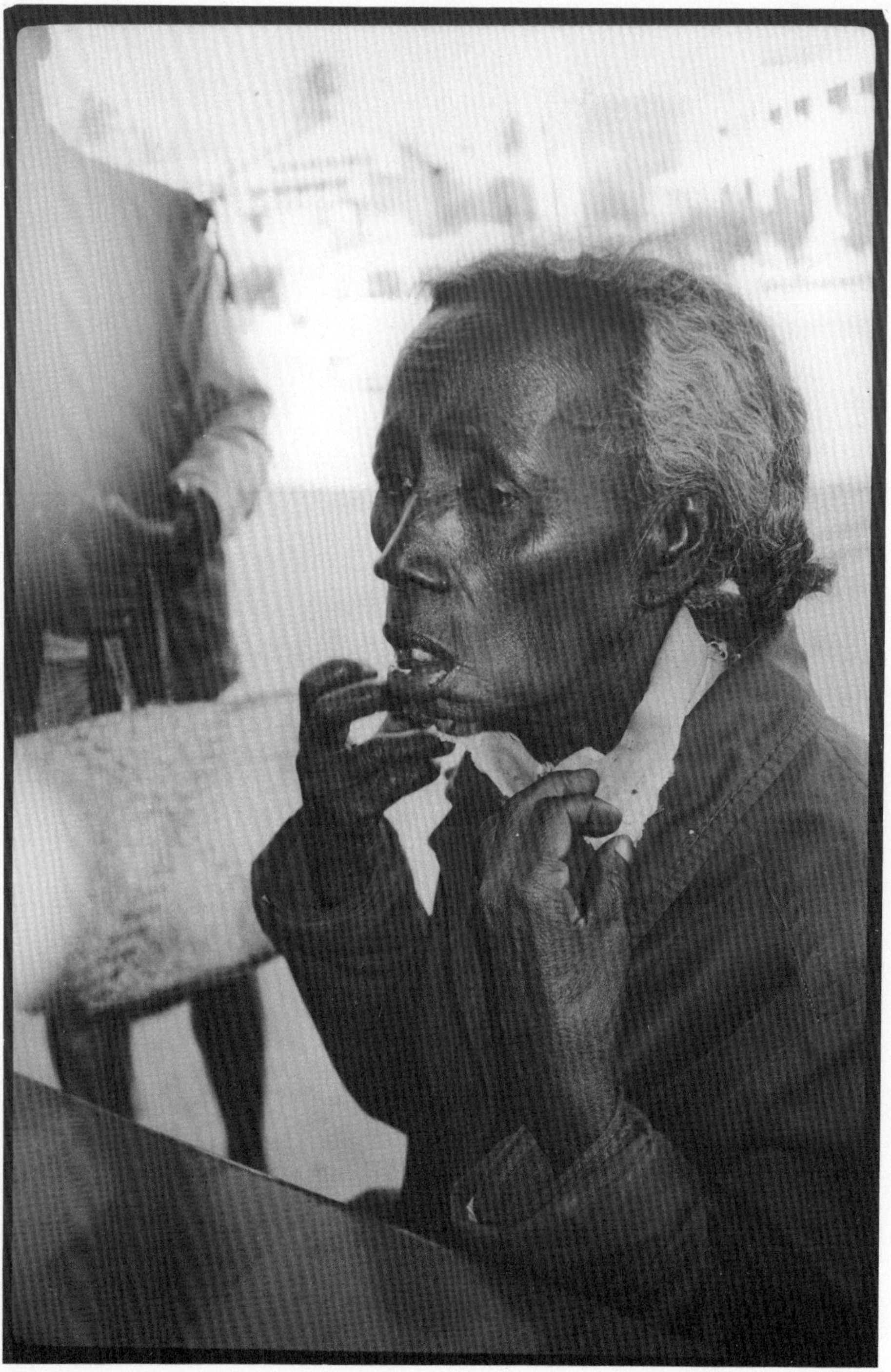

79｜女乞丐，吐雷阿爾。

80 ｜女乞丐，安塔納納利佛，馬達加斯加。

81 | 發燒的女乞丐，圖阿馬希納（Tamatave），馬達加斯加。

〈麻木〉

82 | 荷西 · 岡薩雷斯彈奏手風琴，墨西加利，墨西哥，2005 年。

〈疏離〉

83 │哈維耶 · 雷耶斯，墨西加利，墨西哥，2005 年。

84 ｜乞丐與手，波哥大，哥倫比亞，1999 年。

85 ｜乞丐與富女，波哥大，1999 年。

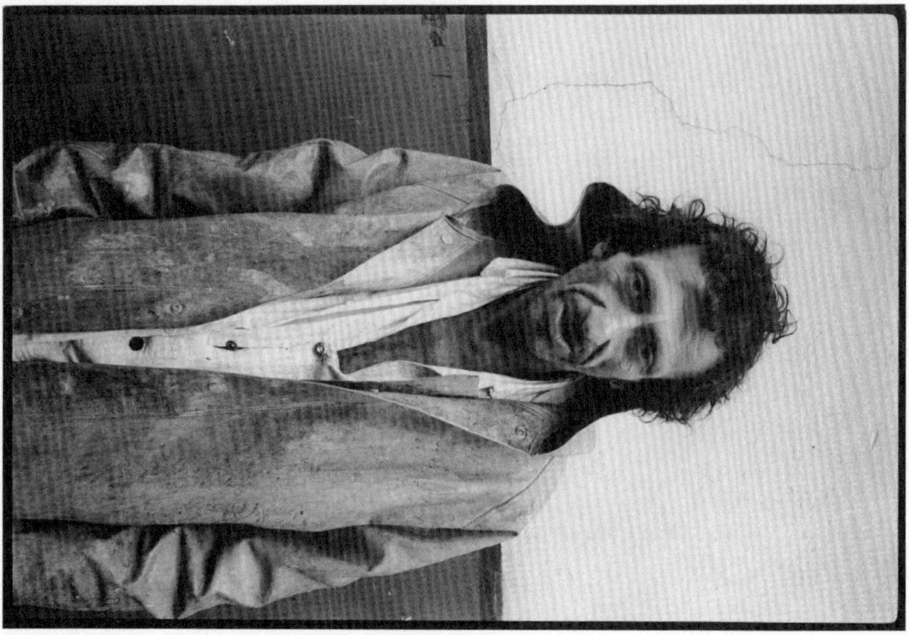

86 ｜乞丐與牆壁，波哥大，1999 年。

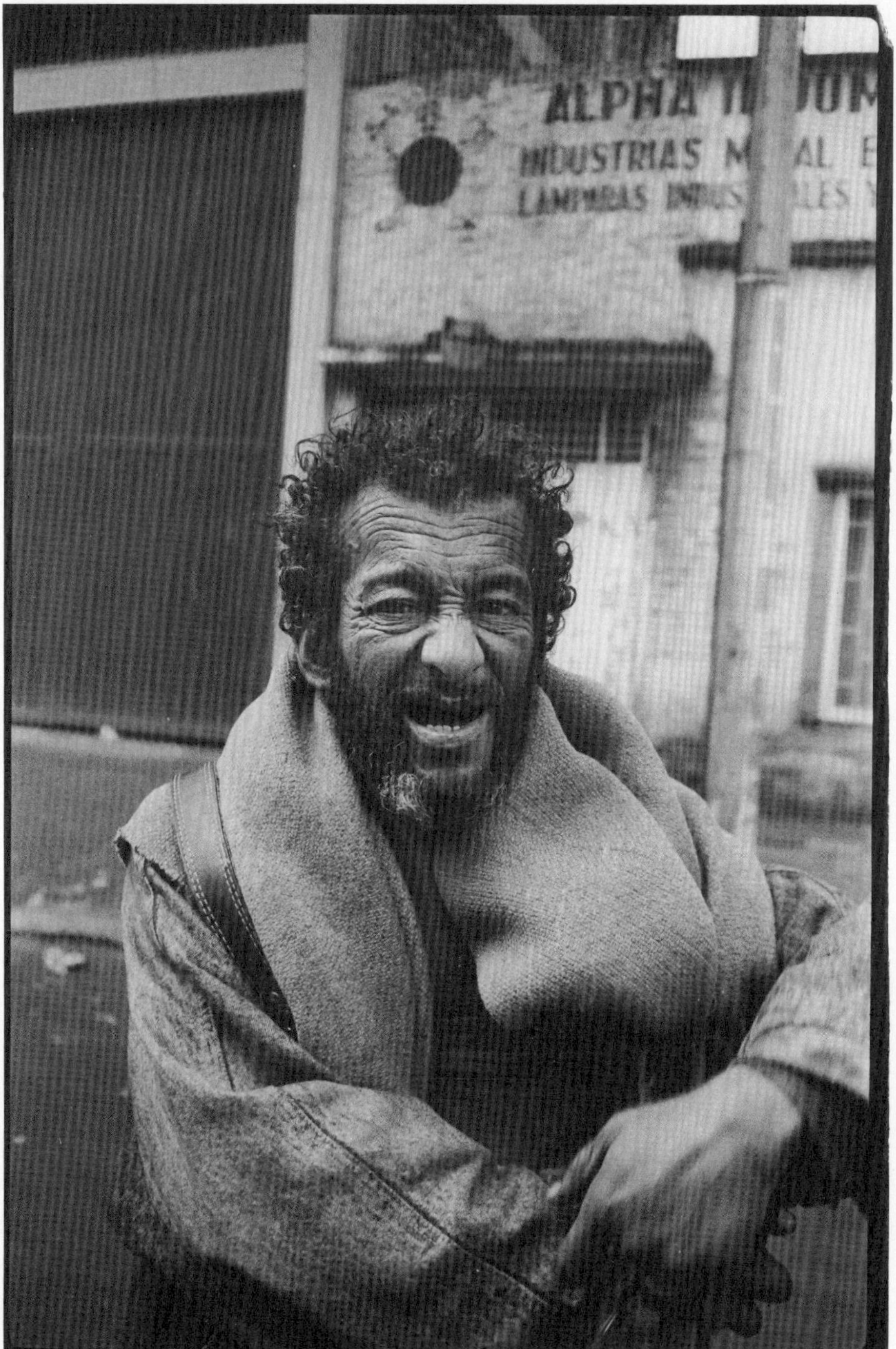

87 ｜叫囂的乞丐，波哥大，1999 年。

88 | 臉孔扭曲的乞丐，波哥大，1999 年。

89 ｜粗野的女孩，波哥大，1999 年。

90 | 「請在此捐款，讓我離開你們的社區」，波特蘭，美國奧勒岡州，2003年。

〈沒有罪犯的犯罪〉，哈薩克。也請參見照 112–116。

91 ｜「莫斯科剷雪隊」團體照，阿特勞舊城。

92 ｜值勤中的兩名隊員。

93｜剷雪隊員。

94 | 田雪石油公司煉油廠夜景，薩利卡米斯附近。

95 | 薩利卡米斯的家庭。

96｜男子與兒童，薩利卡米斯。

〈「路面下方」〉

97 | 貧民區的兒童與小狗，金邊附近，柬埔寨，1996 年。

98 | 馬達加斯加依荷西（Ihosy）的兒童。

99 ｜母與子，金邊，1994 年。

100 | 魚販，葉門阿比揚，2002 年。

101 ｜毯子上的男孩，伊斯蘭馬巴德附近，巴基斯坦，2000 年。

102 | 胡立歐，加利西哥（Calexico），美國加州，2005 年。

103 | 休閒中的遊民，隅田川河濱遊步道，日本，2004 年。

104 ｜路邊岩石堆中的男子，沙那，葉門，2002 年。

105 ｜「死亡大街」午後風光，布拉柴維爾，剛果，2001 年。

106 | 在蘇聯飛機殘骸中玩耍的阿富汗男孩，2000 年。

107 | 相同人物的特寫。

108 | 窮困的阿伊努婦女在自家內，帶廣，日本北海道，2001 年。

109 ｜相同人物穿著傳統服裝。

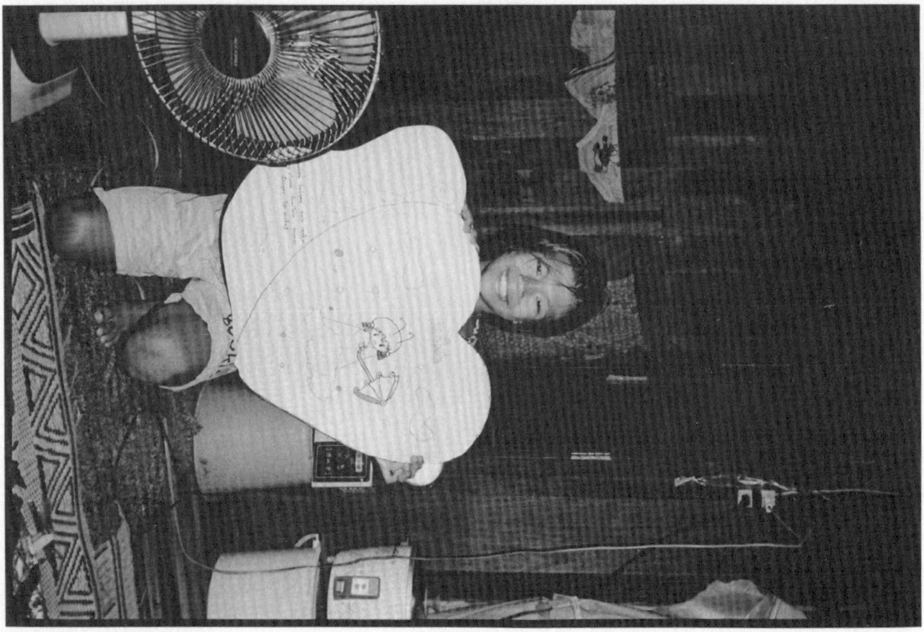

110 ｜薇蒙拉特的畫作，曼谷，泰國，2001 年

111 ｜艾蓮娜 · 索柯洛夫的畫作，聖彼得堡，俄羅斯，2005 年。

〈「路面下方」〉。阿特勞舊城街景及房屋裝飾系列影像，2000 年。

這些房屋之中許多或大部分現已拆除。
112 ｜男子走過房屋。

113 ｜兩個男孩在房屋庭院中。該屋於 2001 年春天拆除。

114 | 車輪狀花卉圖案裝飾。

115 | 窗戶。

116 ｜鬱金香形花卉圖案裝飾。

〈「路面下方」〉（續）

117 ｜窮人的房子，新艾斯佩蘭薩，哥倫比亞，1999 年。

118 ｜新艾斯佩蘭薩的另一棟窮人房子。

119 ｜新艾斯佩蘭薩合法化計畫提案的地圖，1999 年。

120 ｜葛拉迪絲，玻利瓦爾城，委內瑞拉，1999 年。

121 ｜兩名女子在玻利瓦爾城一處已建起的社區中的一間住宅裡，1999 年。

122 | 街頭裁縫師，葉門，2002 年。

雙手合十

123 | 做出和平手勢的乞丐，海特街，舊金山，美國加州，1992 年。

124｜雙手合十的無家可歸婦女，冬天夜晚的公路隧道，新宿，日本東京。

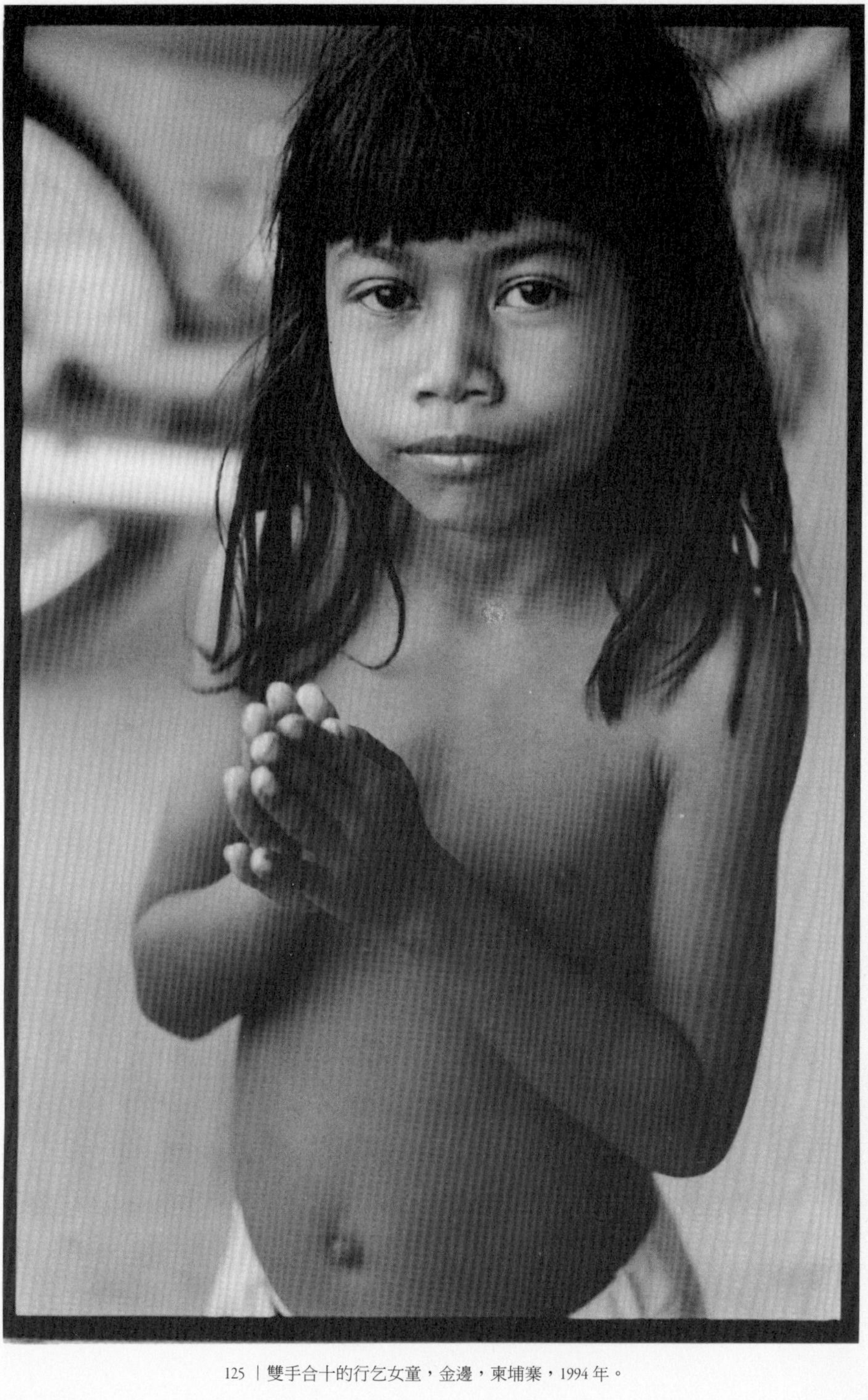

125 ｜雙手合十的行乞女童，金邊，柬埔寨，1994 年。

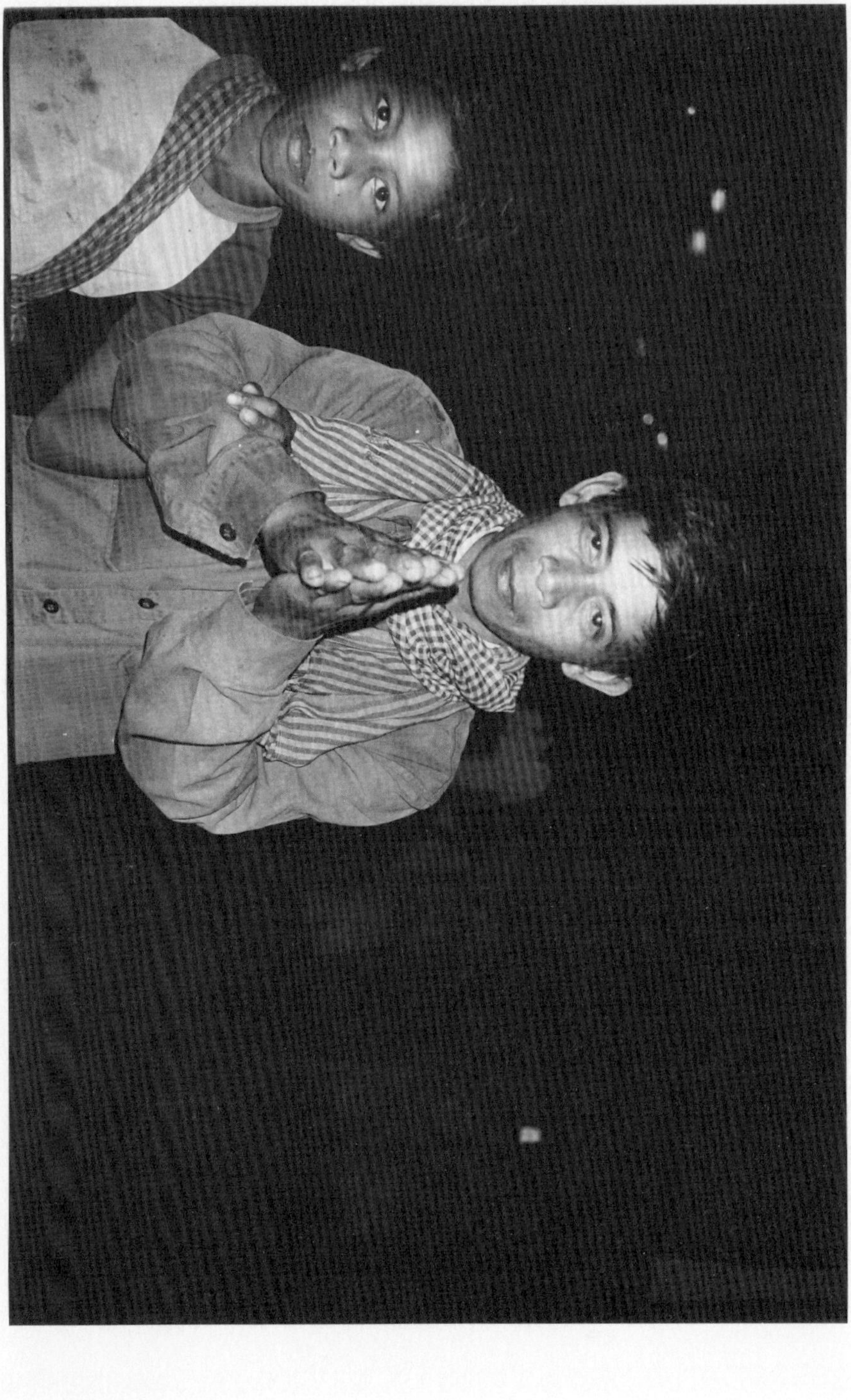

126｜雙手合十的乞丐，兒子在旁，金邊，1994 年。

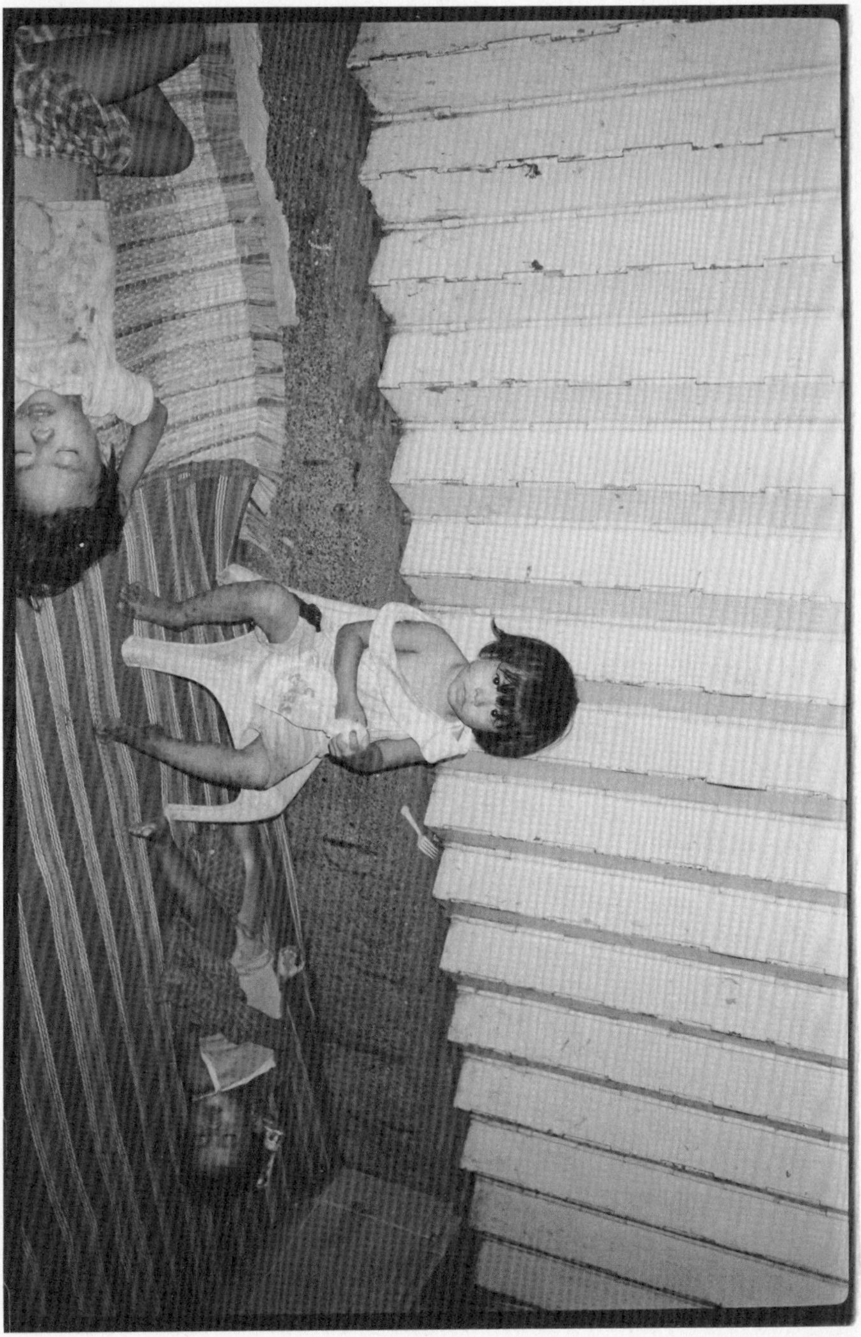

夜與日

127 ｜夜間街頭的兒童，宿霧，菲律賓，1995 年。

128 | 在鐵路附近推購物車的男子，馬里斯維爾（Marysville），美國加州，1997 年。

所有照片均由作者拍攝。